JN327906

シリーズ総編者 太田 至
編者 高橋基樹 大山修一

開発と共生のはざまで

国家と市場の変動を生きる

京都大学学術出版会

刊行のことば

太田　至

日本におけるアフリカ研究は、マクロな歴史的・政治的な構造とミクロな社会的・文化的な生活世界を架橋する、ユニークで学際的な紛争研究を生み出してきた。長期にわたる徹底的なフィールドワークにもとづいて研究が進められてきたのも大きな特徴である。わたしたちはこうした伝統を継承しつつ、アフリカにおける紛争と共生という課題を地域研究の立場から探究するプロジェクトを、二〇一一〜一五年度の五年間に実施してきた。(1)

本「アフリカ潜在力」シリーズ全五巻は、この研究プロジェクトの成果である。このプロジェクトには、総勢五〇名以上の日本人研究者とアフリカ人を中心とする二〇名以上の外国人研究者が参加し、「紛争解決と共生の実現に資するアフリカ潜在力」とはなにかについて議論を続けてきた。その過程でわたしたちは、「アフリカ潜在力」を解明・定立するためには、紛争や暴力に直接に関連する課題だけではなく、より広い問題群を探究することが必要不可欠であることを認識した。それはたとえば、さまざまな資源の経済的・政治的配分のあり方や、争いを回避・調停するための社会的な機序、共存を実現するための生態的あるいは文化的なしくみなどである。本シリーズでは、こうした多岐にわたるテーマを対象として広範な議論を展開している。

このプロジェクトでは、紛争を解決して共生を実現するための知識や技術、制度などをたんねんに記述する実証的な研究に取り組むと同時に、アフリカの人びとが培ってきた「潜在力」を、根元的な共生の思想として把捉する努力もしてきた。わたしたちの試みは端緒についたばかりであるが、この共生の思想は未来の人類社会に対して必ず豊かな指針を提供するものと確信している。

(1)（「アフリカの潜在力を活用した紛争解決と共生の実現に関する総合的地域研究」日本学術振興会・科学研究費補助金・基盤研究［S］・研究代表者：太田至［京都大学］・課題番号：二三二二一〇一二）

目次

第1部　資源を生かす

第2部　市場に生きる

第3部　国家と生きる

第10章　国民統合、政治暴力、そして生活世界――ケニア農村における紛争と共生

高橋基樹・長谷川将士　

序　章

アフリカの変動，そして開発と共生に向けた潜在力

高橋基樹・大山修一

アフリカは今、かつてない変化のただ中にある。

アフリカのそれぞれの社会は、歴史のなかで絶えまなく変わってきた。いつの時代もそうだろうが、社会の変化は、人びとの暮らしに大きな影響を与え、また人びと自身が暮らしを変えることで生じている。おそらく近年のアフリカの状況が以前と異なるのは、諸々の変化が、しばしば地域の枠や国境を超えて連動し、あるいは広く共通しながら生じている点であろう。経済のグローバル化や地球環境問題の深刻化などの外部条件の大きな変化、人口増加などの内部の長期的変化に加えて、近年では一次産品ブームによる経済成長や新しい経済活動、格差の拡大、開発援助事業、複数政党制への移行などが広くアフリカ諸国に及んできた。そうした変化は、従来の人びとの暮らしやお互いの関係にも影響を与え、時に生活資源へのアクセスをかく乱して暮らしをより困難なものにし、さらに人びとどうしの間での競合や紛争を招いてもいる。

1　アフリカの人びとの潜在力と三つの変化
── 資源の希少化・多様化、市場の浸透、国家の形成

しかし、人びとはただ変化の前に立ちすくんでいるのではないだろう。自らの暮らしを作り変え、お互いの関係を築き直し、あるいは、あえて変化を選ばずに、周囲で生じる大小の変化との調和を模索しながら、生き抜こうとしているだろう。その生き抜く過程は、決して個人ひとりひとりの問題にとどまらない。各々の人びとの生は、他者 ── 他の人びとや主体 ── と暮らしをともにし、あるいは少なくとも他者とさまざまな関係を結びな

がら織り成されている。そして人びとの生き方や他者との関係自体が変化していく。その他者は、近くは家族や隣人から、売り買いの相手、雇用者、遠くは政治的有力者、多国籍企業、国家、さらには国外の援助機関などさまざまな主体を含んでいる。

本書は、主に人びとの暮らしの開発と経済の側面に注目し、変化に直面しながら、暮らしの困難を乗り越え、他者との共生を求め、あるいは他者との関係を作り変えながら、生き抜いていこうとする人びとの潜在力のありようを描き出すことを目的とする。その作業を進めるにあたって、想定していることは次のようなことである。人びとは広い意味での開発の営為を通じ、より望ましい暮らしをめざして資源の増加やより効率的な利用を求めて変化を自ら作り出すことがある。しかし、それは必ずしも他の人びととの間のより良い関係につながるとは限らない。しばしば開発の営為と共生のための努力との間には矛盾が生じるが、人びとはそうした矛盾を何とか乗り越え、あるいは切り抜けて暮らしを紡ぎ続けようとしている。人びとの前に横たわる矛盾、限界や問題も含めて、人びとの開発と共生に向けた潜在力のありようを、具体的な事例にもとづきながら活写するのが、本書がめざすところである。

本書では、人びとの暮らしとお互いの関係に影響を与える三つの変化として、資源の希少化（あるいは豊富化）と多様化、市場経済の浸透、国家の形成という三つに着目する。この三つの要素は、アフリカ諸国に広く生じている諸々の変化に共通して関わる要素でもあろう。

人びとは資源を利用することで日々の暮らしを紡いでいる。そうした資源として、土地、水、森林などの自然資源がまず思い浮かぶが、本書では今日のアフリカの人びとの暮らしの変化、多様化・多面化を念頭において、より広く、自然資源を変化させて得られる食物などの生産物や電力などのエネルギー、市場がもたらす現金収入、雇用、あるいはそれらを得るための人的ネットワークや情報などの手段、あるいは他の資源の入手や処理に必要な時間、空間、インフラなどの公共財等も広く資源として捉えることとしたい。資源のありようは、人びとが暮らしを依存しているものであるから、当然暮らしや人びとどうしの関係に大きな影響を与えているだろう。また資源のありようも、人びとの暮らしやお互いの関係から影響を受けている。そうした人びとと資源の相互作用を変化させていく大きな要因は、新しい知識や技術の導入である。

市場とは人びとが自分自身の利益を求めて、取りあえずお互いの合意のもとに、モノやサービスをやり取りする場である。その対極にあるのが、自給と相互扶助の論理である。市場経済の訪れは、アフリカの多くの社会にとって、それほど昔のことではなく、アフリカの人びとの多くは自然に直接働きかけて資源を入手する自給を基本とした生活をおくってきた。今日のアフリカでも、農村を中心として自給の営みは広範に行われ、その一方で多くの人びとは市場からも多様な生活資源を入手し、それで足りない部分は相互扶助で補い、人びとはそれらを組み合わせながら、暮らしを紡いでいると考えられる。

資源、市場と並んで、本書でアフリカにおける人びとに影響を与える重要な要素として取り上げるのは、国家である。国家は、権力という強制手段を背景に（また民主国家の場合は人びとの合意を基礎として）、資源の分配や徴収を行い、また市場取引、特に経済活動に規制や助成を加えることで、人びとの暮らしとお互いの関係に様々な影響を与え得るものである。そして国家は、より多くの開発への協働と共生を組織し得る主体でもある。ただ、現代アフリカの国家の起源は植民地化という外からの押し付けであり、その意味で、アフリカの国家はおしなべて若く、わたしたちの住む日本のように国家の機能や制度が社会の隅々にまで及んでいる訳ではない。しかし、他方で、国によって、また機能や制度によって差異はあるものの、アフリカの人びとの日常に国家が強く関わり始めていることも事実である。

大切なことは、今のアフリカでは、資源をめぐる変化、市場経済の浸透、国家機能の形成という大きな変化が、それぞれ相当に広く、またかなり急速に、そして相互に影響を与えながら進行しているということであろう。ただ、その変化の深度や速度は、社会によって、またことがらによって多様である。そして、近代の開始以降、市場と国家が世界各地に広がっていくに当たり、その拡大の過程は状況や局面によって多様なかたちをとり、それぞれの人びとは市場や国家との関わりに多様な意味を見出してきたと考えられる。そのことはまた終章で振り返ることにしよう。

いずれにせよ、アフリカは今、大きな移行期ないしは変動期にあって、人びとの暮らしと共生のあり方はその変動の深甚な影響を被っている。そのなかで、人びとは立ちすくんでいるのではなく、暮らしを維持し、改善し、あるいはその他のかたちで変化させ、新しい状況のなかで、お互いの関係、あるいは企業や国家等その他の主体との関係を絶え間なく作り直し、そこにさまざまな意味や可能性を見出し続けているだろう。本書では、多くの事例の検討を通じて、資源、市場、国家をめぐるアフリカの大きな変動期における人びとの営みのなかに、暮らしの維持・改善と互いの共生に向けた潜在力を見出すことができるのか、できるのであればそれはどのようなものなのか、そして、そこには開発と共生の間の矛盾、限界や問題がどのようなかたちではらまれているのか、そうしたことを考えていきたいと思う。

2　アフリカの変動と潜在力を捉える枠組み

さて、右のような問いに答えるうえで、踏まえなければならないのは、資源、市場、国家をめぐる変動のありようである。その変動を捉える際に重要なことは、おそらく二つある。一つは、アフリカと世界の関係であり、もう一つは資源、市場、国家の三つの次元の変動の相互の関係である（図1）。

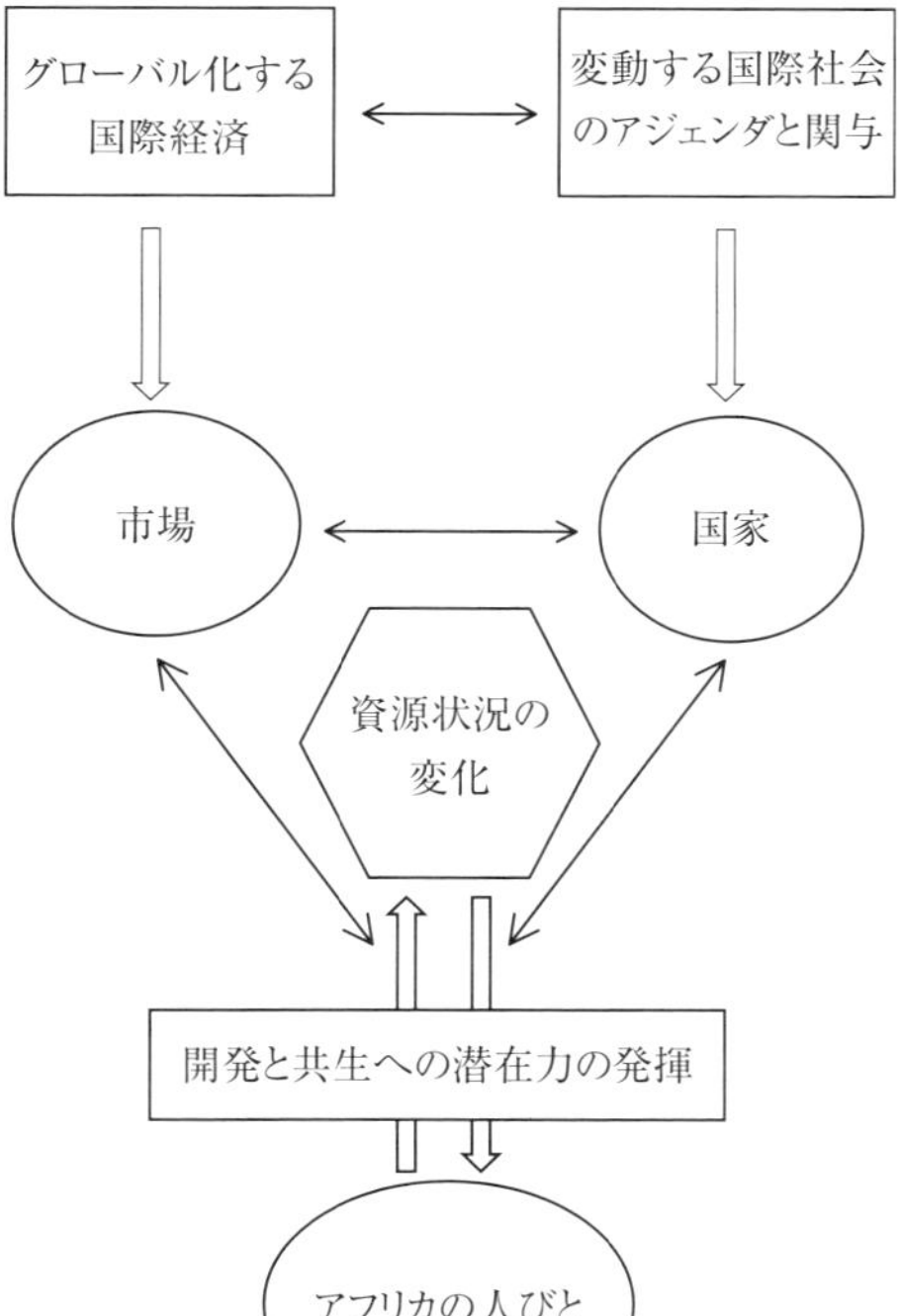

図1　市場・国家・資源および人びとの潜在力

まず大事なことは、アフリカはもはや世界のなかで孤立したまま、独自の時間を刻んでいる訳ではないということである。今日のアフリカの変動は、地球環境問題の顕在化と深刻化をはじめとして、大陸の隅々への国民国家体制の波及とそのもとで引いては寄せる「民主化」の波、そして各国の経済の市場取引を通じた連動化という、世界における政治経済の大きな変動と密接に関わりながら生じている。

一九八〇年代からの長い経済の低迷のなかで、アフリカ諸国は世界経済の底辺で周縁化を余儀なくされていたが、資源・一次産品ブームが生じた二一世紀初頭以降は、アフリカ内外の企業やその他の経済主体が、国境を越えて貿易・投資活動を活発化させている。こうした動きは、アフリカの普通の人びとにも大きく関わり、少なくとも一部の人びとの暮らしは世界の政治経済のあり方に大きく左右されるようになっている。まさにアフリカの普通の人びとの暮らしに触れるところまで、市場のグローバル化が及んできていると言ってよいだろう。

他方で、いわゆる国際社会でかわされる、貧困削減、環境の持続可能性、民主主義、人権尊重、少数者の権利の擁護などをめぐる議論から生まれてくる、広い意味での開発アジェンダは、アフリカの国家の政策ばかりでなく、人びとの暮らしや意識にまで関わるようになっている。そして、アフリカの諸国家はたしかに若く、不完全ではあるが、いわゆる国際社会の諸主体——援助供与国や援助機関・国際ＮＧＯ——は、国際アジェンダを人びとの暮らしのレベルで実現しようと、アフリカの国家を後押しし、国家が機能不全の場合には、しばしば国家を迂回し、代替するかたちでさまざまな開発に向けた関与を行っている。だが、不完全な国家、あるいは外来の主体の関与は常に人びとの意思や行動と接合するとは限らず、その本来の開発への意図とは異なった結果をもたらすかもしれない。

いずれにせよ、国際経済のグローバル化や、国際社会におけるアジェンダは、それ自体が少しずつ変化しながら、アフリカの変動に影響を与えている。

もう一つ重要なことは、アフリカの変動は資源、市場、国家の変化がそれぞれの次元で個別に生じているのではなく、お互いに連動しながら進んでいるということであろう。その連動の概要を、人びとの資源への働きかけを中心に据えて、考えてみよう。

まず、農村地域の住民をはじめとして、アフリカの多くの人びとは依然として、自然に直接働きかけ、自らの生活のための資源を得る、自給生産に暮らしの基盤を置いていると考えられる。重要なことの一つは、アフリカの人口増加は世界で最も急速であり、そのために人びとは自然からの資源の採取を増やさざるを得なくなっていることである。他方で、自給生産にとって代わるまでには至っていないけれども、市場経済は年を追ってアフリカの人びとの暮らしに浸透しつつあり、特に経済成長とグローバル化の影響もあって、自然からの資源採取の需要拡大に拍車がかかっていると考えられる。また、新しい技術の導入は、人びとのより望ましい暮らしのために、自然などから入手できる資源の量を増やし、あるいは新しい利用のあり方を可能にする。こうしたことは、資源の入手や利用をめぐる、人びとの間の食い違いや競合をもたらすことがあり得るだろう。その食い違いや競合は開発と共生を求めるうえで人びとに突き付けられた課題だろう。浸透しきっていない市場や、形成途上の国家は、人びとがそれらの課題を乗り越えるための枠組みや機能を十分に提供することはできない。そこに、人びと自身が自ら開発と共生のための潜在力を発揮する余地が大きく残されていると考えられる。

他方で、経済成長とグローバル化にともなう資源への需要の拡大のなかでは、多国籍企業や援助機関、国際NGOなど、比較的新しい主体がアフリカの市場や人びとの暮らしの身近に登場し、そうした主体とどのような関係を結ぶのかという課題が、潜在力を発揮しようとする人びとの眼前に横たわることになる。新しい主体との関係の構築は、さまざまな失敗をともなうものであり、容易に安定した共生関係に至るわけではない。都市を中心に人びとはますます市場経済に身を委ねるようになっているが、グローバル化を通じて外から及んでくる変化との関わりは、時に人びとの暮らしを危機におとしいれる。アフリカの国家は新しい主体と人びとの共生を後押しする十分な機能を持たず、人びとの暮らしへのリスクを減らすこともできない。そこにもまた、人びと自身が直接新しい主体と接触しながら、開発と共生のための潜在力を発揮する余地が大きく残されている。そして人びとは、グローバル化の影響に対して単に受け身なだけではなく、外界からもたらされる、新しい技術・知識やノウハウを取り入れて、自らの開発に役立て、さらには、お互いの関係や国家との関係をより共生に沿うものに変えていこうともしているだろう。ただ、そうした営みは、他の誰でもなく、アフリカの人びと自身のものであるから、既に述べたように必ずしも国家やその他の外来の主体の開発への意図と接合するとは限らない。そこにも一つの矛盾が生じる可能性がある。

右で、アフリカの若い国家の機能が不完全で、人びとの開発と共生への希求を十分後押しできないということを述べたが、しかし、そのことは、国家が人びとの暮らしに全く影響を及ぼしていないことを意味しない。他方で、重要なことは、形成途上にあるアフリカ国家の資源の供与や規制が、しばしば社会のなかで不均等に人びとに影響を与えていることである。そのことは同じ国のなかでも、国家との関係が、個人や集団によって異なり、さらには暮らしのあり方にも異なる影響をもたらすことを意味している。人びとの間で不均等な資源の配分や差異をはらんだ関係性は、格差や軋轢の原因となり、共生にとっての大きな障害ともなりかねない。実際にそうした障害は国家レベルでの集団どうしの紛争につながる多くの例をアフリカは経験してきた。だが、そうした課題に対してもアフリカ社会は決して手をこまねいている訳ではない。同じ国に住む人びとと全ての間で共生を求めようとする意識や努力も存在していると考えられる。その意味でわたしたちのアフリカの人びとの潜在力をめぐる考察も、決して身近な隣人だけではなく、より広く国民全体の共生につながり得るものとして進められていかなければならない。

以上述べたことの概略だけをまとめたものが図1である。これを枠組みとして据え、アフリカの人びとの開発と共生に向けた潜在力のありよう、そして、それに関わる矛盾、限界、問題を考えていくこととしたい。

3　各章の概要

本書ではアフリカの一〇の事例を取り上げ、アフリカにおける経済的次元に関わる変化と人びとの対応を、事実に即して具体的に活写する。全ての事例が、直接、間接に資源、市場、国家に関わっているが、三つのどれにより焦点を当てているかに応じて三部に分けている。

その観点から各論文の紹介を兼ねて、本書の概要を以下に説明しよう。

第1部は、本書の各章のなかでも、特に人びとの自然資源の利用に深く関わる論考からなる。それらの論考を通じて、自然からの資源採取に直接依存するアフリカの人びとが経験している変化が、人びとの共生に向けてどのような課題を突き付けているかを具体的に論じていく。

第1章「ワークフェアと貧困・飢餓対策――サヘル農村における労働対価の援助プロジェクト」（大山修一）は、急速な人口増加のなか貧困・飢餓および砂漠化の問題に瀕するニジェールの農村において、人びと自身の努力と引き換えに援助を供与するワークフェアという開発アプローチに注目する。ハウサの人びとに対するワークフェアを通じた援助は、政府の機能不全のために外国援助機関が主に行っている。ワークフェアは、砂漠化に抗して環境を改善する人びとの自発的な協働と報酬の均等な分配を呼び起こし、飢餓に陥りかねない人びとの食料をめぐる状況を改善している。それは活発な「動き」とそれを通じた富の獲得および分配を重んじるハウサの人びと固有の論理によるところが大きい。改善した食料状況は、その固有の論理に則って男性たちの子どもの数を増やそうという意欲を刺激するという、人口増加の抑制の要請には逆行する帰結も派生させている。そこに、人びと固有の論理に根ざす開発と共生への希求と、援助側のめざす目的との合致と矛盾をはらんだ複雑な交錯を見ることができる。

第2章「農村世帯の独立自営と協調行動――北部タンザニア都市近郊農村の水資源利用の軌跡から」（池野旬）は、タンザニア北部の一集落における希少な水資源の開発と利用・配分に注目する。グローバル化のもとで生じた高度の経済成長は地方都市にも及び、周辺の農村の人びとの環境や暮らしも影響を受けつつある。その集落の人びとは、乾季灌漑栽培と自主水道敷設という開発活動を通じて、生産および生活において水資源の利用を進めてきた。だが、グローバルな経済変動の影響を受けた上流部の山地における作物の転換によって水資源への需要が拡大するなか、それまで水を分け合ってきた、親族関係にある山地住民に配慮した集落の人びとは、灌漑農業を放棄して都市への建材の供給を始めるなど生業を変更・多様化した。また集落の人びとは自治体に依存せずに、自ら水道を敷設した。その事業は技術的問題で挫折したが、新住民の流入や生業の多様化による水のアクセス・利用目的の多様化に直面して、人びとは強いて意思統一を行わず、水道事業の再建の先延ばしを選択している。こうしたことは、人びとが変動する水資源の状況を踏まえ、複雑化する人間関係における紛争を回避するために選んだ共生のための柔軟な「転回」として捉えられるだろう。

第3章「内発的な開発実践とコモンズの創出 ── タンザニアにおける水資源利用をめぐる対立と協働に着目して」（荒木美奈子）は、長年傾斜地での農耕や治水が住民自身で行われてきたタンザニア南西部高地農村を対象とし、製粉、給水、発電への水資源の利用を目的とした開発事業に注目する。当初、水力製粉の導入から始まった事業を担うべく、村民代表、地域の教会、行政関係者から構成された運営組織はさまざまな対立を解きほぐし、あるいは切り抜けつつ、水の利用を給水へ、そしてドイツ人技師の支援を受けて発電へと広げていった。特に発電事業は学校・診療所、また多くの人びとが使うようになった携帯電話への電源供給などの「共的領域」での需要に応えて効果を挙げた。それは傾斜地での水資源利用に関する在来の知識・知恵と新しい適正技術の接合と考えられる。さらに村内各世帯の電化をめざす取り組みが始まっているが、こうした各々の「私的領域」の電化には、費用負担の能力の違いによって村民の間で意欲の差が見られる。また、水資源の持続的利用に欠かせない流域環境保全をめぐって上流を含む近隣の村々との間に、また、水資源利用への課金をめぐって行政との間に対立の火種が残っている。そうした対立を越えていくためには、多様な利害関係者が関わる「協治」を進めることが課題になる。

第4章「井戸待ち行列にみる村落自助集団の秩序 ── ケニアにおける水セクター改革と受益者負担の持続性」（上田元）は、生活用水の利用に着目し、人びとが自発的に形成した地下水汲みあげのための行列のルール（不文律）について、ケニアのヴィクトリア湖岸地域の村を事例として考察する。全世帯の飲用水アクセスの確保をめざし、政府は新しい政策の下、水利用組織のフォーマル化を求めてきた。しかし、人びとは新しく開発された井戸の利用に関して、ロバの使用など運搬手段の導入などの変化に合わせながら、行列のルールを変え、しかもそのルールをおおむね平等に、また弱者の状況に合わせて柔軟に運用してきた。そこにはロバを使用する者と人力で水を運ぶ者との間のルールの設定や運用に関するせめぎ合いが生ずるが、本章では、変化してきたルールのもとでの待ち行列のシミュレーション分析を通じて、地下水が比較的豊富ななか、ルールの焦点が用水量自体よりも、むしろ待ち時間という資源の配分と公平化にあることが浮き彫りにされている。そこでは、水資源利用のルールの設定と運用は、国家とは無関係なところで展開されるインフォーマルなものにとどまっているが、それは村そのものの変わりゆく状況に応じた、共生のための資源の利用と配分の仕組みの人びと自身による構築とも言えるだろう。

第2部では、経済のグローバル化に後押しされ、市場経済が浸透するなか、そこで生じている新しい主体の登場、グローバル経済と人びととの直接のかかわり、都市における消費活動の活発化などの状況の変化に注目する。そして、人びとがどのように新しい主体と関わりを持ち、また市場経済の不安定さに対応し、さらには、新しい技術を経済活動に応用しながら、暮らしや生業のあり方を変化させ生き抜こうとしているのかに焦点を当てる。

第5章「企業と農民の信頼関係の『脆さ』を越えて —— ウガンダにおけるビール会社と小農との新しい社会的結合」(西浦昭雄)は、ウガンダのビール産業を事例として、進出した外資系企業と原料供給農家の間の契約栽培の推移に注目し、企業と農民の間の社会的結合がどのように形成され、展開したかについて考察している。ウガンダでは、近年のビール消費の増加に対応し、二つの外資系企業が工場を設け、原料である大麦の現地調達をめざした。調査対象の村においては、自給が基本で現金収入の機会が限られていたが、企業から投入財の優先供与などを受け、その企業に生産物を納入する契約栽培という新しい関係に多くの農家が参入していった。しかし、企業と農家の社会的結合は脆く、不作や需要の増大で大麦が逼迫すると、企業側が競争会社の契約農家から買い付けるなどのモラル・ハザード的行動が見られた。国家の履行強制機能が弱いなか、企業側は農家への技術支援を強め、農家側も組織の会社化を進め、技術普及員や農民組織が関係の調整役を担うという、両者それぞれが努力をはじめている。それは、外資系企業という新しいパートナーとアフリカ農民との間の共生関係構築に向けた模索の過程と考えることができるだろう。

第6章「グローバル化と都市労働者 ── マダガスカルにおけるインフォーマルセクターの役割」（福西隆弘）は、マダガスカルの縫製業を事例に、グローバル化の恩恵で発展した輸出向け産業の労働者が負の外生的影響にどう対応したのかを論ずる。同国の縫製業は、アメリカ向け輸出の特恵措置の恩恵を受けて、首都アンタナナリボにおいて多くのフォーマルな雇用を創出するようになった。そこでの労働者には比較的教育水準の低い者や女性も含まれていたが、彼らはグローバル経済にいったんは生計を委ねるようになったと言ってよい。しかし、同国の反憲法的な政変のためにアメリカの特恵措置が停止され、労働者の半数が職を失った。つまり、国家の失敗によって人びとはグローバル経済とのつながりを断たれた訳である。マダガスカルの国家が失業者を保護する機能を持たないなか、人びとは新たな生計の途を自ら求めざるを得なかった。本章では統計データの分析を通じて、大半の失業者がインフォーマルセクターで新たな職を得ることができており、その収入は統計的に有意には下がっていないこと、また失業し続けた者の収入は大きく下がったものの、親族の送金によって助けられている場合が多いことを明らかにした。つまり、国家が人びとの雇用や所得を守る機能がないなかで、インフォーマルセクターの雇用や相互扶助が、人びとが生き抜いていくためのセーフティネットとして働いている。そこにアフリカ社会の共生に向けた潜在力の一つのあらわれを見出すことができるだろう。

第7章「路上空間から情報コミュニケーション空間をめぐるコンフリクトへ ── タンザニアの路上商人を事

例に」（小川さやか）はタンザニア北西部の都市で商業の活発化に応じて進行する、路上商人らの営業場所と業態の変化に考察を加える。拡大する都市住民の消費に対応してさかんとなっている路上商人の営業活動は、膨張する若年人口を吸収するインフォーマル経済活動の一例であり、アフリカの普通の人びとの暮らしへの市場経済の浸透の典型でもある。そこでは、路上商人たちが移動性を生かして空間を利用し、商店主や顧客と多様な関係を結びながら生計を立てている。しかし、政府・自治体の側からは彼らの活動空間に厳しい規制を加え、他方で代替的な郊外の公設市場への移転を求め、それに反発する商人たちの暴動をしばしば招いてきた。彼らの不満は地方政治の大きな争点ともなっていた。しかし、都市中心部での再開発や貸店舗の建設などの都市空間の「不可逆的な」変化を受けて、一部の路上商人は貸店舗の店主や共同賃貸者になるなどのフォーマル化によって対応した。他方で、そうした新しい変化の恩恵を十分に受けられず、空間という資源から遠ざけられる路上商人の不満は放置された。このような状況のなかで、携帯電話という新しい技術の導入は、商人の仕事のあり方に急激な革新をもたらしている。携帯での通信や送金のサービスが空間を共有せずとも顧客との関係や信用を維持でき、そのニーズを満たすことを路上商人に可能にしたのである。そして、都市中心部の公共空間の占有の意味が弱まり、多くの路上商人が郊外の公設市場に拠点を移してフォーマル化することに帰結した。そこに、情報媒体の進化によって生じた空間という資源をめぐる状況の変転に応じ、新しい技術を用いて他者との関係を再編しながら生き抜いていこうとする人びとの潜在力の発揮のかたちを見ることができるだろう。

第3部は、アフリカ諸国において十分な国民の統合なしに進行しながらも、徐々に社会のなかに浸透しつつある国家機能の形成のもとで人びとはどのように国家に向き合い、国家を認識しているのか、そして、国家のもとでどのように自らのアイデンティティ、暮らし、互いの関係を維持・再編しようとしているかについて検討している。

第8章「外生の変容をかわす生業戦略の柔軟性――タンザニアの狩猟採集民と多民族国家」（八塚春名）はタンザニアにおいて，国家の枠組みが浸透するなか，同国の中央高地において，狩猟採集民族と言われてきた二つの少数民族の異なる生活選択と帰結について比較考察する。その一つハッツァは植民地期から繰り返されてきた国家の定住化と農耕普及の試みに抗して，主な生業としての狩猟採集を捨てなかった。先住民への国際的な関心が高まるなか，ハッツァは先住民としての自己表象を掲げて発言権を拡大し，また自らの狩猟採集民としての特殊性を観光資源として現金収入を得ている。他方，早くから近隣住民と接触してきたサンダウェは文化的には狩猟に重きを置き，他民族からは軽蔑・疎外も含めた特別視を受けながらも，国家の定住化・農耕奨励に順応してきた。二つの民族の人びとの暮らしにより立ち入って見てみると，ハッツァは狩猟採集民としてのアイデンティティを現金と引き換えに切り売りすることだけではなく，時に暮らしに遊動生活を交え，近隣住民とも生活資源の売買関係を結ぶなど，柔軟な暮らしを選びとっている。またサンダウェも開発で先んじる有力な民族集団との軋轢を経験しながらも，その集団と市場でのやり取りを重ねている。多様な集団を含む形成途上の国家については，両民族の人びとが重ねているような，日々の暮らしのこまやかな実践に目を向けることが，共生に向けた潜在力の発揮を見つめるうえで重要であろう。

第9章「教科書に見る民主主義と多文化共生――エチオピア連邦民主共和国における市民性教育」（山田肖子）は，視点をある国家に属する人びと全体の共生に転ずる。本章では，エチオピアの民主化の過程で導入された「市民性及び道徳教育」のあり方を，中等教育高学年の教科書に見られる意図されたカリキュラムの分析を通じて考察している。エチオピアでは，民主主義の基盤が根付いておらず，多様な民族が存在し，その共生の実現が重要な課題とされているなか、「市民性及び道徳教育」は教科として重要な役割を担うべきものである。教科書の時系列的分析は、当初、外来の概念の引き写しであったこの教科が、次第にエチオピアの現状に即したものとして現地化され、また双方向教育を採用するなど、目的や内容の面で徐々に整えられていったことを明らかにしている。他方で、この教科は、少数派の民族によって主導され、強権を交えて維持されているエチオピアの現政権の支配を正当化するという機能を、現実に持っていることも明らかとなっている。それは人びとの民主的な認識にもとづく共生をめざすはずの市民性教育が、エチオピアの現実のもとでは大きな矛盾をはらんでいることを意味しているだろう。

第10章「国民統合、政治暴力、そして生活世界――ケニア農村における紛争と共生」(高橋基樹・長谷川将士)は、短期ではあるが大規模な紛争、いわゆる「選挙後暴力」(二〇〇七～二〇〇八年)に見舞われた、ケニアの大地溝帯周辺の高地農村地域に注目する。この国の政治経済史と実際の紛争の展開状況を踏まえ、現地調査を通じて得られたデータにもとづき、人びとの暮らしや意識を、襲撃された村と襲撃したとされる村との比較を交えながら考察する。「選挙後暴力」については、それが、大きな民族間の激しい衝突を伴ったこともあって、ケニアの国民統合の、「部族主義」的分裂による破綻を想起させるものだった。しかし、本章が明らかにするのは、紛争地域の人びとの多くが、民族間に公平な政治を望み、為政者の腐敗に憤り、さらに困窮した他民族に支援を惜しまないという国民統合に適った意識を持っていることである。同時に、紛争の原因とされる土地問題に関しても、その根底にあるべき登記制度については、民族間の認識にそれほどの違いがなく、その意味で土地市場に関する共通の意識が民族を超えて形成されているのである。ケニアにおける民族紛争は、同じ国家に属することを認識しているがゆえに、一方の民族が同じ国家のもとでの不正、格差、自らの周辺化に憤懣《ふんまん》を抱くことで起こってきたものであり、逆に、その国家の共有意識のうちに将来の国民全体の共生に向けた潜在力発揮の可能性を見出すことができるであろう。

本書の一〇編の論攷より、アフリカにおける急速な変動のなかで、人びとをとりまく資源や市場、国家に関連した困難や矛盾、限界を理解し、人びとのもつ開発や共生の実現に向けたアフリカ潜在力の豊かさを読みとっていただければ、幸いである。そして、その潜在力は決してどこか別の世界ではなく、わたしたちと同じ地球の上でともに生きている人びとが備え発揮しつつあることを、本書全体を通じて少しでも活き活きと感じ取って頂けるのであれば、編者として望外の喜びである。

第1部

資源を生かす

第 1 章

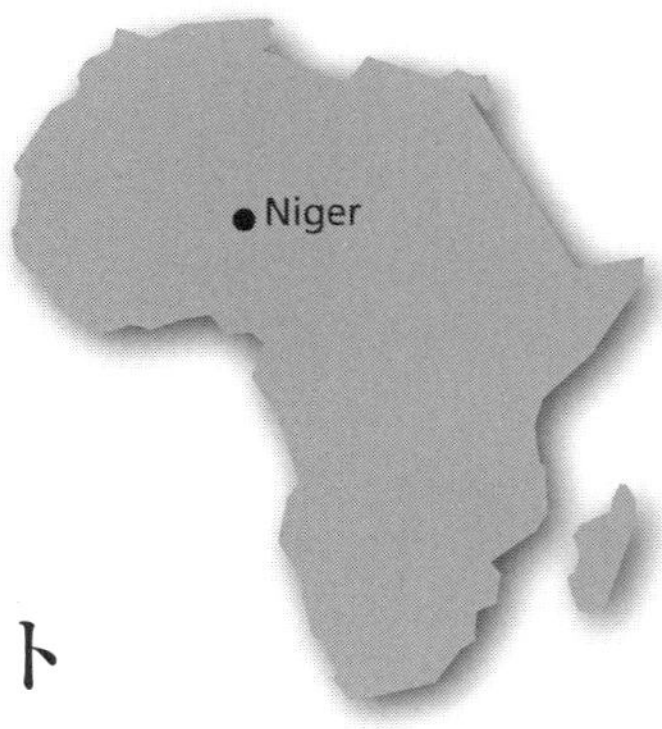

ワークフェアと貧困・飢餓対策

── サヘル農村における労働対価の援助プロジェクト

大山修一

扉写真：無償で配布される食料援助。ニジェールのマハマドゥ・イスフ大統領の第二夫人マリカ女史の主宰するタッタリ・イヤリ財団（La Fondation Tattali-Iyali）が2014年にドッソ州ドゴンドッチ県に対して食料品などを寄付した。マリカ夫人が来場し，企業から集めた米80トンとトウジンビエ30トン，小麦30トン，砂糖50トン，ビスケット500箱，食用油（5リットル）500本，水くみ用ポンプ100台，化学肥料30トン，発電機92台，ソーラーランプ1000セット，蚊帳1000張，医薬品などを披露し，群衆から喝采を浴びた。これらの物資は周辺住民に対して無償で配布されたが，住民のひとりは「食料や化学肥料などが山積みにされていたのに，実際に受け取った食料はトウジンビエ5 kg，米10 kgにすぎず，発電機もソーラーランプも見かけたことがない」と不満をもらした。善意の品は無償配布されたが，すべての住民の手に十分にいきわたらない場合，逆に反感を買うこともあり，援助物資の配布は非常に難しい。

1　ワークフェアとは何か？――経済格差の是正と貧困削減

世界各国の政府は現在、自国内の経済格差の拡大を眼前にし、貧困層に対する所得と食料の配分をどうするのかという難しい問題を抱えている。途上国の貧困層に対する無償の食料・現金の給付は食料不足や飢餓、貧困の問題を短期的に解決することはできるが、援助対象のターゲットを特定するのが難しく、また、無償の食料援助がその国や地域の食料市場に混乱を引き起こすと同時に、住民が援助に依存することで、農業生産や労働に対するインセンティブを阻害するという問題が議論されつづけている（Dearden and Ackroyd 1989; Fitzpatrick and Storey 1989; Singer 1989, Lavy 1990; Clay *et al.* 1999; Abdulai *et al.* 2005など）。外国からの支援による資源の提供については本書の第3章、第4章、第5章、第9章、第10章においても触れることになるが、本章では特に食料援助とそれに対する人びとの対応に注目する。

右のような問題に対応すべく、途上国における食料援助のあり方を変えようという動きがある。Food-for-Work（以下、ＦＦＷ）、Cash-for-Work（ＣＦＷ）、Voucher-for-Work（ＶＦＷ）、すなわち、労働を対価とした食料の支給、あるいは現金の支給、引換券の支給が、その解決策のひとつである。三種類とも、援助プロジェクトが提供する労働に人びとが従事することによって、食料や現金、引換券を得ることができるところに特徴がある。引換券とは、特定の店舗で食料品や日用品と引き替えることができるものである。国際連合世界食糧計画（World Food Programme：ＷＦＰ）は二〇一四年に五六ヵ国で八一七プロジェクトを展開し、一二億五〇〇〇万ドル相当のバウチャーまたは現金の支給を見込み、今後、さらなる拡大をめざしている。途上国においても、携帯電話の普及がすすんでいることから、引換券は"e-voucher"としてデジタルで支給されることもある（WFP 2014）。

ＦＦＷとＣＦＷ、ＶＦＷはワークフェア――「労働対価による援助」と呼ばれることがあり、日本でいう、公共事業による報酬の給付を目的としている。ワークフェアは一九九〇年代以降のサハラ以南アフリカでさかんになり、この枠組みでは無償で食料や資金を支給せず、なにかしらの労働やプロジェクトへの貢献をすることにより、その報酬として食料や現金が配給される。住民に与えられる仕事は高度な技術を必要としないもので、道路やダム、灌漑の建設、共有地における植林や土壌保全などの仕事が多い（秋山・杉野 1991; Holden *et al.* 2006）。このワークフェアは支援を必要とする人びとに短期的には食料や現金を支給すると同時に、長期的には公共事業を進め、社会開発を促進するという二つの目的を組み合わせて、援助プロジェクトを適切に運営するという点に大きな特徴がある。

しかし、この方法にはさまざまな問題が指摘されている（Devereux 1999; Ravallion 1999; Gebremedhin and Swinton 2001; Jayne *et al.* 2002; 成岡ら 2008）。ワークフェアでは、援助国や援助機関の支援方針に依存し、効果の永続性に欠けること、緊急に食料や現金を必要とする人びとの居住地と公共事業を必要とする地域がかならずしも一致するわけではないという問題、そしてワークフェアが地域住民の労働配分に偏りをもたらすこと、女性や子ども、老人、病人などの社会的弱者が労働に参加できず、利益を得ることができないといった問題が報告されている。

ワークフェアに焦点をあてた研究はサハラ以南アフリカ、とくにエチオピアに多く、そのほかジンバブエやニジェール、南アフリカなど、特定の国に集中する（Webb 1995; Gebremedhin and Swinton 2001; Haddad and Adato 2001; 牧野 2005; Holden *et al.* 2006 など）。南アフリカをのぞく三ヵ国は内陸国に位置し、干ばつの常襲地域をかかえており、年によっては飢餓の問題が深刻となる。本章で取り上げる、西アフリカのサハラ砂漠の南縁、サヘル地域に位置するニジェールの食料事情はサハラ以南アフリカ諸国のなかでも最低の水準にあり、増えつづける貧困層に所得と食料をどう配分するかが問題となっている。

ニジェールの農村に対しては二〇〇五年以降、毎年のように食料支援が続けられている。この食料支援では、ワークフェアが定着し、砂漠化防止プロジェクトや識字教育が農村部で進められ、食料や現金が支給されている。本章では、ニジェール農村においてワークフェアの実施が契機となり、さまざまな課題に対峙しようとする住民の生きる知恵や人びとの結束力がどのように浮かび上がってくるのかを「アフリカの潜在力」として明らかにすることを目的とする。まずニジェールにおける食料支援の推移を検討したうえで、国家やＮＧＯの提供する砂漠化対策プロジェクトや植林、識字教育などのワークフェアが住民の生活にどのような効果と影響をおよぼしているのか、そして住民がワークフェアに参画する理由とその生活論理を明らかにしていきたい。

2　ニジェールの農業気象――国土の大部分を占める砂漠

ニジェールではその国土は大きく四つの生態ゾーンに分類され、農業開発や地域計画が立案されている(République du Niger 2000)。年間降水量が一〇〇ミリメートル以下の地域は「サハラ・ゾーン」と呼ばれ、国土面積の六五パーセントを占めている。一〇〇～三〇〇ミリメートルの地域は「サヘル―サハラ・ゾーン」と呼ばれ、国土の一二パーセントを占め、年間降水量が三〇〇～六〇〇ミリメートルの地域は「スーダン―サヘル・ゾーン」

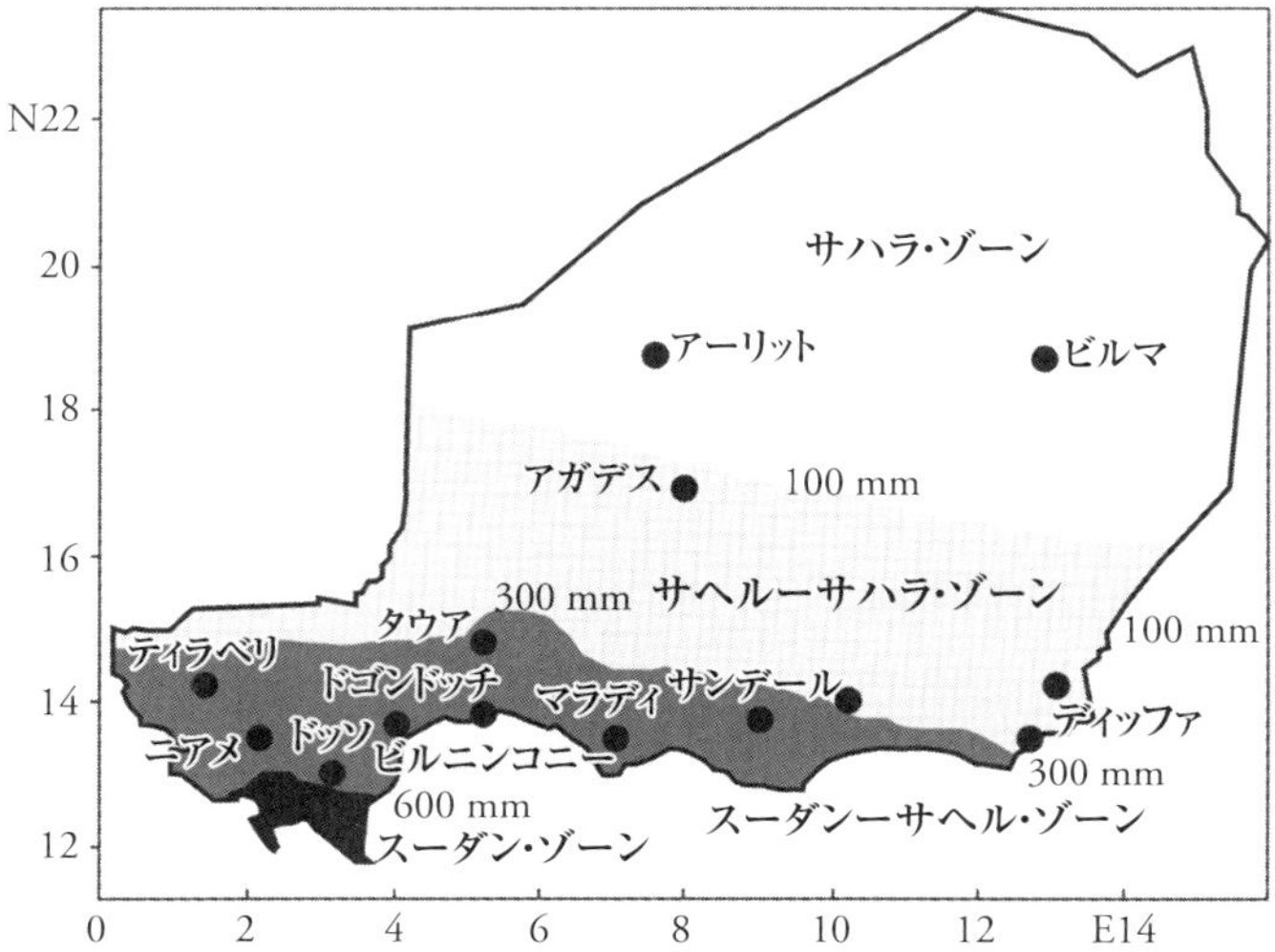

図1　ニジェール共和国の農業気象

と呼ばれ、国土に占める割合は二二パーセントである。年間降水量が六〇〇ミリメートル以上の「スーダン・ゾーン」は国土のわずか一パーセントを占めるにすぎない（図1）。

「スーダン―サヘル・ゾーン」と「スーダン・ゾーン」は農業が卓越する地域である。「スーダン―サヘル・ゾーン」では乾燥にもっとも強い穀物であるトウジンビエがひろく栽培され、「スーダン・ゾーン」ではソルガム（もろこし）が栽培されている。トウジンビエを天水で栽培できる年間降水量の限界は三〇〇ミリメートルであり、その等雨線は学術的に飢餓前線と名づけられている（門村 1992）。飢餓前線の付近でもトウジンビエの耕作地は分布しており、この地域が干ばつの常襲地域となる（図1）。図1のタウアとザンデールは干ばつの常襲地域である（USAID 2006）。両方のゾーンでは、農耕民によって補助的な牧畜がおこなわれると同時に、乾季になると、サハラ砂漠とその近縁部で遊牧していた牧畜民が家畜を連れて南下し、放牧する。

「サヘル―サハラ・ゾーン」では農耕はほとんどおこなわれず、牧畜が卓越する地域となる。牧畜民は家畜を連れて遊動するが、乾季になると、南方へ移動する。「サハラ・ゾーン」でも雨が多く降った年には家畜の放牧がみられるが、乾燥に強いラクダが中心となり、家畜の群れはごくまばらになる。

厳しい気象条件のため、「サハラ・ゾーン」の人口密度は一平方キロメートルあたり一人に満たない。この地域では道路やインフラの整備が進まず、警察や国家の権力がおよびにくいことから、反政府勢力の活動地域となっている。一方、全人口（一一七六万人）の七五パーセントが全国土面積の二五パーセントに相当する「スーダン・ゾーン」と「スーダン―サヘル・ゾーン」の両地域に集中し、人口密度は三〇～八〇人と高い（République du Niger 2000）。また、ニジェールにおける合計特殊出生数、つまり女性が一生涯に産む子供の数は一九九〇年には七・八、二〇〇〇年には七・一であり、二〇〇〇年から二〇一〇年にかけた年平均の人口増加率は三・五パーセントと非常に高い（World Bank 2012）。この人口増加率は二一年で人口が二倍になる驚異的なペースであり、このような人口の急速な増加は耕作地の不足、干ばつによる飢餓と貧困の問題に直結する。

3　干ばつと飢餓、そしてボコ・ハラム――サヘル諸国の厳しい政治環境

サヘル地域が国際社会から注目を集めたのは、一九六八年から一九七三年に発生した大干ばつのときである。このとき、飢餓によって何十万という人命と多数の家畜が失われたとされる（Somerville 1986）。セネガルとモーリタニア、マリ、ガンビア、ニジェール、ブルキナファソ、チャドが干ばつ対策国家間常設委員会（ＣＩＬＳＳ：Comité Permanent Inter-Etats de Lutte Contre la Secheresse dans le Sahel）を設けて対策に乗り出した。一九七六年にはサ

ヘル諸国の開発を正面から取り上げ、経済開発を促進することを目的にＯＥＣＤ（経済協力開発機構）の加盟国、国際機関、ＣＩＬＳＳ加盟国が協議する場が必要としてパリにサヘル・クラブ（Club du Sahel）が設立された。ＯＥＣＤの援助フォーラムとしてアメリカやイギリス、フランス、カナダ、ドイツ、日本などが参加している。サヘル・クラブは干ばつ対策として食料の増産、砂漠化の防止、民間部門の支援をめざし、国際機関や援助国の援助を調整している（Somerville 1986; 黒河内 1998; Egg and Gabas 1997）。

　サヘル諸国では大きく変動する降水量、干ばつの発生、貧栄養土壌という厳しい自然環境のなかで農業や牧畜業の生産性を上げて産業を育成し、増加する人口を養うという重い課題が存在し、その対策が緊急の課題となっている。各国政府は一九七二年の干ばつ以降、国際機関や外国からの支援を受けながら砂漠化、つまり土地荒廃の問題、飢餓や貧困の問題に取り組んでいる。

　食料問題の解決は貧困の削減や生活レベルの維持・改善だけでなく、国内政治を安定させるうえでも重要である。干ばつによってサヘル地域では食料の生産量が低下し、飢餓が発生する。サヘル地域の食料自給率は一九六〇年に九八パーセントであったが、干ばつのあった一九七三年には六五パーセントにまで落ち込んだ。降雨が戻った一九八〇年に自給率は八六パーセントに改善したが、一九八四年には干ばつがふたたび襲い、食料自給率は五五パーセントに低下した。一九八〇年代の干ばつでは、牧畜民が多くの家畜を失った。失った家畜の割合はニジェールで五〇パーセント、マリで四〇～五〇パーセント、モーリタニアで四〇パーセントと推定されている。ニジェールでは一九八四年の干ばつによって、穀物生産が平年の五〇パーセントにまで低下した（Somerville 1986）。

　飢餓の発生はこれまで西アフリカ諸国の政治状況を不安定にし、クーデターによって軍事政権が誕生してきた。

一九七二〜一九七三年にかけてサヘル諸国を襲った大干ばつによってニジェールでは軍によるクーデターが発生し、軍事政権が誕生したという経緯がある。また、サヘル地域に居住するトゥアレグの多くが一九七二〜一九七三年の大干ばつで家畜を失った結果、各国の国家経済に大きな打撃を与えるとともに、その後トゥアレグが反政府勢力を結成し、二〇一六年現在にいたるまでサヘル地域や国家の政治的な安定に影響を及ぼすことになった。

二〇一一年八月にリビアのカダフィ政権が崩壊したのち、大量の武器がニジェール国内へ流入し、治安の悪化が加速している。マリとニジェールの砂漠地帯ではアルカイダ系の反政府組織が活動している。また、ナイジェリア北東部では西洋文化の排除を目的に「ジハード（聖戦）」と名乗り、ボコ・ハラムが破壊活動をつづけ、ニジェール国内でも農村を襲撃している。そのため、ナイジェリア北東部と隣接するニジェール東部のディッファ州には避難民が流入し、二〇一五年六月の段階で四五万七〇〇〇人が食料支援を必要とし、そのうち二六万人に食料が配給されたという報告がある（WFP 2015）。

4　国際支援の重要性 ―― ニジェールの不安定な食料生産

一九六〇〜一九九〇年にかけて、干ばつの発生年を別としてニジェールの食料生産は国内需要を満たすものであった。一人・一日あたりの必要最低カロリー二一〇〇キロカロリーを満たす、一人あたり二三〇〇〜二五〇〇キロカロリーという国内食料が供給されていた（Webb 1995）。一九九〇年代まで乾燥化傾向が顕著であったが、二〇〇〇年以降には降雨の変動が大きくなるものの、農業地域における降雨が比較的に順調だったこともあり、

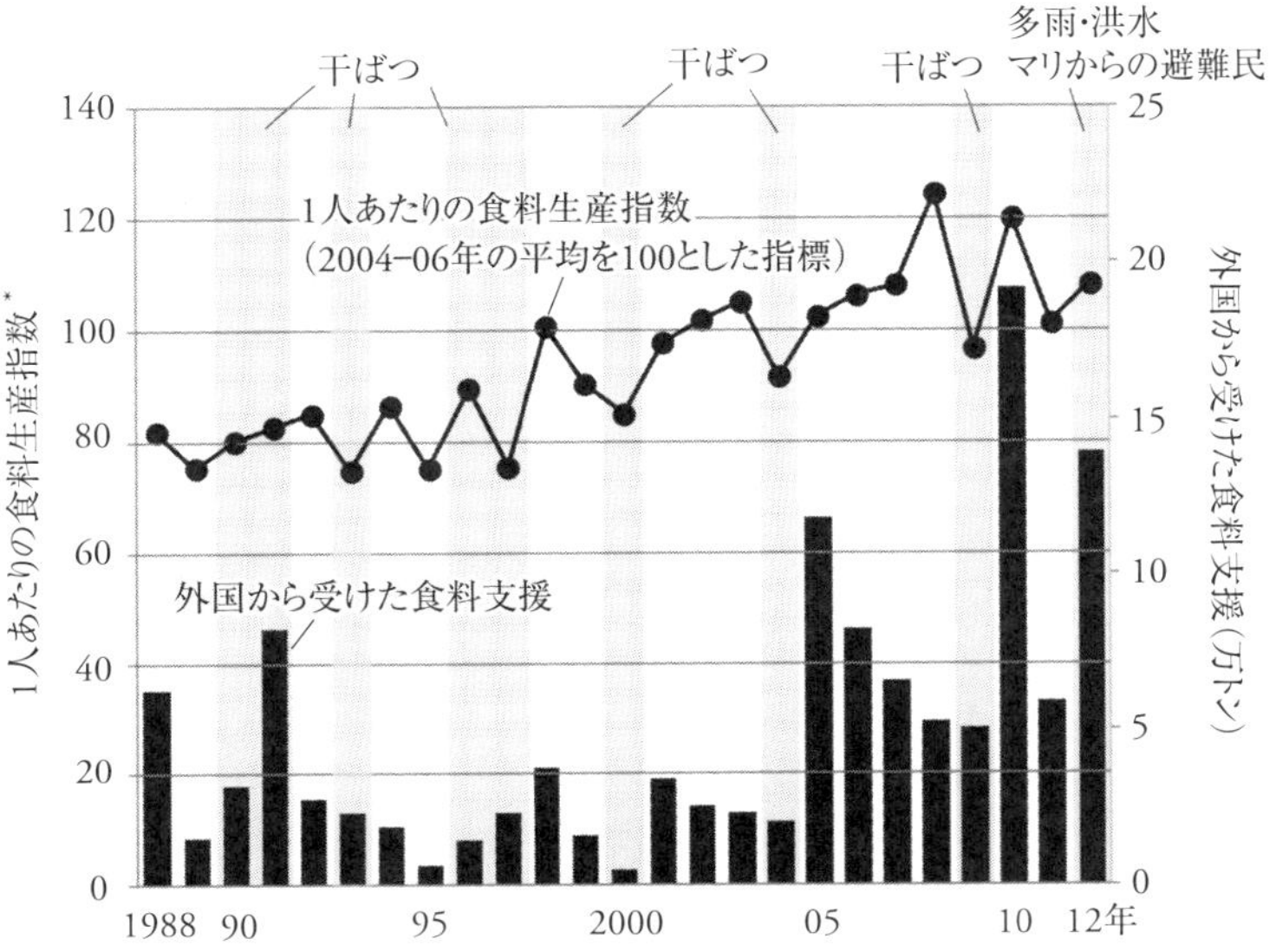

図2　ニジェールにおける1人あたりの食料生産指数と食料支援の推移

出所：FAOSTAT（FAO 2015）

注：降水量300ミリメートルを下回るとトウジンビエ生産が困難になることから，干ばつ常襲地域のディッファとタウアの年間降水量が300ミリメートル未満になる年を干ばつ年として取り出した。

一人あたり食料生産指数は一〇〇を越え、生産状況は一九九〇年代よりも改善したことがうかがえる（図2）。しかし、食料生産が良好であっても、国内の食料事情は非常に厳しいものがある。

図2のように、二〇〇〇年以降もニジェールでは食料支援が毎年、続けられている。WFPはニジェール政府に小麦や小麦粉、米、食用油、肉、ミルク、魚製品などを提供している。ニジェール南部については、二〇〇五年と二〇一二年の収穫直前の飢餓が厳しかったとされる。どちらの年も、前年に干ばつが発生し、農業生産が低下したためである。WFPは二〇一二年に国民の六〇パーセントに相当する五五〇万人が飢餓に苦しみ、八億ドルの食料支援が必要だという緊急声明を出した。その直後に国際社会が食料支援に動き、二〇一二年には米七・七万トン、トウモ

表1　ニジェールむけ支援食料の品目と重量（2012年）

品　目	重量（トン）
米	77,182
メイズとダイズの混合粉	22,239
トウジンビエ	13,368
小麦	12,058
トウモロコシ	8,458
ソルガム	4,681
マメ類	3,566
食用油	3,439
小麦（ダイズ配合）	1,500
米（くず米　20％混合）	1,230
補助食品	630
そのほか穀物	390
砂糖	180
食用油（ビタミンA添加）	130
食塩（ヨウ素添加）	20
ナッツ（ラッカセイなど）	13
食塩	4
そのほか	1
合　計	149,089

出所：FAOSTAT（FAO 2015）

ロコシとダイズの混合粉二・二万トン、トウジンビエ一・三万トン、小麦一・二万トン、トウモロコシ〇・八万トンなど合計一四万九〇八九トンの支援食料がニジェールに届けられた（表1）。

国連開発計画（UNDP）が二〇一四年に発表した人間開発指数では全一八七ヵ国のうちニジェールは最下位にあり、経済や国民生活、医療・健康、教育、女性の社会参加、どの指標も低い状態にある（UNDP 2014）。ちなみに日本は一七位である。これらの人間開発に関わるデータをニジェールと日本を比較しながら紹介すると、ニジェールでは一五才から一九才女性一千人あたりの特殊出生数は二〇四・八（日本では五・四）、周産期死亡数は一〇万人あたり五九〇人（五人）、乳幼児死亡率は一千人あたり六三人（二人）、五才未満死亡率は一千人あたり一一四人（三人）、五才未満の栄養失調は四三・九パーセント（データなし）、一日あたりの所得が一・二五ドル未満の人口比率は四三・六パーセント（データなし）、平均寿命は男性五八・三才（八〇・一才）、女性五八・六才（八七・〇才）という厳しいデータが並ぶ。人間開発指数は、各国における住みやすさの指標とされることもあるから、ニジェールは世界中でもっとも住みにくい国ということになる。

二〇〇五年以降、ニジェールに対する国際的な食料支援は増加する傾向にある（図２）。それは、二〇〇五年にニジェール政府と国際社会はともに飢餓の兆候を見のがし、その発生を抑止できなかったという教訓を残したためである（Aker 2008）。飢餓の問題は降水量の変動や干ばつ、内戦や紛争の発生だけでなく、政府の対処能力と国際社会の関心、支援の取り組みと受け入れ、市場の動きが強く関係する（Gazibo 2009; Jézéquel 2009 など）。

不作だった二〇〇四年の穀物―主食用のトウジンビエとソルガムの生産は過去一〇年間の平均値と比較して一二パーセントの減少であったが、穀物価格は一〇年間の平均値より二五パーセントも上昇した。ニジェールの当時のタンジャ大統領は国内に飢餓の発生はないことを強調し、国際社会に対する緊急支援の要請を拒否しつづけた。二〇〇四年一一月になって、ＦＡＯ（国際連合食料農業機関）やＵＳＡＩＤ（米国国際開発庁）は食料不足に対する早期警戒情報を発信し、飢餓の問題が現実のものとなった。ニジェール政府は七万八一〇〇トンの緊急食料支援を要請したが、国際社会は例年どおりの支援要請だと機敏に反応せず、有効な支援を打たなかった。

ＢＢＣ（英国放送協会）がニジェールの食料問題を大きく報道し、ＭＳＦ（Medecins sans Frontieres：国境なき医師団）が緊急声明により支援の必要性を訴えたため、国際社会がようやく支援を開始した。ニジェール国内に支援物資が届いたのは二〇〇五年六月のことであった（Rubin 2009）。この時点で二四〇万人の国民が飢餓に直面し、八〇万人が生命の危機に瀕したと報告されている。

ニジェール国内における飢餓の発生が政府と国際社会の対応のまずさにあったと指摘されているが、ニジェール政府が当初、支援の要請を拒否したことが大きい。そのほかにも、早期警戒情報が降水量と穀物の生産量を重視しすぎていたこと、ニジェール国内の栄養失調の国民割合が毎年二〇パーセント前後と高い数値が報告され、国際社会がニジェール政府の要請に注意を払わなかったことが挙げられている。

そして、食料の輸入元であるナイジェリアにおける穀物相場の動向を見落としていたことも大きな原因であった。平年であれば、ニジェールにおけるトウジンビエの価格上昇は一年間に四四パーセントであったが、二〇〇四年一〇月から二〇〇五年八月までの価格上昇は八九パーセントもあった（Aker 2008）。ニジェールが輸入する穀物の七五パーセントはナイジェリアに依存しており、ナイジェリアで高騰したトウジンビエ（二四〇フラン／キログラム、一円＝約五フラン）を購入できる経済力がニジェールの国民にはなかったのである。

世界の食料価格は近年、乱高下を繰り返している。二〇〇二年と比較して、二〇〇八年にはＦＡＯの食料価格指数は二倍になり、過去三〇年間でもっとも高くなった（FAO 2008）。二〇〇七〜二〇〇八年にかけて穀物価格が高騰したことで、地球上の飢餓人口は九億二三〇〇万人になったという推計もある（FAO 2009）。二〇〇八〜二〇〇九年には食料価格の高騰とともに、金融危機による世界経済の減速と世帯収入の減少が追い打ちとなり、世界の飢餓人口は一〇億人を越えたという。その背景には急速な都市化の進展によって食料需給が変化し、都市部において飢餓が蔓延したことがある。都市と農村の双方で、貧困世帯の多くは食料の購入者であり、その生活は食料の市場価格の変動に影響を受けやすい。サヘル地域の人びとの所得は低く、購買力が弱いため、近年における食料価格の高騰は飢餓の問題に直結している。

5　ニジェールにおけるワークフェア――砂漠化対策と食料支援

ニジェールにおける労働と結びつけた緊急食料支援は、一九七三～一九七四年の干ばつと飢餓を契機として急速に増加したとされる。この時期の援助プロジェクトは緊急の食料支援に特化し、永続性をもたず、事後評価されることは少なかった（Webb 1995）。一九七〇年代の後半までに各援助プロジェクトの計画は食料支援だけでなく、社会開発にも焦点をあてるようになった。飢餓が発生した一九八五年にはＮＧＯを中心とした一八〇件の小規模プロジェクトが食料を報酬とし、雇用を人びとにもたらしたとされている（World Bank 1988）。ＮＧＯだけでなく、ＷＦＰや世界銀行の多くのプロジェクトがニジェール政府との連携のもとで活動を開始し、一九九二年には少なくとも一四ヵ国の援助国とＮＧＯが一〇〇ヵ所以上でワークフェアを実施した。

Webb（1995）がまとめた、一九八〇年代から一九九〇年代初頭にかけてニジェール国内で実施されたワークフェア一七件はドッソ州やタウア州、ティラベリ州、マラディ州という広範囲を対象としたものである。その事業内容は植林やテラス（階段耕地）作り、ガリー浸食の防止、道路と井戸、灌漑水路の建設、都市衛生の改善などを目的としたものである。プロジェクトの実施主体はＷＦＰやＵＮＤＰ、ＦＡＯ、ＵＮＣＤＦ（United Nations Capital Development Fund：国連資本開発基金）、ＩＬＯ（International Labour Organization：国際労働機関）、世界銀行、ＥＥＣ（European Economic Community：欧州経済共同体）をはじめとする国際機関のほか、アメリカやドイツ、イタリア、オランダ、スイスの援助国、ＣＡＲＥやキリスト教団体をはじめとする国際ＮＧＯである。ニジェール政府は援助計画の承認とプロジェクト実施への参画をしているが、出資や事業運営の主体はあくまで援助組織の側にある。

たとえば、一九八四〜一九九一年にかけてタウア州ケイタ県で実施された植林と浸食防止の事業にはFAOとWFP、UNDP、イタリア政府などの国際機関と援助国が三三〇〇万ドル、ニジェール政府が一二〇万ドルを拠出した。四二〇〇日の雇用が創出され、援助の対象地域に居住する五〇〇〇世帯が参加した。住民たちはプロジェクトの植林や浸食防止の作業に参加し、食料や現金を入手している。このプロジェクトに参加した住民のうち、六五パーセントが女性であった（Webb 1995）。

一九八〇年代から一九九〇年代初頭にかけてニジェールのワークフェアに投じられた予算は一億五〇〇〇万ドル以上となり、のべ二二〇〇万日の雇用が創出された。多くは植林と浸食防止対策のテラスづくりであった。このうちWFPは一九八九〜一九九二年にかけて一九〇〇万ドルを投じ、合計八三〇万日の雇用を創出し、うち七一パーセントが植林と浸食防止対策に充当された。

これらのワークフェアにより、国内各地で植林や砂丘固定、表面流去水の管理、浸食防止対策が推進されている。一九九〇年代には植林面積が五三七平方キロメートル、砂丘固定の施工面積が一二一平方キロメートル、表面流去水の管理と浸食防止対策のとられた面積が三二八七平方キロメートルと集計されている（République du Niger 2000, 2004）。この面積はニジェールの国土面積のうち〇・二パーセントにすぎないが、広大である。ニジェールの政府機関である「砂漠化防止と自然資源管理に関する実行計画・技術委員会」（PAN-LCD／GRN）は一九九七年に、砂漠化対策の推進にあたって住民参加型アプローチの重視を表明した。住民参加型アプローチは、国内各地で地元住民の協力を得て砂漠化防止事業を進めると同時に、砂漠化対策をワークフェアと位置づけ、毎年、ニジェールに集まる砂漠化対策の援助資金を、地域住民に対して配分する仕組みだと理解できる。

Webb (1995) によると、これらのワークフェアには以下のような特徴があるという。(1) 地方の農村部に偏っており、都市を対象としたワークフェアは少ないこと、(2) 砂漠化対策に重点がおかれ、機械を使わず、労働集約的になりがちであること。砂漠化対策には一ヘクタールあたりの土地への施工は五〇～三〇〇人の労働力が必要だと報告されている (Derrier 1991)。(3) プロジェクトへの参加は無償のボランティアであることが望まれているものの、実際には住民には報酬が支払われていること。農村部では食料、都市部では現金で支払われ、ワークフェアの形態は農村部では食料の支給 (Food-for-Work)、都市部では現金の支給 (Cash-for-Work) となる傾向が認められる。(4) 農村部のワークフェアの参加には女性が多く、その割合が六〇～八〇パーセントを占めること。プロジェクトの実施は、農繁期となる雨季を避け、乾季に集中する。そのため、男性は出稼ぎに出ており、多くの女性が低い賃金もしくは食料の支給で働く一方で、都市部でのワークフェアでは報酬が現金で支払われる傾向にあり、男性が多く従事する。一九九一年に首都ニアメで実施された道路建設、側溝の清掃、ゴミ回収、土壌保全では二万七〇〇〇日の雇用が創出され、この雇用機会には定職のない男性が従事した (Webb 1995)。

農村部と都市部ともにワークフェアに従事する人びとには特徴があり、地域社会のなかで貧困層に位置し、世帯構成員の人数が多く、労働力に余裕のある世帯に属していること、そして教育レベルが低く、小学校を卒業していない人も多い。また農村部の住民には出稼ぎによる現金収入が少なく、生計を農業に依存している人が多く、栄養状態にすぐれない人が多いという。そして多くの子どもを養育する女性世帯の参加率が高いというのも特徴である。Webb (1995) は、これらの特徴により労働の対価として食料や現金を支給するワークフェアは仕事の内容と報酬を吟味することで、選択的に貧困層を救済しうる援助の仕組みであると結論づけている。

6　農村内の大きな経済格差と飢える人びと

本章で取り上げるのは、ニジェールの中南部に位置する農村―D村である。筆者は二〇〇〇年よりD村に住居をかまえて滞在し、住民の協力を得て調査を続けている。二〇一〇年の時点では五九世帯、五〇四人が居住する。住民のうち五六世帯の民族はハウサで、トウジンビエとササゲを栽培し、おもに雨季の農業と乾季の男性による出稼ぎを組み合わせて生計を立てている。のこり三世帯は牧畜民フルベの二世帯とトゥアレグの一世帯である。フルベは自分のウシやヒツジ、ヤギなどの家畜を飼いながら、ハウサの村びとの家畜を預かり、その世話をして生計を立てている。トゥアレグの一世帯は一五頭ほどのヤギを飼いながら、小規模な畑でトウジンビエを栽培している。住民の多くはイスラームを信仰している。

D村は、「スーダン―サヘル・ゾーン」の生態ゾーンに位置する。近隣の町ドゴンドッチには気象観測ステーションがあり、そこでは植民地時代の一九二三年より降水量が観測されている。一九八一〜二〇一〇年までの平均降水量は四六五ミリメートルであり、トウジンビエの天水栽培に必要な三〇〇ミリメートルを越えている。降水量データによると、三〇〇ミリメートル未満になったのは一九七二〜一九七三年のみであり、村の周辺は干ばつ常襲地域とはいえない。しかし、雨が三〇〇ミリメートル以上降ったとしても、トウジンビエの収量がかならずしも良好であるとは限らない。播種時期（六月）や収穫期（九月、一〇月）の豪雨、生長期（八月）の干ばつは作物収量の低下を引き起こす。村の古老たちは一九七二〜一九七三年、一九八四〜一九八五年、一九八七年、一

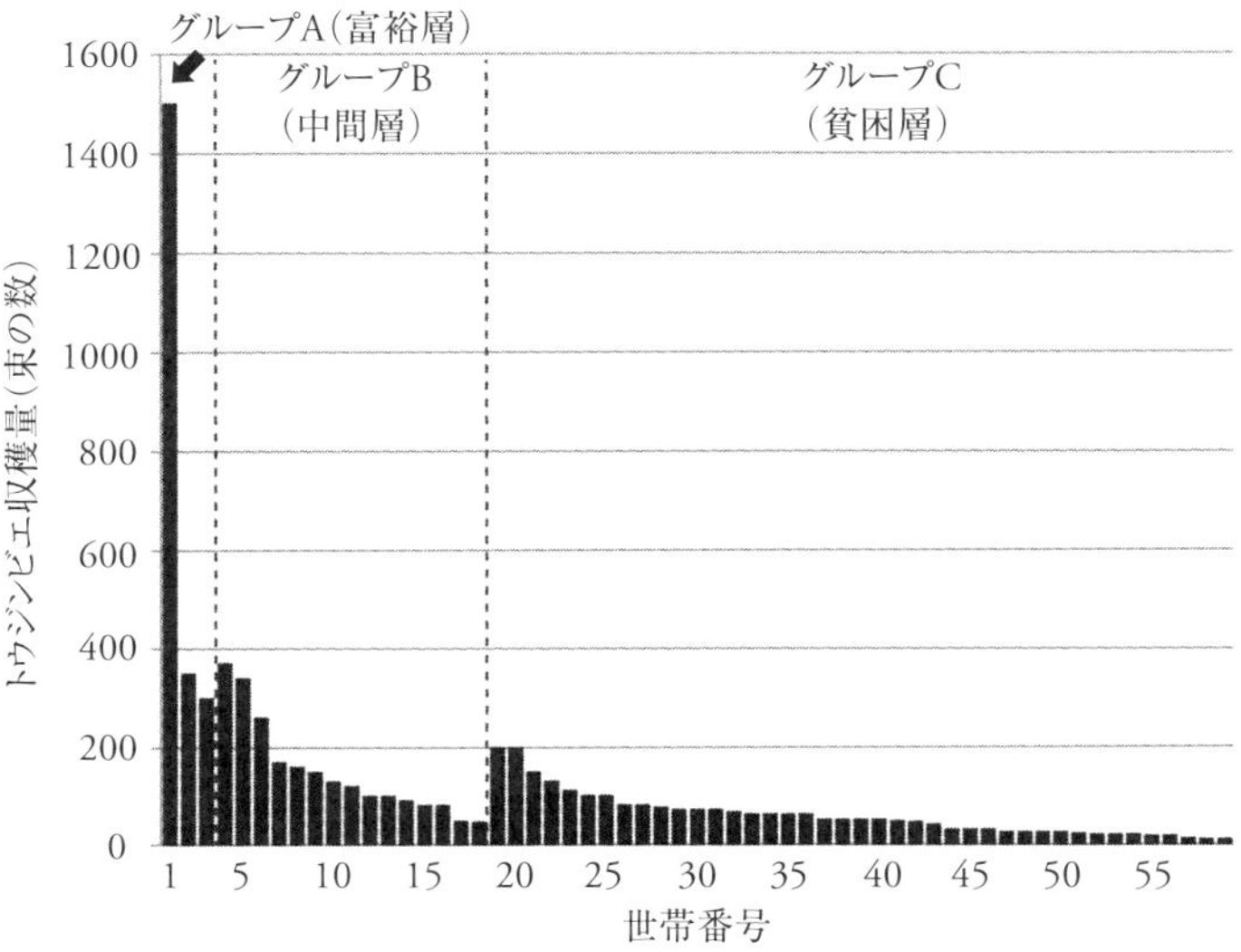

図3　D村のトウジンビエ収穫量と自給状況

九九三年、一九九五年の干ばつはとくに厳しかったと話し、「キャッサバ粉の飢餓」、「指輪に囲まれた飢餓」、「スカーフの飢餓」というように、それぞれの干ばつが引き起こした飢餓に対して名前がつけられている（大山二〇一三）。

図3は、二〇一三年にD村の全世帯が生産したトウジンビエ収穫量を示したものである。収穫量は穀倉のまえに並べられるトウジンビエの束を数えたものであり、一束はトウジンビエの穂三〇〇～四〇〇本である。村びとたちの評価によると、二〇一三年の降雨は平年なみであり、トウジンビエの収量は悪くなかったという。一束の穀粒の重さは一〇～一八キログラムまで変動があり、この重さは畑の土壌養分の多少が関係する。土壌が良ければ、ヘクタールあたりのトウジンビエの収量は一・一トン、土壌養分が欠乏すれば収量はゼロになる。

D村の世帯は三つのグループ―グループA～Cに分けることができる。グループAは自家消費に必要なトウジンビエの量を大幅に上回る余剰生産があり、次の収穫期が来ても前年度のトウジンビエを消費しきれない富裕層の世帯である。グループAの世帯は、市場に大量のトウジンビエを販売することもある。グループBは自家生産したトウジンビエで一年間にわたり自給することが可能であるが、市場に大量のトウジンビエを販売することはできない中間層に位置する世帯である。そして、グループCは次の収穫期までトウジンビエを自給できず、市場からトウジンビエを買ったり、借金をしたり、家畜を販売することで食料を確保している貧困層の世帯である。ワークフェアの食料支援がターゲットとするのはグループCである。D村ではグループA（富裕層）が三世帯、グループB（中間層）が一五世帯、グループC（貧困層）が四一世帯であった。収穫量が平年なみでありながら一年間の食料を自給できず、困窮する世帯が村では七割ちかくを占めていることが分かる。このような食料生産の状況は毎年、同じように続いている。

多くの村びとが長い乾季のあいだ、食料に困窮しているのが常態化している。飢餓への対応として、樹木を伐採し町へ薪を販売したり、家畜の販売、建築用の岩や砂の販売に従事したりして現金を稼得している。また、男性が積極的に国内外の都市へ出稼ぎに出て行くのも、必要な食料を購入するための現金稼得を主目的としている（大山 2015）。

7　「ハルクキ」——ハウサ農村の生活論理

ハウサの人びとは古くから積極的に都市へ出かけ、商業活動に従事し、ニジェールやナイジェリアなど各地の都市に根づいている（Adamu 1978）。男性が積極的に町へ出稼ぎに出て行くのは現金収入の稼得だけでなく、農閑期のあいだ口減らしをし、世帯の不足しがちな食料を節約するという消極的な目的もある。ただし、多くの現金や土産を村へ持ち帰って、家族や友人たちに気前よく分け与えることができる男性を、裁量ができる力のある人物として高く評価する。そんな人物をハウサ語でマビディ（*mabidi*）という。マビディは家族を飢餓で困らせることなく、食料や現金、労働力をうまく調達できる人物である。よく裁量できる人物と富裕者とはかならずしも同一ではないが、マビディにはフサファ（*busafa*）と呼ばれる裁量の力が備わっていると考えられている。マビディになることはハウサ男性の成功のイメージである。

この成功のイメージを支えるハウサの人びとの考え方がある。それは、「ハルクキ（*harkuki*）」というハウサ語である。このハルクキは、ハウサの人びとが毎日、交わす長い挨拶のなかにも出てくる言葉である。人びとは日々の生活や長い人生のなかでハルクキ、つまり「動き」を作り出すことが重要だと話し、農村に住む人びとは農耕や牧畜、出稼ぎといった活動以外にもさまざまな活動に従事し、それが明日の糧や将来の富につながると信じている。毎日の日課に継続して取り組み、そして、ときに新しい試みにチャレンジすることが重視される。アフリカの人びとの移動や変化の重要性については本書の第6章、第7章、第8章でも論じるが、ハウサの「ハルクキ」は、なかでも「動き」をより積極的・意識的に重んずる考えを象徴するものと言えよう。

少年が一〇才になれば、近隣の町や定期市に出かけて商売に従事することは普通におこなわれるし、誰も止めることはしない。一五才くらいになれば、見知らぬ都市へ出稼ぎに行き商売に従事したり、師匠となる人物を見つけ、技能を身につけ自分自身の適性をためしてみたりする。みずからが生きる「人生の糸口（*bida*）」を探し、自分の生きる道を探していくのである。人生は、「動き」――ハルクキそのものである。

疲れたり病気をしたり、あるいは怠慢な人間にはハルクキは少なく、人生の糸口も、生きる糧も将来の富も得ることはできないのだと語られる。また、子どもが少ないと、世帯の生活や経済活動を下支えする水くみや薪あつめの仕事をこなすものがいないので、世帯の動きは減少する。妻は一人でもよいが、二人、三人と妻をもつ方がよく、そして子どもは多くいる方が良いとされるのである。女性のなかにも、夫をひとりで面倒をみるのは大変で、二人の妻で支えるくらいでちょうどよいと考える人もいる。中東諸国で制限されている「妻は四人まで許される」というイスラームの伝統的な法規定がハウサ社会では最大限、拡張されている。多くの妻と子どもを持つことを良しとすることが、ニジェールの人口増加率は年率三・五パーセントという高い数値になる一因である。

現金も「動き」の源である。男性は都市へ出稼ぎに行き、現金収入があった場合には食料や土産を持って帰ることもあるが、現金で持ち帰って来ることが多い。持ち帰った現金は家のなかやポケットのなかで寝かせておくことはせず、すばやく次の投資へ振り向けられる。大きな現金収入があったときには、家畜—とくに雄ウシが購入される。繁殖用の雌ウシよりも、すばやく肥育し、高値で販売できる雄のウシやヒツジ、ヤギが購入される。雌の家畜を毎日、世話をして、それを元手に繁殖して、殖やすには手間と時間がかかるため、いまどきの男性は避けるきらいがある。

8　ニジェール農村におけるワークフェアと住民生活

ハウサ社会のなかで、援助プロジェクトは人びとに「動き」を与えるものである。D村には、さまざまな援助プロジェクトが実施されている。とくにD村の東側には広大なインゼルベルグ（孤立残丘）が分布する。このインゼルベルグ上には耕作地は分布しておらず、未利用地となっており、半月溝や長溝をつくる砂漠化防止プロジェクトがさかんにおこなわれている。

二〇一〇年より、アメリカの援助プロジェクトが本格的に動き始めた。プロジェクトの名称は食料安全保障プロジェクト（Programme de Sécurité Alimentaire et Nutritionelle）で、ドッソ州のなかでＤ村が重点七か村のひとつに選ばれたのだという。プロジェクトの主な活動は長溝の造成と植林による砂漠化防止対策、ローンによる化学肥料の提供と農業生産の向上、そして食料支援である。砂漠化防止対策と植林のワークフェアも計画に盛り込まれている。

二〇一〇年四月にはインゼルベルグ上において、表面流去水を防止するための長溝と半月溝が掘られた。長溝の長さは六〇メートルで、溝の深さは三〇センチメートル、幅は二メートルであり、半月溝は直径五メートルほどの半円状となっている。この長溝と半月溝を掘るためのツルハシとスコップが一〇〇本ずつ、村へ支給された。

村の住民五～七人で構成されるグループが一〇グループ結成され、溝の造成作業に取り組んだ。この作業に従事したのは合計で男性四〇人、女性三〇人であり、男性と女性はそれぞれ別個にグループをつくった。地面は固く、溝を掘るのはかなりの重労働である。男性七人のグループであれば、一日に二本の長溝をつくることができたが、女性八人であれば一日に一本の長溝をつくるのが精いっぱいだったという。長溝を掘る報酬として、その翌年（二〇一一年）四月には一五〇万フラン（＝約三〇万円）、七月には一七七万フラン（＝約三五万円）が支給され、各グループが掘った長溝の数にあわせて配分された。この作業に従事したのは、Ｄ村のなかで図１-３のグループＣに位置し、食料を自給できない住民であった。

二〇一一年四月には、掘った長溝に植栽する苗木の育成プロジェクトが村にやって来た。樹木の種子と育苗用の黒いビニールポット八〇〇〇枚、水やりに使うドラム缶、バケツ、じょうろ、井戸の水をくむロープ、一輪車、熊手が支給された。樹木の種子は *Acaccia laeta* と *Ziziphus mauritiana* の二種であった。提供された *A. laeta* の種子は二キログラム、*Z. mauritiana* の種子は六キログラムであった。この育苗作業を進めるため、D村の前村長の息子サイドゥを中心に、フセインやアフマドなど男性七人がグループを結成した。村では、プロジェクトの役職につけば、人や現金、モノ、情報の「動き」にアクセスでき、マビディとして七人はプロジェクトに関わる裁量をすることになった。男性七人のグループはサイドゥを中心とした人脈で形成されていたが、彼ら七人は図3のグループC—村の貧困層に属している。

この男性グループは六〇〇〇本の苗木を育てる育苗ポットをつくり、一ポットにつき二粒の種子を播種した。七人が分担して毎日、朝と夕方の二回、苗木に水をやりつづけた。毎日、井戸でドラム缶三本分の水をくみ、じょうろに入れて丁寧に苗木に水をかけた。一本の苗木を育てると、四〇フラン（＝八円）の報酬が支払われることになっていた。七人のあいだで話し合い、報酬は七人で等分に分けられることが了解された。金額としてはそれほど良い条件とはいえなかったが、育苗の成功は次の計画につながることを知っており、七人は八月までの四か月間にわたって水やりを続け、樹高二〇センチメートルほどの幼樹が育った。

二〇一一年八月、育った苗木をポットから移植される植林作業がおこなわれた。植林の場所は、前年に掘ったインゼルベルグ上の長溝であった。プロジェクトをうまくこなせば、次のプロジェクトへの「動き」となる。村にいる男性や女性、子どもも老人も、老若男女が総出で苗木を植えつけた。この植林作業に登録された人数は三四九人で、図3のグループに関係なく、ほぼすべての村びとが参加したことになる。村びとが植林作業をしているあいだ村のなかには人がいなくなり、静まりかえったほどである。大人は苗木を植え付ける穴を掘り、子どもは苗木の運搬と植え付けに従事した。

このプロジェクトにおいて参加者に対する労賃の支払いを担当したのはアスマナで、責任者として、村びとひとりひとりの参加状況を確認した。このアスマナは足に障害があり、普段から杖を使って歩行している。字が書けることで、アスマナは帳簿の記載と賃金の支払いの重要な任務を担っていた。アスマナにも、作業従事者と同様に報酬は支払われた。

長溝のなかには三歩ずつ、およそ二メートル間隔で苗木が植えつけられた。苗木の植え付けに支払われた報酬は八万九七五〇フランであり、この金額は責任者のアスマナによって等分され、老若男女、年齢や性に関係なく、等しく一人あたり二〇〇フラン（四〇円）が支給された。この支給額は決してよいものではなかったが、プロジェクト参加者として名簿に記載されることに意味があると考える住民は多かった。また、苗木を村から台地まで運ぶのに村びとの所有する牛車を使用したが、この牛車の使用についても一往復につき六〇〇〇フラン、二〇往復分で一二万フランが支払われ、牛車の所有者が受け取った。

この植林作業に参加した者に対し、二〇一二年三月と七月に支援食料が配給された。トウジンビエ一〇〇キログラム袋で、合計九〇袋が村へ運ばれてきた。八月の時点で、トウジンビエの貯蔵をもっていたのは一三世帯（二一パーセント）のみであり、のこり四九世帯（七九パーセント）はトウジンビエの貯蔵が尽き、生活は困窮していた。配給されたトウジンビエは無料ではなく、市場価格より安く設定され、村で販売された。市場ではトウジンビエ一〇〇キログラムが二万五〇〇〇～二万七〇〇〇フランで販売されていたが、村に運ばれてきたトウジンビエの販売価格は一万六〇〇〇フランであった。また、砂糖一キログラムの市場価格が八〇〇フランのところ四五〇フランで販売された。

安価に提供される支援物資の食料は、砂漠化防止対策のプロジェクトと連動している。二〇一二年四月に、村びとたちはふたたび、砂漠化防止の長溝を掘る作業に従事した。今回は支給される総額は決められず、一〇日間の作業で、歩合制ということで募集がかけられた。そのためＤ村の村びとは近隣村の住民にも、作業に参加するよう声をかけた。Ｄ村に保管されている帳簿では男性が九四人、女性が二六一人、合計三六五人が集まり、五〜一〇人のグループに分かれた。女性に比べて男性が少ないのは、男性は村外へ出稼ぎに出ており、村を留守にしていたためである。このなかにはフルベの男性五人、トゥアレグの男性三人が混ざっていた。

グループは五七組でき、各グループがインゼルベルグ上に長溝を掘る作業に従事した。長溝の長さは五〇メートルに指定され、両側に水を受け取るように、溝が張り出している。この長溝を作れば、二万五〇〇フラン（＝四一〇〇円）の報酬が支払われた。それをグループの人数で等分に分けるのである。若い男性のグループは一〇日間で三本の長溝を掘ったが、女性と子どもたちのグループは一本がせいぜいだった。記録によると、五七組のうち、三本の長溝をつくったのが二組、二本が一二組、一本が四三組であった。女性や子どもたちも作業に参加し、砂漠化防止プロジェクトより現金を入手し、食料を購入することができた。トウジンビエの収穫は、あと二週間ではじまる。収穫期を迎えれば、村びとの食料事情も大きく改善する。村びとは長溝を掘るプロジェクトから得た現金で、安価な配給食料を購入し、二週間後のトウジンビエの収穫期を待った。これらの砂漠化防止事業に参加することで、参加者たちは安価な食料や賃金を受け取った。

9　ワークフェアの目標設定の重要性

D村ではアメリカとイギリスの大学、アメリカのキリスト教系NGO団体の援助によって、成人を対象とした識字教育がおこなわれている。生徒の人数は男性が二五人、女性が二五人で、二〇〇七年から二〇一一年にかけて乾季の農閑期に毎日、開講されている。女性グループは正午から午後二時まで、男性グループは夜八時から一〇時まで、ハウサ語の読み書きを学習している。

教師をつとめるのは、村のなかで、読み書きのできる人物である。二〇一〇年の男性グループの教師はアスマナ、前節のプロジェクトで帳簿にプロジェクト参加者を記録した男性である。女性グループの教師はアルハジで、七〇代の男性である。アルハジというのは、マッカ（メッカ）巡礼者に対する尊称であり、彼の世帯は図3のグループA—自給を大幅に超える作物を生産する富裕層のグループに位置する。

教師二人には、プロジェクトから月額三万フラン（約六〇〇〇円）の給与が支払われ、識字教育を受ける生徒一人について二〇一〇年四月には小麦五〇キログラム袋で六袋、二〇一一年四月には小麦一・五袋が支給された。食料支援は、教師と生徒ともに識字教育に参加をつづける動機づけとなっている。識字教育は厳密な意味では労働ではないが、プロジェクトへの参加による食料の支援であることからFood-for-Work、一種のワークフェアだと考えられる。

D村に住むフルベの牧夫、アルは毎年四月になると、トウジンビエの貯蔵がなくなるし、家畜飼料の草本もなくなり、暑さが増してウシのミルクの出も悪くなるので、この時期の食料支援は助かると話した。識字教育により人名と数字を書けるようになったといい、胸元のポケットから小さな帳面を取り出し、たどたどしい文字で書かれた電話帳を見せてくれた。アルの世帯ではアルと妻ファティマ、そして三人の息子、二人の娘（下の娘は四才）、そして長男の妻と一才になる孫の九人で暮らしているが、二〇一〇年には三か月、二〇一一年には二週間にわたって支援食料で食いしのぐことができたという。小麦はもともと、この地域の主食食料ではなかったが、食料の乏しい四月に届く食料の支援は貴重であり、小麦を練り粥や揚げパンにして食べた。携帯電話で受信するメッセージを不自由なく理解できるようになるためにも、今後も識字教育を受けつづけたいと熱く話した。

また、上述のアメリカのキリスト教系NGOの援助プロジェクトによって、二〇一〇年八月に栄養改善を目的とした食料の配給がおこなわれた。四リットル（三・七キログラム）入りのサラダ油一〇〇本、トウモロコシとダイズの混合粉二五キログラム袋で三〇〇袋が村へ運ばれてきた（図4）。プロジェクト担当者は、〇～五才までの子どもがいる世帯を対象に食料を分けてほしいと説明した。さっそく村で会議がもたれた。世帯のなかに〇～五才の子どもがいる四七世帯について、一人の子どもにつきサラダ油が一～二リットル、トウモロコシとダイズの混合粉〇・五袋ずつが配給されることになった。この四七世帯にはグループA～C（図3）までの世帯が混在している。食料に困らない富裕層、グループAの世帯にも支援食料は配給された。

村びとたちは支援食料を消費したのち、この食料にはトウモロコシとソルガム、トウジンビエの粉が混ぜられていたと振り返ったが、その袋には英語で、「US AID CORN SOY BLEND NET 25KG（アメリカの援助、トウモロコシとダイズの混合）」と書かれ、アメリカ国旗の星条旗が印刷されていた。

グループCの貧困世帯にとって、支援食料は貴重である。サイドゥの世帯には、援助の対象となる子どもが

図 4　村で配分される支援食料

支援食料の配給については，援助団体の意向により，受給者が決められていることが多い。子どもの栄養改善を目的とする場合には，子どものいる世帯を列挙し，その人数によって均等に分けられる。住民の主食であるトウジンビエのほかに小麦や米，トウモロコシとダイズの混合粉といった本来の主食以外の食材が含まれるが，すべて消費されている。

六人、孫が一人いたため、サラダ油四リットルと二五キログラム袋で三袋のトウモロコシとダイズの混合粉を入手し、この食料で世帯は二週間にわたって食いつなぐことができたと話した。また、フセインには子ども二人がいるので、サラダ油二リットル、トウモロコシとダイズの混合粉一袋を入手し、二週間の食事に充当したという。八月は収穫の直前であり、多くの世帯が困窮しているため、この支援食料が村びとの「生命の糧」となったのは事実である。

しかし、この食料支援について、村びとからは意外な言葉が聞かれた。このとき、サイドゥは五九才であったが、彼はこんなことを口にした。「こんな援助があるのなら、みなが言っているように、わしも子どもを作らねばならないな。」この三年後の二〇一三年、サイドゥの第二夫人ビバタは六人目の子どもを産み、その男の子はナジルと名づけられた。子どもむけの食料支援があったから、子どもが授かったというわけではないだろうが、貧困層に位置するサイドゥの子どもたちは、第一夫人の産んだ八人とあわせて一四人となった。

今回、幼い子どもがいることで、支援食料を受けることができた。アメリカの援助関係者は栄養状態の悪い子どもに食料を届け、栄養状態を改善することには成功しただろう。しかし、飢餓の根本的な解決にはいたっておらず、逆に、人口増加が高い地域において、さらなる人口増加率の上昇を引き起こし、飢餓をまねくという危険性をはらんでいることを指摘しておかねばならない。

10　住民の力──厳しい現実を乗り越えるために

ニジェール農村部のワークフェアでは砂漠化防止対策や植林、識字教育と、食料と現金の配給とがむすびつけられ、Food-for-Work、Cash-for-Work として計画がすすめられている。ニジェール政府の統治能力は非常に脆弱であるため、最低限の国民生活を保障するという国家の基本的な役割を果たすことが難しく、農村への食料の配給やワークフェアの事業運営はＷＦＰや各援助機関が主導しているのが現実である。砂漠化対策や植林といった事業計画の場合、農村に対して、農閑期の乾季に雇用とともに、現金や食料の報酬が提供される。乾季の農村部では食料に困窮する世帯が多く、村に届く支援食料は人びとの生活にとって貴重である。

男性は都市へ出稼ぎに出かけていることが多く、作業に参加することはできないが、村で生活する女性や子どもが参加する割合が高い。また、みずからのもつ技能や体力、プロジェクトが求める労働の内容に応じて、女性や子ども、老人、体の不自由な人びとがワークフェアに参加し、食料や現金を均等に分配し、最低限の生活をお互いに保証しあうという平等性を求める指向性を認めることができる。この指向性によって、気前よく、みずからの食料や富を分け与えることのできるマビディが成功者のイメージとなるのである。

コミュニティーのすべての住民が飢餓に直面しながら生き抜くためには、この平等性を求める指向性はきわめて重要である。たとえ、ひとりあたりに支給される食料や金額がわずかだとしても、村の住民が老若男女に関係なく、全員で植林作業に参加する姿は、村の切実な食料事情を示し、プロジェクト担当者に対する訴求力は非常に強い。この訴求力の強さこそが、つぎのプロジェクトを呼び込み、厳しい現実を乗り越えるための力となっている。

ハウサ社会では、ハルクキ―「動き」が重視されていることを述べた。男性であれ、女性であれ、人は動き、人生の糸口をみつけ、努力することが大事だとされる。村の青・壮年の男性たちは積極的にワークフェアに参画し、任務をこなすことで、自分たちのため、そして村全体のために次のプロジェクトを引き出そうとする。さまざまな援助プロジェクトは村の人びとの「動き」を引き出すものであり、住民の「動き」によって次のプロジェクトの「動き」を引き出すのである。ハウサ社会が重視する、この「動き」こそが厳しい現実を乗り越える潜在力の源泉となっている。

しかし、この「動き」には危険な側面もある。若者たちが長年にわたる努力の継続にもかかわらず、報われないと感じたとき、社会に対する閉塞感、反発心をもち、反社会的な動きをみせることがあるのにも注意を払う必要があるだろう。ナイジェリア北東部を中心に破壊活動をつづけるボコ・ハラムという集団の名称が「教育は罪である」というハウサ語であり、ボコ・ハラムが結成された当初の背景には拡大する経済格差と貧困の問題が存在するという主張が多い（Agbiboa 2013; Aghedo and Osumah 2014 など）。「ハルクキ」に対する考えは、社会・経済状況によって、社会の活力や経済活動の活発化を引き出す一方で、反社会的な動きを加速するおそれもある。

第2章の池野が論述するように、タンザニアをはじめアフリカの多くの国々では二〇一〇年以降、経済が上向き、農村部で住民たちが自主的に生活向上を図っている。しかし、経済の好況がみられず、紛争国に囲まれるニジェールでは政府の統治能力が弱く、援助プロジェクトによるワークフェアの事業計画をどう設定するかは非常に重要である。ワークフェアの事業計画をどう設定するかは非常に重要である。本章では、砂漠化防止対策や植林、識字教育とむすびつけた事業を検討してきたが、報酬の支払いがプロジェクトの参加意欲を引き出しているのは事実である。砂漠化防止対策の溝掘りが降雨を受け止め、浸食を防止する効果があるのは明らかであるが、砂漠化防止対策そのものが雇用を創出し、報酬を分配するという効果以外で、住民生活の改善に対する直接的な効果がみえないのが現状である。支援食料を配給する目的のために、副次的に住民に対して労働を課しているようにも思える。ワークフェアとして住民生活の改善を期待できる、実効性のある事業の展開が必要であろう。そのためには、ニジェールにおける飢餓、貧困問題の根本的な解決は容易ではないが、これらの問題の構造を分析し、ニジェール政府と住民、援助関係者、研究者をはじめとする国際社会が粘り強く連携しつづけ、対処していくことが重要である。

謝辞

本章の執筆は、日本学術振興会科学研究費補助金（15H02591, 25300011 25580172, 24255019）によって可能となりました。記して感謝いたします。

参照文献

日本語文献

秋山忠正・杉野二郎（1991）「アフリカ・サヘル地域の植林の現状」『熱帯農業』三五（一）：六四―六九。

大山修一（2013）「『煮えた湯のなかの蛙』――アフリカ・サヘル地域における水と生命」『季刊民族学』一四五：五二―五九。

大山修一（2015）『西アフリカ・サヘルの砂漠化に挑む――ごみ活用による緑化と飢餓克服、紛争予防』昭和堂。

門村浩（1992）「サヘル――変動するエコトーン」門村浩・勝俣誠編著『サハラのほとり――サヘルの自然と人びと』四六―七八頁、TOTO出版。

黒河内康（1996）「立ち上がろうとするサヘル地域――サヘル・クラブ設立二〇周年」『月刊アフリカ』三八（一）：九―一四。

成岡道男・大平正三・内藤久仁彦（2008）「アフリカでの農村開発による気候変動へのセーフティネット」『農業農村工学会誌』七六：二三一―二三五。

牧野久美子（2005）「民主化後の南アフリカにおける所得保障制度改革 ―― 社会手当と公共事業プログラム」（宇佐見耕一編）『新興工業国の社会福祉 ―― 最低生活保障と家族福祉』アジア経済研究所研究双書 No. 548、一五九―一九七、アジア経済研究所。

欧文文献

Abdulai, A, CB Barrett and C Hoddinott (2005) Does food aid really have disincentive effects?: New evidence from sub-Saharan Africa. *World Development*, 33: 1689–1704.

Adamu, M (1978) *The Hausa Factor in West African History*. Ahmadu Bello University Press, Ibadan.

Agbiboa, DE (2013) No retreat, no surrender: Understanding the religious terrorism of Boko Haram in Nigeria. *African Study Monographs*, 34(2): 65–84.

Aghedo I and O Osumah (2014) Bread, not bullets: Boko Haram and insecurity management in northern Nigeria. *African Study Monographs*, 35(3 & 4): 205–229.

Aker, JC (2008) How can we avoid another food crisis in Niger? *Agricultural and Resource Economic Update,*12(1): 7–10.

Clay, DC, D. Molla and D Habtewold (1999) Food aid targeting in Ethiopia: A study of who needs it and who gets it. *Food Policy*, 24: 391–409.

Dearden, PJ and PJ Ackryoyd (1989) Reassessing the role of food aid. *Food Policy,* 12: 218–231.

Derrier, JF (1991) C*onservation des sols et des eaux et resources locales au Sahel: Enseignements et orientations*. International Labour Office: Geneva. Retrieved from http://staging.ilo.org/public/libdoc/ilo/1991/91B09_95_fren.pdf (Accessed on September, 2, 2015).

Devereux, S (1999) Targeting transfers: Innovative solution to familiar problems. *IDS Bulletin*, 30: 61–74.

Egg, J and Gabas, J-J (1997) *Preventing Food Crisis in the Sahel: Ten Years of Network Experience in Action 1985–1995*. Paris: Club du Sahel and OECD (The Organization for Economic Co-operation and Development).

FAO (Food and Agriculture Organization of the United Nations) (2008) The *State of Food Insecurity in the World 2008: High Food Prices and Food Security: Threats and Opportunities.* Retrieved from ftp: //ftp.fao.org/docrep/fao/011/i0291e/i0291e00a.pdf (Accessed on September 2, 2015).

FAO (2009) *The State of Food Insecurity in the World: Economic Crises- Impacts and Lessons learned.* Retrieved from http://www.fao.org/

docrep/012/i0876e/i0876e00.htm (Accessed on September 2, 2015).

FAO (2015) *FAOSTAT* Retrieved from http://faostat3.fao.org/home/E (Accessed on September 2, 2015).

Fitzpatrick, J and A. Storey (1989) Food aid and agricultural disincentives. *Food Policy*, 12: 241–247.

Gazibo, M (translated by Curtis, S) (2009) Famine and food crisis? Views from Niger's political scene. Crombê, X. and Jézéquel, Jean-Hervê (eds.) *A Not-So Natural Disaster Niger 05*. 37–57. Colombia University Press, New York, NY.

Gebremedhin, B. and S. M. Swinton (2001) Reconciling food-for-work project feasibility with food aid targeting in Tigray, Ethiopia. *Food Policy*, 26: 85–95.

Haddad, L and M. Adato (2001) *How Efficiently Do Public Works Programs Transfer Benefits to the Poor?: Evidence from South Africa*. Food Consumption and Nutrition Division Discussion Paper No. 108, International Food Policy Research Institute, Washington DC.

Holden, S, CB Barrett, and F Hagos (2006) Food-for-work for poverty reduction and the promotion of sustainable land use: Can it work? *Environment and Development Economics*, 11: 15–38.

Jayne, TS, J Strauss, T Yamano and D Molla (2002) Targeting of food aid in rural Ethiopia: Chronic need or inertia? *Journal of Development Economics*, 68: 247–288.

Jézéquel, J-H (translated by Swanson, R) 2009. Consensus reloaded? Niger crisis and food security in policy and practice. Crombê, X. and Jézéquel, Jean-Hervê (eds.) *A Not-So Natural Disaster Niger 05*.15–36. Colombia University Press, New York.

Lavy, V (1990) *Does Food Aid Depress Food Production?: The Disincentive Dilemma in the African Context*. Policy, Research, *and External Affairs Working Paper* 460. World Bank, Washington DC.

Ravallion, M (1999) Appraising workfare. *The World Bank Observer*, 14(1): 31–48.

République du Niger (2000) *Programm d'action National de Lutte Contre la Desertification et de Gestion de Ressources Naturelles.* Retrieved from http://www.unccd.int/(Accessed on September 2, 2015).

République du Niger (2004) *Troisieme Rapport National du Niger dans le Cadre de la Mise en Œuvre de la Convention Internationale de Lutte Contre la Desertification* (CCD) *Document Final.* Retrieved from http://www.unccd.int/(Accessed on September 2, 2015).

Rubin, O (2009) The Niger Famine: A collapse of entitlements and democratic responsiveness. *Journal of Asian and African Studies*, 44: 279–298.

Singer, HW (1989) The African food crisis and the role of food aid. *Food Policy*, 12: 196–206.

Somerville, CM (1986) *Drought and Arid in the Sahel: A Decade of Development Cooperation*. Westview Press, Boulder and London.

UNDP (United Nation Development Programme) (2014) *Human Development Report 2014 Sustaining Human Progress: Reducing Vulnerabilities and Building Resilience.*
Retrieved from http://hdr.undp.org/en/content/human-development-report−2014 (Accessed on September 2, 2015).

USAID (U. S. Agency for International Development) (2006) *Understanding Nutrition Data and the Causes of Malnutrition in Niger: A Special Report by the Famine Early Warning Systems Network.* Retrieved from http://www.fews.net/sites/default/files/documents/reports/1001044.pdf (Accessed on September 8, 2015).

Webb, P. (1995) Employment programs for food security in rural and urban Africa: Experiences in Niger and Zimbabwe. In J. von. Braun (ed.), *Employment for Poverty Reduction and Food Security*, 174−200. International Food Policy Research Institute, Washington DC.

WFP (World Food Programme) (2014) 2014− Delivering with Cash and Vouchers.
Retrieved from https: //www.wfp.org/content/world-food-programme-delivering-cash-and-vouchers−2014 (Accessed on September 2, 2015).

WFP (2015) *Food Security and Humanitarian Implications in West Africa and the Sahel.* No. 66 July 2015. Retrieved from http://reliefweb.int/sites/reliefweb.int/files/resources/Joint%20Note%20_July_2015_English_FAO_WFP_14%208%202015[4].pdf (Accessed on September 2, 2015).

World Bank (1988) *Niger: Small Rural Operations Project. Staff Appraisal Report* 6910−NIR. Washington DC Mimeo.

World Bank (2012) *World Development Indicators 2012.* Retrieved from http://data.worldbank.org/sites/default/files/wdi−2012−ebook.pdf (Accessed on September 2, 2015).

第2章

農村世帯の独立自営と協調行動
── 北部タンザニア都市近郊農村の水資源利用の軌跡から

池野　旬

扉写真：新興住宅地の出現。北パレ山塊の西麓に位置するヴドイ丘陵から主要幹線道路までの間には，キリスィ集落の家並み，雨季に利用する普通畑（乾季灌漑作に利用する圃場を含む），乾季にも利用可能な河岸畑，乾季には涸れている季節河川が，この順で連なっている。2000 年代央から，普通畑が取りつぶされ，瀟洒な家屋が建ち並ぶようになった。扉の写真は 2015 年 8 月 15 日に，ヴドイ丘陵から普通畑方面を撮影したものである。写真上方には，ロ字形の建物を中心に女子中学校の建物が並んでいる。また，女子中学校と写真下方のキリスィ集落の家屋群との間には，新住民の新築あるいは建造中の家屋群が見てとれる。

1　変わりゆく農村景観

筆者は、一九九〇年代半ばよりほぼ毎年、七月から九月の一時期にタンザニア北東部のキリスィ(Kirisi)という集落をおとずれ、農村社会経済変容の調査を続けている(図1)。調査を始めた頃には、小径沿いに列状に連なる家屋群の下方に耕地が広がり、そのなかにモザイク状に乾季灌漑作を行っている圃場が存在して、生い茂るインゲンマメの若葉の柔らかな緑色と周辺の枯れ草の茶褐色とのコントラストが目に鮮やかであった。変化の兆しは、二〇〇六年にキリスト教ミッションの経営する女子中学校が、乾季灌漑作を行っている圃場群よりさらに下方に位置する多数の畑を取りつぶして、広大な敷地を確保したことであった(開校は二〇〇九年)。それを皮切りにして、乾季灌漑作が可能な畑地でも宅地化が進行し、庭付きの瀟洒な個人宅が建ち並び始めた(扉写真)。それに呼応するかのように、二〇〇七年以降には、乾季灌漑作がまったく実践されなくなった。

キリスィ集落周辺の農村景観の変化はこれにとどまらない。隣接するムワンガ町(Mwanga Small Township)の市街地からキリスィ集落までは徒歩四〇分ほどの道のりである。かつては人家もまばらで、灌木林の陰から強盗が飛び出して来ないかと心配しながら、急ぎ足で通り抜けたものであった。いまでは、家並みが途切れることなく連なり、未舗装道路をかなりのスピードで駆け抜ける軽トラック、乗用車、オートバイの巻き上げる砂煙を避けながらでないと歩けなくなっている。また、キリスィ集落の背後に屹立する北パレ山塊(North Pare Mountains)から山麓のキリスィ集落へと流路が続く季節河川(乾季には涸れ川)沿いには、大きな樹木が立ち並び、歩行者に適度な木陰を提供し、ミミヅクやサイチョウのようなやや大型の鳥類の住処ともなっていたが、今は見るかげもなく、灌木がわずかに茂るガレ場のような殺伐とした場所に変貌している。

このような景観の変化は、キリスィ集落住民がこの二〇年間に展開した生活改善の営為の結果である。それらの営為は、タンザニアにおける国家レベルでの経済・開発の動向と無縁ではない。一九八六年に構造調整（Structural Adjustment Programme）政策を導入したタンザニアは、それまでの農村を基盤とした社会主義的な国家開発から、新自由主義に裏打ちされたグローバリゼーションのもとでの市場経済化へと、大きく政治経済体制を方向転換した。そして、二〇〇〇年に貧困削減（Poverty Reduction Strategy）政策を導入して、対外債務の帳消しと新規の援助資金の獲得に成功し、その後に金・ダイヤモンド・天然ガス等の鉱物資源・エネルギー資源からの収入に主導される形で、国内経済は未曾有の好景気を経験するに至っている（Lofchie 2014）。このような好景気の影響は、次第に国内の他地域にまで及びつつあり、筆者の調査地も例外ではない。

しかしながら、キリスィ集落の事例からは、国家レベルでの好景気の影響は必ずしも望ましいものばかりとはいえず、住民の主体的な生活改善の努力が空回りしているようにすら見える。もちろん、キリスィ集落の住民が取り組んだ新たな生活改善の営為は、最初から問題を抱えたわけではない。その展開過程で障害が露呈してきたのであり、現状では活動が行き詰まっているのである。本章では、彼らが生活改善のために新たに取り組んだ営為を取り上げ、そのために展開した協調行動を紹介するとともに、現在発生している逼塞状況の原因についても紹介していく。事例とするのは、この二〇年にキリスィ集落住民が関わった二つの水資源利用の事例、すなわち乾季灌漑作と自主水道施設整備である。この二つの活動については「地域住民の主体性」という観点からすでに拙著（2010）で紹介している。それに対して本章では、拙著で取り上げた時期以降の展開を加えて、それぞれの

図 1　1999 年 8 月 20 日のキリスィ集落と耕地

北パレ山塊からキリスィ集落方面を撮影した写真である。写真下方には北パレ山間部の森林が写っており，中央右端にはヴドイ丘陵の裾野に弧状に連なるキリスィ集落の家屋群のトタン屋根が見える。写真下方から上方に逆 Y 字形に色が黒い部分は、樹木群が立ち並ぶ季節河川の河岸である。その樹木が写真上方に尽きるあたりから写真の左右いっぱいに広がっているのは、サトウキビ，マンゴ，ココヤシが栽培され樹影の濃い河岸畑である。キリスィ集落と河岸畑の間には、雨季に農耕に利用する普通畑の耕地が広がる。1999 年 8 月当時には、収穫後の裸地が広がり、建物は全く見当たらない。

事業に関わっていた種々の行為主体を同定し、事業の頓挫を主体間の利害に関わる協調・対立関係という視点から分析していきたい。タンザニア、さらにはアフリカ全般で稀少性が高い水資源（Calas and Martinon 2010）をめぐって、潜在的な対立が存在していることは容易に想像できるが、本章ならびに第3章、第4章の事例では、対立が暴力的な形態で顕在化することが回避されている。その観点からみれば、困難を抱えた現状すら、共生を維持する不断の努力のたまものであると評価することも可能である。

さて、上記の二事例を紹介することには、さらなる意図が存在する。それは、アフリカの農村における地域社会とはいかなるものかという、より抽象度の高い検討課題に対して、議論の新しい材料を提供することである。筆者は、少なくとも調査地においては世帯を超える経済的な共同性は日常的には見つけがたく、個別世帯が社会経済的な基礎単位としてかなりの独立性を確保していると認識している。本章で紹介する二事例は、日常的に営まれている数多くの経済的な協調行動の事例の代表例として抽出したものではなく、調査地の住民が日頃は展開していない特異な行動であるために取り上げたのである。相互扶助的な協調行動が日常的に展開している地域社会をアフリカ農村にアプリオリに、また画一的に想定することは問い直されるべきであると、筆者は考えている。農村の独立自営的な個別世帯が独自の生計活動を展開するのに有利であると判断した場合に、それを支持する協調行動が採用されるのであって、いわゆる共同体的な規制にもとづいて強制的な協調行動が前提となっているわけではない。個別世帯の生計活動の相対的な自立性は近年の急激な社会経済政治的な変動によって助長されていることも事実であるが、調査地のように住民の移動性がそれ以前から高く、また個別世帯で経営判断・労働力調達をひとまずは貫徹しうる天水畑作という生計活動を基盤としている農村社会においては、より長期的な歴史的背景を有する特性ではないかと考えている。

すでに戦後日本で展開されてきた共同体概念の全般的な問い直しが試みられている（小野塚・沼尻編 2007; 日本村落研究学会編 2009）が、それと軌を一にするように、斬新なアフリカ農村社会像も提示されている（杉村 2004; 島田 2007）。本章もそのような広い枠組みも念頭に置きながら、以下では第2節で調査地を概観し、第3節と第4節でそれぞれ乾季灌漑作と自主水道施設整備事業について紹介していきたい。

2　調査地の概要

キリスィ集落の所在するムワンガ県（図2）の説明から始めたい。同県は東京都より広く、二六四一平方キロメートルの県域を有する。植民地期以来ながらく、南部に隣接している現在のサメ（Same）県を経済・行政の中心とするウパレ（Upare）県の一部となっていたが、一九七九年にムワンガ町を県庁所在地とする県として分離新設された。ムワンガ県に居住する主たる民族集団はパレ（Pare）人であり、彼らはもともと県央を南北に貫く北パレ山塊に居住する山岳農耕民であった。一九世紀末に始まる植民地期以降に、山間部でコーヒー生産を開始するとともに、次第に人口稠密になってきた山間部から周辺の平地部へ移出して農耕と牧畜を行うようにもなる。日本とは異なり、冷涼で降水量の多い山間部は豊かな農村地帯であり、暑く降雨の不安定な平地部は生活の厳しい地域である。

タンザニア全体の年人口増加率が一九七八～八八年には二・八パーセント、一九八八～二〇〇二年には二・九パーセント、二〇〇二～一二年には二・七パーセントであるのに対して、ムワンガ県は増加率が著しく低く、そ

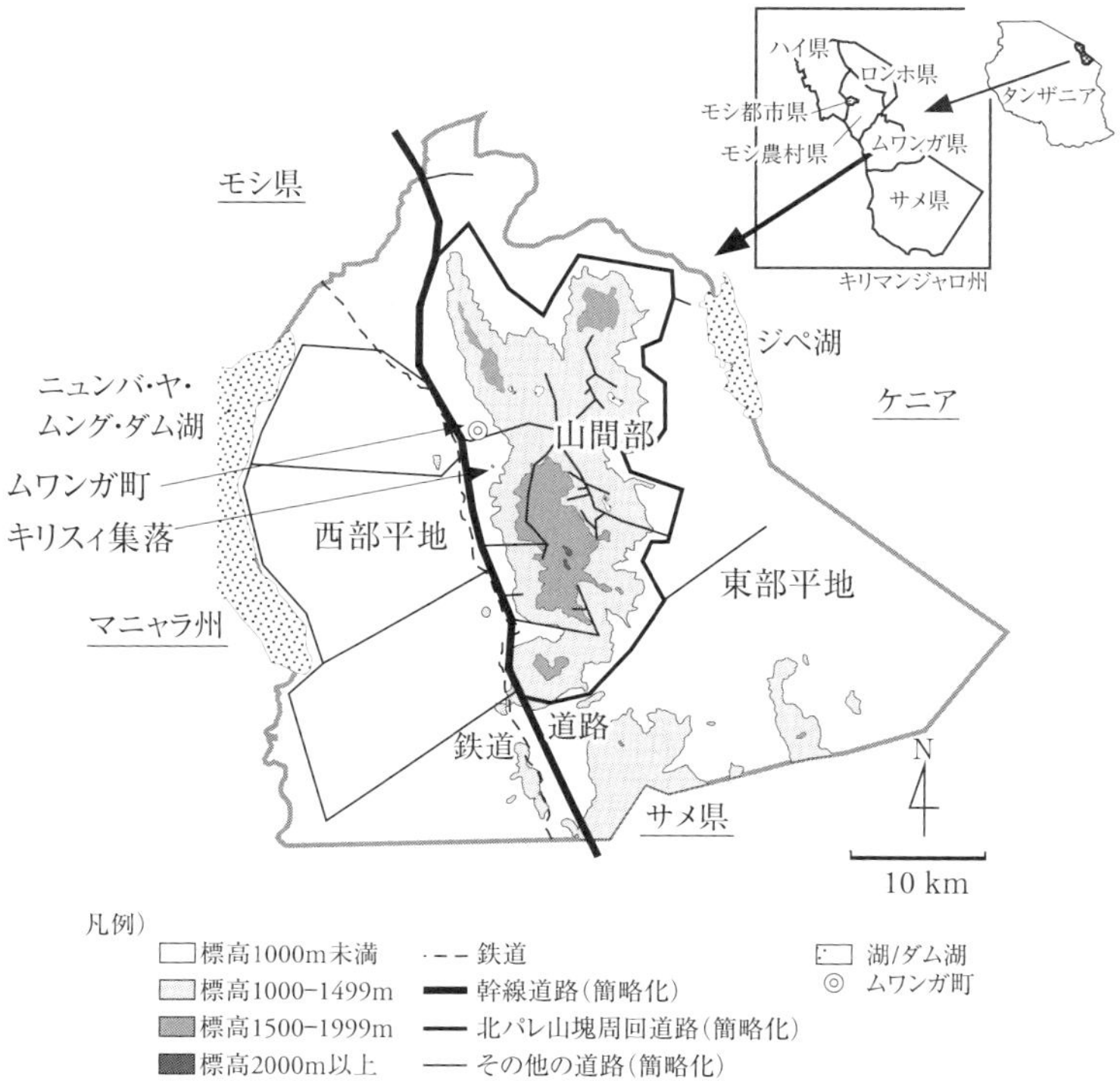

図２　ムワンガ県の概観図

出所：基本図：Tanzanian-Finnish Multidisciplinary Research Project. n.d.
道路網：GPS を用いた池野調査（2004 年 8 月）。

れぞれの時期に二・三パーセント、一・二パーセント、一・三パーセントであった。なかでも、豊かな農村地帯であり人口密度の高い山間部での人口増加率が低く、人口減少を経験している村落が少なからず存在する。県全体の低人口増加率の主な原因は、生産年齢人口を中心とする人口流出である。キリマンジャロ・コーヒーの産地の一角である山間部には相対的に裕福な農家世帯が多く、彼らは子女の教育に熱心で、都市部の事務職などへの就業を望んで労働力移出を行う高学歴層を輩出し、人口増加が抑制されてきた。ただし、最近二〇年は低人口増加率の原因に変化が見られる。タンザニアでは一九九〇年代央に主要な輸出作物であるコーヒーの国内流通が自由化され、そのあと二〇〇〇年代初期に国際的なコーヒーの価格危機が発生し、この二つの出来事は、タンザニアのコーヒー生産者価格の壊滅的な下落をもたらした。ムワンガ県山間部では、コーヒー栽培が放棄され、一九八二・三年度には七三六トンあった県生産量は二〇〇八・九年度には一六トンまで落ち込み（池野 2010）、現在も生産量はほとんど回復するに至っていない。コーヒー生産の回復を図るとしても樹木作物であるために時間がかかり、またコーヒーに代わる有利な換金作物も容易には見つからない。その結果、山間部での経済的な人口扶養力は減少しており、近年には余剰となった農業労働人口が都市部等に押し出されるようになっているのである。

県域内での人口吸収が希薄な理由は、すでに触れたように、平地部は降水量が少なく農耕地として生産条件が不安定であり、移動先としてあまり望まれていないためである。例外は県庁所在地のムワンガ町であり、一九七八年に三五四〇人（のちに合併した旧二村落の人口を含む）、八八年七二七七人、二〇〇二年一万二三二九人、二〇一二年一万五七八三人と、それぞれの期間で年率四・五パーセント、五・九パーセント、二・五パーセントと、近年は鈍化しているものの、人口流入により県内では随一の人口増加が見られる地域となっている。いまだ地方中小都市にすぎないムワンガ町には特筆すべき製造業はなく、産業基盤は脆弱であり、大都市経済の末端につながる行政・消費都市という印象が強い。二〇〇〇年代頃から顕著になった変化は、ムワンガ町の市街地で町人口増加にともなう民間住宅や教育・医療機関等の公共施設への需要が高まり、建設ブームが起こっていることである。

ムワンガ町中心部にほど近いキリスィ集落は、約五〇世帯三〇〇人ほどで構成されており、正式にはムワンガ町ヴドイ（Vudoi）村区の一部として、ムワンガ町の行政範囲に組み込まれている。ムワンガ「町」の下位行政区分であるにもかかわらず、ヴドイは「街区」（*mtaa*）ではなく「村区」（*kitongoji*）である。それは、もともとヴドイはキルル・ルワミ（Kiruru Lwami）村を構成する村区であったが、一九九〇年代初期にムワンガ町が行政域を拡大して同町北部にあったキサンギロ村（Kisangiro）と南部にあったキルル・ルワミ村を行政域内に組み込み、かつての村区の行政域ならびに名称を温存し、「村区」という行政区分名も継続して使用しているためである。村区が正式の最末端の行政区分であるが、ヴドイにおいては、その中にキリスィとムランバ（Mramba）と称されている二つの集落が住民に認知されている。一九七〇年代の社会主義期に実施された集村化政策によって、北パレ山塊の西斜面から平地にある現在の居住地に移住してきた人びとによってヴドイ村区は構成されているが、キリスィ集落の住民とムランバ集落の住民は異なる山中から移入してきた。そのため、それぞれの集落内部では濃厚な親族・姻族関係が見られるが、両集落間では関係が薄く、現在でも二つの集落という認識がなされている。このように、キリスィ集落は現在ではムワンガ町の管轄域に取り込まれている非公式の地域区分であり、同集落を「都市近郊農村」と表記するのは、やや正確さを欠いていることをお断りしておきたい。

キリスィ集落の男性世帯主についてみると、パレ人という民族集団の下位区分であるクランのレベルで、ファンガヴォ（Mfangavo）とフィナンガ（Mfinanga）という二つのクランのいずれかに属するものが圧倒的な多数を占める。もともとキリスィ集落周辺の土地はファンガヴォ・クランに属する土地として認知されており、同クランの現在の長老の父親がフィナンガをはじめとする他のクランの成員にも土地を分け与えたという。それはせいぜい一〜二世代前の出来事であり、父系での相続システムを通じて基本的に息子、孫息子へと土地が相続されてきている。かつては耕地しかなかったところに、一九七〇年代初期に住居も移して、キリスィ集落を形成した。現在では、キリスィ集落周辺のあらゆる地片とその土地権者（以下、保有者と記す）とをほぼ一対一対応させて把握できる状況にあり、無主の耕作可能地は残存しない。なお、耕地の保有者は、必ずしもキリスィ集落の世帯の構成員（主として世帯主）とは限らない。父系相続システムに則って、山地村の住民がキリスィ周辺に耕地を保有していることも少なくない。

さて、ムワンガ町の建設ブームの影響は、キリスィ集落にも及んでいる。市街地の建設現場での日雇い労働の機会が増えただけでなく、集落の近郊で砂利、砕石、レンガといった建築資材の製造が増大したのである。それにとどまらず、すでに触れたように、キリスィ集落近辺の耕地にまで宅地需要が及びだしている。一九九〇年代には耕地の宅地化はほとんど見られず、せいぜいキリスィ集落の住民の親族が都市部から帰還して家屋を建造するような数少ない例外にとどまっていた。しかしながら、二〇〇〇年代央以降には、女子中学校用の敷地が切り取られただけでなく、親族関係にない県上級公務員、軍人、教師等の俸給職就業者（あるいはその退職者）が新たに参入してくる場合が急増している。相続・贈与を通じて取得・保有された耕地には、慣習的には親族集団による売却規制が適用されるはずであるが、実際には驚くほどの早さで部外者に売却され、宅地化が進行しつつある。社会主義路線を採用していた一九七〇年代の土地行政や、近年の土地法改革が、慣習的な土地保有制度を弱体化させている可能性がある（池野 2015）。親族集団に規制されない土地売却も、個別世帯の経済的な独立性の証左といえよう。

3　乾季灌漑作の消長

一九九〇年代にキリスィ集落の下方の圃場で実践されていた乾季灌漑作には、北パレ山塊の山中に設置した複数の極小規模の溜池が活用されていた。溜池の水源は、乾季（七〜一〇月）の前の大雨季（三〜六月）に北パレ山塊が地下に蓄えた湧き水である。用水を使用する前日の午後に溜池の水門を閉め、使用日の朝に開いて用水路を通じて山麓の圃場まで導水する。用水は四〜六時間で尽きてしまい、そのあとで翌日に用水を使用する者が水門を閉め、ふたたび水を貯め始める。キリスィではほぼ乾季にのみ灌漑施設を利用し、主要な農耕期である大雨季作ならびに小雨季作（一一〜一月）は天水に依存している。

キリスィの乾季灌漑作に実際に使用されていた溜池は、図3の右下方のⓐ〜ⓔ（それぞれに固有名あり）である。このうち、ⓐとⓓが主として使用されていた溜池であり、ⓓにはⓔが併用され、さらにⓓの水量が不足している場合にはⓑ、ⓒも併用されていた。すなわち、ⓐに連なる用水路と、ⓓ、ⓔ、ⓑ、ⓒを連結する用水路という二本の用水路網が存在し、キリスィの圃場周辺で両者が連結されており、相互に用水を融通できるようになっていた。ⓐ〜ⓔの溜池は標高一二〇〇〜一五〇〇メートルの山中に設置されており、標高九〇〇メートルを切るキリスィの乾季灌漑作の圃場まで三〇〇〜六〇〇メートルの高度差がある。溜池の堰堤は石で組んで土で覆ってあるが、それ以外の部分は地形を巧みに利用しながら単に素掘りしたものにすぎず、また用水路も土を掘っただけでセメントでのライニングはなされていない。一九世紀末に始まる植民地支配の以前からパレ人が山間部で実践してきた小規模灌漑技術であり、漏水等の問題点を抱えてはいるが、自分たちで維持管理できる灌漑施設である（Kimambo 1991; 吉田 1999）。

さて、キリスィで乾季灌漑作に利用されている溜池ⓐ〜ⓔはいずれも、それらの上流部にある溜池と同様に、キリスィ集落、ヴドイ村区あるいはムワンガ町の行政域内になく、山間部の二つの村落の村域内にある。上流部の溜池で貯水を始めると、ⓐ〜ⓔの溜池への流量が激減し、キリスィの乾季灌漑作に必要な用水量を確保できな

左上端 南緯　3° 37′ 15″
東経　37° 32′ 45″

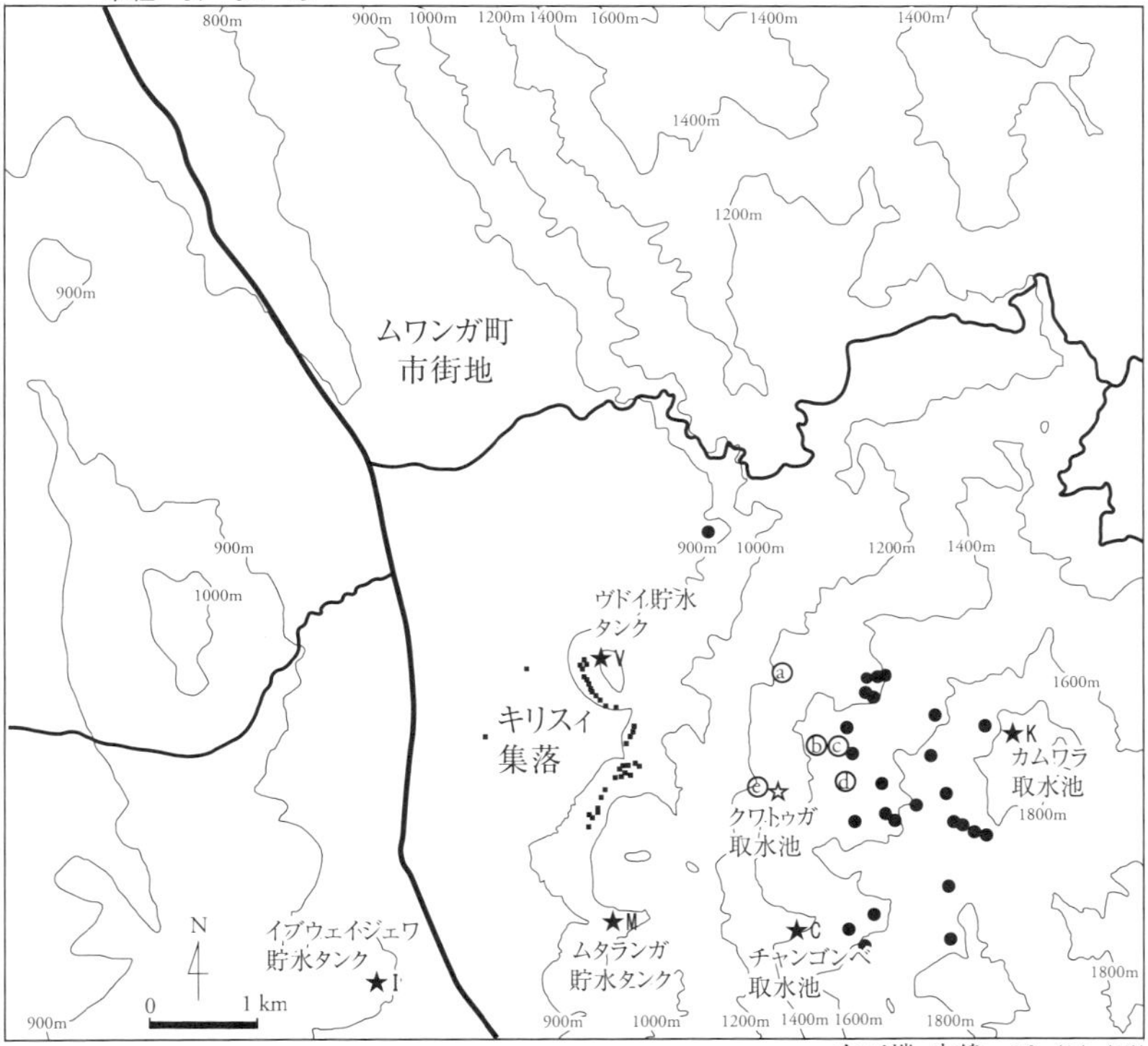

右下端 南緯　3° 42′ 45″
東経　37° 38′ 45″

凡例）ⓐ キリスィの乾季灌漑作に利用する溜池　● それ以外の溜池　☆ クワトゥガ取水池
★ それ以外の取水池・貯水タンク　━ 幹線道路　▪ キリスィ集落の家屋
── 等高線（800, 900, 1000, 1200, 1400, 1600, 1800 mを記載）

図3　キリスィ集落とムワンガ町の概観図

出所：基本図：Tanzania, Map Office [n.d.] digital map (tza_topo_73_1_mwanga_50k_utm37). 道路・水道網・家屋：池野調査（2005年）。

注：緯度経度表示は、測地系 WGP84 による。

い。そのために、キリスィの乾季灌漑作に用水を利用する週には上流部の溜池を利用せず、翌週には上流部の溜池を利用してキリスィには配水しないといった一週間交替での水利用の取り決めが、山地村の用水利用者集団とキリスィの用水利用者集団の間で交わされていた。集団の交渉は代表者たちによって行われていたが、代表者には各溜池の管理責任者が就任していることが多く、このような管理責任者とは溜池を建造した血縁集団の子孫であることが多かった。前述のⓐとⓓの溜池の管理責任者はいずれもファンガヴォ・クランの年長者であり、彼らが二系統の用水路網それぞれの用水利用者集団の代表者ともなっていた。農業用水の利用を可能とする溜池を建造した一族に敬意が払われ、その子孫が無償で溜池ならびにそれに連なる用水路の管理責任を引き受けていたのである。

乾季灌漑作の用水利用に関しては、キリスィの用水利用者集団が中核的な行為主体であるが、その集団の組成はいたって興味深い。

第一に、キリスィ集落以外の住民も構成員となっていることである。乾季は基本的には農閑期であり、自らの圃場が灌漑可能であったとしても、乾季に灌漑作を行うとはかぎらず、キリスィ集落のすべての世帯が乾季灌漑作を行っていたわけではない。他集落・他村落在住者が圃場の保有者である場合も同様に、乾季灌漑作を行うかどうかは選択的である。灌漑可能な圃場の保有者が乾季灌漑作を実施しない場合には、乾季灌漑作を希望するキリスィ集落の内外の者が、圃場を借り受けて実践することが少なくなかった。圃場保有者と圃場借用者とに親族関係が存在しない事例も多々あり、そのような場合でも圃場の貸借は基本的に無償で行われていた。すなわち、キリスィの用水利用者集団とはその年の乾季灌漑作の実践者であるが、彼らは必ずしもキリスィ集落の住民であるわけでもなければ、また灌漑可能な圃場の保有者である訳でもなかった。そして、毎年同一人物が乾季灌漑作

図 4　灌漑中の乾季灌漑作圃場（2006 年 8 月 5 日撮影）

写真の左方に，除草を兼ねて，圃場の凹凸を修正して灌漑用水が行き渡るよう鍬で作業を行っている女性が写っている。乾季灌漑作の実践者たちは，曜日ごとに配水を受ける番水グループを結成して，毎日 4〜6 時間で尽きてしまう稀少な灌漑用水を分け合っている。緑が少ない乾季に青々と茂るインゲンマメは，害虫である大きめの甲虫や放牧途上の山羊・羊の格好のエサとなるため，灌漑日以外にも畑の見回りを欠かせない。本文で紹介したように，久々に多数が参加したこの年以降に，乾季灌漑作はまったく実施されなくなっている。

を行っていたわけではなく、用水利用者集団の代表ほかのごく少数の常連の乾季灌漑作実践者を例外として、年ごとに用水利用者集団＝乾季灌漑作実践者の構成メンバーは大幅に入れ替わっていた。

興味深い第二点目は、灌漑作に利用される圃場も、毎年かなり変動していたことである。用水量に限りがあるために、キリスィ集落の下方に広がる圃場すべてが乾季に灌漑可能な圃場というわけではない。乾季灌漑作に利用できる圃場にはおのずと地理的な限界が存在するが、その限界内にある圃場すべてが毎年繰り返して利用される訳ではなく、年ごとにかなり異なった構成となっていた。用水の分配にあたっては、一週間のうち一曜日にのみ用水が割り振られる番水グループが結成されていたが、その年に乾季灌漑作に利用する圃場が近い者どうしが一つの番水グループに配属されており、番水グループのメンバー構成も対象となる圃場も毎年変動していた。

上記のような実態から判断すれば、乾季灌漑作の水利権とは、灌漑に利用する圃場の保有者に属するような属人的なものでもなければ、また灌漑に利用しうる圃場に割り当てられた属地的なものでもなく、毎年の灌漑圃場利用者がその時期に限って一時的に有する権利であるといえよう。つまりは、稀少な水資源を利用するキリスィの乾季灌漑作は、かなり開放的で流動的な組織原理のもとで実践されていた。にもかかわらず、キリスィの用水利用者集団と山間部の用水利用者との一週間交替での用水利用、そしてキリスィの用水利用者集団内での曜日ごとの番水があり、水資源をめぐって複数の協調関係がみごとに組み合わされ、乾季灌漑作を可能としていた。

この乾季灌漑作は古くから実践されていた訳ではなく、一九九〇年頃に以下のような事情で開始された。タンザニア政府が一九八六年に導入した構造調整政策にもとづき、教育費や医療費の受益者負担が打ち出され、それらの支出は生活費を圧迫するようになった（この時期にタンザニアでは、小学校就学率が低落し、平均余命が短くなっている）。キリスィ集落の近くには、植民地期後半の一九五〇年代に棉作用に建造され、その後の棉作の低迷のために放置されている灌漑施設が存在した。それらを再利用して、乾季に自給用のインゲンマメを栽培しようということになった。各世帯の灌漑圃場は極小規模であり自給も困難かと思われるが、多少とも家計の足しになる活動として、多分に遊び心も含んだ試みであったのであろう。

この営農活動は二〇〇七年以降に（少なくとも二〇一五年に至るまで九年間連続して）まったく実施されなくなっている。乾季灌漑作を実施しない理由について、キリスィ集落在住のかつての実践者たちは、用水不足を挙げることが多い。しかしながら、七〜一〇月の乾季灌漑作に必要な三〜六月の大雨季の降水量が、連続して九年間も不足してきたとは考えにくい。また、二〇〇七年以降の乾季にも、上流部の溜池に貯水され山間部で利用されていたことを、筆者は実見している。とすれば、キリスィの乾季灌漑作への用水不足は、降水量の不足ではなく、山間部でのさまざまな水資源需要の増大によってもたらされていると推定できる。

山間部における水需要増大の第一は、農業用水に関するものである。すでに触れたごとく、一九九〇年代央以降に北パレ山間部のコーヒー栽培農家はコーヒー生産者価格の急落を経験し、次第にコーヒー栽培を断念して、代替的な換金作物として蔬菜や果樹へと作目転換を図っている。そのために、コーヒー栽培時よりも周年にわたって灌漑用水を必要としている。用水を確保するために、キリスィ集落の灌漑作に使用する溜池よりも上流部に設置された複数の溜池の使用頻度が著しく増大しており、キリスィの灌漑作用の溜池には十分に貯水できないようになっているように思われる。

山間部での水需要増大の第二は、寄宿制の中学校の新設にともなう、大量の生活用水需要の発生である。二〇〇〇年以降にタンザニア政府は、低落した小学校就学率を回復し、さらには中等教育の普及を促進するため、授業料の低額化を実施するとともに、郷（数ヶ村で構成される行政単位）ごとに公立中学校を一校配置することを決定した。キリスィ集落後背地の山地村にも一校新設されることになり、寄宿施設の整備も計画したため、新たな生活用水需要が発生したのである。その水源はカムワラ取水池（図3の右下方の★K）であり、近隣のあらゆる溜池よりも上流部に位置している。そして、需要増大の第三の理由も、カムワラ取水池に関わっている。同取水池を水源とする山地村の簡易水道施設の整備が図られ、新規に水道にアクセスする世帯が増え、二〇一五年には水源の水を溜めておく貯水タンクも近傍に完成した。家庭用の生活用水需要は簡易水道施設を整備する以前から存在したはずであるが、いずれの溜池よりも上流部にある水道用取水池に対する集中的な水需要の増大が、溜池の貯水量に影響を与えるようになったと推定できる。

以上のような山間部での水資源に対する複数の需要増大は、相互に競合しつつ、全体としてキリスィでの乾季灌漑作用の用水確保を困難とする原因となっている。用水不足という事態に遭遇して、キリスィでは乾季灌漑作の実践者が徐々に減っていくのではなく、一挙に乾季灌漑作を放棄したという印象が強い。おそらくは、用水利用者集団の代表者が乾季灌漑作の実施は困難と判断すれば、一斉に実施されなくなるのであろう。奇妙にも、この営農活動の消滅に対して、これまで乾季灌漑作に関わってきたキリスィ集落の住民もさほど困惑していないように見受けられた。彼らが寛容である理由のひとつは、山間部での生業の中核であったコーヒー栽培が成り立たなくなり、それに代わる換金作物栽培のために山間部で従来以上に農業用水が必要であることを、キリスィ住民が了解していることであろう。キリスィ集落の住民どうしと同様に、キリスィ集落住民と隣接する山地村の住民とはかなり濃厚な親族・姻族関係で結ばれている。一九九〇年頃にキリスィ集落周辺の圃場で乾季灌漑作を始めるにあたって、山地村の用水利用者集団は一週間交替の用水利用に応じてくれたのであり、このたびはキリスィ側が譲歩すべきと判断したのではないだろうか。

ただし実際には、キリスィ集落では、より積極的に乾季灌漑作が放棄された。食料自給をめざすよりもはるかに有利な乾季の現金所得稼得機会が、目前に提示されたためである。それは、ムワンガ町における建設ブームによる建設労働者需要や建築資材需要に応じることである。極小規模の圃場で乾季灌漑作によって栽培するよりも、はるかに大量のインゲンマメを購入できる収入が見込めた。キリスィ集落の後背地にあるヴドイ丘陵や近隣河川沿いの無主地で盛んに砕石・砂利の製造が行われ、また焼き入れレンガの焼成用に適した丸太が切り出されることとなった。農村部に提供された、新たなインフォーマルセクターの経済機会といえよう。本書第6章、第7章では、これまでインフォーマルセクター研究の中心的な対象地とされてきた大都市でのインフォーマルセクターの重要性について興味深い再検討をおこなっているが、アフリカ諸国の農村部におけるインフォーマルセクターも生計戦略多様化の手段として移動労働等と合わせて注目する必要がある（池野 2010）。本書第5章で紹介される契約栽培のような、いわばフォーマルな就業機会が農村部に提供されることは希有なことであり、また第8章で触れられるような特異な観光資源が至るところに存在しているわけでもない。

さて、以上のような事情から、キリスィの乾季灌漑作は衰退していき、キリスィ集落の（潜在的な）乾季灌漑作実践者と山間部の複数の水資源需要者（灌漑農業用水の利用者、生活用水を必要とする新設中学校の寄宿生や山間部の簡易水道施設利用者）との具体的な対立を顕在化させなかった。紛争を回避しえたという意味では望ましい結果であったが、キリスィ集落の多くの世帯が砕石・砂利製造、レンガの焼成用の燃材確保を行ったために、集落背後のヴドイ丘陵や近隣する季節河川の河岸の裸地化が進み、生態環境が悪化していくことになった。近年、キリスィ集落近辺の圃場では深い亀裂をともなう土壌浸食（＝ガリー浸食）を目にする機会が多くなっているが、これも上記の生態環境の劣化に起因しているのではないかと思われる。建築資材の製造活動が、主要な農耕期における農業生産に負の影響を与えつつあるともいえよう。

また、乾季灌漑作を実践していた時には山間部からつづく用水路脇には草が茂っており家畜飼料ともなっていたが、そのような副次的な恩恵はなくなっている。加えて、丘陵地や河岸のような家畜放牧用地が建築資材製造によって荒らされたことも、家畜飼料の確保を困難としている。農耕重視か牧畜重視かという生計戦略の比重の差はあるものの、キリスィのすべての世帯が関わってきた農牧業の生産基盤を自ら取り崩していると言わざるをえない。その結果、建築資材の製造・販売のような非農業活動に生計費をますます依存せざるをえなくなり、さらに農牧業の生産基盤を破壊することになるという、悪循環から抜け出せなくなってしまっている。過度の生態系の破壊を規制するには地域社会でのなんらかの合意が必要であるが、丘陵地や河岸は共有地として利用のルールが定められていた訳ではなく、無主地として放置しておく以上の規範が存在していなかったために、過度の利用が一端始まると、誰も歯止めをかけられないという状況に陥ってしまった。すなわち、利用ルールを伴った共有地としての「コモンズ」で悲劇が起こったわけではなく、利用ルールが定められていないオープン・アクセスの「無主地」で悲劇が起こっている。ムワンガ町の市街地での建設ブームは一段落ついたためか、近年は建築資材の製造・販売が沈静化しつつあるようであるが、すでに裸地化されたキリスィ集落周辺地の生態系の回復にはかなりの時間がかかりそうである。

4　自主水道整備事業の盛衰

乾季灌漑作が衰退するなかで、キリスィ集落の住民は、水資源に対して新たな関心を抱くようになっていった。それは、簡易水道を自主整備しようとする生活用水にかかわる事業である。上記の山地村での水道事業に刺激を受けたのかもしれない。

一九七〇年代の社会主義政策期には、農村開発のために学校や診療所と並んで水道施設の整備がめざされたが、キリスィ集落を含むヴドイ村区でも同時期に水道施設が整備され利用できるようになった。宅地内で水道が利用できる世帯はたいてい水道の蛇口を屋外に設置しており、蛇口のない世帯がもらい水に来られるようにしている。その結果、自宅敷地内に蛇口があるか、もらい水をしているかという違いはあれ、キリスィ集落の世帯はほぼすべて、水道施設に依存している。ムランバ集落でもほぼ同様の状況にあり、両集落を合わせたヴドイ村区という単位で水道委員会が組織されており、毎月少額を水道代として水道水利用世帯（敷地内に蛇口のある世帯と、もらい水している世帯とで金額差あり）から徴収しており、塩ビ製の水道管が破損した場合の補修資材の購入資金等に充当していた。このように自主管理されてきた水道施設の最大の問題は、度重なる断水であった。

断水は、以下のような事情による。ヴドイ村区の水道施設の水源であるチャンゴンベ（Chang'ombe）取水池（図3の右下方の★C）はムワンガ町市街地等へ給水する水道網の水源でもある。チャンゴンベ取水池からムタランガ（Mtalanga）貯水タンク（同★M）に送水されて、ムタランガ貯水タンクからは開閉弁付きの水道管二本によって三方面に給水されている。一つ目はキリスィ集落を含むヴドイ村区向けの細い塩ビの水道管である。二つ目はヴドイ貯水タンク（同★Ｖ）に送水する太い水道管であり、ヴドイ貯水タンクからムワンガ町市街地へ送水される。三つ目は、幹線道路を越えたイブウェイジェワ（Ibweijewa）貯水タンク（図３★Ｄ）に送水する中サイズの水道管である。これら三本の水道管すべてを同時に開放すると、ムタランガ貯水タンクの水はたちまち底をついてしまうため、日や時間を決めて交互に開閉されている。いうまでもなく、ムワンガ町市街地向けのヴドイ貯水タンクへの配水が最優先され、ヴドイ村区向けは優先順位が最も低い。そのために、キリスィ集落ではしょっちゅう断水していたのである。ヴドイ貯水タンクはキリスィ集落に面するヴドイ丘陵に設置されているが、そこに蓄えられた水道水はムワンガ町の市街地向けであり、残念ながらキリスィ集落には給水されていなかった。

ムワンガ町の人口増加にともない、市街地の水道給水の困難が増大したため、ムワンガ町水道公社は、新たな施設建設の財源の捻出と放漫な漏水管理の取り締まりを兼ねて、ムワンガ町市街地と同一の水源（すなわち、チャンゴンベ取水池）に依存している水道管網の受益者に対して、メーターを設置して使用量に応じて料金を徴収することを二〇〇三年初頭に提案した。これに対して、水道を自主管理し、頻繁な断水に耐えてきたキリスィ集落の住民は反発し、ムランバ集落の住民も巻き込んでヴドイ村区として、新たにクワトゥガ（Kwa Tugha）取水池（図３右下方の☆）を設置して自主水道施設を整備することを、計画するに至った。ムワンガ町水道公社と対立しながらも、自主水道施設を建設するための水利権の確保や水道管の調達に成功したのは、県選出の国会議員や家族がヴドイ村区に在住する卸売商人が支援したおかげである。二〇〇八年四月にはなんとか自主水道施設を利用できるようになり、二〇〇九年二月には取水池から集落までの途中に小規模な貯水タンクも完成していた（池野2010）。ここで注目すべきは、ヴドイ村区という行政単位の住民が総意として、上位の行政区分であるムワンガ町の水道公社に正面を切って反発したことである。本書第3章では水資源をめぐる行政と地域社会の協治の可能性が南部タンザニアの事例で紹介されているが、本章の事例の場合には、それまでの不満が爆発して、当初は合意形成が困難であった。日本と比べて、はるかに上意下達的な行政意識の強いタンザニアにおいて、希有な事例ではないかと考えている。当初は行政当局からの支援が得られなかったために、事業が定着するまでに五年近くを要することになった。ヴドイ村区住民は、一定額を支払うことでムタランガ貯水タンクからの水道水供給を継続してもらうことにムワンガ町水道公社と合意でき、その水道管網にクワトゥガ取水池から一・七キロメートル強を導水してきた水道管網を接合して、利用可能な水道水を増水することとした。

軌道に乗り始めたかに見えた自主水道事業は、その後に難局に直面している。二〇一四年八月に訪問した折には、貯水タンクが見る影もなく崩壊していた。十分に強度を見込んで設計されていなかったようで、水圧に耐えかねて、爆破されたかのように側壁が四方八方に飛び散ってしまっていた。そのため、この貯水タンクを経由せずに給水するようにしていたが、水圧を高めて配水することができないために、最も遠くに位置するムランバ集落の末端の世帯には水道水は到達していなかった。現在のところ、貯水タンクの再建の目途はまったく立っていない。そもそも貯水タンクは、新設された女子中学校の多額の資金提供によって建設された。女子中学校は、ムワンガ町市街地給水用のヴドイ貯水タンクからの配水を行政当局になかなか認められなかったために、ヴドイ村区の自主水道整備事業による水道水の安定供給を望み、事業を支援する資金を提供したのである。しかしながら、女子中学校はその後に、ヴドイ貯水タンクからの配水が認可され、さらに自らの敷地内に井戸を掘って生活用水を確保できたことから、今はクワトゥガ取水池からの自主水道施設にまったく依存しておらず、再び支援する意思はないようである。いまは、自らの井戸水を周辺住民にも販売するという形態で、地域社会に貢献するようになっている。

同様のことは、キリスィ集落、というよりはキリスィ集落に隣接する圃場を宅地化して移入してきている新住民にも言える。二〇〇〇年代後半にキリスィ集落周辺にまで宅地化の波が押し寄せてくるようになるが、自主水道を整備したことによって、キリスィ集落周辺は条件の良い宅地候補と見なされるようになったことも、その一因である。新住民たちは、ムワンガ町市街地よりも安定的な給水を自主水道事業に期待していたのである。しかしながら、キリスィでは水に困らないという彼らの思惑は、クワトゥガ貯水池からの水量がそう多くはなかったために外れた。そのため、新住民の多くは、新設の女子中学校と同様に、ムワンガ町市街地給水用のヴドイ貯水タンクから配水を受けることにした。もちろん、ヴドイ貯水タンクから勝手に取水することは違法であり、彼らは取水許可を取得することに成功したのである。彼らが県上級公務員、中学校校長、元軍人等の背景を有する社会経済的な有力者であることが、大いに影響していると思われる。ヴドイ貯水タンクが間近に存在するにもかかわらず、キリスィ集落の旧住民たちは新たな水源確保という手段に頼らざるを得なかったのとは、大いに異なった対応である。ヴドイ貯水タンクから給水を受ける新住民は、水道メーターを設置して従量課金するというムワンガ町水道公社の方針に従っており、それに反発して自主水道を整備しようとした旧住民とは意識を共有していない。新住民は自主水道に依存しなくなっているわけであるから、その運営に口もはさまず、また事業への資金的な支援も行わなくなっている。近隣に居住しながら、キリスィの旧住民と新住民は生活用水問題を共有していないのである。

さて、キリスィ集落で自主水道整備事業が行き詰まっている主因は、貯水タンクの破裂という突発したハード面の問題ではなく、むしろそれに先だって発生していた運用面での問題にある。貯水タンクが健在なうちは、貯水タンクの水門を朝に開き、夕方に閉じて、夜間に貯水するシステムが遵守されていた。そして、ヴドイ村区の二つの集落であるキリスィとムランバとで隔日交替で配水がなされていた。この規則に従えば、各世帯は一日おきにしか水道給水を受けられないことになる。そのため、断水する日に備えて、宅地内にコンクリート製の直径一・五メートル強、高さ一～一・五メートルの丸い貯水槽を設置して、そこに貯水しておく世帯が少なからず出現した（図5）。このような貯水槽に給水している間は、他世帯への配水量は著しく制限されることとなる。これは、水道水の配水をめぐっての諍いの原因となっていたという。自主水道整備以前には始終断水していたわけであるから、このような施設をすでに備えている世帯が多くてもよいように思うが、実際には自主水道整備後に急増した。自主水道整備前にはあまりにも水量が少なく、このような設備を整備することは近所の非難の的になったのかもしれない。皮肉なことに自主水道整備によって水量が増えたために、非難されるような施設が増えたともみなせる。そして、建築資材の販売で得た資金によって、貯水施設を建造するために必要なセメント等の資材を購入できるようになったことも、貯水槽急増の大きな要因であったろう。

水道水利用をめぐる第二の問題は、自宅の敷地内で販売用のレンガを製造する作業のために水道水が利用されることである。自主水道は生活用水用であり、蛇口にホースをつないで圃場を灌漑するような、農業用の利用は禁止されている。レンガの製造は農業用の利用ではないが、大量の水を必要としているために、農業利用と同様に規制の対象と見なされているようである。しかしながら、農業用とくらべてかなり寛大な措置がなされていた。その理由は、レンガ製造に多くの世帯が参画しており、互いに規制を見合わせたためである。とくに、キリスィ集落の旧住民は親族・姻族関係でつながっており、生計費を稼ぐためにレンガを製造せざるをえないような世帯に対して、強く規制することがためらわれたという。

図 5　庭に貯水槽を設置した世帯（2009 年 8 月 21 日撮影）

写真の中央にあるのは，多くの世帯が自宅の庭に設置し始めたコンクリート製の貯水槽である。写真では見えないが，そのむこうに水道の蛇口がある。屋外に設置された水道の蛇口にホースをつないで家屋周辺の畑を灌漑することは禁じられているが，バケツで運んで給水することは認められている。そのため，乾季にもかかわらず，後方に見えるバナナの葉は生き生きとしている。そもそも，キリスィ集落の世帯ではそれまで，庭でバナナを育てるようなことはなかった。

このような運営面でのほころびというべき事態に加えて、貯水タンクの破裂という事故が発生したために、利用に関する取り決めがあいまいなまま二四時間の給水が行われるようになった。貯水タンクを経由していないために水圧が低く、水源から遠い世帯は給水を受けられない事態となっているし、キリスィ集落とムランバ集落とで一日交替で水を利用するというルールも雲散霧消している。乾季灌漑作が外部要因によって終末を迎えざるをえなかったとすれば、自主水道事業の場合は、内部での対立が事業頓挫の遠因であったと見なせるであろう。自主水道施設によって稀少な水資源を確保するというヴドイ村区の集団的な意思は、世帯それぞれの思惑によって解体されていった。ただし、キリスィ住民は、この水資源利用の頓挫も、さほど深刻な事態と受け止めていないようにも見受けられる。現状のような水利用のありかたは、自主水道施設を整備する前にも経験しており、自宅の蛇口から水が出ないのなら、水が出ている近所にもらい水に行けばよいと考えているようである。さらに、いまでは女子中学校で水を購入することも可能となっている。

以上のように、生活用水という水資源をめぐって意識の異なる旧住民と新住民が、キリスィに居住している。なぜ新住民が参入し得たのかということに目を向ければ、キリスィ集落の旧住民が集落に隣接する圃場を売却していることが、浮かびあがる。売却された圃場のなかには、かつて乾季灌漑作に利用されていた圃場も少なからず含まれており、また圃場周辺に走っていた用水路跡は新設の宅地によって分断されており、今後ふたたび乾季灌漑作を行うことは困難な状況になっている。土地を売却したキリスィ集落の旧住民世帯は一時的に多額の資金を入手しえたが、それが浪費されずに長期的な生計基盤となっているのかは、今後の調査が待たれる。キリスィ集落の旧住民世帯の中に、他地域で密かに灌漑圃場を借り受けている世帯、中国製のオートバイを入手してバイク・タクシーを開業している世帯、ムワンガ町に商店舗を借り受けた世帯を実見しており、土地売却との関連は明らかにはできていないが、新たな経済活動に乗り出している世帯が存在していることは間違いない。

5　対立を回避し共生するための転回

ムワンガ町という中小地方都市が発展していることは、タンザニア経済全体が上向いていることの表れであるが、その結果として同町周辺に位置するキリスィ集落の住民の生活が必ずしも向上しているとは言えない。彼らは受け身に外部からの支援を待ち望んでいるわけではないことは、本章で触れた乾季灌漑作、自主水道整備という水資源利用の二つの事例と、さらには建築資材の製造・販売の事例から明らかであろう。彼らは自主的に自らの生活向上を図ってきた。一九九〇年代にキリスィを訪問すれば、乾季に目に鮮やかな灌漑作の畑が広がっていた。二〇〇〇年代後半には、ムワンガ町市街地向けのヴドイ貯水タンクに給水を依存していた近隣の公立中学校の生徒が、キリスィ集落にもらい水に訪れていた。それぞれの事業で、成功裡に推移している局面があり、現在は困難を抱えている局面だと理解するほうが正しい。彼ら自身が開発と共生に向けた潜在力をまた新しい形で発揮して、局面を切り開いていくことを期待したい。

これまでの経緯を見ていると、キリスィ集落の住民は水資源に対して、同じ事業を継続させるのではなく、他の活動へと軽々と転回しているようにも見える。それは、彼らが他者と決定的な対立に陥るのを回避しているためではないかと、筆者は推察している。これは、キリスィ集落のそれぞれの世帯が果敢に多様な生計活動に取り組んでいることと符合する。乾季灌漑作を主要な農耕活動に付加的に行う世帯があり、家畜飼養はほぼ例外なくすべての世帯に組み込まれており、建築資材の製造やムワンガ町の週市での加工食品の販売等を含む集落内外での非農業活動に就労したり、さらには世帯構成員の一部が都市部等への移動労働に従事したりする世帯も少なくない。いずれかの生計手段が困難になった場合には、その生計手段の削減あるいは撤退を実践し、他の生計手段の比重を高めるという対応を行っている。乾季灌漑作からの撤退とほぼ同時並行的に進行した建築資材の製造・販売の隆盛は、まさに格好の事例である。このような対応が可能であるのであれば、種々の困難をともなうようになった生計手段に固執することなく他の生業に移行すればよく、困難に付随する対人関係や集団間関係の悪化を回避すればよいことになる。これは、アフリカの人びとが自らの暮らしを維持しながら、周囲と共生していくための潜在力の一断面と言えるのではないだろうか。

乾季灌漑作とは異なり、自主水道施設の整備は通常の意味で生計手段とは言えないが、個別世帯の生活条件の改善をめざす方策という意味では、広義の生計手段であろう。この事例においては困難を回避するために、問題の解決を先送りしているように見える。乾季灌漑作にともなう困難が用水利用者集団とその外部との関係において発生しているのに対して、自主水道施設にともなう困難は配水をめぐる対立という水道利用者集団内で発生しているためではないかと思われる。協調行動が相互利益にはつながらない状況が発生し、それを不問にしたまま、状況の改善が図られていないといえよう。ヴドイ村区全体、なかでもキリスィ集落内での社会関係の修復が求められている。土地を売却することによって、キリスィ集落周辺にほとんど圃場を持たない旧住民世帯も出現して、旧住民世帯の同質性が失われつつあるなかで、社会関係の修復が求められている。そして、まったく異質とも見える新住民が移入してきており、地域社会の空間的かつ集団的な枠組みの変更も必要となりつつある。これらは、開発と共生に向けた潜在力の発揮の前に横たわる大きな課題と言ってよい。

本章において紹介した稀少な水資源に関わる二つの事例は、いずれも地域の住民が自らの生活改善を協調行動で図った事例である。乾季灌漑作が一九世紀末に始まる植民地化以前から北パレ山塊で展開されてきた小規模灌漑技術を用いた活動であったことを想起すれば、現在は挫折している事業は、その技術、運営、資金等に関わる種々の経験が地域社会に開発と共生に向けた潜在力のかたちで蓄積され、同一の形状で復活しなくとも、いずれなんらかの形で生かされることを期待したい。対立を回避しながらも、時には行政当局にすら反発する彼らのバイタリティを信じたい。

最後に、本稿で紹介した知見から得られる、アフリカ農村社会論への示唆について触れておきたい。二つの事例において、協調行動を試みた行為主体は異なっており、キリスィ集落において、単一で強固な共同性原理が存在していないことを示唆している。協調行動は、独立自営を基本とする農村の個別世帯が事案ごとに選択的に組織化しているといえよう。そして、いずれの協調行動も個別世帯の基幹的な生計手段には関わっていないがために、協調行動の失敗は生活の根本を脅かすまでに至っていない。協調行動は負の経験として蓄積されることもなく、日常生活に変化をもたらしうる「遊び」として今後も再び採用されることは大いにありうる。単一で強固な共同性に裏打ちされている農村社会ではなく、柔軟に、したたかに外部状況の変化に対応しうる独立自営の農村世帯によって構成された地域社会が存在しているように見受けられる。ただし、個別世帯の主体的な判断の総和が望ましい結末をもたらす保証はなく、短期的な判断基準が地域社会に長期的な困難を招来する危険性があることは、本章の事例で示したとおりである。そして、農村世帯が独立自営的であることは、相互扶助的な行動規範が働きにくい状況を意味し、生計戦略の失敗が個別世帯に重くのしかかり、地域社会内の経済格差を助長する危険性も秘めている。

本章の冒頭で触れた新たなアフリカ農村社会論として，島田はポリティカル・エコロジー論をベースとして脆弱性や回復能力という魅惑的な概念を駆使して変わり身の早いアフリカ農民像を描き出し（島田 2007），また杉村は生産局面ではなく消費局面に着眼して消費の共同体というアフリカ農村像を描き出している（杉村 2004）。筆者の調査地の実態は必ずしも両者の描くアフリカ農民・農村像とは合致しない。いずれかが誤っているというよりも，多様かつ転換しつつあるアフリカ農村について，不断に新たな実証研究とそれを踏まえた理論化が必要であるということであろう。そのことに応じて，われわれのアフリカの潜在力についての探求もまた柔軟な発想で深められていかなければならないだろう。さらなる研究成果の蓄積を期待したい。

謝辞

本章の資料収集にあたっては，科学研究費補助金による「アフリカにおける地方経済活性化と資源保全に関する実証研究―タンザニアの事例―」（課題番号：25257107。研究代表者：池野旬）で実施したタンザニア現地調査の機会を利用させていただいた。記して，謝意を表したい。

参照文献

日本語文献

池野旬（2010）『アフリカ農村と貧困削減 ―― タンザニア　開発と遭遇する地域』京都大学学術出版会。

池野旬（2015）『タンザニアにおける土地政策の変遷 ―― 慣習的な土地権に着目して』（武内進一編）『アフリカ土地政策史』アジア経済研究所。

小野塚知二・沼尻晃伸編著（2007）『大塚久雄「共同体の基礎理論」を読み直す』日本経済評論社。

島田周平（2007）『アフリカ　可能性を生きる農民 ―― 環境―国家―村の比較生態研究』京都大学学術出版会。

杉村和彦（2004）『アフリカ農民の経済』世界思想社。

日本村落研究学会編（2009）『近世村落社会の共同性を再考する ―― 日本・西欧・アジアにおける村落社会の源を求めて』農山漁村文化協会。

吉田昌夫（1999）「東アフリカの農村変容と土地制度変革のアクター ―― タンザニアを中心に」（池野旬編）『アフリカ農村像の再検討』三一―五八、アジア経済研究所。

欧文文献

Calas, Bernard, and CA Mumma Martinon (eds.), (2010) *Shared Waters, Shared Opportunities: Hydropolitics in East*, French Institute for Research in Africa, Nairobi, Kenya.
Kimambo, Isaria N (1991) *Penetration & Protest in Tanzania: The Impact of the World Economy on the Pare 1860–1960*, James Currey, London, UK.
Lofchie, MF (2014) *The Political Economy of Tanzania: Decline and Recovery*, University of Pennsylvania Press, Philadelphia, PA.

第３章

内発的な開発実践とコモンズの創出

── タンザニアにおける水資源利用をめぐる対立と協働に着目して

荒木美奈子

扉写真：穀物の製粉を終え、家路を急ぐ母と娘。「始まりは水力製粉機だった」と人びとはしばしば口にするが，水力製粉機は，K 村住民の暮らしを支える村の共有物となった。これが賦活剤の役割を果たし，さまざまな活動が展開されていくことになったが，持続的な水資源の利用をめぐり，村内や河川流域の村々との間に対立の火種も内包されている。本章では，地域に培われた「潜在力」を源泉とした内発的な開発実践や協調的な地域社会構築に向けての課題と可能性を探っていく。

1　水資源のもつ二つの顔

タンザニア南西部マテンゴ高地に位置するムビンガ県は、インド洋に面した主座都市ダルエスサラームから一一〇〇キロメートル離れた、マラウイやモザンビークとの国境に近い遠隔地にある（図1）。ダルエスサラームを早朝車で出発し、二日目にリビングストーン山脈を越えるとルブマ州の州都ソンゲアに辿りつく。車輛に加え近年とみに増えたバイクの喧騒に迎えられ、それまでの景観と一転し、軒を連ねる商店や携帯電話・コカコーラなどの大きな看板が目に飛び込んでくる。ソンゲアの市街地を抜けると、ふたたび小高い山々とミオンボ林の風景が現れ、マラウイとの国境でもあるニャサ湖に向かう道が山々に吸い込まれていく。ソンゲアを後にすれば目指すムビンガ県まで一〇〇キロとなるが、この道が全て舗装されたのは二〇一三年のことであり、それ以前は雨季には泥の河のようにぬかるんだ道を数時間かけて進み、乾季は砂埃のなかを走行しなければならなかった。最後の難所が舗装されていくのと並行し、近年では国内外の富裕層や投資家によって沿道の林が開墾され、農地や大規模コーヒー農園となる場所もみうけられるようになってきた。

ムビンガ県はタンザニアの辺境の地に位置するが、北部のキリマンジャロ州やアルーシャ州、南西部のムベヤ州ボジ県と並びコーヒー生産地として名高い地域である。山岳地帯・丘陵地帯と湖岸地域に分かれており、山岳地帯・丘陵地帯には主にマテンゴという民族が居住していることからマテンゴ高地と呼ばれている。急峻な山々が幾重にも連なる高地で、人びとは集約的な在来農法を用い主食のトウモロコシとインゲンマメを栽培し、換金

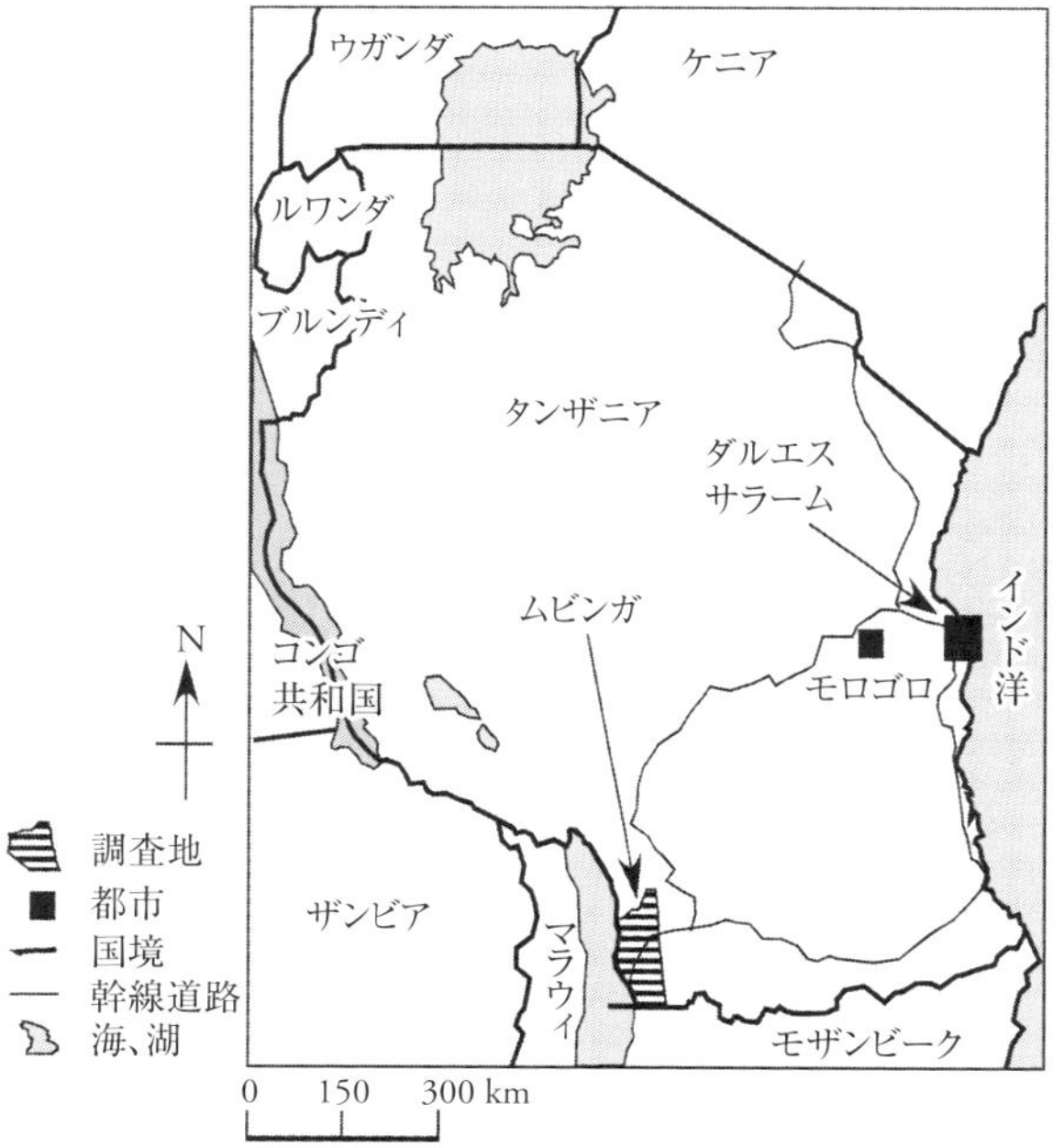

図1　ムビンガ県の位置

作物としてのコーヒー栽培と組み合わせ生活を営んでいる。本章で取り上げるマテンゴ高地のK村は、後述する国際協力機構（JICA）の地域開発プロジェクトの対象地域のひとつであり、地形的な特徴を生かした水力製粉機（ハイドロミル）建設に端を発し、農民グループを軸とした諸活動がプロジェクト期間中に実施された。開発プロジェクトについては、プロジェクト終了とともに活動が不活発化したり、休止してしまう事例も多数報告されているが、K村ではプロジェクト後も住民主導の内発的な諸活動が継続され、中学校建設、小型水力製粉機建設、給水事業などが実施され、近年では水力製粉機を基盤としたマイクロ水力発電事業へと推移してきている。また、一九九九年のプロジェクト開始から現在に至るこの一五年ほどの年月は、二〇〇〇年に始まった「ミレニアム開発目標（MDGs）」の時期とほぼ合致する。この間、ムビンガ県のみならずアフリカ各地で、ＭＤＧｓにおける重要課題である貧困削減や環境問題などへの取り組みがなされてきた。しかしながら、こうした営為の一方で、土地や水などの資源を利用した開発実践では資源をめぐる対立や争いが派生し、問題群を乗り越えようとする試み自体が、新たな争いや利害衝突を招くという矛盾をも孕んでいる。

筆者は五年間のプロジェクト期間中に計三年ほどＪＩＣＡ専門家としてプロジェクトに参加したのち、二〇〇五年に五ヶ月間Ｋ村に住み込み、二〇〇六年以降は毎年三週間程度フィールド調査を実施することにより、住民主導の諸活動が内発的・持続的に展開していくプロセスをモニタリングしてきた。プロセスを追っていくなかで、水力製粉機・マイクロ水力発電・給水など地域の「水資源」を利用していることが、ここでの開発実践の特徴として浮かび上がってきた。女性の労働や家計の負担を軽減する水力製粉機運営、地産地消の農村電化の可能性、給水事業を通しての安全な飲料水へのアクセスなどアフリカ農村における水資源利用のポテンシャルを秘めている一方で、水資源をめぐる利害衝突や環境保全などの課題にも直面している。本章では、こうした問題群を乗り越えようとする試みと、そこに派生する争いや利害衝突を解決あるいは回避していく過程で、「アフリカ人がみずから創造・蓄積し、運用してきた知識や制度」といった「アフリカの潜在力」(第１巻の太田によるシリーズ序論)がどのように発揮されているのかに着目し、以下の三点を考察していきたい。第一に、住民主導で水資源を利用した開発実践に取り組む際に、どのような「潜在力」が発揮されているのかを検証していく。第二に、村内および流域の村々との関係において水資源の利用・管理をめぐりいかなる対立や争いの火種が派生しているのか、そうした対立の解決方法や争いの火種を未然に回避するためにどのような「潜在力」が働いているのかを考察していく。そして第三に、水資源の利用と保全をめぐり地域住民や行政が共生への「潜在力」を発揮して「協働型のガバナンス（協治）」をめざしていくことが可能であるのかについて検討していきたい。

2　水資源を生かした開発実践とさまざまなアクター

（一）マテンゴ高地の「在来性のポテンシャル」と水力製粉機建設

マテンゴ高地の人びとは、もともとはタンザニア南部で焼畑耕作を生業としていたが、一九世紀半ばに南部アフリカから北上してきたンゴニの侵略から逃れるために、急峻な山地に逃げこみ居住するようになったという。山の斜面での農業を余儀なくされ、狭い地域に多くの人びとが集住する状況に追い込まれたマテンゴは、雨季の豪雨による土壌浸食の防止や有機肥料の確保などの機能をもつ在来の集約農法であるンゴロ（*ngolo*）農法を生み出し、発展させていった（Basehart 1972; Itani 1998; 掛谷・伊谷編 2011）。この農法に魅了された研究者らは、ンゴロ農法の農業生態とそれを支える経済・社会・文化・歴史の機構を解明するために、一九九四年からの三年間ソコイネ農業大学（Sokoine University of Agriculture：ＳＵＡ）との共同研究のもとＪＩＣＡ研究協力事業「ミオンボ・ウッドランドにおける農業生態の総合研究」を実施した。そして、研究協力での成果（JICA 1998）をもとに、在来の資源や農業技術・知恵を基盤とし、地域の内発的な発展の可能性を追求していくことを目的とした、ソコイネ農業大学・地域開発センター（SUA Centre for Sustainable Rural Development：ＳＣＳＲＤ）プロジェクト（以下、プロジェクト）が一九九九年から二〇〇四年までの期間、実施されていくこととなった。ンゴロ農法を軸としたマテンゴの農業生態を基盤とし、地域の資源利用・開発と環境保全を両立させる知恵を「在来性のポテンシャル」として捉え、住民の主体的な取り組みを重視するキャパシティ・ビルディング（能力構築）を通して、諸活動を展開していくことをめざしたプロジェクトであった（掛谷 2011）。

マテンゴ高地の村々は、標高一三〇〇メートル以上の山岳地帯に分布する「旧村」と、旧村からの移住先である一三〇〇メートル以下の丘陵地帯に分布する「開拓村」とに類別できる。本章の対象地域であるK村は、古くから人びとが居住してきた「旧村」のひとつであり、七つの村区から構成され、人口は二四〇〇人ほどの村である。プロジェクト開始に際し、研究協力時代から継続されてきたフィールドワークをもとにした実態把握や住民との対話を経て、日々の生活に密接に関わる水力製粉機設置が住民のニーズのひとつとして提案された。臼と杵でのトウモロコシの製粉は、女性にとって水くみと薪集めに並ぶ重労働である。タンザニアの他の農村と同様に、K村でもディーゼル製粉機での製粉も併用されていたが、燃料費の高騰は利用者のみならず製粉機の所有者にとっても負担となっていた。それゆえ、ディーゼルなどの燃料を使用しない水力製粉機の設置は出費の削減につながることから、K村でも水力製粉機建設に着手していくことになった。ムビンガ県には一九九九年当時、カソリック教会内で活動を行うNGOカリタスが支援した七つの水力製粉機があり、住民にとって馴染みがあり、かつ、急峻な山が幾重にも連なるK村は、水力エネルギーの利用に適した地形的条件を満たしていたのである。

水力製粉機の仕組みは、以下のとおりである。まず、K村を横切るM川から水を取り入れるために取水口を建設し、そこから水を導く水路を建設し穏やかな勾配で自然流下させる。三三〇メートルの導水路の末端に貯水池を作り、落差地点から水圧管を通して水を落下させ、水の流れ落ちるエネルギーを利用して小屋のなかに設置

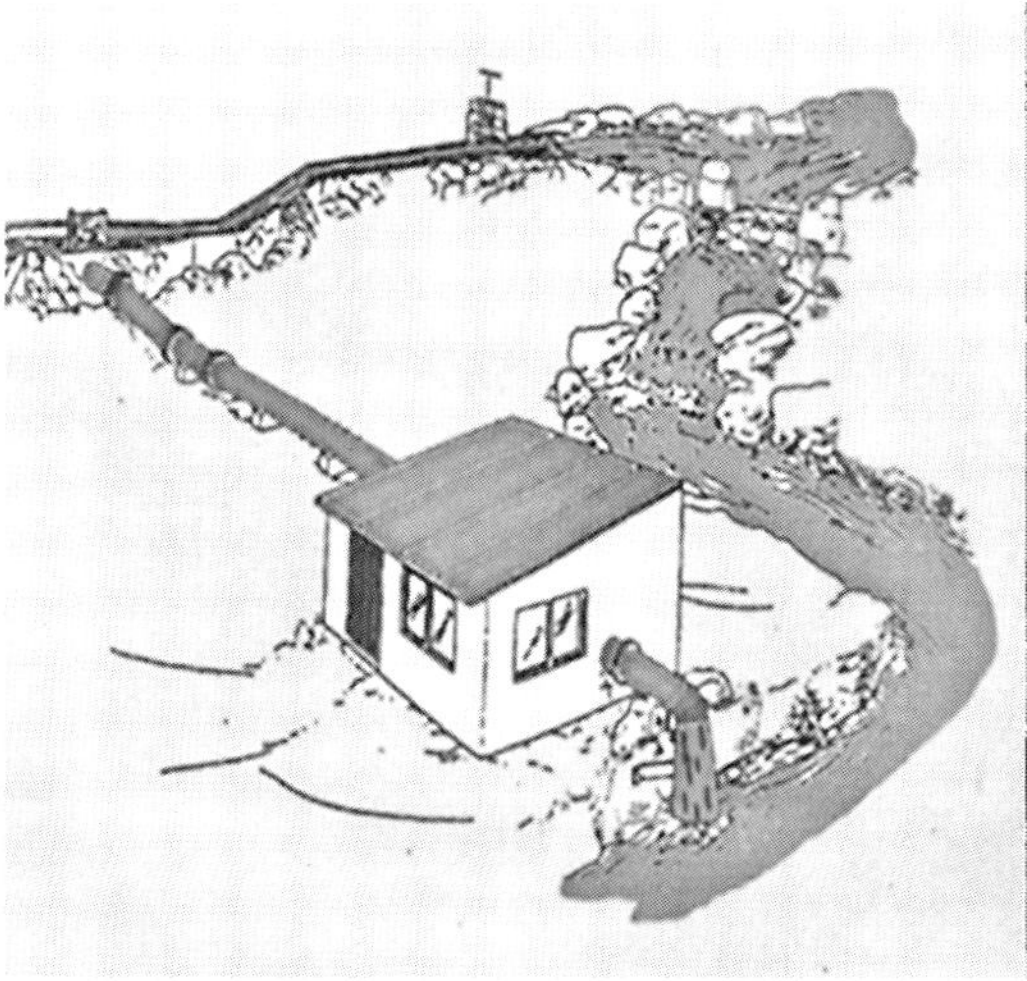

図3　水力製粉機の仕組み（模式図）
出所：SCSRD/JICA（2004: 34）から引用

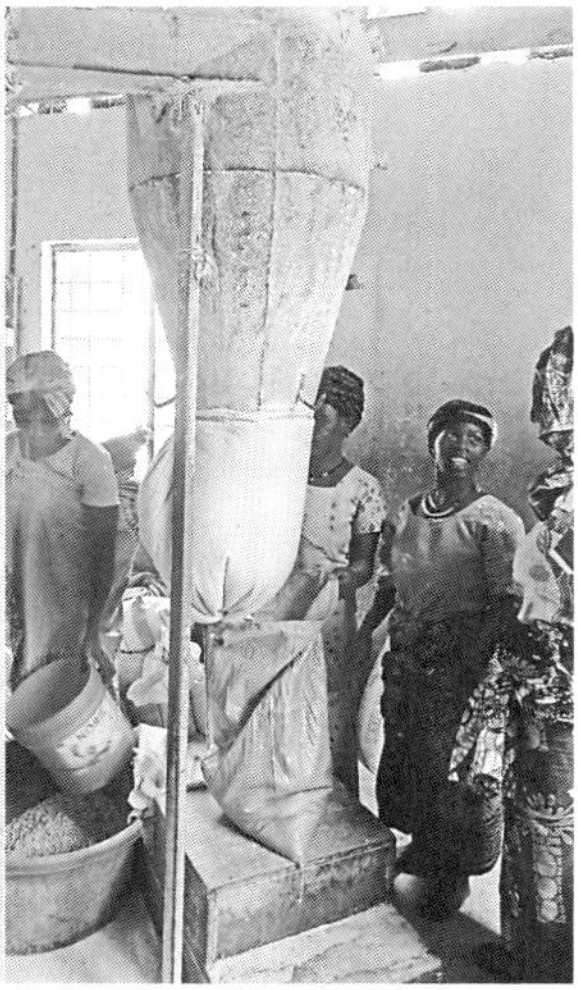

図2　製粉を待つ女性

されたタービンを回し、穀物を粉砕する製粉機を起動させる（図2）。使用した水は、放水施設を通してM川本流に放流するという仕組みになっている（図3）。山の斜面に導水路を建設するため、雨季の豪雨による土砂崩れで崩壊しないように水路脇に木を植えるなどの工夫を凝らしたが、今では木々も成長し、長年にわたり製粉用の穀物を運ぶ人びとの重みで水路脇の小道は踏み固められている。K村のみならず周辺の村々からの利用者も多い（扉写真）。

プロジェクト当初K村住民には水力を利用した「発電」への期待もあったが、プロジェクトの目的がインフラ整備にあったわけではなく、水力製粉機建設やそれに続く諸活動を通して住民が主体的に計画を立案し実施していくことのできる「キャパシティ（能力）」をつけていくことが重要であると考えられていた。そこで、プロジェクト当初は「発電」は除外され、水力「製粉機」の建設のみが行われたのである。

(二) 住民組織の形成

水力製粉機建設には、K村の住民のほかに、SCSRD／JICA、ムビンガ県庁、カリタスなどさまざまなアクターが関与していた。諸アクターが交渉や調整を重ねる過程で、住民側は水力製粉機建設のために住民代表による組織を発足させ、のちにその組織は「セング委員会(*kamati ya sengu*)」と名づけられた。セングとはマテンゴ社会に古くからある共食の習慣で、かつては同じ地域内に暮らす拡大家族が食事を共にしながらさまざまな問題について協議していたという。セングに体現される、問題を協議しながら解決していくという精神を、新たに始まる事業に生かしていきたいという思いが、「セング委員会」という名称に込められていた。セング委員会の構成をみると、K教区(parish)の議長と神父、村落行政官(VEO)、村落政府メンバー、前農業普及員というように教会と行政の双方にまたがって構成員が編成されていた。

セング委員会が住民側の指揮をとり、県とSCSRD、そしてカリタスと教会が側面から支援していくなかで、二〇〇二年五月に三三〇メートルの導水路建設、レンガ作り、製粉機小屋建設などの作業が村人総出で行われ、水力製粉機の設置が完了した。作業期間の二年近くの日々は順風満帆ではなく、雨季の豪雨や作業の遅延、予想外のトラブルへの対応などとともに、プロジェクトに参加していたアクター間での対立やもめごとも生じていた。特筆すべき対立としては、完成後の水力製粉機の利用・管理をめぐり、住民主体で管理・利用を行うべきだとするSCSRD／ムビンガ県と、他の製粉機と同様に教会が主導すべきだとするカリタス／K村教会の間に起きた衝突が挙げられるが、時間をかけた協議と中立的な立場の第三者の仲介が功をなし和解に至った。結果として、住民が主体となり、他のアクターが側面から支援していく体制が確立され、後に続く内発的な動きを導き出すひとつの契機となった。K村内でも、村での勢力関係をめぐる村評議会と新たに組織された住民組織「セング委員会」との間での対立、住民間では水力製粉機へのアクセスをめぐる対立などが並行して派生している。これらの他にも複数の対立やもめごとが起きているが、解決に至っているものもあれば、争いの火種を残しているものもある（荒木 2011）。

セング委員会は、村評議会との衝突や住民とのもめごとを解決していく過程で、さまざまなアクター間の利害調整や争いを未然に回避する術を学んでいった。それと同時に新たな計画を立案し、次々と実施していった。その結果、当初は水力製粉機建設のみのために結成された組織であったが、「農民グループ（*kikundi*）」活動への支援をはじめとし活動範囲を徐々に広げていき、K村での諸活動になくてはならない存在となっていった。

（三）水力製粉機事業からマイクロ水力発電事業への展開

一九九九年に水力製粉機建設に着手した際には「発電」は除外されていたが、当時から一〇年ほどの年月の間に、ムビンガ県やK村をとりまく状況も変化していった。タンザニアの辺境に位置するムビンガ県は二〇〇〇年代半ばまで未電化で、町の事務所や商店では発電機やソーラーが使用されていた。行政による農村での電化や給水などの公共事業は町よりさらに遅れており、農村までほとんど行き届いていないのが現状であった。そうした状況下で、K村住民は行政による支援を待つのではなく、まずは給水事業、続いて農村電化に踏み出していった。ここではK村をとりまく時代の変化を踏まえつつ、マイクロ水力発電事業が実施されていく諸要因とその経緯、そこに働く「潜在力」について考察していきたい。

Ｋ村がマイクロ水力発電に着手できた第一の要因は、人びとや組織がキャパシティや経験を積み重ねたことにある。水力製粉機建設で弾みをつけ、それ以降の一〇年ほどの年月の間に水力製粉機の運営・管理、農民グループ活動、中学校建設、小学校と診療所の修復、給水事業など住民主導の内発的な諸活動を経験しキャパシティを蓄積していくなかで、「発電」に取り組む基盤ができたといえる。そして、農村電化のフェイズＩとして小中学校・診療所・教会などがある地域の電化計画を立て、資金については交渉の末、ドイツのＮＧＯ'Licht für Afrika'から支援を得られることになった。[1] ドイツでは早くから小水力発電に力を入れており、一〇〇〇キロワット以上の水力発電所に対して一〇〇〇キロワット未満の水力発電所の開発が圧倒的に遅れている日本の現状と比較し、ドイツにおいては二〇〇二年の時点で一〇〇〇キロワット以上の水力発電所が四〇三箇所に対し、一〇〇〇キロワット未満は五五〇〇箇所と、小水力発電所の数がはるかに多く、その後も小水力発電に力を入れている。ドイツで小水力発電が促進される背景には、電力会社や企業のみならず自治体・市民・個人等の多様な事業主体の参加、固定買い取り制度、環境配慮へのインセンティブ、小水力に関する情報公開、水力利用へのさまざまなバックアップ体制などの要因があるという（後藤ら 2009: 175）。

ムビンガ県で実施された水力「製粉機」の設置については、ムビンガ県のカソリック教会と親交があるドイツ人技師のＶ氏がカリタスを通して建設に携わっていた。Ｖ氏はドイツの自宅でも小水力発電を利用しており、夫婦揃って小水力エネルギーに関する知識や技術を兼ね備えており、ともにＮＧＯ'Licht für Afrika'のメンバーでもある。Ｖ氏はＫ村も含めたムビンガ県での水力製粉機建設の際に技術的な指導や助言を行ってきたが、二〇一〇年にモニタリングの一環として、ムビンガ県で手がけた七つの水力製粉機を視察している。Ｋ村ではセング委員会を中心に、毎週取水口から貯水池までの水路の点検や塵の除去、製粉機の点検と整備を欠かさず行うことにより持続的な運営を心がけてきたが、他所と比べた際にＫ村の水力製粉機の維持・管理が抜きん出て優れていたという。いずれは水力「製粉機」の延長線上にマイクロ水力「発電」を試みたいと考えていたＶ氏は、Ｋ村から発電の話が持ち上がった際に、'Licht für Afrika' から支援することを即座に決めたという。第二節で述べたように、Ｋ村で水力製粉機建設が始まる際には、住民による管理・運営は難しく他所と同様に教会に任せてはどうかという意見がでていたが、一〇年強の歳月を経て、住民による管理・運営が可能であったことが証明されることにもなったのである。

こうして二〇一一年にマイクロ水力発電フェイズＩの作業が始まった（図４）。水力製粉機が設置されている小屋に発電機、配電盤、変圧器などの発電設備を設置し、送電線を通して電気を送り、二〇一二年六月には小学校・中等学校・診療所・教会などがある村の中心部に電気が来るようになった。その後しばらくはこの一帯への電力供給は安定していたが、二〇一三年二月に落雷によりモーターが故障し、発電できない状態が続くという事態に陥った。この状況をみかねた元センング委員会のＮ神父が、二〇一三年八月にドイツを訪問した際に、'Licht für Afrika' のＶ夫妻に状況を説明し、打開策を協議したという。Ｖ氏の妻が二〇一四年一月にタンザニアを訪問し、ムビンガ県でＮ神父やタンザニア人技師などとともに現状を視察している。ドイツに帰国後、ＮＧＯメンバーに現状を説明し、故障の多い中国製ではなくドイツ製の新しいモーターを購入し、タンザニアに配送している。

こうしたさまざまなアクターの連携により、マイクロ水力発電事業が、その一歩を踏み出すことになった。

図４　ンタンボの利用と保全

ンタンボという川の支流などで区切られた「ひと尾根」がマテンゴ社会の社会生態的な単位であるが，山頂部に自然林，中腹に家屋やコーヒー園，斜面にンゴロ畑が広がる。写真中央下の谷底部に水力製粉機を設置することにより，ンタンボの利用と環境保全をめざしてきたが、近年、水力製粉機の持続的な利用・管理の延長線上にマイクロ水力発電の試みが始まっている。

（四）「共的領域」での電化の意味

前述のように、Ｋ村のマイクロ水力電化事業では、フェイズⅠとして小学校・中学校・診療所・教会などがある村の中心にあたる地域での電化が計画、実施された。一般的に農村電化を進めるにあたり、社会的組織がある地域は電化のインセンティブが高いといわれているが、Ｋ村の文脈においてこの地域が電化されることの意味や影響を考察していきたい。

Ｋ村の中学校は二〇〇五年に開校した。タンザニアのフォーマル教育では、七年間の初等教育の後に四年間の中等前期教育（Ｏレベル）、二年間の中等後期教育（Ａレベル）がある。タンザニア政府は二〇一五年を期限とした「万人のための教育（ＥＦＡ）」の達成をめざし、一九九〇年代から初等教育やノンフォーマル教育の拡充を進めてきたが、その結果、初等教育の就学児童数が急増し、中等教育へのアクセス拡充が緊急を要する課題となった。世銀の資金援助により二〇〇三年に「中等教育開発計画（ＳＥＤＰ）」が策定され、二〇〇四年から五年間にわたり実施されることになる（亀井 2005: 10）。国レベルで中等教育への支援が強化されていくなかで、Ｋ村住民は、プロジェクトに携わっていたタンザニアの大学教員に感化されたこともあり、プロジェクトと平行して二〇〇三年に中学校建設に着手することを決めた。県からの中学校建設の支援を元手に、住民の自助努力によって地道に学校建設に取り組んだが、資金不足のため教室や職員室の一部は建設途中であった。寄宿舎に至っては、建設の目途もたっていなかったため、遠方からの学生は近隣の民家に居候をしながら通学することとし、二〇〇五年五月に開校に踏み切った。見切り発車の開校ではあったが、県から県開発長官（ＤＥＤ）が赴き盛大な開校式が催された。

開校当時から校長を務めるM氏によると、二〇一四年八月時点で教職員は非常勤を含め一五名、学生は一年生から四年生まで計一一八名（男五二、女六六）である。女子学生が男子学生より多いため女子にも熱心に教育を受けさせているという印象を与えるが、女子学生の数が多い理由は、優秀な男子生徒は私立やミッション系などのよりよい学校に行ってしまうためであるという。また、当初K村を含むM区の六つの小学校から進学者があり三〇〇人ほどの生徒数であったが、三校は別の学区に区分けされたため、現在は残りの三校からのみ進学者がある。「自分たちの村に中学校を」という目標に向かい自助努力を重ねてきたK村の住民は、数人の子どものうちひとり二人は無理をしてでも教育水準の高い他地域や他県の中学校に進ませる傾向にあるが、金銭的にそれ以上の余裕がない場合や、中学校進学という選択肢すらなかった世帯においても、K村の中学校に子どもを進学させることができるようになった。しかしながら、保護者からの授業料二万タンザニア・シリング(2)と政府からの補助四万シリングの計六万シリング／一人では十分な教育環境を提供することができず、開校後一〇年近くになるが未完成の教室や職員室が半数近くあり、いまだに寄宿舎もなく遠方の村出身の学生はK村の居候先から通学している。M校長によれば、そうした環境のなかで教員・学生ともにモチベーションがあがらず、授業に身が入らなかったり、欠席する学生もいるという。その結果学力が伸びず、Aレベルへの進学や技術訓練校や教員養成学校に進める学生はほとんどおらず、Oレベル修了後は実家に戻り農業に携わる者が大多数を占めてきたという。そうした状況の改善に向け、中学校運営委員会を中心に努力を重ねてきたが、K村の中学校に電気が来ることになり、夕暮れ時に学校に灯がともる様子は学生自身や村人にもプラスの心理的な作用をもたらしたようである。一〇年の節目をむかえるK村中学校は、電化による心理面の効果もあったのか、二〇一四年度の

図 5　電化された中学校と運営委員会のメンバー

ある日，撮ってほしい写真があると，村人のひとりが訪ねてきた。中学校を開校して 10 年の節目になるので記念撮影をしたいという。村中の人びとが汗を流して中学校建設に取り組んでいた姿は今でも鮮明に記憶に残っているが，そのうちの何名かが中学校運営委員会のメンバーとなり，彼らを中心に引き続き中学校の改善に力を注いでいる。写真右端の男性は，給水事業でもリーダーシップを発揮したが，中学校運営への思いの方が強いという。「水も重要だが，人を育てていくことは村の発展に欠かせない」と語った。

試験の結果は県内の公立中学校で一位の成績を収めたという（図５）。

Ｋ村の診療所は、診療室・待合室・医薬品室などがある棟と出産分娩棟の二棟から成り、治療・出産・予防接種・保健教育などを行っている。タンザニアでは一九七五年に「拡大予防接種計画」が開始され、一九八六年には全土で実施されるようになるが、ＵＮＩＣＥＦ（国連児童基金）、ＤＡＮＩＤＡ（デンマーク開発庁）などの支援をうけコールドチェーン（アイスパック、ガス式冷蔵庫、クーラーボックス等）の強化も行われ、予防接種率は途上国のなかでも高率となる成果をあげている（JICA 1997）。Ｋ村の診療所もＤＡＮＩＤＡの支援をえて予防接種用のワクチンが保管されている。重病の場合はムビンガの町にある県立病院やミッション系の病院に行く必要があるが、Ｋ村の診療所には近隣の村々からも病人や妊婦が訪れ、この一帯では重要な機能を果たしている。電力や照明が必要な場合は発電機を用いてきただけに、電気が来たことによる診療所の機能改善はＫ村のみならず近隣村からも歓迎されている。

小中学校や診療所に加え、この地域には新たに発電事業のための事務所兼倉庫が建設され、定期的に会議が行われたり、変圧器やワイヤー等の機材が保管されている。また、村の収入向上活動として携帯電話やバッテリーへの充電サービスも開始されたが、携帯電話が農村にまで普及し始めている状況下でのニーズは大きい。タンザニアのみならずアフリカ大陸での携帯電話の普及は、二〇〇〇年代半ば以降の特筆すべき変化のひとつである。羽渕ら（2012）は、二〇〇〇年時点で、アフリカ五三カ国併せて一五〇〇万人ほどであった契約数が、二〇一〇年では五億四千万人近くまで膨れ上がり、二〇〇五年から二〇一〇年までの携帯電話への加入者数の年平均増加率はアフリカ全体では三一パーセントにも及び、通話のみならずインターネットやメール、送金サービスのような新たなサービスも盛んに利用され、生活の一部になり始めていると指摘している。携帯電話の普及は、首都や中心地域から段階的に周辺地域へと拡大していくというよりは、むしろ「同時多発的」に都市、農村を通し普及しており、様々な国や地域の農耕民、牧畜民、女性などがそれぞれの置かれた環境のなかで携帯電話を駆使している様子を紹介している。本章で対象としているタンザニアは、二〇一〇年の国別携帯電話加入者数では、ナイジェリア、エジプト、南アフリカ、アルジェリア、モロッコ、ケニアに続き第七位で、二〇一〇年の普及率は四六・八パーセント、二〇〇五－二〇一〇年の携帯電話加入者数年平均増加率は四七・九パーセントである（羽渕ら編 2012: 17, 198）。

ムビンガ県でも、固定電話や公衆電話が広く普及することなく、それらを飛び越え携帯電話が普及し始め、町から農村へと急速に普及している。K村では携帯電話の電波が届く場所が限られているが、限られた場所や他村、ムビンガの町での使用のために携帯電話を購入する者も多く、発電機がある教会や親戚・知人宅で充電をさせてもらったり、町に出かけた際に充電を行っている。このような状況下で、K村で新たに開始された携帯電話への充電サービスは住民のニーズに合致しており、携帯充電の末端は常に使用されている状態である。

これらに加え、この地域に新たに熔接所が設けられたことも、住民にとって喜ばしい変化であった。水力製粉機を持続的に利用していくためには、定期的な整備や、修理を要する時に即座に対応し故障した状態で放置しないことが重要であるが、K村では製粉機に何らかの問題が発生した際には職人に連絡が入りすぐに対応できるような体制を整え、溶接をともなう修理が必要な場合は、手間をおしまずムビンガの町まで機材を運び修理を行ってきた。水力製粉機や発電施設の持続的な運営・利用において、村内のこの地区が電化されることにより、町に行かずとも溶接ができるようになったことの意味は極めて大きい。

溶接所の周りには、茶屋、電動剃刀を使用する床屋、続いて美容院ができた。将来的には、中学校を修了しても職がない若者が職を得るために有利になるように、コンピューターセンターの建設や、ムビンガの町まで行かずにコーヒーのオークション価格などの情報にアクセスできるようなインターネット・サービスなどの企画を考えているという。セング委員会のひとりは、「若い頃はトラックの運転手としてタンザニアのいたるところを訪れ、お金をためると同時に、多くのことを見聞きしてきた。それが今、村の仕事をするうえで役立っている。地方都市やムビンガの町に住んだこともあるが、やはり自分の生まれ故郷であるこの村が好きだ。畑もコーヒーもあり、町よりも自然環境がよい。さまざまな活動や事業を行うことによって、町と同じようになりたいと思っているのではなく、この住み慣れた環境のなかで、よりよい生活をめざしていきたい」と、愛おしそうに周りの風景を眺めながら語っていた。同様の語りを時折耳にするが、彼らは町や都市に追いつくことをめざしているのではなく、むしろ少しずつではあるが町への依存度を減らし、村がより自律的に発展していける道筋を模索しているように思える。

佐藤（2008: 9）は「資源」を「働きかけの対象となる可能性の束」と定義し、「技術とは人びとが資源に働きかける際の『手段』であり、それによって資源の可能性も変化してくる」（佐藤 2008: 21）と指摘している。K村の住民は、急峻な山岳地帯という地形・自然的条件下で、水資源という「可能性の束」に働きかける際に、長年にわたり培ってきた斜面地での農耕や治水の技術・知恵とドイツの適正技術の双方を「手段」とし、水力製粉機そしてマイクロ水力発電という村の共有物（コモンズ）を創り出していった。すなわち、「人びとがみずから創造・蓄積し、運用してきた知識や制度」といった「潜在力」を源泉に、外来の適正技術や資金と縫合・統合させることによって、新たなものを創り出していったといえるのではないか。これには、内発的な諸活動を通して人びとや組織に蓄積されたキャパシティが重要な要素となり、携帯電話の普及や教育・医療の必要性の増大といった時代の変化に的確にかつ適時に呼応していったことも大きく影響しているといえよう。

3　水資源の利用をめぐる対立と争いの火種

（一）農村電化フェイズⅡへの取り組みと「潜在力」としての人的ネットワーク

水資源に対して働きかけポテンシャルを具現化していったK村住民ではあったが、同時に、この一連のプロセスには、水資源の利用をめぐる対立や争いの火種も内包されている。ここでは、農村電化計画フェイズⅡへの取り組みを述べたうえで、K村内での対立の火種、そしてK村を越えたM川流域の他の村々との関係について考察していきたい。

セング委員会は、フェイズⅠでの試行錯誤と並行して農村電化計画のフェイズⅡに着手し始めた。第二節で述べたように比較的狭い地区でのマイクロ水力発電でも建設・利用・管理は容易なことではないが、フェイズⅡは七つの村区で構成される「村全体」の電化となり、規模もはるかに大きく多額の資金が必要となる。また、フェイズⅠが小中学校、教会、診療所などがある「共的」領域での電化であったのに対し、個々人の家屋が対象となる「私的」領域での電化になることも大きな違いである。

資金については、セング委員会がエネルギー資源省の下に設置されている地方エネルギー庁（Rural Energy Agency：以下、ＲＥＡ）に申請書を提出し、支援を得ることに成功した。タンザニアでは電力会社（Tanzania Electric

Supply Corporation：以下、TANESCO）による農村電化の例はあるが、ひとつの村が主体となって着手した電化事業の試みは、K村が初めてのケースであるという。[3] これまでも村の事業に中心的に関わってきたセング委員会のメンバー二名が、コミュニティ開発省ムビンガ事務所のP氏、弁護士とともにダルエスサラームに赴き、REA本部にて契約を交わした後、REAの支援をもとにダルエスサラームや北部の都市アルーシャにて変圧器やワイヤー等の機材を購入し、電柱となる木材はンジョンベ州に発注するなど、ここでもセング委員会が推進母体となり力を発揮している。プロジェクト時代は、ムビンガの町に出て行き県の役人に面談を申し込むことさえ容易ではなかった彼らが、ダルエスサラームまで交渉・契約に赴き、遠く離れた他県に物品の発注に出かけていくようになったことは大きな変化である。

二〇一三年八月までに五台の変圧器、ワイヤー、電柱用の柱は全てK村に搬入され、フェイズⅡに向けての準備が着々と進められた。[4] K村の住民組織セング委員会がこの動きを推進するための「潜在力」として重要な役割を果たしているが、外部者の役割にも注目したい。プロジェクト時代に、県とSCSRD、住民など異なるアクター間のコーディネーター（調整役）がムビンガ県から選出されていたが、プロジェクト終了後も県のコーディネーターは村との調整やフォローアップ業務を継続してきた。後任にあたるコミュニティ開発省ムビンガ県事務所のP氏は、水力製粉機の延長上にあるマイクロ水力発電事業を成功させることが村にとっても行政にとっても重要であるとの認識のもと、K村での定例会議に出席したり、県の事務所で報告を受けることを通して状況を把握し、前述のようにセング委員会のメンバーとともにダルエスサラームでのREAとの契約に同席するなど適宜支援の手を差し伸べている。また、セング委員会が活動を行ううえでN神父がメンバーであったことも大きな意味を持っている。N神父もマテンゴ高地の出身であり、奇しくもプロジェクトが始まる一年前の一九九八年にＫ村に着任している。日常のミサや教会行事のほかに、保健衛生、給水事業、中学校建設などでリーダーシップをとり、日常生活のさまざまな場面で献身的な貢献をすることにより人びとの信頼を集めていた。Ｎ神父は二〇〇八年にＫ村より一〇キロほど離れたＬ村の教会に異動となったが、マイクロ水力発電事業に関しては継続して関与し、とりわけドイツのＮＧＯとの交渉・調整には重要な役割を果たしている。こうした村から少し距離をおいた外部者との関係を築いてきたことも、活動を推進していく際の「潜在力」のひとつといえよう。

(二)「私的領域」での電化の課題

セング委員会の精力的な働きかけにより農村電化事業は進められていったが、住民の電化に対する意識やモチベーションには温度差がみられる。農村電化に先立ち、山の傾斜を利用し重力を用いての給水施設の建設が村区レベルで実施されてきた。一度インフラを整備すれば水道料金はかからず若干の修理・整備費以外は出費が発生しない給水事業とは異なり、電化事業では、ＲＥＡの支援は電柱から引き込み線を通して屋内に配線する費用は含まれておらず、その費用のほかに月々の電気料金が掛かり、各世帯への費用負担がはるかに大きくなる。さらに、初期投資としてＲＥＡからの資金提供のほかに村からの自助努力分として、当初各世帯一五万シリングの分担金が割り振られた。全額支払った世帯は少なく、二万シリング、三万シリングと分割払いをする世帯が大多数を占める。各世帯の収入源は主にコーヒーであるが、使途については肥料や農薬の購入とならび教育費が圧倒的に上位を占めている。コーヒーからの収入でまかないきれない場合は、融資を得たりブタなどの家畜を売り学費を工面している世帯が多い。「今でさえ子どもの学費などに出費がかさむのに、どこから電化のための費用を捻出したらよいのか」と嘆く声や、「遠い村区まで電気が来るのか定かではないのに、分担金を支払うことに躊躇する」といった声も挙がっている。

将来電化された際の運用についても、電気使用料金をメーター制にするのか一律のレートにするのか、一軒一軒徴収する際のコストをどこから捻出するかなど課題は多く、セング委員会は継続的な検討を余儀なくされてきた。二〇一二年には電気代を月払いとし、支払いが遅れた世帯には利子をつけ、さらに遅れた場合は電気の使用を停止するとの提案を出していたが、二〇一三年には先の案は現実味がないため、月払いではなくコーヒー収穫時の一括払いも検討しているとのことであった。コーヒーが不作の年には負債がかさむことや、食糧確保や教育・医療が後回しになる可能性があるなどの課題も指摘できる。その後、物価上昇による資金不足や工事の遅延への対応に追われ、完成後の運用に関する「将来の話」は先送りとなっている。

以上考察してきたように、フェイズⅡは単にフェイズⅠを拡大するということではなく、社会的組織のある「共的領域」に対し個々人の家屋が対象となる「私的領域」での電化となる。すべての家屋が一律に電化されるわけではなく、家屋まで電気を引くことができる世帯とそうでない世帯ができ、電化に伴い村内に格差が生じる可能性が指摘できる。こうした対立の火種を予見し、どのように調整をしながら進めていくかが今後の課題である。

（三）流域での水資源利用と環境保全をめぐる対立の火種

長年にわたり育まれてきた「潜在力」を駆使し、地域の地形的特徴や在来と外来の技術を生かし、水資源という「可能性の束」に働きかけたK村住民であるが、水資源の持続的な利用については、流域の村々との関係や環境保全など村を越えた観点からとらえていく必要がある。秋道（2009: 174）は、上流と下流、農民と農民、農民と漁民、少数民族と支配的な民族、企業と地域住民などの間にさまざまな対立と協同からなる利害関係者の構図があることを指摘しているが、ここでは、Ｋ村内での環境保全への取り組みについて述べたうえで、「河川」というコモンズを共に利用する周辺の村々や行政との関係について考察していきたい（図６）。

Ｋ村は人口密度の高い地域であり、土地は山頂付近まで耕地化され、急傾斜と雨季の豪雨によって表土の流失が続いているため、環境劣化に対する対応が大きな課題のひとつとなっている。このような状況に鑑み、水力製粉機を建設していく過程で、それを持続的に運営するためにも村内での環境保全や河川流域の保全が重要であるとの認識が村内で共有されていった。そして二〇〇二年五月に水力製粉機が完成すると同時に、水力製粉機が設置されている小屋の傍らに植林育苗場を建設し、住民自らが運営し、個人や農民グループに苗木を配布し家屋や河川流域に植えてもらっていたが、年月がたつにつれて人びとの関心が薄れていった。しかしながら、マイクロ水力発電事業に着手するにあたり環境保全の課題が再浮上し、セング委員会を中心に植林への取り組みがふたたび始まりつつある。村を側面から支援している県も、二〇一一年一二月の「環境の日」に森林局が五千本の苗木を支援している。

持続的に水力製粉機を運営していくためには、村内のみならず流域の村々との流域環境保全が必要となってくるため、水力製粉機建設初期の二〇〇〇年頃に上流の村々に説明に行き理解を求める努力はしたものの、十分な理解が得られないまま「未解決な課題」として現在に至っている。第二節で述べたように製粉や発電で使用した水はＭ川本流に戻すわけであるが、川により恩恵を受け、近隣の村々との格差も生じている。水力製粉機以外にも数々の活動が実施され近隣の村々との差が顕著になるなかで、セング委員会が何度か近隣村を訪れ助言をし

図6　K村から眺める上流の村々

マイクロ水力発電に取り組むことを契機に，村内での環境保全の課題が再浮上し，M川流域での環境保全の重要性が認識されるようになってきた。水資源の利用と保全をめぐり地域住民や行政が共生への「潜在力」を発揮し，「協治」をめざしていくことは可能であろうか。

てきてはいるが大きな進展には至っていない。二〇〇五年頃に、隣村であり上流のＭ村で水力製粉機建設に向けての動きが起きた際には、流域での環境保全を共通の目的として協働していける絶好のチャンスととらえ、セング委員会が助言・指導を申し出た。しかし、水力製粉機建設は地形や自然的な条件にあわせて作り上げていくものであり、かつ取水口や水路建設、レンガ作りといった作業に根気よく取り組んでいく必要ある。Ｍ村ではそうした作業を牽引していく組織が結成されるに至らず、住民の志気もあがらぬままに立ち消えとなってしまった。二〇〇八年頃からは農民グループを結成しトラクターを購入したが、山間部に不向きなため村役場のまえに放置された状態になっている。さまざまな試みをするが思うように実を結ばないＭ村は、Ｋ村に対し羨望と妬みの感情を抱いてきたが、マイクロ水力発電事業が開始されるにあたっては、それをＭ村にまで延長してほしいという要望をあげている。

二〇一五年は大統領選挙の年であり、二〇一四年七月にキクエテ大統領がムビンガ入りし、電化の「公約」をしたという。それをうけＴＡＮＥＳＣＯによるムビンガの町とリテンボ間（Ｋ村やＭ村などの村々は対象地域内に位置している）での電化計画が開始されるという噂が流れ、Ｍ村のＫ村に対する嫉妬や不満の感情は一時的には収まったようだが、過去の経験から選挙「公約」に対する疑念の声もあがっている。こうしたなか、セング委員会は「公約」が実行されるのをただ待つのではなく、独自の計画を立案し始めた。それは、将来的には水力製粉機小屋には発電設備のみを残し、Ｋ村の七村区全てに製粉機を置きマイクロ水力発電にて起動させるという案であるが、同時に、Ｍ村にも製粉機を設置し成果を共有することにより、流域の環境保全を「共通の課題」としていきたいという意図が背景にあった。

（四）水資源をめぐる住民・行政間の齟齬

本節の最後に、水資源をめぐる行政との関係に触れておきたい。タンザニアの水セクターの基本方針である『改定国家水政策二〇〇二年（The National Water Policy 2002（Tanzania 2002））』では、それ以前の「州」毎の水資源開発・管理から「流域」を単位とした包括的計画・水資源開発・管理へと変化している。二〇〇九年に現在のタンザニアの水セクターの基本方針である「水資源管理法（Water Resources Management Act No. 11）」および「給水・衛生法（Water Supply and Sanitation Act, No. 12）」が施行され、「水資源管理法」のもと表流水および地下水の水利用に際しては、「水利用許可（water use permit）」の取得が求められている。Ｋ村でも「水利用許可」取得について協議されるようになり、水力製粉機については建設時に、給水事業については二〇一二年九月に二村区が「水利用許可」を申請し、九ヶ月後の二〇一三年七月に取得している。住民は申請時に必要な費用については了解していたものの毎年「水利用許可」の更新が必要であることは知らなかったという。さらに、二〇一四年度には更新料の大幅な値上がりがあり、住民から県の水省事務所に不満や苦情の声が挙がってきているという。水や土地などの資源を利用することにより派生する行政と住民と間での軋轢についても、今後争いの火種となる可能性が指摘できる。

4　水資源をめぐる「協治」に向けて

住民が主体となり「潜在力」を発揮しつつ水資源という「可能性の束」に働きかけ、水力製粉機やマイクロ水力発電という村の共有物（コモンズ）を創り出してきたが、一方で、持続的な水資源の利用に際し村内および河川流域の村々との間に対立の火種を内包しており、今後どのように協調的な地域社会を構築していくかが大きな課題となっていることを述べてきた。資源管理における対立と協働に関しては、ローカル・コモンズ論や環境ガバナンス論で多くの議論がなされてきている（Ostrom 2002; 松下編 2007; 井上編 2008; 室田編 2009; 三俣ら編 2010 など）。なかでも井上（2004: 140）は、「中央政府、地方自治体、住民、企業、ＮＧＯ・ＮＰＯ、地球市民などさまざまな主体（利害関係者）が協働して資源管理をおこなう仕組み」である「協治（協働型ガバナンス）」の概念を提唱しているが、さまざまな地域において「協治」の可能性が模索されてきている。大野（2007: 168）は、協働型の流域ガバナンスを実現していく際に、社会関係資本を援用し、既に知り合いである人びとをより近付ける「内部結束型」の社会関係資本が地域に蓄積されていくことと、それまでに知り合いでなかった人びとや集団を結びつける「橋渡し型」の社会関係資本が流域を単位として存在していることが望ましいと指摘している。

Ｋ村内での「内部結束型」の社会関係資本については、水力製粉機や「共的領域」での発電など共通の利益になる場合はプラスに働いているが、「私的領域」での発電のように格差が生まれる可能性がある場合には、同様には機能していないといえよう。また、村々をより協力的に結び付けていく「橋渡し型」の社会関係資本については未だ希薄であり、流域の住民のみでは直接の利害対立を調整していくことは難しく、人びとから信望のあるＮ神父のような存在や水資源利用にたずさわるドイツ人のＶ氏など外部者の役割も重要となってこよう。また、県のコーディネーターであるＰ氏は、既に近隣の村々に何度か足を運び、流域環境保全のための植林の重要性を説明しつつ流域の村々の調整にあたっているが、県の関係者のコミットメントも必要である。住民間の調整のみならず、しばしば再編される行政組織や水や土地に係る法や条例などを分かりやすく住民に伝えていくことで、住民と行政との軋轢を和らげ改善していくことにおいても鍵となる存在である。これらの「協治」の問題については本書の終章で再び振り返ることとしたい。

最後に国際社会に目を向けると、二〇一五年九月の国連サミットにおいて、「ミレニアム開発目標（ＭＤＧｓ）」に続き、二〇一六年から二〇三〇年にかけての国際社会の開発目標となる「持続可能な開発のための二〇三〇年アジェンダ」（「二〇三〇アジェンダ」）が採択された。とりわけアフリカ諸国は依然として多くの課題に直面しており、ＭＤＧｓで達成できなかった諸課題を「二〇三〇アジェンダ」のもとに引き継ぐこととなった。「持続可能な開発」に向けての取り組みが今まで以上に重視されていく一方で、ローカルからグローバルまで複雑な構図で土地や水などの資源をめぐる争いや利害衝突が表面化、深刻化している現実もある。資源利用をともなう開発実践を実施していく過程は、「争い／対立・交渉・解決（未解決）」の連続であるといえるが、ひとつの「争い／対立」と「解決方法」があるというのではなく、開発実践をめぐり多様なアクター間での複数の「争い／対立」とその「解決への道筋」が重層的に交錯しているといえる。解決策の模索や事前に対立の火種を把握し争いを回避する工夫が必要となるが、地域に育まれた「潜在力」を源泉とした解決のあり方が今まで以上に重要になってこよう。

謝辞

本研究は、科学研究費補助金（基盤研究（B）、研究代表者・荒木美奈子、研究課題番号23401009）の成果の一部である。記して、感謝の意を表したい。

注

（1）ドイツ南部バーデン＝ヴュルテンベルク州バンメンタール（Bammental）に拠点を置くNGOである。二〇〇一年に創設され、タンザニアやエチオピアなどのアフリカ農村で活動を行っている。

（2）二〇一四年八月時点で、一ドルは約一六五〇タンザニア・シリングであった。

（3）黒崎ら（2014）では、タンザニア・ンジョンベ州の農村で、農民、大工、小学校教員らが試行錯誤しながら独自の小型水力発電システムを工夫し、小規模な発電に成功している事例が報告されている。

（4）村全体で三〇〇本の柱を発注している。一本二四万〜二六万タンザニア・シリングと高額である。

参照文献

日本語文献

秋道智彌（2009）「水はだれのものか――水の協治と生態史の構築にむけて」（総合地球環境学研究所編）『水と人の未来可能性――しのびよる水危機』一四三―一七六頁、昭和堂。

荒木美奈子（2011）「「ゆるやかな共」の創出と内発的発展――ムビンガ県キンディンバ村における地域開発実践をめぐって」（掛谷誠・伊谷樹一編）『アフリカ地域研究と農村開発』三〇〇―三二四頁、京都大学学術出版会。

井上真（2004）『コモンズの思想を求めて――カリマンタンの森で考える』岩波書店。

井上真編（2008）『コモンズ論の挑戦――新たな資源管理を求めて』、新曜社。

大野智彦（2007）「流域ガバナンスを支える社会関係資本への投資」（松下和夫編）『環境ガバナンス論』一六七―一九五頁、京都大学学術出版会。

掛谷誠（2011）「アフリカ的発展とアフリカ型農村開発への視点とアプローチ」（掛谷誠・伊谷樹一編）『アフリカ地域研究と農村開発』一―二八頁、京都大学学術出版会。

掛谷誠・伊谷樹一編（2011）『アフリカ地域研究と農村開発』京都大学学術出版会。

亀井里美（2005）『タンザニアにおける教育ＳＷＡＰの導入と実践 ―― セクタープログラム実施プロセスへの関与に基づいた考察』GRIPS Development Forum Discussion Paper No. 14。

黒崎龍悟・岡村鉄兵・伊谷樹一（2014）「タンザニア南部高地における住民主体の小型水力発電の展開」『アフリカ研究』八五：一三―二一。

国際協力事業団（1997）『タンザニア国別援助研究会報告書』

後藤眞宏・上坂博亨・小林久（2009）「南ドイツにおける小水力発電の調査報告とわが国の農村地域の小水力発電の今後の展望」『農工研技報』二一〇：一六九―一七八。

佐藤仁偏（2008）『資源を見る眼：現場からの分配論』東信堂。

羽渕一代・内藤直樹・岩佐光広編（2012）『メディアのフィールドワーク ―― アフリカとケータイの未来』北樹出版。

松下和夫編（2007）『環境ガバナンス論』京都大学学術出版会。

三俣学・菅豊・井上真編（2010）『ローカル・コモンズの可能性 ―― 自治と環境の新たな関係』ミネルヴァ書房。

室田武編（2009）『グローバル時代のローカル・コモンズ（環境ガバナンス叢書　第3巻）』ミネルヴァ書房。

欧文文献

Basehart, HW (1972) Traditional history and political change among the Matengo of Tanzania. *Africa,* 42: 87–97.
Itani, J (1998) Evaluation of an indigenous farming system in the Matengo highlands, Tanzania. *African Study Monographs*, 19–2: 55–68.
JICA (1998) *Integrated Agro-ecological Research of the Miomgo Woodlands in Tanzania: Final Report.*
Ostrom, E, T Dietz, N Dolšak, PC Stern, S Stonich, and EU Weber (eds) (2002) *The Drama of the Commons: Committee on the Human Dimensions of Global Change*. National Academy Press, Washington DC.
SCSRD/JICA (2004) *SUA Method: Concept and Case Studies*. Sokoine University of Agriculture, Morogoro, Tanzania.
Tanzania (United Republic of) (2002) *The National Water Policy 2002*. Ministry of Water and Livestock Development, Dar es Salaam, Tanzania.

第４章

井戸待ち行列にみる村落自助集団の秩序

—— ケニアにおける水セクター改革と受益者負担の持続性

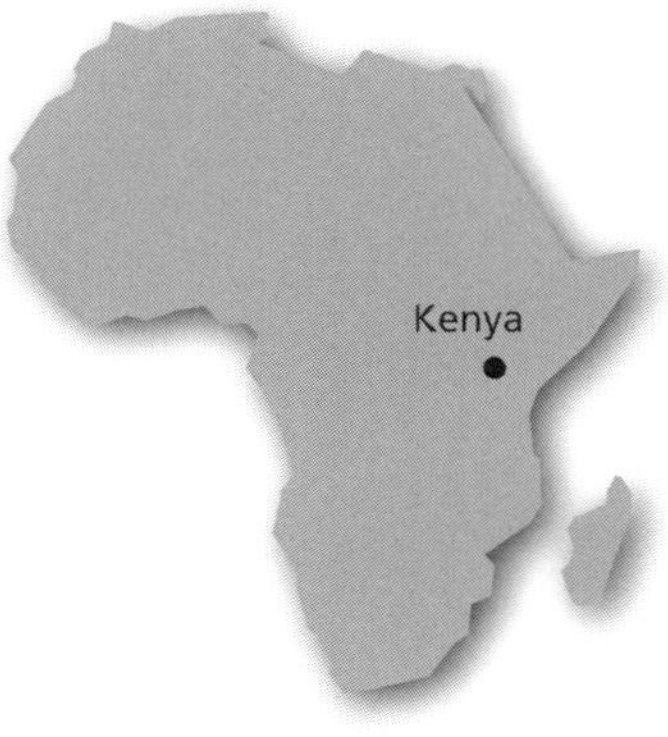

上田　元

扉写真：ニャボモ小学校用水プロジェクトの井戸。夜明け前，満月ならばまだ沈まず，西の空にある5時過ぎの暗闇から，最初の人が現れ，水を汲む。陽が昇り，井戸端が活気づくと，入れ替わり訪れては去る人びとの到着の時刻，用水終了の時刻を正しく記録する苦労が始まる。乳児を背負った若い女性，学校の水くみを手伝う生徒，口論の末に逃げる人と追う人，縄で結わえた満水の容器をロバに背負わせて帰る人。これらの人びとは，どのような規則に従って水を汲み上げているのだろうか。

1　生活用水をめぐる共生と「潜在力」

水資源ガバナンスは、人びと、行政、企業等が水の利用・管理をめぐる利害を調整する政治的・制度的な過程であり、これはアフリカでも盛んに研究されている。貧困層の意向が反映されずに「ガバナンスの失敗」が生じると、彼らの水アクセスは悪化しやすく（Bakker *et al.* 2008）、生活が脅威にさらされかねない。このため、本章で取り上げるケニアも、新・水法を定めて給水の分権化・民営化、人びとの参加促進を試みてきた。この改革は、国家と社会の関係を再構築してよりよいガバナンスのあり方を模索する動きの一つである。だが、これには目的に反する集権化や、村落自助用水集団のインフォーマル化のおそれが指摘されている。そもそも、改革において強調されている受益者負担の原則は、人びとが貧困なままでは受け入れがたい場合もあるだろう。人びとの生計安全保障にかかわるこれらの問題は、現場の実態を知ることによって、より適切に理解できるはずである。しかし、ガバナンス研究は用水者や行政をはじめとする主なアクターの間の関係に集中しており、用水実態を探ることが課題として残されている。とくに、用水規則をめぐる人びとの合意のあり方が、彼らの用水管理にどう影響するのかという問題は、欠くことのできない検討事項であるといえよう。

井戸は、アフリカ村落民にとって重要な生活用水源であり、それに並ぶ人びとの順番を管理する「待ち行列」の規則は、水資源を円滑に配分するための社会的工夫である。そして、この規則についての合意のあり方が、受益者負担の意思、井戸の管理能力と持続可能性、ひいては水をめぐる人びとの共生のあり方を決める一因であろう。本章では、改革後、コミュニティ参加型の井戸開発が盛んなケニア西部の事例を紹介する。ここは、政府がとくに政策対象とする乾燥・半乾燥地域（Arid and Semi-Arid Lands：ASAL）ではない。しかし、注目するヴィクトリア湖東岸の内陸一帯は降水量がそれほど豊かでなく、そこには季節河川しか存在しない。このように、井戸の重要性が高い地域を例として、用水行列の規則変化に、人びとの水管理上の秩序、水をめぐる問題解決の試みの具体的な姿をみいだし，検討したい。

扱うのは、井戸の水量増加局面における「深刻な紛争の欠如」した事例である。井戸の行列規則は明文化されておらず、語られた規則の変化の幅は、社会の大きな動きを反映するほど広いものではない。この事例が示すのは、争議・紛争が生じる前の段階において、「協調の喪失」による用水難を予防する、ある種の社会秩序である。それが発揮するのは、試行錯誤と交渉の可能な状態がもつ、制度化されていない不文律の「潜在力」である。争議・紛争未満であるとはいえ、協調の喪失は、受益者負担の動機を失わせ、井戸の持続的管理を損ない、人びとの生計に影響しうるので、人びとがその喪失をいかに回避しているのかを問うことは、重要であろう。そうした問題を防ぎ、共生へ向けた秩序を自発的に創造・試行している事例の研究として、本章を意義づけたい。こうした事例の検討は、人びとの費用負担意思を保ちながら給水を持続させるにはどうするべきかというガバナンス研究の論点にも、貢献できるのではないだろうか。

第2節では、ケニアで試みられている水セクター改革を概観し、村落自助用水の現場で懸念されている問題について述べるとともに、行列現象へのアプローチ法について論じる。第3節では、対象地域の概況と、事例井戸のローカル・ガバナンスの特徴を示す。第4節は、水くみのために井戸の周りに集まっている人びとの、一見すると無秩序にみえる振る舞いを規制する不文律と、その変化について把握し、井戸利用・管理の何が現場で問題となっているのかを明らかにする。第5節では、井戸待ち行列の諸特徴にもとづいたシミュレーションを行い、行列規則の変化と待ち時間の長さの関係を探索的に理解する。第6節では、シミュレーション結果を補う作業として、現実の待ち行列における人びとの相互作用の実態をとらえ、人びとがどの程度、語られた規則に従って用水しているのかを検討する。そして第7節では、結論と今後の展望を述べる。

2　文脈

（一）水セクター改革と村落自助用水集団

ケニア政府は、二〇〇〇年までに全世帯に飲用水アクセスを保証するという目標を達成できなかったため、水セクター改革を行い、水資源管理と給水・下水処理を分離・分権化・民営化し、コミュニティ密着組織の参加を促してきた（Ogendi and Ong'oa 2009）。この改革を方向づけたのが、二〇〇二年水法（Water Act 2002）である（Kenya 2002）。貧困地域の状況改善を強調したこの新たな試みは、二〇一〇年憲法が分権化をめざして導入したカウンティの地方行政制度にあわせて再構築されようとしているが（Kenya 2014）、二〇一五年四月時点での制度は図1のとおりである。水・灌漑省（Ministry of Water and Irrigation）は現業には携わらず、政策策定、資金調達、調整等を行い、水審判ボード（Water Appeal Board）は行政機関からの上告や紛争の裁定を行う。給水規制ボード（Water Services Regulatory Board）は、料金・諸基準を設けて給水・下水処理を規制する。給水トラスト基金（Water

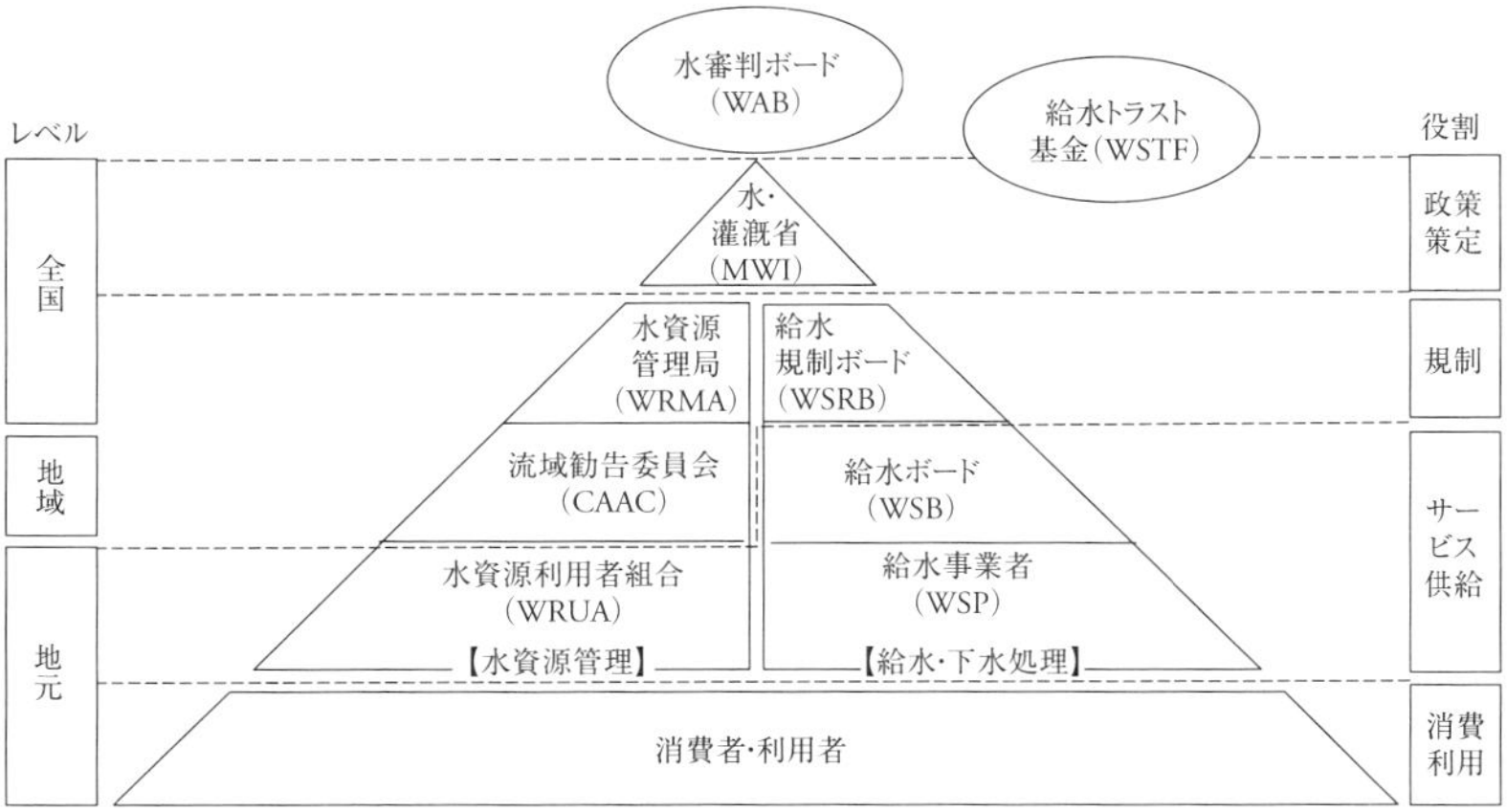

図1　2002年水法による水資源管理と給水・下水サービスの制度構造
出所：WSTF (n.d.)

Services Trust Fund）は、政府や開発パートナー（外国援助の供与主体）から得た資金を配分する。二〇一二／一三年度については、都市低所得区域での水・衛生アクセス改善に資金の六九パーセントが充てられたのに対して、村落地域では、コミュニティ・プロジェクト・サイクル（Community Project Cycle）が一二パーセントを、ミレニアム開発目標の達成を加速させるために国連児童基金（United Nations Children's Fund：ＵＮＩＣＥＦ）・ケニア政府によって二〇〇八年に開始された水と衛生（Water, Sanitation and Hygiene）プログラム、通称ＷＡＳＨが一六パーセントを、そして水資源利用者組合開発サイクル（Water Resources User Association Development Cycle）が三パーセント弱を受けている（WSTF c. 2012, c. 2013）。

コミュニティ・プロジェクト・サイクルでは、国内八つの給水ボード（Water Services Board）ごとに必要性の高い五〇箇所を選び、低所得村落地域のコミュニティ密着組織（Community Based Organisation：ＣＢＯ）が参加して給水を事業化する（Kenya 2007）。井戸等を開設しようとするＣＢＯは自らを登録し、給水、水質・施設管理、料金徴収などを民間・ＮＧＯの給水事業者（Water Service Providers）に委託する事業案を給水ボードに申請する。給水ボードは事業案の評価結果を給水トラスト基金に送り、給水トラスト基金は採択した案件に対して受益者負担分を除く資金を配分し、給水ボードが事業を監督する。水法の示す条件を満たせば、ＣＢＯが給水事業者となることもできる（WSTF n. d.）。

他方ＷＡＳＨプログラムは、とくに児童生存率の改善をめざして新規のコミュニティ水源開発、既存水源の修復などを行うもので、二〇一四年終了の予定で始まった（WSTF 2011）。当初はＡＳＡＬと洪水常襲地域の一部をなす旧二〇県の村落部を対象としていたが、その後、全国的に展開された。ＷＡＳＨでは、ＮＧＯ等の支援を受けたＣＢＯが発案・申請し、旧県より下のレベルでの優先順位付けを経て、給水ボード、給水トラスト基金、ＵＮＩＣＥＦへと進み、コミュニティ・プロジェクト・サイクルと同様の手続きを踏んで支援に至る。ＣＢＯは給水事業者として登録され、水利用者は用水料金を支払う。

最後に、水資源利用者組合開発サイクルは、渇水や水紛争の危険性の高い村落地域を優先して行われる（WSTF and WRMA n. d.）。水資源管理局（Water Resource Management Authority）は、流域勧告委員会（Catchment Areas Advisory Committee）の助言をえて水資源を管理・保全するが、計画策定・実施には、水資源利用者組合（Water Resource Users Association）が加わる（図1）。この組合は水利用者や給水事業者ほか同じ水源に関わる主体が集まる場であり、合法的で持続的な水利用の促進や、水紛争の防止・解決を図る。同組合は、ＮＧＯ等の支援をえて水資源管理局と給水トラスト基金に対して本開発サイクル基金を申請し、事業を進めることになっている。もっとも、水資源利用者組合の結成は全国的に遅れているという（Kinyua 2011）。

大略以上のような新制度については、とくに村落地域において、意図に反した問題を引き起こす恐れがある。第一に、許認可が旧県レベルから旧州に近い流域レベルにもちあげられ、ＣＢＯとの距離が開くとともに、水の所有を政府に帰属させた結果、政府への人びとの不信が増している（Mair 2006）。第二に、ＣＢＯがインフォーマル化する恐れもある。改革以前、用水集団は自らを自助グループとして登録しつつ、他方でどの省からも許可を受けずに取水してきた。しかし改革後、こうした集団は給水事業者としての登録を求められ、技術・資金力に欠ける多くの集団が無許可状態にある。村落地域では専門業者が給水事業者として参入するのは稀なため、人びとが業者に給水を委託するのは困難であり、新制度は村落部の実態になじまないことが、早い段階から指摘されている（Mumma 2005, Mair 2006, Okeyo 2013）。そして第三に、新制度によって水資源の開発支援を受けたとしても、その後の利用・管理において期待される受益者負担を、ＣＢＯが持続できるかどうかという問題がある。本章は、この最後の点を扱う。用水規則をめぐる人びとの合意の如何によっては、維持費用の支払意思が低下し、資金調達の持続が不可能となりうることに注目し、とくに用水規則の検討を中心とする。

ケニア井戸開発と争議・紛争に関する文献を検索すると、現場での受益者負担の実態を用水規則と関連づける視点はみられないことがわかる。もちろん、流域スケールでの水争いや農牧間・用途間の競合を扱うもの、生活用水の主人公である女性参加の不十分さを指摘するものなどは、ナイロビ大学に提出された修士・博士論文を含め、枚挙に暇がない。井戸開設後の維持資金調達等の持続可能性についても、貧困やサービスの質の低さ、そして関係者の汚職体質が受益者負担の意思を弱め、とくに維持費用のかさむ動力ポンプの持続を難しくすることが指摘されている（Adams 2012）。また、国内の井戸手動ポンプの推計三〇パーセントが停止状態にあり、設備故障が当事者意識を低下させるという（Sosi 2014）。だが、水使用の規則をめぐる合意形成のあり方という側面は、いわば研究上の盲点となっている。本章では、これを給水の持続可能性、人びとの共生へ向けた秩序創出に影響する一因と考え、その実態を明らかにしたい。

（二）行列をめぐる既存の研究

「行列」という概念は、社会の組織・制度・構造のなかで個人がおかれた過渡的状態を示すために用いられてきた。引用元は省くが、東アフリカ牧畜民の年齢階梯制における過渡期を表す場合や、南アフリカにおいて難民・移民の身分を当局に申請する人びとの「待ち」の境界状況を指す場合などがある。他方、行列は希少資源を平和裏に配分する制度でもある。本章にとって有意義なのは、そうした行列の日常的役割の視点からその文化的差異に触れた論考や（Corbridge 2004）、行列を人びとの相互作用によって規則から逸脱しうる可塑的存在とみる考察（Gandhi 2013）である。それらによれば、行列には、制度的権威によって警備され秩序を与えられる側面がある。たとえば、アフリカ各地の診療所に並ぶ患者の管理された行列への言及が、医療関係の学術論文には多く見られる（Frankenberg 1980, Beckmann *et al.* 2010）。だがその裏には、行列の内発的で相互作用的な側面もあり、そこでは並ぶ人びとどうしで、そして彼らと列を管理する人との間で、さまざまな交渉や割り込みの黙認などが生じており、行列は完全に従われるわけではない。そこには、規則からの逸脱や権力関係の作用がみられるのである。

行列は、資源配分に関わる社会の規範的な姿を映し出す実践として興味深い。だが、以上のように試論は散見されるものの、行列のこうした側面については実証研究が不足しているといわざるをえない。本章で扱う井戸利用者の自己管理する行列についても、管見の限り、事例研究は見当たらない。しかし、行列が待ち時間を含む各種資源の配分を左右することに注目すると、その重要さは明らかである。村落自助用水集団の場合、人びとは行列規則の存在を語り、そこには彼ら自身の規範意識が反映され、それによって多少とも調整された資源利用の秩序をみいだすことができる。もちろん、行列の規則は人びとの相互作用と交渉のなかで日常的に変容しうるので注意するべきだし、規則からの「逸脱」を明確に定義でき、また人びともそれを逸脱と認識するほどに、管理が厳密に行われているかどうかも、検討すべき事項であろう。本章では、そうした変容と管理の実態のなかに、生活用水の論理、その柔軟性の程度と合意形成の実際を読み取り、自主管理・自己負担の持続可能性、さらには人びとの共生の可能性について検討したい。

こうした課題に取り組むために、本章では井戸の待ち行列を観察し、またその行列をモデル化してシミュレーション分析を試みる。オペレーションズ・リサーチの分野では、観察で得たデータにもとづくシミュレーションによって、ある並びの規則が生む行列長や待ち時間などの特徴を把握し、規則の変更が資源の配分における効率性・公平性に与える影響を分析している。この手法は、本章においても応用することができる。人びとの語る井戸行列をモデル化し、シミュレートして行列待ち時間の推定値を求めることによって、変化する規則がどのような用水者のどのような意向を反映したものであるのかを、客観的に理解できるのである。

3　旧スバ県の事例井戸

（一）　地域概況

ヴィクトリア湖岸に面する旧ニャンザ（Nyanza）州・旧スバ（Suba）県（現ホマベイ Homa Bay カウンティの一部）

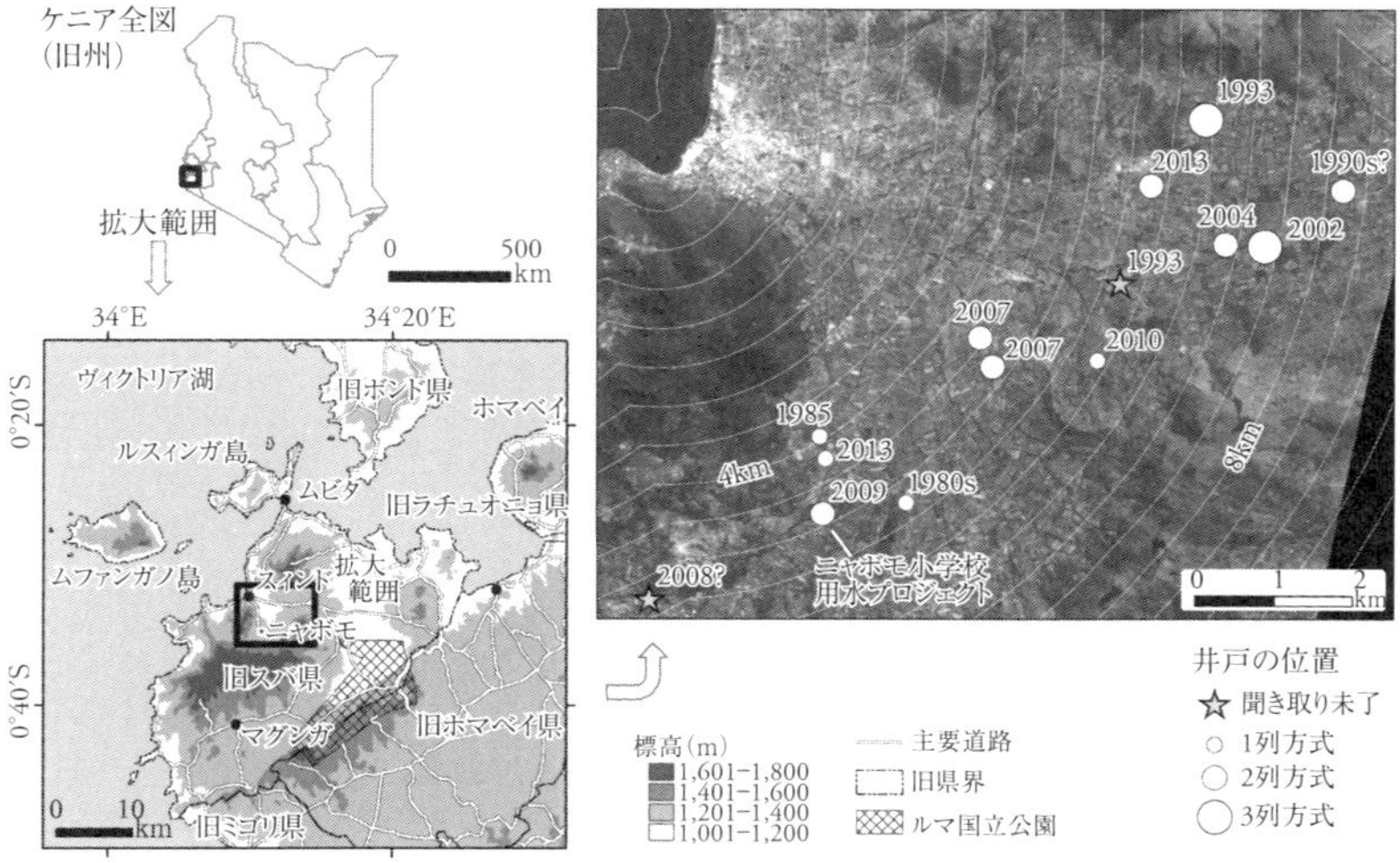

図2　対象地域における井戸分布

井戸に添えた数字は開設年次
曲線は湖岸からの等距離線（0.5km 間隔）
井戸分布の背景は 2009 年 7 月 17 日撮影の ALOS 画像
出所：筆者の現地調査による。

の内陸部が、本章の対象地域である（図2）。同県の人口は、二一万四四六三人（二〇〇九年センサス）であり、スバ人とルオ（Luo）人が多い。彼らは農耕を営むが、湖岸では漁労にも従事する。ここでは同県セントラル（Central）郡、カクスィングリ・ウエスト（Kaksingri West）地区（ロケーション）、ラングウェ・イースト（Rangwe East）地域（サブロケーション、八一三五人）の村落部の事例を紹介する。この一帯はキスィンギリ（Kisingiri）火山のカルデラが地下水を涵養する地域であり、その一部をなすラングワ（Rang'wa）カルデラの山塊に面している（Rubie 1982）。年間降水量は七六〇～一〇二〇ミリメートル程度との記録があり、大雨季（三～五月）、小雨季（一〇～一二月）のうち、後者が主な農耕期である（Allsopp and Baldry 1972）。

対象とするのは、ニャンド（Nyando）川、ソンドゥ（Sondu）川、グチャ（Gucha）川、マラ（Mara）川の流域からなるヴィクトリア湖南流域（旧ニャンザ州の大部分と、それに東接する旧リフト・バレー（Rift Valley）州の一部を加えた一帯）内の小地域である。本流域群には、四八九本の井戸がある（Kenya 2013）。旧スバ県については、井戸あるいは水道によって安全な飲料水を利用できるのは、人口の二五・八パーセントと推定されている（二〇〇八年、Kenya 2009）。本章で扱うニャボモ（Nyabomo）集落とその周辺で筆者が行った世帯調査によれば（二〇一一年三月、五九世帯）、ヴィクトリア湖岸からの道路距離が三キロメートルまでの世帯はほぼ湖水のみを利用しているのに対して、より内陸ではほとんどが渓流水、収穫した雨水、ないし井戸水に頼っている。井戸の開設は重要な開発目標であり、二〇〇八〜一一年の間、旧県内では選挙区開発基金（Constituency Development Fund）、イタリア政府、国際農業開発基金（International Fund for Agricultural Development：ＩＦＡＤ）、ワールド・ビジョン（World Vision）の資金によって八本の補修・拡張と一二本の新設が計画されていた（Kenya 2009）。

筆者が現地で確認したところ、対象地域の井戸分布は図2のとおりである。近年は、井戸補修の際にあると便利なポンプ吊り上げ枠付の井戸が一般化しつつある。第1章、第2章、第3章、また第5章でも新しい技術や知識という資源の生活への導入について論ずるが、ポンプ吊り上げ枠付の井戸もそうした例の一つであろう。いずれも井戸行列の規則をもっており、先着一列方式だけでなく、水容器の運搬にロバを用いる者の列と、人力で運ぶ者の列を分け、交互に用水させる二列方式や、それに自転車を用いる人の列を加えた三列方式もみられる。

（二）掘り抜き井戸のローカル・ガバナンス

本章で検討するのは、ヴィクトリア湖岸から五キロメートルほど内陸に位置するニャボモ小学校用水プロジェクト（Nyabomo Primary School Water Project）である。これは、一九七六年に活動を開始した水関連のＮＧＯであるケニア健康のための水組織（Kenya Water for Health Organisation：ＫＷＡＨＯ; Mwangola 1995; KWAHO 2009）に、人びとが支援を依頼して始まった。ＫＷＡＨＯはヴィクトリア湖南給水ボードの構成員でもあり（Mair 2006）、水資源管理局の許可を得て、二〇〇九年に小学校の校庭の一角に手動ポンプ一基を備えた井戸を設置し、トイレも供与した。このニャボモのプロジェクト集団は、自らをコミュニティ開発・社会サービス省に自助グループとして登録すると同時に、二〇〇二年水法が定めるように、給水事業者としても許可されており、インフォーマル化を回避している。なお、二〇一二年末、ホマベイ・カウンティには二〇程度の農村給水事業者があったとされるものの、そのリストにニャボモの名は含まれず（LVSWSB c. 2013）、情報に齟齬がある。対象地域には、同じ帯水層に依存する複数の自助用水集団があるとはいえ、これらを束ねる水資源利用者組合のような上位組織は存在しない。用水集団は一つ一つが単体で活動しており、なかにはニャボモのように給水事業者として登録されている場合を含んでいる。

ニャボモの位置するカクスィングリ・ウエスト地区は、先に触れたコミュニティ・プロジェクト・サイクル優先五〇箇所のうち、貧困の度合い、過去の投資の少なさ、水アクセスと衛生状態の悪さが相対的に深刻であるために、一五位を与えられている（WSTF and LVSWSB 2010）。村落部を対象とするＷＡＳＨにおいて二〇〇八年の開始から二〇一二年六月までの間に資金供与された全国九九六件のＣＢＯプロジェクトのうち、四二〇件、約四二パーセントを扱って最も多いのが、ヴィクトリア湖南給水ボードである（WSTF c. 2012）。旧スバ県はＷＡＳＨ開始時の対象二〇県には含まれていないが、同ボードの管轄域内にある対象県の村落人口（二〇〇九年）は、全国の対象県すべての村落人口の二五パーセントを占めるにすぎない。さらにヴィクトリア湖北給水ボードも対象県村落人口比がわずか五パーセントであるのに対して、二九パーセントもの案件を受け入れており、ＷＡＳＨは湖北と湖南を合わせて、人口が多く貧困線未満の人口比が高い西ケニアを重点的に支援するかたちとなっている。もっとも、ニャボモの資金源がコミュニティ・プロジェクト・サイクルとＷＡＳＨのどちらであるかを確認することはできなかった。いずれにせよ、この用水集団は、井戸開設時にＮＧＯのＫＷＡＨＯをとおして資金援助を受けた以外は、ＫＷＡＨＯや給水トラスト基金、あるいは選挙区開発基金などからも運転資金を一切受けていない。インフォーマル化を回避しているとはいえ、この集団の外部とのつながりは皆無に等しく、水セクター改革が用意した制度の恩恵は及んでいないといえる。

さて、ニャボモの井戸プロジェクトのガバナンス構造は、その用水組織がＰＴＡ・学校経営委員会に組み込まれている点を特徴とする。だが、学校・行政やＮＧＯが人びとの水利用に介入することはなく、用水行列管理などの実際は利用者に任されている。小学校ＰＴＡ会長をプロジェクト議長、小学校長をプロジェクト事務局長としたうえで、用水者から出納役と監査役を選び、集めた徴収金を学校会計とは別に管理する。用水料だけでなく、加入金として五〇〇ケニア・シリング（Kenya Shilling）の支払いが必要である。加入世帯数は、二〇一三年二月の調査開始時には七七世帯であったが、二〇一四年八月に近隣で新たな井戸が稼働し始めて利用者が流れ、二〇一五年一月には五四世帯となった。それでも、これは給水事業者としての登録が求められる最小規模である二〇世帯を上回っている（Kenya 2002）。この最小世帯数を下回っても、給水量が一日二万五〇〇〇リットルを超える場合には給水事業者登録が必要だが、後に示すように、ニャボモはこの限度を超えない。

ケニア測量局の空中写真によれば、一九六六年の段階でこの地域に家屋や耕地割はほとんどなかったが、一九八六年までには入植と耕地化が進んで現在の状態に近づいた。旧スバ県では、一九世紀中葉に来住したルオ人へのスバ人の同化が進んでいる（Rotland and Okombo 1992）。筆者による対象地域での世帯調査によれば、クラン名から世帯主がスバ人であることの明確な場合が三二パーセント、スバとルオの区別が不分明な場合が四六パーセント、明らかにルオの場合が八パーセント、残りは他民族あるいは不明であった。この地域では現在、土地取引にクラン規制が働いていないといわれ、事例井戸の利用・管理についても、クランの影はほとんどみえない。

筆者の行ったＧＰＳ測位の結果によれば、ニャボモ井戸の利用世帯の五六パーセントは井戸を中心とする半径六〇〇メートル圏内に、八四パーセントが八〇〇メートル圏内に居住している。井戸水は、飲用・炊事、行水・洗濯に用いられる。家畜に給水される場合もあるが、灌漑には使われない。井戸の開設前は、渓流水と雨水収集に頼っていたが、現在でも八六パーセントの世帯がトタン屋根で受けた雨を三〇〇〇リットル・タンクやドラム缶に溜め、井戸水と併用している。井戸の開設前、深刻な渇水時には、湖岸まで水くみに出かけなければならなかった。

ニャボモ・プロジェクトの井戸規則に立ち入る前に、議事録を入手することのできた総会の内容を確認しておく（二〇一四年八月四日開催、四一名が出席）。まず、校庭内で井戸を囲む柵が壊れたまま放置されていることや、その周囲に家畜を繋ぐなどの禁じられた行為が絶えないことに対して、小学校側が改善を求めている。第二に、学校と用水集団が合同で井戸を管理するなか、過去一年余り、用水者が積み立てたポンプ修理資金の所在について不透明さが指摘され、前述のように、用水集団から監査役を選任して学校経営委員会の一員とすることを決めた。そして第三に、夜警員が巡回する校庭内にありながら、二〇一四年七月、一夜にしてポンプが壊れる事件が発生し、警備体制について話し合われた。

これらはいずれも、水の利用規則や待ち行列の管理をめぐる日常的な合議事項ではない。ポンプ管理人によれば、そうした日常的な問題も総会で議論され、合意されたとのことだが、その内容は議事録には残されていない。用水にかかわる規則は、用水世帯の代表者の間で一応の合意をみたものではあるが、実際の汲み上げ者の意向も加わって日常的に試行され、交渉の対象となり、変容しうるので、明文化することなくインフォーマルな状態に留められていると考えられる。

4　語られた用水規則の変遷

ニャボモの場合（図3a、b）、一日の用水時間は、六：〇〇～一一：〇〇の午前のセッションと、一五：〇〇～一八：〇〇の午後のセッションに分けられており、他の時間、ポンプは施錠されている。七：〇〇～八：〇〇は小学校の用水が約半分を占める時間帯となっている。一日の世帯当たり用水可能量は、月四〇ケニア・シリングの用水料を支払った場合、午前四缶、午後二缶、計六缶（二〇リットル缶）である。先に触れた総会後は、倍額の支払いで、午前六缶、午後六缶、計一二缶まで認められるようになった。二〇一四年九月、倍額を支払ったのは六世帯前後であった。筆者の計測結果によれば、二〇一三年二月から二〇一四年五月にかけて、井戸の水位はほぼ一貫して上昇し続け、上げ幅は二・五メートルを超えたので、ここでは水量増加局面の実態を報告することになる（熱帯降雨観測衛星TRMMの較正済み推定降雨強度から求めた対象地域の降水量は、一九九八年～二〇一二年の平均で一四七二ミリメートルであり、近年は比較的湿潤であると推察される）。

さて、用水順の規則は利用者が自ら生みだし、語ったものである。井戸を開設したNGOを含め、外部から

図3　ニャボモ小学校用水プロジェクトの井戸

a：用水の様子（2014年9月12日）
b：内部パイプの破損修理（2013年2月24日）
筆者撮影

いた例には行き当らず、井戸行列の規則がすでに実践されていた他の規則を下敷きにした可能性は高くない。

井戸行列の不文律は、日常的な交渉・試行のなかで、次のように変化してきた。

規則1　二〇一三年三月当時の女性管理人は、水容器の運搬に際してロバを使用する者と人力で運搬する者を別々に並ばせ、それらの列を交互に、それぞれ先着順で用水させる二列方式を実施していると主張していた。当時、運搬力の制約から、ロバ使用者の用水量は一度に四缶、人力運搬者は二缶が通常であった。ただし、ロバ使用者は二缶を汲み上げたところで人力運搬者に交代し、そちらが二缶を汲んだのちに、先のロバ使用者が残りの二缶を用水して計四缶とするのが規則であったという。また、後の二つの規則についてもあてはまるが、ロバ使用者はもう一缶をロバの飲料用として汲むことを認められており、これには課金されない。

規則2　その後、役を退いた先の管理人は、いつからのことか定かではないが、規則1から別の先着二列方式に移行したと説明し、同席の友人もそれを肯定した（二〇一四年九月）。すなわち、ロバ利用者の列から二名がそれぞれ四缶ずつ連続して用水したのち、人力運搬者の列から四名がそれぞれ二缶ずつ続けて汲み上げることを、列の間で交互に繰り返す仕組みである。一方の列がもう一方の列へと交代する前に汲み上げる缶の総数が、もう一方の列のそれに等しい点は規則1と同じだが、一人のロバ使用者が中断せずに一度に用水できる点が異なっている。こうした二列方式は、利用者数が多くなる乾季に限って用いられると述べた人もあった。

規則3　そして、二〇一四年九月時点での男性管理人は、八月の総会での話し合いを踏まえて、先着一列方式が採られるようになったと述べた。この新規則は、ロバ使用か否かを問わず、先着順に並んで一人が必要な缶数を連続して汲み上げるものである。缶数の制限は、一度に四缶までから、六缶までに緩められた。ただし、ポンプ漕ぎに疲れて用水速度が低下した場合には、「バランス」が期待される。これは、後に並ぶ用水者と一時交代して二〜三缶を先に汲ませ、その間、休んで体力を回復させることを指す。午後や土曜日、日曜日に多い児童による用水は時間がかかり、バランスへの要請も強くなるとのことであった。

このように、ニャボモでは一年程度の間に三つの行列規則が試みられた。この間、水位は上昇し続けており、支払いに見合う水量を確保できない世帯が生じていたとは考えにくい。また筆者の計測によれば、汲み上げによる水位の一時的低下は、午前・午後とも用水の開始から終盤にかけて〇・五メートル程度でしかなく、後半ほど汲み上げが重労働化する恐れも小さかった。そうしたなか、用水量をめぐる競合が右のような規則変化を引き起こしたとは考えにくい。それはむしろ、次節で検討するように、待ち時間の長さや格差が、合意形成上の争点であることを示していると考えられる。待ち時間は、用水者に世間話や情報交換の機会を与える。その必要性が大きい場合には、自分の用水が終わったあと、続く友人の用水を手伝うなどしてやり取りを続ける姿を見ることもできる。しかし、用水者は順番取りのあと他の家事を行うために列から一時不在となることも少なくなく、彼らにとって待ち時間の短さは重要である。

二列か一列かをめぐるこうした合意模索の成り行きは、人力運搬者とロバ使用者の勢力関係に左右されると考えられる。二〇一三年九月、七七の井戸利用世帯のうち、ロバを所有するのは三五、非所有は四二であった。このロバについては、飼養頭数が年々増加しているとの観測が、複数の人から聞かれた。これは世帯当たりの水需要の増加によるものかもしれないが、ほかにも、ロバはウシと比べて安価で干ばつ耐性が高く、窃盗被害のリスクがより小さく、ジェンダー・性別役割分担との関連づけがより弱く水くみほかの女性労働を代替しやすいために、サハラ以南アフリカの各地で普及が進みつつあるといわれる（Starkey 1994 ほか）。本例でも、ロバ利用拡大の理由を明らかにするためには、別途、体系的な調査を行う必要がある。いずれにせよ、現在、ニャボモ井戸においてロバを使用する者は半数に達しており、ロバ使用者は自らの数の増加に応じて発言力を高め、そのことが行列規則の移り変わりにも反映していると考えられる。

5　待ち時間の長さと規則変化

ニャボモの管理人らによる以上のような語りから、行列の規則変化が待ち時間を争点とするものであって、それにはロバ使用者の増加が作用していると推察できる。そこで、規則変化が異なる運搬手段を用いる人びとの待ち時間、すなわち水資源を得るための費用を、どう変化させてきたのか、そして、そもそも実際の行列はどの規則によってどれだけ厳密に管理されているのかを、より確かなかたちで推論したい。そのために行列を観察し、その結果を踏まえてシミュレーションを行う。

（一）観察

観察では、用水者の井戸への到着時刻と用水の開始・終了時刻を記録して、先着順と実際の用水順を把握した。

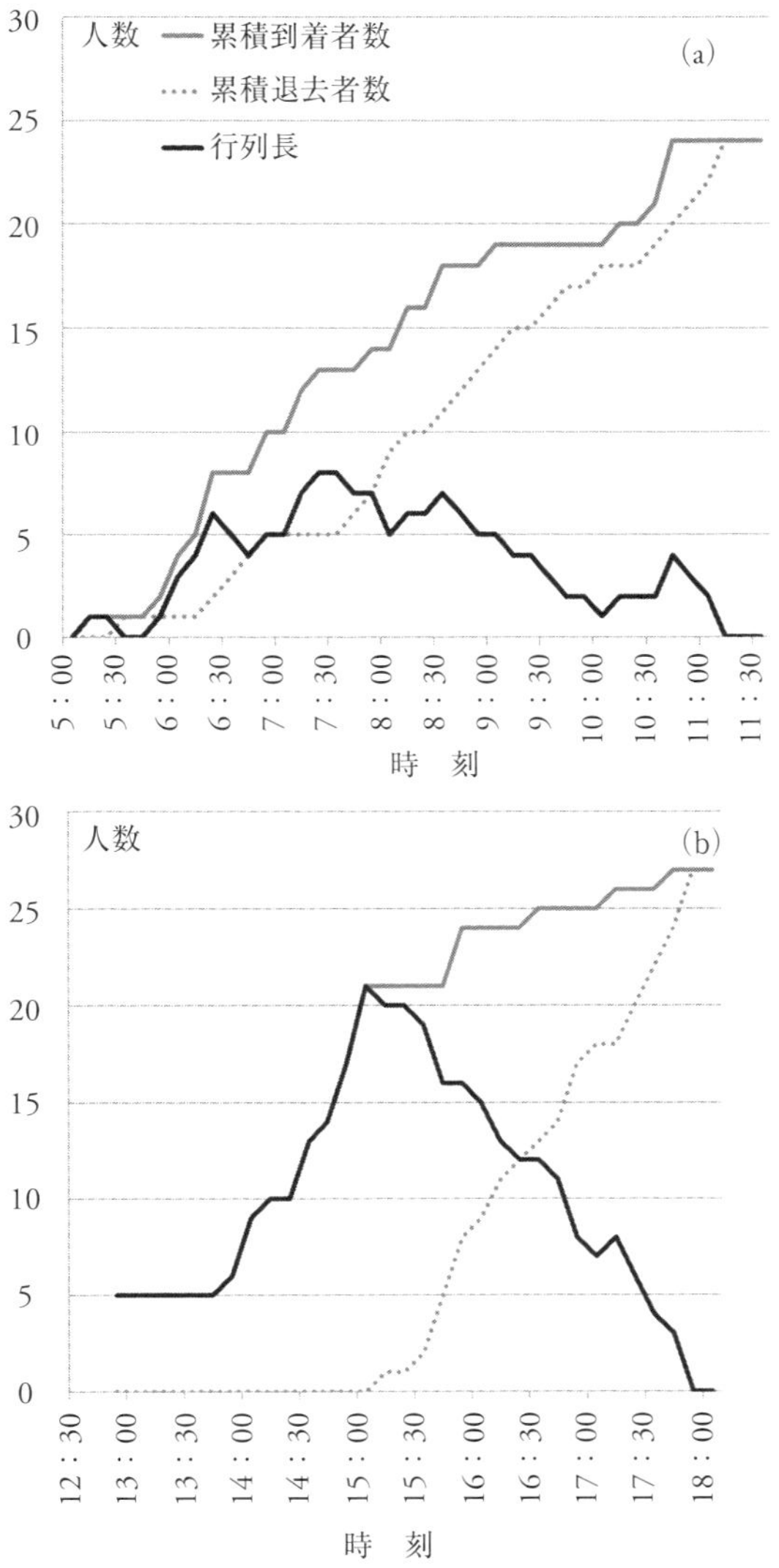

図 4　待ち行列事例における行列長の時間変化（ニャボモ小学校用水プロジェクト）

a：2014 年 9 月 12 日，午前
b：2014 年 9 月 14 日，午後
出所：筆者の現地調査による。

二〇一四年九月一二日（金）の場合（図4a）、午前五：〇五には、掘り抜き井戸は施錠されており、待ち行列は存在しなかった。五：〇八には最初の人が到着し、決められた開始時間よりも三〇分以上早い五：二四には管理人が開錠して用水が始まった。一一：一〇には彼がポンプ周辺の清掃を開始、午前最後の者が利用を終えると施錠した。この間に用水した二四人中、ロバ使用者は一四人であった（二名の手押し車利用者を含む）。九月一四日（日）には（図4b）、午後の用水行列を観察した。出足は午前よりも早く、一二：五〇にはすでに五名が並んでおり、行列（待ち時間）は著しく長くなっている。ポンプは一四：五三に解錠され、用水が始まった。二七人中、ロバ使用者は一三人であった。両日とも、並んでいたのはほぼすべて女性か児童であった。二〇リットル一缶の汲み上げ所要時間のばらつきはおよそ正規分布をしており、その平均値は一分五一秒、標準偏差は四〇秒であった。この平均所要時間で午前・午後の合計八時間、休みなく汲み上げたとすると、最大で二五九缶（五一八〇リットル）を用水することができ、一人が四〇シリングの料金によって認められた一日の用水量六缶を汲み上げるとすると、四三人が用水できる計算となる。これは現在の用水世帯数を一一だけ下回る値であり、六缶に達する前に満足している世帯があることを、そして用水セッション時間を延長する必要がないことを推察させる。

（二）シミュレーション

ある規則のもとでのロバ使用者と人力運搬者の平均待ち時間について統計的に有意な結論を得るために十分なサンプルを抽出・蓄積するのは、筆者の現地滞在日数に限界があるため非常に難しい。そもそも、従われなくなった過去の規則の適用例は、今となっては求めようがない。さらに、ある日の例をどの規則の実施例に加えるかに

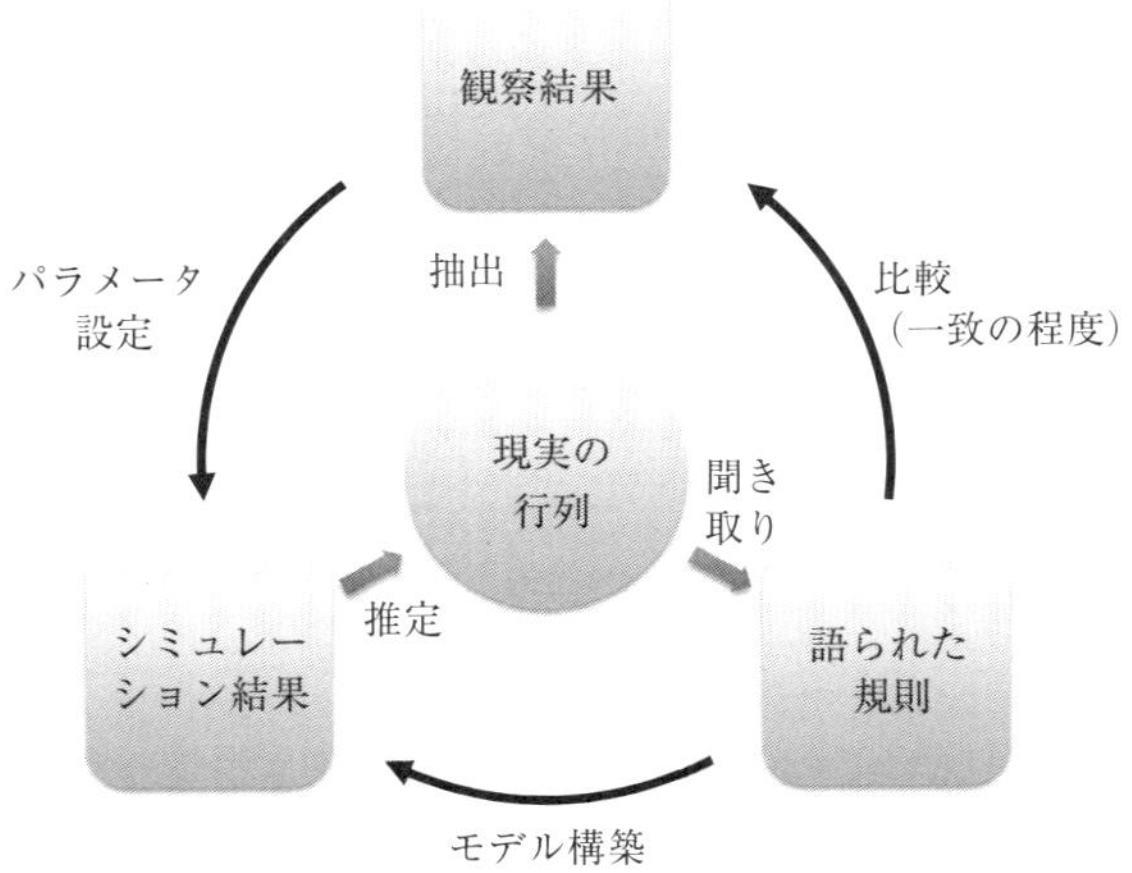

図５　本章における待ち行列分析の枠組み

ついても、現実が従っているはずの規則に一致しない程度が大きいほど、判断が難しくなるだろう。

そこで本章では、語られた規則に従うように井戸行列をモデル化し、そのシミュレーションによって、各規則のもとでのロバ使用者と人力運搬者の平均待ち時間を推定する（図5）。すなわち、井戸端での観察によって利用者の到着時間間隔を把握したうえで、それらの確率分布に沿う間隔となるようにパラメータを設定し、乱数を発生させ、利用者をコンピュータ上の仮想行列に順次並ばせる。そして、規則1、2、3のそれぞれのもとで、観察された汲み上げ所要時間の確率分布に従うようにパラメータを与えて順番に用水させ、一人一人の待ち時間を記録する。以上のような手順を、用水集団に占めるロバ使用者比率を変化させながら繰り返し、平均待ち時間の信頼区間を推定した。これは、語られた規則が厳格に守られた場合の待ち時間分布を求める作業である。より立ち入った分析方法を、章末に補論として書き留めておく。

シミュレーションの結果、一用水セッションにおける総利用者数の平均は、ロバ使用者・人力運搬者合わせて、観察事例と同等の二六人前後となり、モデルは現実的であると考えられる。

さて、第四節で紹介した行列規則の間にどのような差があるのかを検討するために、ロバ利用者比率を横軸に、シミュレーションによって得られたロバ使用者・人力運搬者それぞれの平均待ち時間の推定値と信頼区間を縦軸にとり、図6を作成した。このうちAは午前の、Bは午後の用水セッションをシミュレートしたものであり、規則3（のちに述べる3-1と3-2）については、ロバ使用者と人力運搬者の折れ線がかなりの程度重なり合っている。ロバ使用者のほうが一度の汲み上げ缶数が多いため、彼らの比率が増すのに連動して、待ち時間も右上がりに長くなる場合が多い。この待ち時間折れ線の位置する高さの変化が、規則変化を理解するポイントとなる。また、同じ規則のもとでロバ利用者と人力運搬者の折れ線が交わる場合も、規則変化を考える手掛かりとなる。

規則1が導入される前の行列管理の実態は定かでないが、仮に人力運搬者が一度に二缶用水して交代していたと考えよう。そこに四缶用水するロバ使用者が加わり始めたために、おそらく彼らの比率が二〇パーセント前後に増えるまでの間、別に彼ら専用の列を設け、一人のロバ使用者の用水を前後二缶に分ける規則1が実行されたのであろう。この規則は、ロバ使用者の待ち時間を人力運搬者よりも長く、かつ自身の比率の増加に連動して急増させるものであり、その絶対的な長さは午後のセッションにおいて著しかったはずである（図6）。このため彼らの不満は膨らみ、彼らの比率・勢力が増すにつれて、一人のロバ使用者の用水時間を二分することなく、連続用水を認める規則2への移行が図られたと考えられる。

規則2は、午前・午後とも、ロバ使用者の待ち時間を大幅に短縮する（図6）。また、人力運搬者についても午後の待ち時間を大幅に短縮するので、規則1から2への移行には一定の共通利益があったと考えられる。規則2においてロバ使用者比率が低い間は、午前における彼らと人力運搬者の間の待ち時間の差は小さいのに対して、

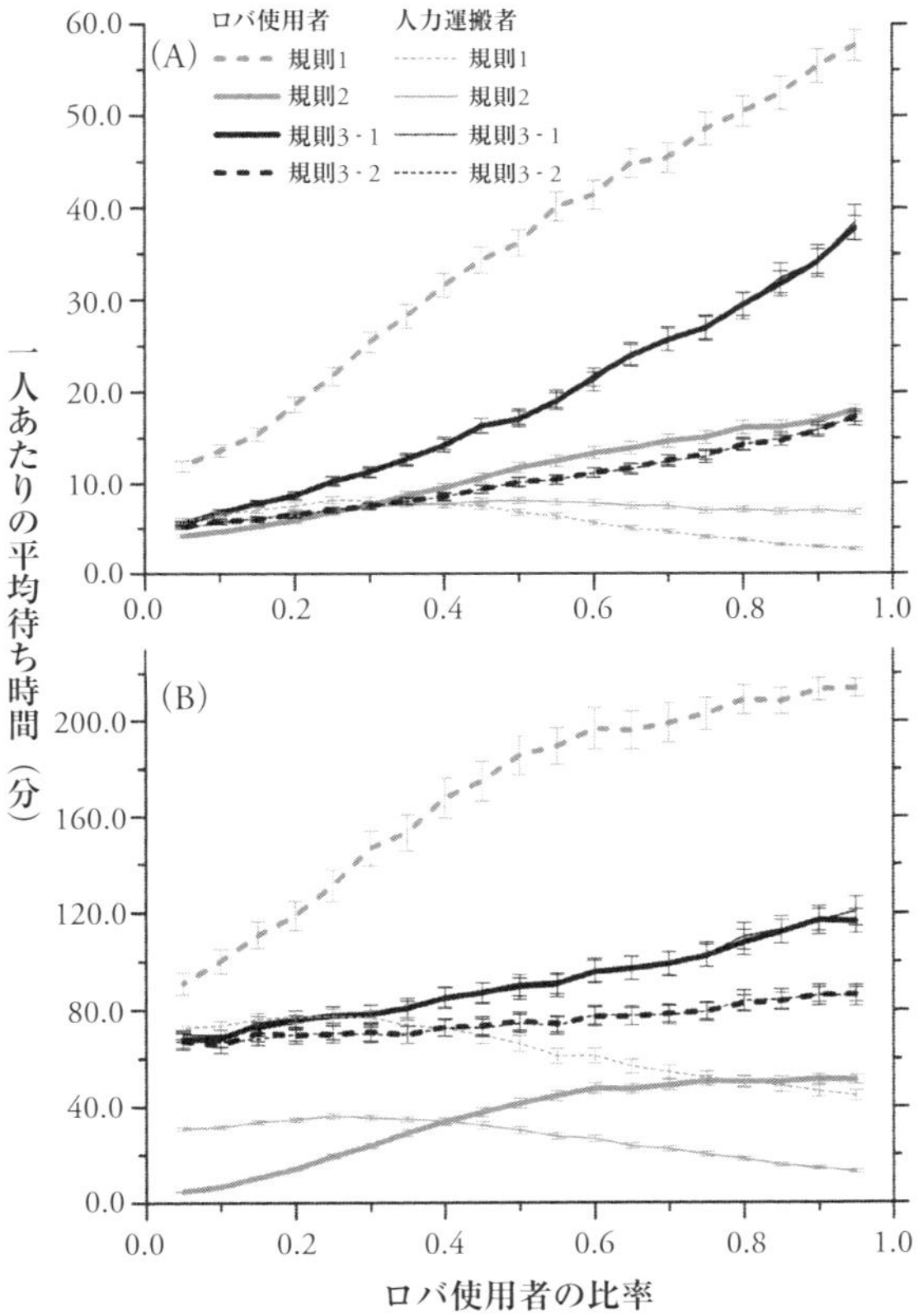

図6　ロバ使用者比率の変化と異なる行列規則のもとでの平均待ち時間

Aは午前の，Bは午後のセッションについてのシミュレーション結果である。Aの規則2において，ロバ使用者比率0.05のとき，ロバ使用者・人力運搬者いずれの平均待ち時間についても信頼水準は0.90であり，比率0.10のときは両者とも0.95である。規則3–1では比率0.05のとき人力運搬者の信頼水準が0.95，規則3–2では比率0.05のときロバ使用者・人力運搬者とも0.90である。他の信頼水準は，Bを含めてすべて0.99であり，相対誤差はA，Bすべてについて0.05である。折れ線グラフ上のポイントから上下に伸びる垂線は，信頼区間を示している。

出所：筆者の現地調査・分析による。

表1　平均待ち時間の比較（観察結果と各規則のもとでのシミュレーション結果）

待ち時間（分）			ロバ使用者	人力運搬者
2014年9月12日，午前	平均値（全24人，ロバ使用者比率58.3%）		49.4	45.7
	外れ値を除く平均値（18人，ロバ使用者比率55.6%）		19.7	35.0
	シミュレーションによる平均値の信頼区間（ロバ使用者比率55%，信頼水準0.99）	規則1	38.6～41.7	6.0～6.7
		規則2	11.9～13.1	7.6～8.3
		規則3-1	18.1～19.9	18.3～20.2
2014年9月14日，午後	平均値（全27人，ロバ使用者比率48.1%）		100.6	96.4
	外れ値を除く平均値（26人，ロバ使用者比率50.0%）		100.6	86.0
	シミュレーションによる平均値の信頼区間（ロバ使用者比率50%，信頼水準0.99）	規則1	177.5～193.9	62.9～69.5
		規則2	39.5～43.6	28.8～31.6
		規則3-1	85.8～94.6	84.4～93.2

出所：筆者の現地調査・分析による。

午後はロバ使用者に顕著に有利な効果がある。だが、ロバ使用者比率が三〇（午前）～四〇パーセント（午後）を超えたところで両者の折れ線が交差し、ロバ使用者の平均待ち時間が人力運搬者を上回り始め、現状の五〇パーセント前後では一・五倍（午前）、一・四倍（午後）の時間を要するに至っている。午前の待ち時間は一〇分前後の水準なので、両者の格差は許容範囲内かもしれないが、午後はロバ使用者の待ち時間が四〇分を超えており、両者の格差はより際立っている。規則1から規則2への移行による時間節約効果は明瞭であるものの、ロバ使用者比率の一層の増加によって、両者の間の待ち時間の格差は再び拡大しはじめることになったと考えられる。

ロバ使用者比率がさらに増加し、両者の差が開く見込みのもと、第4節で述べたとおり、規則2に換えて規則3が試行されることとなった。本シミュレーションでは、以後これを規則3-1と呼ぶことにする。二〇一四年九月の二度の観察でえた用水者の平均待ち時間は、当時語られていた規則3-1のもとでシミュレートして求めた平均値の信頼区間と、よりよく一致する（表1）。確かに、九月一二日の平均待ち時間はシミュレーション結果を大きく上回っているが、その理由の一つとして、行列を離れている間に順番を飛ばされ、待ち時間が長くなるケースを、シミュレーションでは考慮していないことがあげられる。この点を勘案して、シミュレーションでえた最大値（図6）を目安とし、一二日・午前については待ち時間六〇分、一四日・午後については一二〇分を超えるケースを除いて平均値を計算した。その結果（表1）、一二日のロバ使用者の待ち時間は、規則3‒1による信頼区間内に収まった。人力運搬者の場合は、それでもなおシミュレーション結果を大きく上回る値となったが、規則1、2よりは規則3‒1の区間に近いものとなった。他方、一四日のロバ使用者の値は規則3‒1の信頼区間に非常に近く、また人力運搬者についてはその信頼区間内にあった。こうした比較結果を踏まえると、現場で語られていたように、観察した行列では規則3‒1の単純一列方式が実施されていた可能性が高いといってよかろう（図5）。実際、規則1や2のもとでならば現れていたであろう、列を物理的に明瞭に二分して並ぶ状況は、観察されなかった。

ところで、規則3‒1によって列を一本化することで、規則2のもとで差が開こうとしていたロバ使用者と人力運搬者の折れ線はほぼ重なり、両者の間の平均待ち時間の差はほぼ解消することになったと考えられる（図6）。現地調査を行った時点では、両者の間に一度の用水量の違いはあるにしても、待ち時間については差をなくす方向へと規則が修正されつつあったといえよう。だが逆説的にも、この規則によって両者の待ち時間は午前・午後とも、規則2よりも絶対的に増加してしまったと考えられる。ロバ使用者比率五〇パーセントの現状において、とくに人力運搬者の待ち時間は大幅に長くなる（午前で二・一倍、午後で二・九倍）。仮に、一度の用水を六缶（規則3‒1）ではなく、規則2が実施されていたときと同じ四缶に制限した場合（規則3‒2）を考えてみても、午前については、人力運搬者の平均待ち時間は規則2の場合よりも若干減少する一方で、午後は二・五倍に達し、絶対差も大きい。また、ロバ利用者と同じ時間だけ並びながら、持ち帰る水量は二分の一という状況を、人力運搬者が公平であると考えるとも思われない。こうした規則を強制すれば、人力運搬者が不満を募らせて列順を尊重しなくなる可能性が高まるだろう。こうした規則修正圧力の実態については、次節で改めて検討する。いずれにせよ、差の縮小を求めて待ち時間の短さを犠牲にする方向での規則変化に固執すると、かえって混乱をもたらす可能性がある。こうした状況においては、ロバ使用者と人力運搬者の区別は流動的となり、ロバ使用を必要最小限に留めて人力運搬を主とする戦略をとる人が増え、ロバ使用者比率が三〇〜四〇パーセントに減少し、規則2が再び最適視されるようになるのかもしれない。

6　待ち行列における相互作用

さて、実際の待ち行列は、語られた規則からどの程度ずれているのだろうか（図5）。そして、事例行列は第2節で述べた意味でいかに相互作用的であり、語られた規則からのずれは何を示しているのだろうか。

前節で述べたとおり、二〇一四年九月の観察時に行われていたのは規則3-1の先着一列方式であったといってよいが、列に隣り合った利用者の間の「バランス」慣行では説明できない割り込みが、相当数観察された（不在による順番飛ばしを含みうる）。全体的な傾向として、割り込まれた者のほとんどが（表2a）、あるいは半数以上が（表2b）、より長い時間を費やし、より多くの容器を満たしてロバか手押し車で運搬しようとする者であった。また、一回当たり、より少ない缶数の用水に留まる人力運搬者は、割り込まれるよりも、割り込む方が多かった

表2　待ち行列における割り込みの実態（用水者の到着順・終了順・用水缶数，ニャボモ小学校用水プロジェクト）

(a)

	終了時刻	5:30	6:15	6:22	6:31	6:44	7:42	7:47	7:59	8:02	8:10	8:23	8:37	8:50	8:57	9:08	9:30	9:36	9:56	10:22	10:38	10:47	10:55	11:05	11:09
到着時刻	到着順 ＼ 終了順	1	2	3	4	5	6	7	8	9	10	11	12	13	14	15	16	17	18	19	20	21	22	23	24
5:08	1	2																							
5:46	2		**8**																						
5:57	3			4																					
5:58	4				5																				
6:06	5					**4**																			
6:15	6								**17**																
6:16	7							3																	
6:18	8													**6**											
6:50	9						**4**																		
6:50	10															**4**									
7:02	11									2															
7:07	12										2														
7:20	13											4													
7:44	14																				**4**				
8:01	15																<u>**6**</u>								
8:01	16																	2.5							
8:24	17												**6**												
8:26	18														4										
8:53	19																		**6**						
10:05	20																			**4**					
10:22	21																						<u>**4**</u>		
10:35	22																					**2**			
10:36	23																							**4**	
10:36	24																								2

小・細字：人力運搬　　太字：ロバ運搬　　太字下線：手押し車運搬　　対角要素の左下は“割り込み”の例
対角要素の右上は“割り込まれ”の例

(b)

	終了時刻	15:06	15:20	15:33	15:34	15:38	15:41	15:43	15:46	15:58	16:00	16:08	16:14	16:23	16:32	16:42	16:47	16:49	16:59	17:13	17:17	17:24	17:29	17:38	17:39	17:41	17:42	17:49
到着時刻	到着順 ＼ 終了順	1	2	3	4	5	6	7	8	9	10	11	12	13	14	15	16	17	18	19	20	21	22	23	24	25	26	27
*12:50	1		7																									
*12:50	2					2																						
*12:50	3			2																								
*12:50	4											**4**																
*12:50	5																2											
13:48	6						**2**																					
13:52	7							**1**																				
13:52	8																		**4**									
14:00	9								2																			
14:04	10									2.5																		
14:23	11													4.5														
14:28	12										2																	
14:28	13																					**2**						
14:39	14														**2.5**													
14:42	15				1																							
14:42	16												1															
14:43	17															6												
14:53	18	**6**																										
14:53	19																							**4**				
14:53	20																			**5**								
14:59	21																						**4**					
15:46	22																	1										
15:48	23																								0.5			
15:48	24																				**4**							
16:24	25																									**2**		
17:08	26																											**4**
17:34	27																										1.5	

小・細字:人力運搬　太字:ロバ運搬　　対角要素の左下は“割り込み”の例
*この時刻にはすでに到着　　対角要素の右上は“割り込まれ”の例

a：2014年9月12日，午前
b：2014年9月14日，午後
出所：筆者の現地調査による。

（表2a、b）。ただし、用水缶数が多い者が常に割り込まれるとも限らなかった。男性の用水者はごく少数であり、こうした相互作用は女性の間、子どもの間にみられたものであり、また割り込みをめぐるいざこざは観察されなかった。このように、二列方式のもとではより早く水くみを終えることのできていたであろう人力運搬の人びとが、現行の先着方式から逸脱して、待ち時間の短縮を試みる傾向のあることがみてとれる。また、彼らはおそらくは同じ目的で、出足がやや早くなっている（表2a、b）。もっとも、このように規則を多少修正するなどしても、規則2のもとで実現していたはずの待ち時間の短さには程遠い現状となっている（表1）。

このほか、現場で観察された用水実態、相互作用の具体的な姿は、次のとおりである。

1．管理人によるポンプ解錠・施錠時刻は、用水者の出足に応じて柔軟に変更される。多くの人びとが出向くスィンド（Sindo）街の市日の翌日や、キリスト教会で礼拝を済ませたあとの日曜日の午後などは、汲み貯めていた水が底をつく家が多くなるため、列が長くなる。用水時間を延長するだけでは並んだ人びとのすべてをさばけない場合には、一人当たりの用水量を制限することもあり、管理人は用水プロジェクトの執行部とは独立した現場裁量権をもっている。

2．だが、管理人は解錠・施錠時以外は不在のことが多く、規則順守は用水者に任される。二列方式の場合、これでは十分に管理できないかもしれない。用水をめぐりいざこざが生じた場合は、場を変え当事者どうしで解決するよう求めている。

3．朝の小学校始業前に、七：〇〇～八：〇〇の小学校枠が確保されており、この間は約半分の水量が小学校用に割り当てられている。

4. 初動時、ポンプから地下水位面（マイナス二五メートル）まで伸びるパイプのなかは空の状態にあり、そこから地表のポンプ蛇口に水が上昇するまで、空漕ぎする必要がある。こうした初動の重労働と引き換えに、割り込みを黙認されたと考えられる例がある。九月一四日、午後最初の用水者は唯一の男性であった。彼の順番は一八番目であったが、順番を飛ばして最初に用水した。彼が下がり切った水を上昇させる重労働を行ったため、人びとは順番飛ばしを黙認したと考えられる。

5. 次の用水者への交代は、ポンプ内の水が下がらぬよう、寸暇を惜しんで迅速に行う。したがって、順番が回ってきたときに不在の者は、飛ばされやすい。

6. 友人に空容器を預け、順番取りを代行させるのは一般的である。

7. 汲み上げ者が水の所有者になるとは限らない。後続の者が手伝って用水速度を維持するために一種の「バランス」を行う場合にも、こうした食い違いが生じうる。

8. 人の汲み上げ途中に脇から少量の水を横取りし、それをその場で飲んだり、それを使って自分の容器を洗うなどの行為は頻繁にみられ、黙認されている。そのような細かな割り込み行為は記録せず、シミュレーションにおいても考慮しなかった。

9. 用水時間が終盤に近づくと到着者数は減少し、観察した二度のセッションについては、並んだ者はみな用水できた。

10. 高齢女性が並ぶことなく、到着と同時に年少者に水を汲み上げてもらった例がある。

11. 住居の遠さが割り込みの理由として正当であるとは考えられていない。

12. 家屋の土壁補修用に例外的に多くの用水を認められた場合がある（九月一二日の午前）。この事例について、

割り込み等による用水終了順の遅れは小さかった（表6-1a）
13. 葬式等で来客の多い場合にも、規則を超える用水が認められる。
14. クリスマスの帰省時には水需要が増し、日ごろ利用していない世帯が料金を支払い、一時的に利用することがある。
15. 次のような行為は不正とされる。ただし、罰金等をとる体制はしかれていない。
（ア）月初めに用水料を一部しか払わず、以降は誤魔化して用水する。
（イ）料金未払い者本人ではなく、子弟を並ばせ、隠れて用水する。
（ウ）他人の代理で用水すると述べ、水を着服する。

行列には、権力・権利関係において異なる立場の人びとが、割り込みの容認や隠れた列への誘導など、異なる取り扱いを受けるという権力性、複線性が指摘されている（Corbridge 2004: Gandhi 2013）。権力や社会的アイデンティティの多様性に対応して、同じサービスを受けるのにも差がありうるということである。ニャボモの場合、複数の行列規則が前後して語られ、もとの規則への逆戻りもありうる拮抗状態が現実であるとすれば、人びとが逸脱か否かの判断を共有しているとは考えにくく、一つの規則からの逸脱を絶対視することはできないであろう。人力運搬者の割り込み、ないし以前のような「複線式」への回帰の試みは、逸脱行為であるというよりも、待ち時間の短さを犠牲にする現行の語られた規則への、ごく自然な抵抗なのかもしれない。それが黙認されているのは、人びとの関係が対等であり、いまだ駆け引き、相互作用が続いているためであり、また待ち時間の長さがわずかではあれ是正されているためなのだろう。重労働と引き換えに列順を無視した事例についても、威圧的かもしれないが、権力の不平等は感じさせない。そして、高齢者や非常時を経験している人に対する配慮からは、特殊な立場の人びとを不利に扱うような権力性が不在であることを確認できる。

7　柔軟な用水秩序の今後

ニャボモで語られた内容と、シミュレーションの結果、そして井戸行列における相互作用の実態を踏まえると、行列規則はロバ使用者の増加に連動して変化してきたといえそうである。それは彼らの待ち時間の短縮に向かったのち、今度はその短さを犠牲にして待ち時間の差を縮小し、人力運搬者の不満を膨らませる方向に転じようとしている。人力運搬者の逸脱傾向は、これに再修正を加えようとする試みであろう。一般に井戸開設が終了し、給水引き渡しを受けた自助集団は、便益（水）と費用（用水の料金と待ち時間）を配分する規則について合意して、給水を持続させる必要がある。ニャボモの場合、その合意は流動的だが、ロバ使用の増加という内生的な変化に対応する柔軟性を示していた。少なくとも、このように誰もが規則を修正する主体性を発揮できるかぎり、合意をめざす協調姿勢は保たれるのではないだろうか。そして、受益者負担意識の持続性は、貧困そのものの削減だけではなく、こうした意味での柔軟性に裏打ちされるのではないだろうか。これを、「協調が失われる恐れを軽減し、水資源への持続的なアクセスを保証する柔軟な秩序」と理解しておきたい（形成・運用されるルールの流動性・柔軟性については終章で、改めて振り返ることとしたい）。

ただし、交渉可能で制度化されていない状態が、常に「潜在力」を発揮するとは限らない。また、人びとによる秩序創出の試みの結果として、意図的な共生が実現しているとみるのも早計であろう。本章で検討してきたような柔軟な秩序が、いかなる場合にも共生をもたらすかのように語るわけにはいかない。ニャボモは、対象とした期間、幸運にも一貫して水量増加を経験してきた。そうしたなかでの「共生」は、とくに意図しなくても実現する、付随的な現象でありうるし、それが持続する保証もない。良好な水文条件が変わり、また人口やロバ使用者が増えれば、時間資源だけでなく水そのものについても競合が起こり、待ち時間の長さから用水量へと規則の力点が変化するかもしれない。また、周囲で井戸の開設が進めば、利用者は分散するものの、井戸の間で地下水をめぐる競合が起こる可能性もある。そのとき、複数の用水集団を束ねる水資源利用者組合のような、国家が設立の契機を与えた組織に頼りつつ、共生の範囲を広げ、それを持続させる必要性が高まるであろう。そうした外来の制度にも頼りつつ、水量減少局面で人びとがどのように新たな規則を試み、それを柔軟に運用し、協調の喪失を予防するか、注目していく必要がある。こうした協治を進める「潜在力」の検討は、本書第3章で荒木が指摘している課題でもある。さらに、第2章で池野が述べるように、自主水道整備事業が担い手どうしの対立によって秩序を失っても、もらい水という個別対応が有効なために対立がそれ以上深刻化せず、人びとが全体秩序の再生を図ろうとしない場合もありうる。本章についても、世帯がもらい水や他の用水源へと個別にシフトして対立を回避する行為の「潜在力」を含めた考察が求められよう。

ＮＧＯに支援された結果として、ニャボモの自助用水集団はインフォーマル化を免れたが、国家との関係の希薄さと受益者負担の必要が示すとおり、フォーマルな存在となったことそのものは、給水の持続性を保証するものではない。今後、自助用水集団が資金調達の困難に直面したとき、並行して水セクター改革の目的に反するかたちで事実上の集権化が進んでいたとすれば、支援願い出や利害関係調整のために克服しなければならない空間的・制度的なギャップはより広くなっているはずである。そうした状況を打開するための「スケール・ポリティクス」に要するコストは、非常に高くつくだろう。こうした点を、カウンティ制導入後の法制の成り行きを見守りつつ、検討していくことも必要であろう。本章では、こうした広がりのなかで用水者が経験していくことになる、政府や近隣の用水集団など他のアクターとの関係については、論じることができなかった。彼らがより意図的に共生を模索する必要のある状況に直面した際に、そうしたアクター関係が現在みられる用水の柔軟性を窒息させないよう、願いたい。

【シミュレーションに関する補論】

待ち行列シミュレーションは、離散事象型シミュレーションの一種である。離散事象とは、たとえば井戸行列への用水者の到着や用水の開始・終了など、時間軸上に散発する出来事をさす。そうした事象の起こる時間間隔の確率分布や、次の事象を待つ間の並びの規則に応じて、行列長や平均待ち時間など、その行列の特性が現れる。本章では、先着一列方式や二列方式の違いをモデル化してシミュレートするために、学術的に広く用いられているフリーソフトOMNeT＋＋を用いた（OMNeT＋＋Home Page）。これは、C＋＋言語で書かれたプログラム・モジュールのライブラリであり、Eclipseベースの統合開発環境（ＩＤＥ）のなかで利用する。さまざまなモジュールを組み合わせて待ち行列の規則と振る舞いをモデル化し、そのシミュレーションを実行する。そして、並ぶ人びとの平均待ち時間を推定するために、Akaroa2を用いた（Project Akaroa Home Page）。ここでは有限数の用水者がなす有限期間内の行列の挙動を繰り返しシミュレートするため、推定において、シミュレーション開始直後のいわゆる過渡状態は考慮しない。各規則についてロバ使用者比率を〇・〇五～〇・九五まで、〇・〇五刻みで一九段階に変化させ、各段階とも定めた信頼水準（〇・九九）と相対誤差（〇・〇五）の基準を満たすまで、五〇〇〇回を上限としてシミュレーションを繰り返し、ロバ使用者と人力運搬者の平均待ち時間の推定値と信頼区間をえた。ここでは両者を一つの井戸の利用者として混在させる規則を問題としているので、ロバ使用者比率〇、あるいは一という状態は対象としない。

ニャボモでの現場観察を踏まえ、以下をモデルに反映させた。①午前の用水セッションについては、七：〇〇～八：〇〇の約半分を小学校の用水に充てること。②午後は用水開始時刻よりかなり前から人びとが並び始めること。③用水者の出足が時刻とともに鈍り、セッション後半ほど到着時間間隔が長くなること（こうした時刻依存性を表現するため、二回の観察事例について、用水者を到着順序の中央で二分し、前半の到着者と後半の到着者それぞれの到着時間間隔分布に別個の指数分布をあてはめてモデルに用いるパラメータをえるとともに、セッション終了一時間前に新規到着者の発生を打ち切った）。なお、規則3-1のもとでみられるような「バランス」は、平均待ち時間を若干変化させる可能性があるものの、用水の開始順・終了順に大きな影響を与えることはないため、考慮していない。また、ロバ利用者がロバ用に一缶追加して用水する場合のあることも、モデルには反映させていない。

現場での用水者の到着時間間隔データは、二〇一四年八月に組合員数が減少したあとの九月に、二セッション分だけしか記録することができなかった。したがって、ここでは減少後の時間間隔で減少前の行列状態をシミュレートすることになる。しかし、一日の最大用水可能人数には自ずと限界があることを考えると、減少前の到着時間間隔が現在と大きく異なっていたとは考えにくいので、減少後のデータを用いてシミュレーションを行うことは許されるであろう。

謝辞

本研究は平成二四年度住友財団環境研究助成を受けて行った「ケニア・ヴィクトリア湖岸の半乾燥地域における水資源利用の批判的環境安全保障論」の成果の一部である。ここに記して謝意を表する。

参照文献

Adams, A (2012) *Financial Sustainability of Rural Water Supplies in Western Kenya Comparing Technology Types and Management Models*. MSc thesis, Delft University of Technology, Delft.

Allsopp, R and DA Baldry (1972) A general description of the Lambwe Valley area of South Nyanza District, Kenya. *Bulletin of the World Health Organization*, 47: 691–697.

Bakker, K, M Kooy, NE Shofiani, and EJ Martijn (2008) Governance failure: Rethinking the institutional dimensions of urban water supply to poor households. *World Development*, 36(10): 1891–1915.

Beckmann, N and J Bujra (2010) The 'politics of the queue': The politicization of people living with HIV/AIDS in Tanzania. *Development and Change*, 41(6): 1041–1064.

Corbridge, S (2004) Waiting in line, or the moral and material geographies of queue-jumping. In R. Lee and D. M. Smith (eds), *Geographies and Moralities: International Perspectives on Development, Justice and Place*. pp. 183–198. Blackwell, Oxford, UK.

Frankenberg, R (1980) Medical anthropology and development: A theoretical perspective. *Social Science & Medicine. Part B: Medical Anthropology*, 14(4): 197–207.

Gandhi, A (2013) Standing still and cutting in line: The culture of the queue in India. *South Asia Multidisciplinary Academic Journal* [Online], Free-Standing Articles, Online since 15 March 2013, connection on 12 November 2015. URL: http://samaj.revues.org/3519.

Kenya (Republic of) (2002) *The Water Act, 2002*. Government Printer, Nairobi, Kenya.

Kenya (Republic of) (2007) *An Overview of the Community Project Cycle (CPC)*. Ministry of Water and Irrigation, Nairobi, Kenya. Retrieved from http://www.wstf.go.ke/index.php?option=com_docman&task=cat_view&gid=8&Itemid=496 (Accessed on March 1, 2015).

Kenya (Republic of) (2009) *Suba District Development Plan 2008–2012*. Office of the Prime Minister, Ministry of State for Planning, National Development and Vision 2030, Nairobi, Kenya.

Kenya (Republic of) (2013) *The Project on the Development of the National Water Master Plan 2030 Final Report, Volume I Executive Summary*. Ministry of Environment, Water and Natural Resources and Water Resources Management Authority (Japan International Cooperation Agency), Nairobi, Kenya.

Kenya (Republic of) (2014) *The Water Bill, 2014*. Kenya Gazette Supplement No. 27 (National Assembly Bills, No. 7), Nairobi, Kenya.

KWAHO (Kenya Water for Health Organisation) (2009) *Enhancing Water and Sanitation Governance in Kenya: Human Rights Based Approach to Reforms in the Kenya Water Sector*. Retrieved from http://www.kwaho.org/resource.php#.VQ9ZOvmsV8E (Accessed on March 1, 2015)

Kinyua, JM (2011) Strategic management of water resources in Kenya. Annual Water Services Providers Conference. Kenyatta International Conference Centre, Nairobi, Kenya. Retrieved from http://www.swap-bfz.org/Publications/strategic_management_of_water_resources.ppt (Accessed on March 1, 2015)

LVSWSB (Lake Victoria South Water Services Board) (c. 2013) *Strategic Plan 2013/2017*. Retrieved from http://www.lvswaterboard.go.ke/index.php/downloads/corporate-communications (Accessed on March 1, 2015)

Mair, R (2006) *Analysis of the Kenyan Water Sector Reform and the Integration of Implementing Agencies and Communities in Rural Areas*. MSc thesis, Cranfield University, Silsoe, UK.

Mumma, A (2005) Kenya's new water law: an analysis of the implications for the rural poor. International workshop on African Water Laws: Plural Legislative Frameworks for Rural Water Management in Africa, 26–28 January 2005. Johannesburg, South Africa.

Mwangola, MW (1995) Bringing clean water to Kenyan households. In B. Bradford and M. A. Gwynne (eds.), *Down to Earth: Community Perspectives on Health, Development, and the Environment*. pp. 85–91. Kumarian Press, West Hartford, CT.

Ogendi, GM and I M Ong'oa (2009) Water policy, accessibility and water ethics in Kenya. *Santa Clara Journal of International Law*, 7(1): 177–196.

Okeyo, JO (2013) *The Public Service Delivery Challenge: A Public-Private Sector Partnership in Water Service Provision in the Lake Victoria Basin, Kenya*. PhD thesis, University of Nairobi, Nairobi.

OMNeT + + Home Page. http://www.omnetpp.org (Accessed on March 1, 2015)

Project Akaroa Home Page. http://akaroa.canterbury.ac.nz/akaroa/(Accessed on March 1, 2015)

Rottland, F and DO Okombo (1992) Language shift among the Suba of Kenya. In M. Brenzinger (ed.), *Language Death: Factual and Theoretical Explorations with Special Reference to East Africa*. pp. 273–283. Mouton de Gruyter, Berlin, Germany.

Rubie, DC (1982) Mass transfer and volume change during alkali metasomatism at Kisingiri, Western Kenya. *Lithos*, 15(2): 99–109.

Sosi, B (2014) Nascent concerns on the sustainable management of user community-based approaches in water resources and supply: A case of River Njoro watershed. *International Journal of Science and Research*, 3(4): 22–32.

Starkey, P (1994) Donkey utilization in sub-Saharan Africa: recent changes and apparent needs. Second International Colloquium on Working Equines, Rabat, Morocco, April 20–22 1994: Actes Editions.

WSTF (Water Services Trust Fund) and LVSWSB (2010) *Target Locations*.　※

WSTF (c. 2011) *UNICEF/GOK WASH Programme: An Overview*.　※

WSTF (c. 2012) *WSTF Annual Report 2012*.　※

WSTF (c. 2013) *WSTF Annual Report 2013*.　※

WSTF (n.d.) *WSTF Strategic Plan 2008–2013*.　※

WSTF and WRMA (Water Resources Management Authority) (n.d.) *Water Resource Users Association Development Cycle (WDC)*.　※

※いずれも次からアクセスできる http://www.wstf.go.ke/index.php?option=com_docman&view=docman&Itemid=590

第2部

市場に生きる

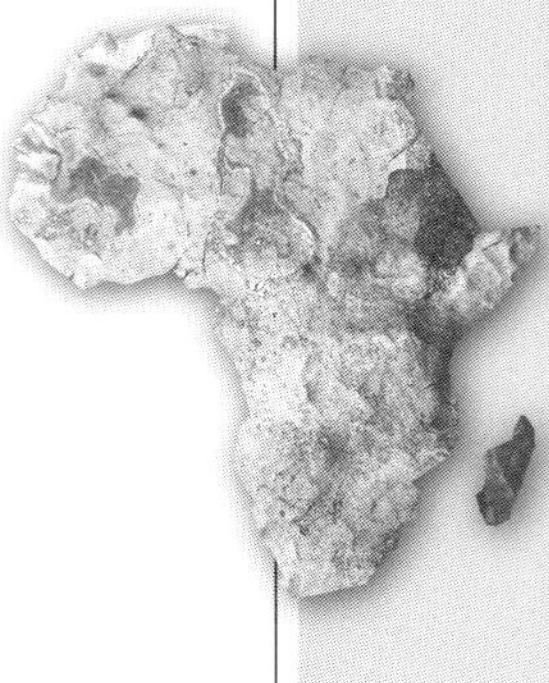

第５章

企業と農民の信頼関係の「脆さ」を越えて

── ウガンダにおけるビール会社と小農との新しい社会的結合

西浦昭雄

扉写真：カプチョルワ商業農家組合（KACOFA）の穀物乾燥機と保管所。筆者が同施設を訪問した折には，近隣の農家から集められた大麦を乾燥させていた。道路事情が悪く，雨量が多いウガンダの東端地域の農村においては収穫した大麦の品質維持が課題であり，乾燥・保管施設のニーズは高い。ウガンダ・ブルワリーズ社（UBL）と関係が深いKACOFAは，世界食糧計画（WFP）の援助で保管所を新設し，イギリス製の乾燥機を設置した。

1　アフリカで生じている変化――企業と農家の新たな関係

アフリカにおける社会的結合（social bond）について、共同体、宗教結社、労働組合、職人集団等が研究対象となってきた。買い手と売り手という立場の違いを超えた企業・農民間の契約栽培（contract farming）もその一つといえ、コーヒーや綿花、園芸作物に関する研究がなされてきた（Deininger and Okidi 2003; Dorsey 1999; Baffes 2009; Dolan and Humphrey 2000）。

先行研究によると、契約栽培はアフリカにおける農民の所得向上につながるものと期待される反面で、価格交渉において農民が不利になるという指摘もあり、評価が定まっているとはいえない。特に契約する相手が生産規模の小さい農家（小農）との契約になると、契約・監視等にかかわる取引コスト（transaction cost）が高くなり、企業側に契約を結ぶインセンティブが弱くなるといわれている。

本章で取り上げるウガンダの外資系ビール会社と小農による大麦契約栽培は、新しい現象であるといえる。アフリカでは、消費者による購買力が経済成長にともない増加しているなかで、内需主導型産業である農産物加工業の成長がみられる。なかでもビール産業は、ＳＡＢミラー（SABMiller）、ディアジオ（Diageo）、ハイネケン（Heineken）といった世界的なビール製造グループがアフリカ各地で醸造工場の建設や既存のビール会社の買収などの直接投資を盛んに行い、熾烈な市場シェア争いを展開している。

アフリカで展開するビール会社が近年、促進している戦略の一つに原料の現地調達化がある。ビール会社にとって原料の現地調達化は輸送コストの削減につながることに加えて、国によっては物品税の減免対象となることで販売価格を抑えることができる。また、現地産の原料を使うことで「この土地のビール」というメッセージを大衆層にアピールすることができ、消費喚起につながる。ビール会社側の原料の現地調達化を促進しようとする動機が増すなかで、これまで大麦を栽培してこなかった小農までも栽培を始めてきた。さらに、ソルガムやキャッサバを加えるなど原料の現地調達化を推し進めている。こうしたビール会社の原料調達の動きは、アフリカの農民、特に小農にとっては商品作物生産（現金収入）の選択肢が拡大するというメリットを生む。

アフリカの多くの小農にとっては、自給自足が生活の基本であり、市場経済の浸透は比較的新しい現象といえることから、大規模な加工会社との取引関係は軋轢や摩擦を生み出すことが予想される（農村での生計活動については本書第2章も参照のこと）。その意味で市場経済に大きく依存している都市住民の生活（第6章、第7章参照）とは大きく異っている。契約栽培を促進するうえで危惧される企業側と農民側の交渉力の差を埋め合わせ、共生を実現するには何らかの「仕掛け」が必要になる。しかしながら、アフリカのビール産業に関する研究、特にビール会社と農家による契約栽培に関する研究は極めて限定されており、これまでビール会社と農家との関係（社会的結合）が十分に明らかにされてこなかった[1]。

本章で焦点を当てているウガンダのカプチョルワ県（Kapchorwa Disrict）、クウェエン県（Kween District）、ブクウォ県（Bukwo District）などの地域（ここでは「東端地域」と呼ぶ）は、エルゴン山中腹の海抜一五〇〇メートルを超える高地に立地しているため、栽培できる商品作物は限られ、現金収入を得られる機会が少ない地域であった。市場経済にあまり接していなかったアフリカ小農の典型的な例であったと言えよう。一九九〇年代までは大麦の契約栽培は行われていなかった。東端地域で外資系ビール会社が大麦契約栽培を推進したことで、大多数を占める小農に変化をもたらした。まず、ウガンダ・ブルワリーズ社（Uganda Breweries Limited：ＵＢＬ）が二〇〇二年から大麦の現地調達化を進めるようになり、同地域において契約栽培を開始した。さらに、二〇〇八年からはそのライバル会社でウガンダでのビールシェアが第一位であるナイル・ブルワリーズ社（Nile Breweries Limited：ＮＢＬ）が大麦の現地調達化を開始したことで、同地域において大麦の獲得競争が発生した。二〇〇八年〜二〇一〇年頃まで、系列の農民組合による農民の囲い込みを進めた両企業は、契約書を農民組合と結び、優遇価格の種子や、肥料や農薬を信用貸しし、大麦受け取り時に差し引くプレファイナンスを行っていた。しかし、大麦調達活動が活発化した一方で、天候不順から大麦生産が減少した二〇一一年頃から、ＮＢＬ、ＵＢＬ両社ともライバル会社の契約農家から大麦を購入するといったモラルハザード的な行動が多発するなかで、企業側と農民側の間の不信感は増幅した。国家による制度執行能力が概して弱く、司法権による契約の履行強制が不十分なウガンダにおいて発生した契約栽培の危機ともいえる状況下で、企業や農民はどのような対応をしようとしたのか。

本章は、ビール会社と小農が摩擦や合意を繰り返しながら関係を築こうとしている事例を通して、加工会社と生産者との間の「共生に向けた潜在力」のありようを考察することを目的としている。

本章の構成は下記の通りである。第二節では、アフリカのビール産業と原料の現地調達化の進展について紹介する。第三節では、ウガンダ東端地域におけるビール会社と大麦農家の事例を通し、企業と農民の共生を模索している姿を浮き彫りにする。最後に第四節では、結論としてウガンダの事例から企業と農民との社会的結合について考察していく。

2　アフリカのビール産業と原料の現地調達化の進展

（一）アフリカにおける契約栽培とその議論

契約栽培は、「商品の生産と販売面における条件に関する農民と買い手の合意によって行われる農業生産物」と定義される（Minot1986: 2）。一般的に契約栽培では、生産者は土地、労働、農機具を提供し、信用貸しによって肥料や種子、農薬などの投入財の提供を受ける（Porter and Phillips-Howard1997）。

契約栽培はスポット市場（公開市場での直接購入）と加工会社が農園を直営する場合などの垂直統合の中間形態だとされる（Singh 2000, Echanové and Steffen 2005）。スポット市場では、商品が同質で、大多数の買い手と売り手がいる市場では効率性があると考えられるが、農産物市場は品質の幅が広く、買い手独占的であり、情報の偏りが大きいとされる。そのような状況下では、契約栽培や垂直統合が妥当な制度だといえる。垂直統合は、特別な品質基準を満たす必要があり、納期が決められている場合に好まれる。他方、農産物ではなく加工段階に規模の経済性があり、加工を企業がまとめて行うことが求められる場合は、契約栽培は効率性が高いと考えられる（Minot 1986）。

契約栽培は以前から行われているものだが、アフリカでは市場自由化や輸出財の高付加価値化、新規テクノロジーにより近年、奨励されている（Grosh 1994; Porter and Phillips-Howard 1997, Kirsten and Satorius 2002）。契約栽培の

表1　契約栽培の長所と短所

	農民・生産者	買い手・企業
長所・恩恵	・参入コストの低下 ・資本や信用へのアクセスの向上 ・生産コストの低下と生産・所得増加 ・販売リスクの低下と所得安定 ・国内市場の不安定性の軽減 ・生産の幅が拡大し，差別化が進むことによる収入機会の増加 ・農業普及員や他の農業サービスからの技能獲得	・投入・生産の流れがスムーズになることによるコスト削減 ・品質管理確実な向上 ・原料供給コストの削減 ・広報的な要素を含めた開発貢献による当該国での営業の持続性の向上 ・直接労働者を雇用することに比べた，企業負担の軽減
短所	・生産管理面においての裁量の減少 ・契約履行の必要性から来る生産リスクの増加 ・契約作物への集中化によるリスク増加や食料安全保障問題の浮上 ・投入財パッケージコストの増加 ・契約可能な小農の一部への偏り ・買い手独占的なサービス提供者による不平等な力関係の存在	・多くの契約を結ぶことによる管理・取引コストの増大 ・農家が小規模であったり，地理的に分散したりしている場合の追加的な監視コストの発生

出所：Singh (2000)，Kirsten and Satorius (2002)，Masakure and Henson (2005)，Poulton *et al.* (2010)，Oya (2012) より筆者作成。

ような形態はアフリカにおける農民のインセンティブや所得の向上に寄与し、農村経済に好影響を与えると多くのドナー国や機関が期待しているとされる（Kirsten and Satorius 2002）。

しかしながら、Oya (2012) は、開発途上国の農産物生産・販売面において、契約栽培は「最も論議を呼ぶ組織的な取り組み」(most debated institutional arrangements) であると指摘している。表1は、契約栽培の長所と短所をまとめたものである。小農にとっては、契約栽培が参入障壁を下げ、資本へのアクセスを改善させ、収入機会を増やすことが可能になる。加工会社やスーパーマーケット等、買い付ける側にとっても、契約栽培は投資リスクを軽減する方策になりうる (Grosh 1994)。

他方で、いくつかの研究は契約栽培の負の側面を強調している。実際の契約栽培は理論上とは異なり、たとえば契約栽培は投入財へのアクセスが改善するとは限らない（Masuka 2012）。さらに、不平等度や家庭内の争いが増すことや、換金作物への依存度を上げることによる食料不足の危険性が増すこと、買い手による搾取につながることが指摘されている（Minot 1986; von Bülow and Sørensen 1993; Little and Watts 1994）。また、他の研究においても、多くの小農と契約することは取引コストがかさみ、トレーサビリティや品質管理の面からも維持が難しいという理由で、買い手は小農よりも大規模農場を好み、小農との契約を大規模農場にシフトする例が観察されている（Kirsten and Satorius 2002; Dev and Rao 2005; World Bank 2007; Oya 2012）。

このような契約栽培の弱点を克服する方策を先行研究は示している。第一に農民組織の結成は、そうした小農との契約に付随する追加的なコストやリスクを軽減する選択肢になりうる（Oya 2012）。Kirsten and Satorius（2002）は、協同組合やその他の農民グループを結成することは、契約農家の利益を代弁し、個々の農家に投入財やサービスを届けていく最も効率的な方法であると主張している。この点に関してPorter and Phillips-Howard（1995）は、農民組織は買い手と農民とのコミュニケーションを促進する役割を果たし得ることを強調している。契約栽培において、生産者組織をつくるという方向性は、小農コミュニティーが農産物市場にアクセスできるようにしようとする世界銀行の方針にも合致する（World Bank 2007; Oya 2012）。

第二に、契約農家と買い手が共通の資産に投資することで、双方の契約継続化へのインセンティブが増し、長期的で安定的な関係構築につながるとの先行研究もある（Gow *et al.* 2000）。

第三に、農業普及員（agricultural extension officer）は、小農と買い手の追加的なコストやリスクを軽減する可能性がある。Bellemare（2010）は、マダガスカルでは加工会社による農業普及員の訪問回数が契約農家の生産性に影響を与えたと指摘している。

(二) 東アフリカにおけるビール産業

東アフリカ三か国ではSABミラー社グループと東アフリカ醸造社(East African Breweries Limited：EABL)グループが競争を展開している。その概要をまとめたのが表2である。

SABミラー社グループは、一八九五年に設立された南アフリカ醸造社(South African Breweries Limited)社が二〇〇二年にアメリカ第二位のビール会社であったミラー醸造社(Miller Brewing Company)を買収して設立された世界の三指に入るビール製造グループである。本社は一九九九年に南アフリカからイギリスに移転されたが、アフリカについては現在でも南アフリカ本部が統括している。二〇一三年現在、アフリカ一五か国にビール生産拠点をもち、フランス語を公用語とする国々ではフランスのカステル(Castel)社と協力関係を築いている。ウガンダとタンザニア、さらに隣接する南スーダンに計七つの醸造所と大麦をモルト(麦芽)に加工する二つの製造工場(ここではモルト工場とする)をもち、同グループの東アフリカにおけるビール生産能力は年間約五五万キロリットルにのぼる。

ウガンダにおいては、SABミラー社が株式の六〇パーセントを出資する子会社のNBLが市場の五五パーセント程度の市場シェアをもっている。NBLは、一九五一年にイギリス資本によって設立され、一九五七年にインド・パキスタン人系のマドバニ(Madhvani)グループが買収した。一九七二年にはアミン軍事政権によって国営化されていたが、一九九二年にマドバニ・グループが買戻し、一九九七年に当時のSABミラー社の前身である南アフリカ醸造社が株式の四〇パーセントを取得し、その傘下に入れた(二〇〇一年に過半数の株式を取

表2　東アフリカ3か国におけるビール産業の概要

	SAB ミラー社グループ	EABL グループ <ディアジオ傘下>
ウガンダ	子会社：Nile Breweries (NBL) 約 24 万 kl 生産，市場シェア 57% 2 醸造所（ジンジャ，ムバララ） 1 モルト工場（ジンジャ）	子会社：Uganda Breweries (UBL) 約 7.5 万 kl 生産 1 醸造所（カンパラ）
タンザニア	子会社：Tanzania Breweries 約 29 万 kl 生産，市場シェア約 70% 4 醸造所（ダルエスサラーム，アルーシャ，ムワンザ，ムベヤ） 1 モルト工場（モシ）	子会社：Serengeti Breweries 約 13.5 万 kl 生産，3 醸造所（ダルエスサラーム，ムワンザ，モシ）
ケニア	子会社：Crown Beverage 2002 年にCastle Breweries を閉鎖，Kenya Breweries 株式 20%保有⇒ 2010 年協定終結 ⇒タンザニアから輸出	子会社：Kenya Breweries 約 25 万 kl 生産，市場シェア 90%以上，1 醸造所（ナイロビ），1 モルト工場（ナイロビ）

出所：各社ホームページおよび年次報告書，各社インタビューをもとに筆者作成。

得）。ＮＢＬは、ジンジャの醸造所に加えて、二〇一三年にはムバララに二番目の醸造所を設け、操業を始めた。さらにモルト工場を二〇一一年一〇月にジンジャ醸造所内に完成した。

他方、ＥＡＢＬは、一九二二年にケニアで設立し、現在も本社をケニアにおいている。二〇〇〇年にナイジェリア、ガーナなどで事業を展開するディアジオ・グループの傘下に入った。ＥＡＢＬはケニア、ウガンダ、タンザニアの三か国に五つの醸造所と一つのモルト工場をもち、ビール生産能力は約四五万キロリットルである。とくにケニアでは九〇パーセント以上の市場シェアをもつ。

ウガンダでは、ＥＡＢＬが株式の九八・二パーセントを出資するＵＢＬはウガンダ・ビール市場の四〇パーセント強の市場シェアをもっている。一九四六年に設立されたＵＢＬは、一九五九年にＥＡＢＬに買収された。ＮＢＬと同じく一九七二年にアミン軍事政権に国営化されたがＥＡＢＬグループによって一九九〇年代に買戻された。ＵＢＬは、首都であるカンパラに醸造所を持つもののモルト工場はないため、モルトについては主にケニアにあるＥＡＢＬ傘下の東アフリカ・モルト会社（East African Malting Corporation）から輸入している。

（三）ウガンダ・ビール会社における原料の現地調達化

通常、ビール製造の主要原料となるのが大麦、トウモロコシ（メイズ）、砂糖、ホップ、水である。そのうち、大麦については、通常は発芽させ、モルトにした状態でビールが製造されるが、アフリカでは大麦の状態のままで使用することもある。アフリカで展開するビール会社は、大麦やモルトの代わりにソルガム、キャッサバなどを原料化することを推進している。二〇一四年八月に筆者が訪問したブルンジにおいてはバナナを原料にしたビール生産がすでに行われていた。ウガンダにおける大麦の現地調達化について次節で詳しく紹介するが、ＵＢＬは二〇〇三年から本格化させ、ＮＢＬがそれよりも遅く二〇〇八年からであった。ソルガムの原料使用は二〇〇二年からＮＢＬが先行した。ＵＢＬの方はそれよりも遅く、二〇〇九年からソルガムを原料に使用し始めた。

ＮＢＬによると、二〇一二年度（二〇一二年七月～二〇一三年六月）において、大麦を二一〇〇トン現地調達し、九〇〇〇トン輸入した。ソルガムについては五〇〇〇を超える農家から一万トンを現地調達した。砂糖については五二〇〇トン調達したが、そのうち九八パーセントはウガンダにあるカキラ・シュガー（Kakira Sugar）社からで、残りは高価格帯ビール用に輸入した。トウモロコシは、八三〇〇トン全てを現地調達したが、九割は近くのアグロ・ウェイ（Agro Way）社からであった。カキラ・シュガーからの調達が大半を占める理由は、NBLのジンジャ醸造所からのアクセスの良さと、マドバニ・グループに属しており歴史的なつながりが深いことによるという。アグロ・ウェイ社については、ジンジャ工場から近く、さらに同社が供給するトウモロコシの全てはNBL向けであることからつながりは深い。ホップについてはヨーロッパから輸入している。水についてはジンジャ醸造所ではナイル川から、ムバララ醸造所では近くの川から供給している(2)。

他方、UBLの場合は、二〇一四年度の大麦の現地調達量は一五〇〇トンであった。以前はケニアにその大麦を輸出し、ナイロビのモルト工場で加工してウガンダに戻していたが、現在はウガンダ産大麦についてはモルト化せずに大麦の状態でビールに使用し、ケニア産大麦を使ったモルトを輸入している。ソルガムは全て現地調達で九八〇五トンであった。トウモロコシは三〇〇〇トン全てを現地調達した。また同社は、キャッサバを原料に使用したビールの生産を開始し、二〇一四年にはキャッサバ三〇〇〇トンを現地調達した(3)。

ウガンダのビール会社が原料の現地調達化を促進する動機の一つに、物品税の減税措置がある。六〇パーセント分課せられる物品税率が、七五パーセント以上のローカル・コンテンツ（水を除いたビール原料のうち現地調達比率）基準を超えた場合は四〇パーセントに減免される。さらに現地産モルトではなくソルガムやキャッサバの場合は二〇パーセントに減免する措置がある。

3　ウガンダ東端地域におけるビール会社と大麦農家の事例

（一）大麦の契約栽培化の促進（二〇〇五年～二〇一〇年）

二〇〇三年から大麦の現地調達を本格化させたＵＢＬは、ウガンダ投資庁（Uganda Investment Authority）とエンタープライズ・ウガンダ（Enterprise Uganda）が実施し、ＵＮＤＰ、ＳＩＤＡといった援助機関が資金協力をしていた「ビジネス・リンケージ・プログラム」に参加した。このプログラムの目的は外資系企業と現地企業との間に継続的で両者に有益な関係を構築することで、生産性、効率性、競争力、持続可能性を強めるというものであった（Enterprise Uganda and the Uganda Investment Authority 2008）。ＵＢＬは、さらにアメリカの国際開発（ＵＳＡＩＤ）のウガンダ生産性向上プログラムにも参加し、農民への信用アクセスや技術的支援向上をはかろうとした。このプログラムには、カプチョルワ県を中心とする東端地域の二〇六六名の農民（計二〇〇〇エーカーの農地）が大麦契約栽培をすることを登録した。二〇〇六年度には一〇〇トンの大麦種子を輸入し、農民にプレファイナンスで提供され、約八〇〇トンの大麦が調達された（USAID 2007）。

ＵＢＬの親会社であるＥＡＢＬは、ケニアにおいては五〇〇～六〇〇の大規模農家と個別契約を結ぶことを基本にし、ケニアで使用する大麦をほぼ全て現地調達化している。大麦調達量は天候によって年毎で変動するが、二万七〇〇〇～八万四〇〇〇トンである（ＥＡＢＬ 2010: 8）。しかし、小農が多いウガンダではＵＢＬが個別農家との契約をせず、ウガンダ東端地域の農民組織であるカプチョルワ商業農家組合（Kapchorwa Commercial Farmers Association; ＫＡＣＯＦＡ）との間で契約した。ＫＡＣＯＦＡは、「ビジネス・リンケージ・プログラム」の協力で、株式会社化した。ＫＡＣＯＦＡの加盟社数は、二〇〇五年の一五〇〇人から二〇〇七年には三〇〇〇人に増加した。

こうした状況は、ＮＢＬが大麦の現地調達化を開始した二〇〇八年から大きく変化することになった。ＮＢＬの大麦現地調達化の動機としては、先述した物品税の減免措置を受けることに加えて、コスト削減が動機となったと考えられる。図1は、ウガンダにおける一九九二〜二〇一一年のモルト輸入量と輸入額の推移を表している。二〇〇〇年代に入り、二〇〇一年にモルトの輸入量が急落して以降は一五〇〇〇トン前後で推移しているが、モルトの国外買付価格が上昇しており、二〇〇八〜二〇〇九年にかけてのモルト輸入額は二〇〇七年に比べて二倍に急増した。二〇〇六〜二〇一〇年にかけてＮＢＬのビール生産が一・五倍以上に増加する中、ＮＢＬはビール需要の増加に対応するために生産能力を倍増させるべき拡張投資をするとともに、二〇一〇年六月からジンジャ醸造所内に二万トンのモルト生産が可能な工場を建設し始め、二〇一一年から生産を開始した。これまでモルト輸入に頼っていたのを、大麦の段階で調達化し、その加工品であるモルトを現地生産に切り替えることで、輸送コストや生産コストの削減につなげられると期待したのである。さらに、親会社であるＳＡＢミラー社のマーケティング戦略方針は、可能な限り現地産の原料を使用することで現地に根ざした製品となるというイメージをつくるというものである。実際に現地産の原料を使用していることを強調しているローカル・ブランドのビールもみられる。

図2は、ウガンダにおける大麦現地調達量の推移を示している。二〇一〇年度（二〇〇九年七月〜二〇一〇年六月）

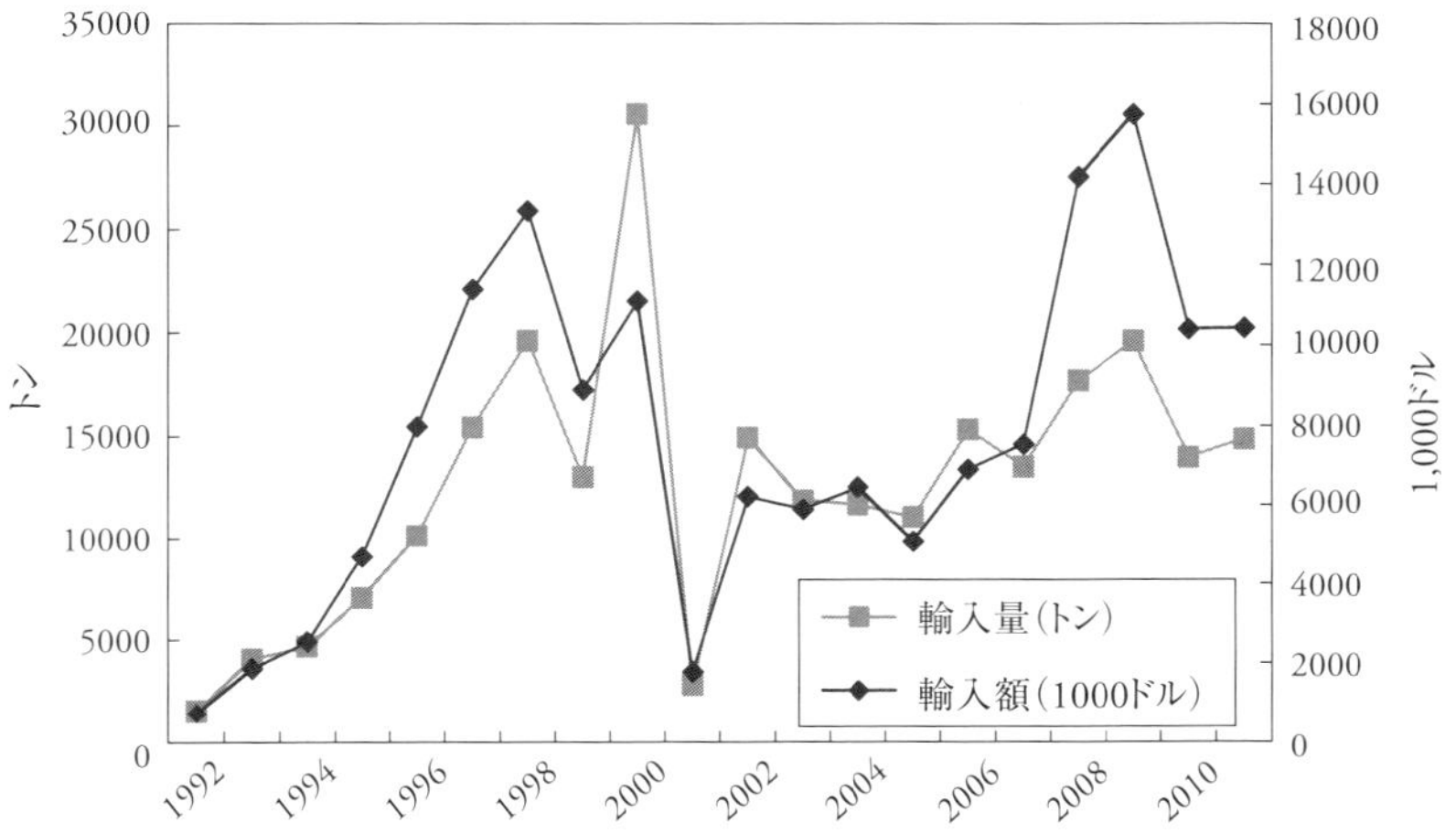

図１　ウガンダにおけるモルト輸入量・輸入額の推移（1992〜2011 年）
Source: FAO (2015) FAOSTAT, http://faostat.fao.org/site/535/default.aspx#ancor

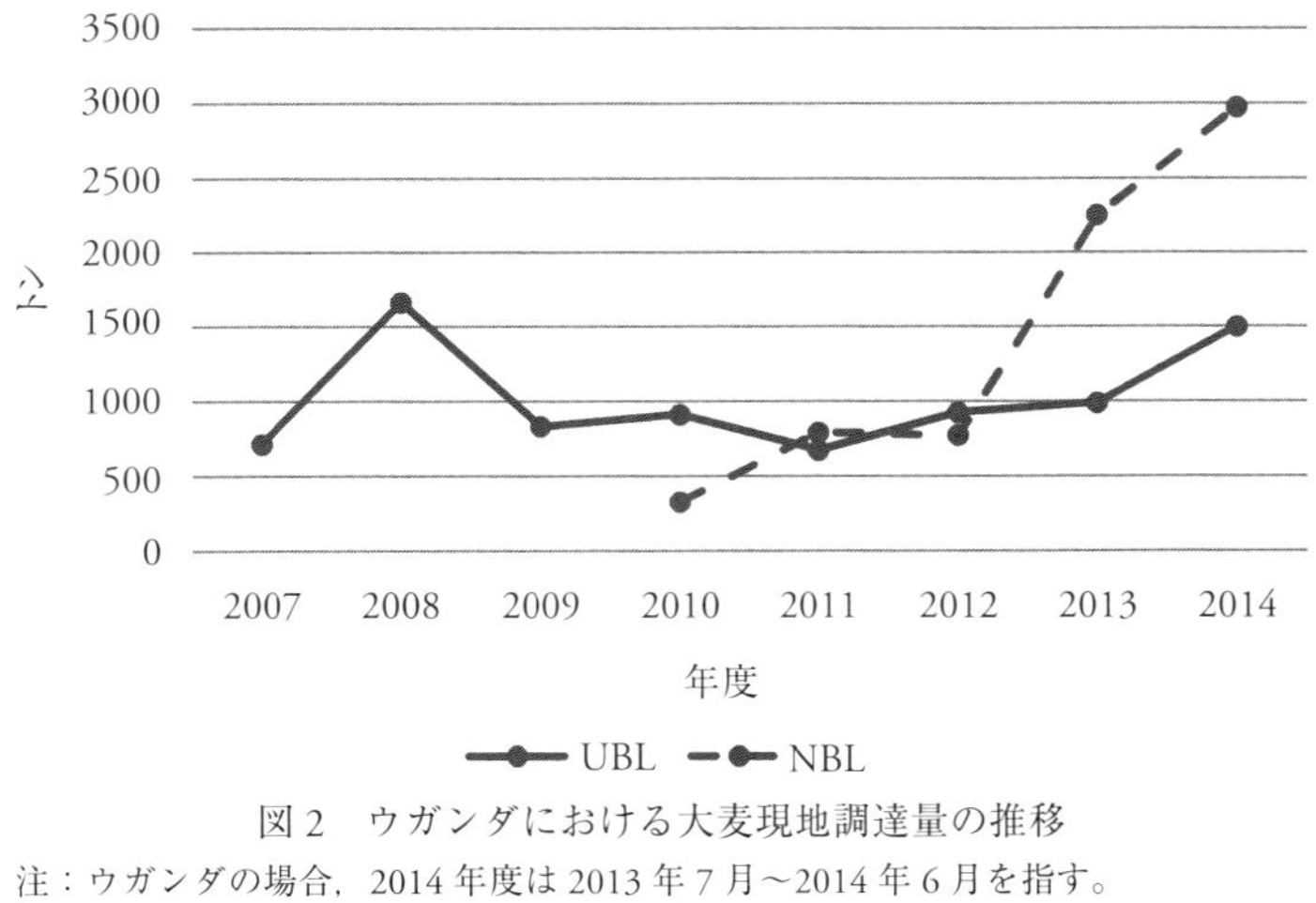

図２　ウガンダにおける大麦現地調達量の推移
注：ウガンダの場合，2014 年度は 2013 年７月〜2014 年６月を指す。
出所：UBL，NBL からの入手資料より筆者作成。

は、ＵＢＬは九一一トン、ＮＢＬは三二六トンの大麦をウガンダにおいて調達した。ＮＢＬによる積極的な農家との大麦契約栽培の促進の結果、二〇一一年度の現地大麦調達量はＵＢＬが六七三トン、ＮＢＬが七九三トンとなり逆転した。ＵＢＬの二〇一一年度の大麦調達目標は一五〇〇トンであったので、ＮＢＬとの競争によって目標達成に十分な大麦が調達できなかったことがうかがえる。さらに、ＮＢＬは、モルト工場の完成を見込んで、約一万トンの現地調達を目標にした（NBL 2010）。後発組であるＮＢＬが大麦を獲得するため、ＵＢＬよりも高い買取価格の設定、農家への迅速な支払い、大麦購入価格の保証、農業普及員による無料指導の提供などを行った。

ウガンダにおいて大麦生産が最も活発な東端地域では、ＮＢＬの大麦現地調達化にあわせて農民組合であるエルゴン山良質作物組合（Mt. Elgon Value Crop Association：ＭＥＶＡＣＡ）が設立された。ＭＥＶＡＣＡはＮＢＬと独占的に取引する農民組合で、同じ地域で活動するＫＡＣＯＦＡとはライバル関係にあった。ＮＢＬも小農との個別契約をせず、ＭＥＶＡＣＡとの契約をした。二〇一〇年時点でＮＢＬとＭＥＶＡＣＡが結んだ契約内容を見ると、ＮＢＬが優遇価格で大麦種子を提供し、買取価格を保証する一方で、ＭＥＶＡＣＡによる大麦調達目標が明記されている。また契約書では、農民から買い付ける価格と、ＭＥＶＡＣＡがＮＢＬに売却する差額がＭＥＶＡＣＡのコミッションとなることが記載されている。また、契約農家がＮＢＬの許可なしに他の買い手に大麦を販売することを禁じ、ＮＢＬが品質基準を満たさない場合は買取を拒否できる権利が契約書には記載されている。

ＮＢＬとＭＥＶＡＣＡは定期的に話し合いの機会をもち、品質や買取価格、支援策などを協議していた。ＭＥＶＡＣＡは後発組合であるが二〇一〇年八月時点で約三〇〇〇農家が加盟していた。農家はＭＥＶＡＣＡ

とＫＡＣＯＦＡの重複加盟は認められていないが、双方の農民組合に加盟していない農家はどちらに売ることも可能であるとされた。

ＭＥＶＡＣＡは、エリアを五つのゾーンに分け、それぞれに生産、調整、新規農家の開拓を担当するゾーン・コーディネーターを配置した。ゾーン・コーディネーターは、約一五の小農から選ばれた農民リーダー（Lead farmer）と連携を密にすることが求められた。

筆者が二〇一〇年八月に東端地域一〇九の大麦農家に実施した調査では、ビール会社による大麦現地調達化の動きは現地農家の現金収入の獲得と生産選択の拡大をもたらしていた（図３）。さらにはＮＢＬが現地調達化に乗り出したことにより、女性や若者、大麦栽培経験が少ない農家、土壌が悪い農家などの参入障壁が低くなっている可能性があることがわかり、全体として農家に好影響を与えているものと推測できた。また、農民組合であるＭＥＶＡＣＡとＮＢＬが「話し合い」によって問題解決を図ろうとしていたことも観察された（Nishiura 2014）。

このように、二〇一〇年頃までのウガンダ東端地域における事例を、第二節で紹介した契約栽培に関する先行研究を参照しながら見てみると、まずＵＢＬとＮＢＬはともに農民組織の設立にかかわり、それら農民組織と契約することで、小農との契約に関わる煩雑さを克服しようとしたことが分かる。さらに両者とも、契約栽培地域に農業普及員を派遣することで、必要な栽培情報・技術を伝え、企業と大麦農家間を調整する機能を担わせた。また、ＮＢＬは大麦栽培地に技術センターを設け、企業と農民組織が共同運用することによって、企業と農民組織双方の契約継続化へのインセンティブを高めようとした。

図 3　ウガンダ東端地域カプチョルワ県の大麦農場において農薬をまく農民
この農場ではトウモロコシやイモの生産に加えて，安定的な市場と収益性の高さからビール会社と契約して 3 年前から大麦栽培を開始したという。

（二）契約栽培の危機と共生への模索（二〇一一年～二〇一四年）

ＮＢＬが大麦の現地調達化を開始して以来、大麦の需要が供給を上回る現象が観察されたが、それは大麦契約価格の上昇や農民へのサービス向上につながり、さらにビール会社側の増産体制による大麦需要が増加することで買い手（ビール会社）側で起こっている競争が継続し、契約栽培は機能するであろうと予想された（Nishiura 2014）。

しかしながら、多雨による不作に陥った二〇一一年頃からビール会社と契約農家との関係が変化した。大麦契約栽培では後発組であるＮＢＬによる大麦栽培の推進策は、カプチョルワ県よりもケニア国境側に位置するクウェエン県やブクウォ県まで及び、新たな大麦栽培農家が増加していった。しかし、道路は舗装されておらず、十分な保管・乾燥施設をもたないなかで、雨が続くと大麦の生産に悪影響を与えるばかりでなく、生産された大麦が適切に運ばれない事態となり、栽培農家が増加したにもかかわらず大麦生産は停滞した。二〇一二年度の現地大麦調達量については、ＵＢＬの現地調達量は九二六トンで増加したものの目標であった一五〇〇トンに達せず、増加を見込んでいたＮＢＬは七七一トンの調達となり前年度より減少してしまった。

自社と契約している農家・農民組織からの供給のみでは課せられた大麦調達量を確保できないと判断したビール会社は、ライバル会社の契約農家からも中間業者を通じて大麦を購入することで確保しようとした。他方、農民側も契約価格よりも高い大麦価格を提示された側に販売するという行動が多発した。ＵＢＬの農業普及員は、「ＮＢＬが参入してからＵＢＬが農家に提供した肥料や種子で栽培された大麦がＮＢＬに渡るようになり、契約栽培は崩壊した。現状は種子の優遇価格での提供に留まっている」と指摘した[4]。

企業側はプレファイナンスの一環として農民に供給した種子、農薬、肥料等の代金を回収できず、プレファイナンス制度は崩壊の危機に陥った。契約相手が多数の小農であったことは、訴訟費用がかさみ、裁判所での迅速な処理が期待できないことから履行強制が難しい状況にあった（農村における紛争については、本書第10章も参照のこと）。さらに小農を訴えることは「弱い者いじめ」といった企業イメージダウンの恐れから企業による訴訟回避につながった。その結果、二〇一三年からは種子を現金販売することになり、プレファイナンスは信頼関係があつい特定の農家に限定するようになったという[5]。

企業と農民双方のモラルハザード的な行動は、契約書を形骸化させ、企業側と農民側の不信感は増幅した。このような状況は、企業側に投資意欲を弱まらせる一方で、農民側にとっても生産技術の弱体化や生産選択の幅を縮め、長期的には大麦生産を結果的に減らし、企業と農民双方にとって不利益となるおそれがある。また、この事例から契約栽培が需要量よりも供給量が著しく少ない場合には、契約違反によって破綻しやすいという契約栽培の「脆さ」が浮き彫りになった。

では、契約栽培の形態化やプレファイナンス崩壊の危機の中、ビール会社側、農民側はどのように対処し、どのようにお互いの関係を再構築しようとしたのか。まずＮＢＬは、農業普及員を二〇一二年だけでも一一名も増員し、ウガンダ東端地域の大麦農家に対しては、カプチョルワ県に一名、ブクウォ県四名体制とした。ブクウォ県の農業普及員の一人は二〇一一年一二月にそれまで勤めていたカプチョルワ県を中心とする農業普及員を契約期間満了で辞め、いったん現地の農業機関で働いた後、二〇一二年に常勤契約でブクウォ県における農業普及員としてＮＢＬに呼び戻された。また、カプチョルワ出身の農業普及員は二〇一二年にＮＢＬ唯一の女性農業普

図4　ナイル・ブルワリーズ社（NBL）がブクウォ県においてウガンダで初めて開設した中核農場

農業協同組合（Sebei Elgon Cooperative Union）から借りた192エーカーの農場用地で運営し，大麦の確保と周辺農家への波及を狙っている。

及員となった[6]。こうした農業普及員は、品質管理、種子・肥料・農薬に関する使用法の説明、新しい品種のデモンストレーション、大麦農家を増やすためのリクルートメント等、企業と農民を結ぶ調整役を担っている。

また、NBLがブクウォ県に自社の中核農場（nucleus farm）をウガンダでは初めて開設した（図4）。農場用地については、農業協同組合から借りて確保した。二〇一四年八月時点で一九二エーカーの広さの同農場では一二名が働いている。中核農場の設置は大麦の確保と、周辺農家に大麦生産を波及させるという意図があった[7]。さらにウガンダ西部の高原地帯でも積極的に大麦栽培を促進するなど仕入れ先の多角化をはかっている。

農民組織の再編成もみられた。まず二〇一一年九月にカプチョルワ県においてNBLが提供していた技術センターと農民組織であったMEVACAが合体する形で、株式会社化したカプチョルワ大麦技術センター（Kapchorwa Barley Technical Center Limited：KABATEC）が設立された。二〇一三年八月時点でKABATECには八名のスタッフがおり、カプチョルワ県では直接農民と取引をし、他のクウェエン・ブクウォ県では農民組合を通じて取引している（図5）。KABATECの誕生には、農民の主体性を重視することで大麦調達量を増やし、農民との関係をよくしたいというNBL側からのイニシアティブが強かったといわれている[8]。次に、二〇一三年五月に、クウェエン大麦農家組合（Kween Barley Farmer Association）が発足し、約五〇〇農家が加盟した。さらに、ブクウォ穀物農家組合（Bukwo Cereal Farmer Association）も新たに発足した。同組合には一〇〇〇の大麦農家を含む約三〇〇〇農家が加盟している。

他方、UBL側も農業普及員を一名から二名に増員し、カプチョルワ県に加え、ブクウォ県にも配置した。また、UBLは仲介業者数を増やし、仕入れ先の多角化をはかろうとしている。UBLと関係が深い農民組織KACOFAは、世界食糧計画（WFP）の援助で保管・乾燥所を新設したのをはじめ、WFPやアメリカとの

図 5　カプチョルワ大麦技術センター（KABATEC）が運営する大麦乾燥施設
乾燥機はなく，天日干しで乾燥させていた。大麦を保管する倉庫も隣接している。この地域より奥にあるブクウォ県になると道路は舗装されておらず，十分な乾燥・保管施設がない。

共同プログラムを実施するなかで、トウモロコシ、小麦、コーヒーの奨励などの農産物の多角化を進め、大麦への依存度を薄めている（ＷＦＰの活動については、本書第１章も参照のこと）。二〇一三年八月時点でＫＡＣＯＦＡの加盟数は六三〇〇に及び、約三〇名の専従スタッフがいる。ＵＢＬが仲介業者数を増やして直接的に調達することを増やすなかで、ＫＡＣＯＦＡとの関係は以前に比べて弱くなっている。(9)

上記のような企業・農民側双方の取り組みによって、二〇一三年度のウガンダにおける大麦調達量はＵＢＬが九九〇トン（目標は一〇〇〇トン）、ＮＢＬが二二五一トン（目標は三〇〇〇トン）、二〇一四年度についてはＵＢＬが一五〇〇トン（目標は二〇〇〇トン）、ＮＢＬが二九七五トン（目標は四五〇〇トン）に増加した。ＮＢＬの調達量の七割がウガンダ東端地域からの調達である。農業普及員の大量採用や中核農場の設置や仕入先の多角化、農民組合の強化などＵＢＬに比べてＮＢＬの積極的な改革が大麦調達量の大幅な増加につながったが、その背景には、モルト工場の建設によって大麦調達量を確保することの逼迫した必要性という差があったと考えられる。それでもＮＢＬは、大麦調達目標量を大幅に下回っていることに加えて、大麦調達量のうち品質基準を満たさないためにモルト加工化できない大麦（adjunct barley）の割合が、二〇一三年度は二一・二パーセント、二〇一四年度は一二・二パーセントと高いことも課題となっている。大麦の品質維持のためには保管施設や乾燥機の設置などを要求する農民側の声が強い。(10)

4　加工会社と生産者との間の「共生に向けた潜在力」を考える
――ウガンダ東端地域の事例から

本章では、外資系ビール会社二社が熾烈な競争関係にあるウガンダにおいて、ビール会社と大麦農家とが摩擦や合意を繰り返しながらビジネス関係を構築するという事例を通じて、加工会社と生産者との間の「共生に向けた潜在力」を考察することを目的としていた。

本章で焦点を当てたウガンダの東端地域では、限られた商品作物栽培から現金収入を得られる機会が少ない地域であった。同地域の大多数を占める小農にとって、外資系の加工会社との間で大麦契約栽培を行うことは容易なことではなく、小農と企業による共生を実現するには何らかの「仕掛け」が必要になると考えられた。そこでウガンダにおける契約栽培による大麦調達の後発組であるＮＢＬは、契約栽培の弱点克服に向けて、二〇〇八年頃～二〇一〇年にかけ農業普及員の派遣、農民組織の設置、企業と農家の共有資産の設置などに取り組んだ。これらは契約栽培に関する先行研究からも効果がでている方策であり、大麦需要がそのまま伸び、買い手間の競争が継続している限りでは、契約栽培が促進されると予想された。しかし、二〇一一年～二〇一二年にかけて大麦生産が停滞したため、需要量に比べて国内供給量が著しく少なくなるという供給過少の現象が生じると、企業と農民双方にモラルハザード的な行動が頻発することになり、契約栽培の危機に陥った。企業にとっては裁判手続きの時間や費用、小農相手に訴訟するイメージダウンの恐れから履行強制が難しい状況にあった。したがって、小農とビール会社による取引関係を維持していくためには、双方による協調に向けた努力が必要とされたのである。

そこで二〇一二年頃から両ビール会社は農業普及員の増員による農民との調整機能を増強し、これまで実施していなかった自社農場や他地域での生産など仕入れルートの多角化をはかっている。他方、農民側も農民組織を株式会社化するなど組織改革を行いより主体性を発揮しながらも、企業と農家との調整機能を強化している。この結果、ビール会社の国内大麦調達量は増加しており、企業と農民の関係は改善してきているように観察できる。こうしたウガンダ東端地域における企業と農民における関係悪化を乗り越える試みの中に、「共生に向けた潜在力」を見出すことができる。ウガンダにおけるビール会社と農民とのあるべき持続的な関係については未だ不定形であるものの、内陸国のウガンダにあってNBLが大麦を加工するモルト工場を建設するなど企業側に大麦現地調達への強い動機があることから、両者のより良い関係の「形」を模索していくことが予想される。

最後にウガンダの事例を通しながら、広く加工会社と生産者との社会的結合への示唆について考えていきたい。本章で紹介したウガンダの事例では、加工会社と生産者がともに取引関係を強化したいという動機が存在している局面においても、一時的な不作により企業・農民の双方にモラルハザード的な行動が起こり、両者の信頼関係が損なわれた。つまり、これは加工会社と生産者の信頼関係の「脆さ」であり、共生のために乗り越えなければならない課題を示していると考えられる。

そこで対応策として重視するようになったのが、農業普及員や農民組織などの調整役の存在であった。契約栽培において、農産物生産量や製品需要の増減が絶えず起こるなかで加工会社と生産者との力関係のバランスをはかるのは容易でないからである。ただし、現状の農業普及員や農民組織は企業側の意向が強く反映されており、十分に企業と農民の利害を調整する機能を果たせるかという懸念も残っている。加工会社と生産者の長期的な社会的結合、そして共生に向けた潜在力の十分な発揮のためには国家、特に中立的で機能的な司法システムの存在は不可欠であろう。

謝辞

本研究は、日本学術振興会科学研究費補助金（21530414, 24530496）の助成を受けたものである。

注

（1）Becker *et al.*（2010）は、サプライチェーン・マネジメントと人的資本開発の統合化について議論を展開し、SABミラー社の取り組みに言及している。また、Hesse（2015）はアフリカのビール産業の動向について分析している。なお、Nishiura（2014）は、二〇一〇年における現地調査をもとに、ウガンダにおけるビール会社と大麦農家との契約栽培について分析した論文である。

（2）NBLの原料調達については、同社のジンジャ工場長、ムバララ工場長、調達部門責任者、農業部門責任者、さらには取引先のカキラ・シュガー財務責任者、アグロ・ウェイ社社長への二〇一三年八月のインタビューによる。

（3）二〇一四年八月一八日UBL農業部門責任者へのインタビューによる。

（4）二〇一四年八月二一日、UBLのカプチョルワ県農業普及員へのインタビューによる。

（5）NBLカプチョルワ県・ブクウォ県の複数の農業普及員へのインタビューによると、二〇一二年度のカプチョルワ県のプレファイナンスの回収率は七割程度であった。しかし、NBL買い手独占に近い状態にあるブクウォ県では100パーセント近い回収率がある（二〇一三年八月二四日）。

（6）二〇一三年八月二四日　NBLカプチョルワ県・ブクウォ県の複数の農業普及員へのインタビューによる。

（7）二〇一三年八月二三日、NBL Plant Manager と二〇一四年八月二〇日、NBL Farm Manager へのインタビューによる。

（8）二〇一四年八月二一日、KABATEC Executive Director へのインタビューによる。

（9）二〇一三年八月二六日、KACOFA Chief Executive へのインタビューによる。

（10）ＮＢＬ Local Sourcing Manager（二〇一四年八月一九日）およびＫＡＢＡＴＥＣ Accountant（二〇一三年八月二五日）、クウェエン県副議長（二〇一三年八月二六日）へのインタビューによる。

参照文献

Baffes, J (2009) The 'full potential' of Uganda's cotton industry. *Development Policy Review*, 27(1): 67–85.

Becker, WS, JA Carbo II, and IM Langella (2010) Beyond self-interest: Integrating social responsibility and supply chain management with human resource development. *Human Resource Development Review*, 9(2): 144–168.

Bellemare, MF (2010) Agricultural expansion and imperfect supervision in contract farming: Evidence from Madagascar. *Agricultural Economics*, 41: 507–517.

Deininger, K and J Okidi (2003) Growth and poverty reduction in Uganda, 1999–2000: Panel data evidence. *Development Policy Review*, 21(4): 481–509.

Dev, SM and NC Rao (2005) Food processing and contract farming in Andhra Pradesh: A small farmers perspective. *Economic and Political Weekly*, June 25: 2705–2713.

Dolan, C and J. Humphrey (2000) Governance and trade in fresh vegetables: The impact of UK supermarkets on the African horticulture industry. *Journal of Development Studies*, 35(2): 147–176.

Dorsey, B (1999) Agricultural intensification, diversification, and commercial production among smallholder coffee growers in central Kenya. *Economic Geography*, 75(2): 178–195.

East African Breweries Limited (EABL) (2010) *Annual Report & Financial Statements 2010,* Nairobi, Kenya.

Echánove, F and C Steffen (2005) Agribusiness and farmers in Mexico: The importance of contractual relations. *The Geographical Journal*, 171(2): 166–176.

Enterprise Uganda and Uganda Investment Authority (2008) *Business Linkage Programme Report 2005–2007*, Kampala, Uganda.

FAO (Food and Agriculture Organization of the United Nations) (2015) FAOSTAT. Retrieved from http://faostat.fao.org/site/535/default.aspx#ancor (Accessed on August 20, 2015).

Gow, HR, DH Streeter, and JFM Swinnen (2000) How private contract enforcement mechanisms can succeed where public institutions fail: The case of Juhockor a.s. *Agricultural Economics*, 23: 253–265.

Grosh, B (1994) Contract farming in Africa: An application of the new institutional economics. *Journal of African Economies*, 3(2): 231–261.

Hesse, BJ (2015) Africa's intoxicating beer markets. *African Studies Review*, 58(1): 91–111.

Kirsten, J and K Satorius (2002) Linking agribusiness and small-scale farmers in developing countries: Is there a new role for contract farming?. *Development Southern Africa*, 19 (4): 504–529.

Little, PD and MJ Watts (eds.) (1994) *Living Under Contract: Contract Farming and Agrarian Transformation in Sub-Saharan Africa*. University of Wisconsin Press, Madison WI.

Masuka, G (2012) Contracts and struggle: Cotton farmers and COTTCO in Rushinga district, Zimbabwe, 1999–2006. *Geoforum*, 43(3): 573–584.

Masakure, Oliver and Spencer Henson (2005) Why Do Small-Scale Producers Choose to Produce under Contract? Lessons from Nontraditional Vegetable Export from Zimbabwe. *World Development*, 33(10): 1721–1733.

Minot, NW (1986) *Contract Farming and Its Effect on Small Farmers in Less Developed Countries*. MSU International Development Papers Working Paper No. 31, Department of Agricultural Economics, Michigan State University, Michigan.

Nile Breweries Limited (NBL) (2010) *Sustainable Development Report 2010*, Jinja, Uganda.

Nishiura, A (2014) The Beer Industry and Contract Farming in Uganda. In T. Fukunishi (ed.) *Delivering Sustainable Growth in Africa*, pp. 107–134. Palgrave Macmillan, Hampshire and New York.

Oya, C (2012) Contract farming in Sub-Saharan Africa: A survey of approaches, debates and issues. *Journal of Agrarian Change*, 12(1): 1–33.

Porter, G and K Phillips-Howard (1995) Farmers, labourers and the company: Exploring relationships on a Transkei contract farming scheme. *The Journal of Development Studies*, 32(1): 55–73.

Porter, G and K Phillips-Howard (1997) Comparing contracts: An evaluation of contract farming schemes in Africa. *World Development*, 25(2): 227–238.

Poulton, C, A Dorward and J Kydd (2010) The future of small farms: new directions for services, institutions, and intermediation. *World Development*, 38(10): 1413–1428.

Singh, S (2000) Theory and practice of contract farming: A review. *Journal of Social and Economic Development*, 2(2): 228–246.

United State Agency for International Development (USAID) (2007) *Uganda Agricultural Productivity Enhancement Program fourth Year Semi Annual Progress Report*, Washington DC

von Bülow, D and A Sørensen (1993) Gender and contract farming: Tea out grower schemes in Kenya. *Review of African Political Economy*, 56:

38–52.
World Bank (2007) *World Development Report 2008*, The World Bank, Washington DC.

第６章

グローバル化と都市労働者

―― マダガスカルにおけるインフォーマルセクターの役割

福西隆弘

扉写真：マダガスカルでは1990年代より輸出向けの衣料品の生産が増加し，首都アンタナナリボを中心に多数の縫製工場が立地している。初等教育修了程度の学歴を持つ女性労働者が多く雇用されており，他のフォーマルセクターでは働く機会の少ない労働者に雇用を提供している。2008年には約10万人が縫製産業で働いていたが，政変による大統領の交代やそれに続くアメリカ市場での関税免除措置の適用中止の結果，雇用者数は約半分に減少した。

1　はじめに──都市労働者のリスク

多くのアフリカ諸国を含む低所得の国々では、都市部における生産活動の中心はインファーマルセクターで占められている。インフォーマルセクターとは政府に登録されていない生産組織の総称であり、経営者単独または数名の従業者（しばしば親族）が従事する零細な工場や商店、または定まった活動拠点を持たない商人など、都市部における零細な生業のほとんどが含まれる。インフォーマルセクターの生産者は、経営資金の制約とともに、政府によって摘発されるリスクを考慮して零細性を維持する傾向にあり、そのために設備投資が貧弱であり、政府に登録されるフォーマルセクターと比較すると生産性が非常に低いことが指摘されている。したがって、持続的な経済成長の過程ではフォーマルセクターが拡大し、それまで生産活動の中心を占めていたインフォーマルセクターを代替するような産業構造変化が生じている。それに伴い、インフォーマルセクターで就業していた非熟練労働者がフォーマルセクターで雇用されるようになり、都市労働者の所得の向上に寄与してきた（World Bank 2012など）。サブサハラ・アフリカではフォーマルセクターの成長がなかなか見られなかったが、二〇〇〇年代に入って世界的な生産ネットワークに組み込まれる産業がようやくでてきた。本章が扱う縫製産業はその例であり、東・南部アフリカの一部では先進国市場向けの衣料品輸出が成長している。なかでもマダガスカルやレソトでは、縫製産業の成長に伴いフォーマルセクターにおける非熟練労働の雇用が増大し、首都近辺では新たな労働市場が生まれている。遵守には不十分な点があると思われるが、雇用契約を取り交わし、決められた労働時間と賃金で働く労働者層の出現は、都市住民の貧困の減少に寄与するばかりでなく、消費行動や子女の教育、勤労概念などを通じて社会に影響を与えているものと思われる。なおインフォーマルセクターもフォーマルセクターも市場経済が機能する場であり、第5章で見たようなアフリカの小農の多くが自給自足を基本とした生活をしてきたこととは大きく違う。

フォーマルセクターにおいて雇用を得ることは、原則的に政府による労働政策の対象となることを意味する。フォーマル企業は、賃金や手当、所定労働時間、休日、職場の安全衛生環境、解雇などについて法定基準を遵守し、労働者の権利を尊重しなければならないので、フォーマルセクターで雇用される労働者は、インフォーマルセクターで就業する労働者よりも高い厚生水準を享受しているものと推測される。他方で、企業における労働法規の順守はしばしば不十分であり、特に輸出市場向けの縫製産業では法規からの逸脱が深刻で、労働環境が劣悪だとして批判の対象となっている。そのような企業も一部に存在しているが、実態としては多くの企業でインフォーマルセクターよりも条件のよい労働環境を実現しており、本章で扱うマダガスカルの縫製産業は他の民間フォーマルセクターよりも進んだ取り組みを行っていると評価されている（Cling *et al.* 2009）。

他方で、失業時に労働者を支援する政策は、多くのサブサハラ・アフリカ諸国において貧弱である。失業時の収入を補填する失業保険が存在せず、再就職のための訓練や職業紹介の公共サービスは十分に機能していない。公共プロジェクトで働く対価として失業者に援助を行うワークフェアが実施されることもあるが（本書第1章参照）、恒常的に行われる例は少ない。就業時には手厚い保護を受けられる労働者も、失業すると公的なサポートがほとんど受けられず自助努力に頼らざるを得ないため、フォーマルセクター雇用の増加は、都市労働者の収入の変動を増幅する可能性がある。さらに、アフリカの企業は景気変動だけでなく政治状況の影響を受けやすい。

紛争や治安の悪化とともに、貿易制度の変更もその要因である。近年、貧困国から先進国市場への輸出品に対する関税の免税措置が新たに導入され、アフリカからの輸出の増加に貢献している。アメリカが二〇〇〇年から施行するアフリカ成長機会法（Africa Growth and Opportunity Act：ＡＧＯＡ）やＥＵとアフリカ諸国に締結された経済連携協定（ＥＰＡ）、日本によるＬＤＣ特恵制度などがその例であるが、そうした優遇的な市場アクセス制度が、輸出国の政治状況と輸入国の政治的判断により適用を停止される例が発生している。たとえば、マダガスカルで二〇〇九年に起きた政権交代が民主的でないということを理由に、アメリカ政府はマダガスカルからの輸入品に与えていた免税措置を二〇一〇年から二〇一四年の間停止している[1]。これら一連の事態は、労働政策の観点からは、一貫性に欠けていると言わざるを得ない。安定した雇用と収入をアフリカの労働者にもたらすことを目的にアメリカ政府は優遇アクセス制度を設置し、その制度はマダガスカル政府との協議を通じて実施されたが、その一〇年後に免税措置は中止され、結果的に雇用は不安定なものとなった。市場による調整がもたらす過剰なショックを緩和する役割を果たすべき政府が、他の政治的目的の副産物であったにせよ、自らショックを作り出した訳である。

このような状況で、収入へのショックを緩和する手段として期待されるのは、再びインフォーマルセクターに戻って就業することである。開発経済学における伝統的な労働市場モデルでは、発展途上国では最低賃金が政策的に高く設定されているため、フォーマルセクターでは限られた数の労働者しか雇用されていないと考える。そのため、失業した労働者がフォーマルセクターで再雇用されることは難しい。他方で、最低賃金に縛られないインフォーマルセクターでは労働需要と供給が一致する点で賃金が決定されるので、最低賃金が導入される場合よりも多くの雇用が生み出される。また、セルフ・エンプロイド（self-employed）と呼ばれる零細な自営業者は、法人税や各種規制の遵守から逃れることによりフォーマルセクターの企業よりも生産コストを低く抑えており、零細であっても存続できる。経済不況時にも、最低賃金と関係なく賃金を下げることができるので、フォーマルセクターの失業者に就業機会を与えられる可能性がある。つまり、政府の規制を逃れているためショックに柔軟に対応できる点にインフォーマルセクターの強みがあり、先行研究でも、フォーマルセクターで大規模な失業が発生した時には、インフォーマルセクターで就業する労働者が増加することが確認されている（Paulson and Townsend 2005; Grimm *et al.* 2011 など）。

インフォーマルセクターでは商取引や労働契約に法的な裏付けがないため、それらをスムーズに行うための様々な工夫がなされている（本書第7章を参照）。たとえば、商取引をグループに属するメンバーに限定することによって契約履行に関する情報をグループ内で共有し、不履行を起こしたメンバーにペナルティを与える制度が知られている。これらの工夫は、アフリカ人がみずから創造・蓄積し、運用してきた知識や制度、すなわち本書のテーマであるアフリカの潜在力といえ、インフォーマルセクターはそうした潜在力に支えられているが、他方で、規制がない分だけ市場原理が貫徹されている側面もある。たとえば、労働法規から逃れることは雇用における柔軟性を得ると同時に、就業する労働者の収入が健康的な生活を維持できない水準であったり、労働環境が劣悪で健康被害が生じる可能性があることも意味している。経済学の理論は、最低賃金の制約がなく、非常に多くの労働者がインフォーマルセクターでの就業を希望する場合には、収入は生存維持レベルになる一方、その収入でも就業を希望する労働者はすべて就業できることを予測する。しかし、実際には、労働者の能力やインフォーマルセクターでの業種には多様性があり、また、求人企業と求職者がうまく出会えないことも考えられる。したがって、どの程度の離職者がインフォーマルセクターで就業機会を得られているのか、また、離職前と比べてどの程度の収入を得られるのかといった、離職者の受け皿としての有効性は実証的な検討が必要であるが、多サンプルの労働者データを用いて分析した研究は管見の限りみられない。本章での検討は、アフリカ在来の制度が色濃く織り込まれたインフォーマルセクターが、フォーマルセクターで生じるショックをどのように受け止め労働者の生活の安定に貢献しているのかを明らかにしようとする。

なお、こうした不安定性は経済成長の過程に現れる一過性の問題である可能性がある。今後、経済成長が持続しフォーマルセクターで従事する労働者が増えれば、アフリカ諸国でも失業保険や再就職のための公的サービスが充実されると予測される。また、優遇アクセスへの依存度も減少し、フォーマルセクターでの雇用が先進国の政治的な意向に影響されることも少なくなると思われる。しかしながら、そうした状態に移行するまでに相当の時間が必要であり、その間、都市労働者は大きな収入の変動にさらされることになる。政府がショックを緩和する役割を果たせない時に、失業は労働者の収入にどのような影響を与えるのかを分析するのが本章の目的である。

以下において、大量のフォーマルセクター雇用が失われたマダガスカルを例に、縫製労働者および離職者の大規模な個票データを用いて、離職者のインフォーマルセクターでの就業状況、離職による所得の変化を検討し、インフォーマルセクターにおける就業が、離職者の収入維持に果たした役割と限界を明らかにする。本章の構成は以下の通りである。第二節では、政府による家計調査の集計結果などから首都アンタナナリボの労働市場の概要と、縫製労働者の位置づけを説明する。第三節では、縫製産業における雇用の減少と離職者の発生について、筆者が収集した企業データと、マダガスカル統計局（ＩＮＳＴＡＴ）が収集した縫製労働者調査をもとに、その規模や時期を明らかにする。第四節では、離職者の就業状況および離職による収入変化について、縫製労働者調査から明らかにする。第五節は結論を提示する。

2　アンタナナリボの労働市場

（一）労働市場の概要

インフォーマルな雇用という場合に、大きく分けて二つの定義がある。一つはインフォーマルな企業や組織における雇用を指し、もう一つは、法的に正当な労働契約を伴っていない雇用を意味する。[2] 後者の定義では、政府に登録されたフォーマルな企業で雇用される場合でも、労働契約が結ばれていない場合や契約内容が違法である場合にはインフォーマルな雇用と分類される。本章で利用する家計調査や労働者調査では、定義が必ずしも共通ではない。本節で主に引用するマダガスカル政府による1-2-3サーベイ（Enquêtes 1-2-3）[3] では前者の定義が利用されており、第三節以降で利用するマダガスカル統計局による縫製労働者調査は後者の定義が利用されている。ただし、縫製労働者調査において、フォーマル企業で雇用されている労働者で労働契約がないと回答したものは非常に少なく、結果的に二つの調査における雇用の定義はおよそ一致している。

首都アンタナナリボの労働者調査である1-2-3サーベイによると、一九九五年以降、インフォーマルセクターでの就業者数のシェアは五五パーセント前後を推移している（Grimm *et al.* 2011: Table 3）。政治的混乱が生じる前の二〇〇六年では、インフォーマルセクターの雇用シェアは五八・〇パーセントを占め、うち二一・七パーセントが被雇用者で三六・三パーセントが自営業者であった（表１）。フォーマルセクターでは一九九五年以降、

表1　アンタナナリボの労働市場

	雇用のシェア（%）		月額収入（1000アリアリー 2010年価格）		教育年数	週あたり労働時間（時間）
	2006	2010	2006	2010	2006	2006
公的機関	8.8	7.8	274	264	11.8	44.0
民間フォーマルセクター（EPZを除く）	25.2	22.4	174	167	9.0	47.5
輸出加工区（EPZ）	8.0	4.8	122	128	7.6	53.9
インフォーマルセクター	58.0	65.1	102	85	6.2	44.0
合計	100.0	100.0	153	132	7.8	45.6

注：データソースは1-2-3サーベイの2006年および2010年調査。
出所：Rakotomanana *et al.* (2011), Cling *et al.* (2009)

公的機関における雇用が減少する一方、民間企業では輸出加工区（EPZ）の雇用が増加し、二〇〇六年には雇用の八・〇パーセントを占めている。EPZの雇用のほとんどは縫製産業によって生み出されているが、マダガスカルの縫製産業はアジアに比べると規模が小さく、今後さらに成長する余地がある。

AGOAの適用が中止された二〇一〇年の調査は、大きな変化を示している。インフォーマルセクターの雇用シェアが六五・一パーセントに増加し、特に被雇用者の増加が顕著であった。他方でEPZのシェアは八・〇パーセントから四・八パーセントへ、EPZ以外の民間企業のシェアは二五・二パーセントから二二・四パーセントへと減少している。経済の停滞期にフォーマルセクターからインフォーマルセクターへと雇用が移動していることが示されている。マダガスカルでは、二〇〇一年にも大統領選挙を巡る争いから政治的な混乱が発生したが、その際も輸出企業の撤退などによりフォーマルセクター雇用の減少とインフォーマルセクター雇用の増加が見られている。インフォーマルセクターが経済停滞時に失業者の収入源となっていることが見て取れる。

二〇〇四年の調査によると、インフォーマルセクターの生産組織

図 1　首都アンタナナリボの目抜き通りに続く階段。このあたり一帯の道路はインフォーマルな商人や商店が最も集積する地域で，生鮮食品，コメ，本，衣類などの生活必需品を路上で売る商人や，インターネットカフェ，ヘアサロンなどの商店が雑多に並んでいる。

（企業）の七四・一パーセントは従業者一名のみで、平均でも一・四人であった（Grimm *et al.* 2011: Table 5）。小売・卸売業（製造を伴わない）が三一・四パーセントで最も多く、サービス業（二五・四パーセント）、縫製・仕立て業（一四・九パーセント）と、インフォーマルセクターのなかでも初期投資が小さい業種のシェアが多い。平均付加価値（月額）は五二・九ドル、資本額は二三〇ドルであった（Grimm *et al.* 2011: Table 5、二〇〇五年価格と推定される）。企業の所有者は約半数が女性で、平均年齢は四〇歳である（図1）。

フォーマル／インフォーマルセクターの労働者には、賃金や属性に違いが見られる。二〇〇六年における公的機関の労働者の平均収入は約一九・六万アリアリー（約九一米ドル）、EPZ企業を除く民間企業は約一二・四万アリアリー（約五八ドル）、EPZは約八・七万アリアリー（約四一ドル）であるのに対し、インフォーマルセクターの収入は約七・三万アリアリー（約三四ドル）であった（表1）。[4] 教育年数は賃金と同様の傾向があり、公的機関の労働者は平均一一・八年の教育を受け、およそ後期中等教育修了に相当する一方で、インフォーマルセクターの労働者は六・二年で、前期中等教育の一年目相当である。[5] EPZ労働者の教育年数は七・六年であり、賃金と同様にフォーマルセクターのなかではもっとも低く、インフォーマル労働者に近い特徴を有している。

Nordman *et al.* (2015) は、二〇〇〇〜二〇〇四年の四年分の1-2-3サーベイを用いて、フォーマル・インフォーマルセクター間で転職した労働者の収入変化から、両セクター間の収入差を推定している。同一労働者の収入比較を通じて、両セクターで同じ特徴を持つ労働者が働いた場合でも収入に差があるのかどうかを知ることができる。[6] 推定結果は、インフォーマルセクターの収入はフォーマルセクターよりも平均で一〇パーセント低いことを示しているが、差は収入額によって異なる。上位一〇パーセントの高収入層に限ると、インフォーマルセクターで得た収入はフォーマルセクターよりも七パーセント高いことが示されており、純粋なセクター間の収入差は小さいことが分かる。

（二）縫製産業における雇用

縫製産業における雇用は、二〇〇八年に一〇万人を超えている。[7]筆者が縫製企業を対象に行った企業調査にもとづくと、そのうち八三・七パーセントが縫製作業を担当するミシンオペレーター（ミシン操作員）またはヘルパー（補助員）の職種であった。これらの労働者の職種別および経験年数別の月額平均賃金は五一～八六ドルである（表2）。他方、INSTATの労働者調査による月額平均賃金は七六・七ドルであったので、企業経営者と労働者の両方から得た賃金情報は近似している。[8]この賃金水準は、国際貧困ライン（三七・五ドル）よりも十分に高く、国内貧困ライン（一八・八ドル推定）の水準で二人から三人程度の家族を養うことができる。[9]また、製造ラインを統括するスーパーバイザー（監督者）の賃金は九七ドルから一〇九ドルであり、ラインの作業員よりも高い。

表2は、職種と経験年数によって平均賃金に違いがある一方で、男女間では平均賃金の差が小さいことを示している。これから企業間の賃金差を取り除くと、同一企業内でも統計的に有意な男女差はみられず、他方で経験年数による昇給が存在していることが報告されている（Fukunishi and Ramiarison 2014）。一方、Cling *et al.*（2009: Table 8.5）による賃金関数の推定では、アンタナナリボの労働市場全体では男性労働者の賃金は女性よりも一一パーセント～一三パーセント程度高いことが報告されており、[10]賃金において男女格差がないことは縫製産業の注目すべき特徴である。また、ヘルパーからミシンオペレーターへの昇格は平均一年で実現するので、ヘルパー

表2　職種，経験年数，性別による月額賃金（2008年　ドル）

	1年以下		1–5年		6年以上	
	男性	女性	男性	女性	男性	女性
スーパーバイザー	96.8	104.9	106.8	109.0	106.1	105.3
	7	8	30	30	15	14
ミシンオペレーター	68.7	67.7	83.1	85.8	72.3	68.4
	25	31	38	45	15	16
ヘルパー	51.4	51.0	65.3	56.9	57.1	56.0
	10	24	14	24	5	9

注：各行の下段はサンプル数（企業数）
出所：筆者らによる企業調査より作成

で始まった平均的な労働者の賃金は、一年後に三六パーセント、二年後に六三パーセント、六年後には八一パーセントの増加を経験する（Fukunishi and Ramiarison 2014）。先行研究は、年齢や性別、教育などを考慮したうえで、縫製労働者の収入はインフォーマル就業者の収入よりも高いことを報告しているが（Nicita 2006; Cling *et al.* 2009）、同一労働者の比較でないため厳密にはセクター間の賃金格差ではない可能性がある。経済後退期における収入比較は第四節で示される。

前述のように縫製産業の労働者の教育年数は、フォーマルセクターのなかでは最も短い。ヘルパー職の採用に際して学歴を問わなかった企業の割合は三八・〇パーセント、初等教育修了を条件とする企業は二九・一パーセントであった（Fukunishi and Ramiarison 2014）。ミシンオペレーターに対する教育要件もヘルパーに準じており、企業の五六・七パーセントが初等教育修了かそれ以下の教育を要件としていた。初等教育四年目修了かそれ以上の教育を受けた人の割合は、首都を含むAnalamanga地方では八四・五パーセント（二〇一〇年）であるので（Ministere d'Etat Charge de l'Economie et de l'Industrie 2011）[11]、ヘルパー、ミシンオペレーター職は大多数の労働者に開かれているといえる。他方で、スーパーバイザーに求められる教育水準は高く、八二・〇パーセントの企業が中等教育修了か、それ以上の教育が必要としている。Analamanga

地方で前期中等教育三年目を修了したのは二三・七パーセント（二〇一〇年）であり（Ministere d'Etat Charge de l'Economie et de l'Industrie 2011）、また、スーパーバイザー職の数がオペレーター職の二・五パーセントに限られることを考慮すると、多くの労働者にとってはスーパーバイザー職に就くことは難しい。また、スーパーバイザー職や事務職、管理職には男性の割合が多く、昇格には性差があることがうかがわれる（Fukunishi and Ramiarison 2014）。

縫製産業では労働環境が劣悪であるとの指摘があり、二〇一三年にバングラデシュにおいて多数の死傷者を伴った事故が発生して以降、特に批判が高まっている。しかし、マダガスカルでは、公的機関に準ずる良好な労働環境を提供してきたと評価されている。Cling *et al.*（2009）は、社会保障制度への加入、有給休暇の権利、正規雇用者の割合、書面による労働契約などにおいて、他の民間フォーマルセクターよりも進んだ取り組みをしており、マダガスカルの労働環境の改善に貢献してきたと評価している。ただし、労働時間が長い傾向にあり、週あたり労働時間は民間フォーマルセクターよりも六・五時間、インフォーマルセクターよりも一〇時間長い（表1）。また労働時間の季節変動が大きく、閑散期には一時帰休がある一方で、繁忙期には深夜まで労働することもある。家庭労働も担う女性には長い労働時間の負担が大きいと推測される。

縫製産業は、教育水準の低い労働者や女性労働者に対して大規模なフォーマルセクター雇用を提供していることが分かる。これらの労働者の多くは、他のフォーマルセクターで雇用されることは難しく、縫製産業の発展によってはじめてフォーマルセクター雇用の機会が得られたといえる。これまでの研究からは、縫製産業での雇用がインフォーマルセクターにおける就業よりも高い収入をもたらしたかどうかは不明である。しかし、賃金、労働時間、解雇要件などが定められた雇用契約を結び、社会保障や有給休暇などの福利を享受できる権利を有するなど、フォーマルセクター雇用はマダガスカルの労働市場においては良好な労働環境を提供していた。

3　政変後の離職とその後の就業状況

（一）雇用の減少

マダガスカルでは、二〇〇八年に当時の大統領とアンタナナリブ市長との対立が先鋭化し、二〇〇九年に市長を支持する軍の一部が大統領公邸に突入したことをきっかけに、大統領が辞任し、アンタナナリブ市長のラジョリナが大統領に就任している。この政権交代を各国政府やアフリカ連合は承認せず、多くの国は政府間援助を停止した。アメリカ政府は、援助の停止に加えて二〇一〇年よりマダガスカルに対するＡＧＯＡの適用を中止し、この措置により、アメリカ市場ではマダガスカルから輸入される衣料品に最恵国待遇の関税率が適用されるようになった。マダガスカルから欧米市場への衣料品の輸出額は、二〇〇九年に前年比で一八パーセント減少したのに続き、ＡＧＯＡが中止された二〇一〇年はさらに三九パーセント減少した（図2）。特に、アメリカ向け衣料品輸出額は七四パーセントの減少を記録している。

筆者による縫製企業調査では、二〇一一年までの間に二九パーセントの工場が閉鎖されている。また、調査がカバーしていた縫製企業九八社は二〇〇八年時点で約五万七三〇〇人を雇用していたが、そのうち二万六六〇〇人分あまりの雇用（四七パーセント）が二〇一〇年までに失われていた（Fukunishi 2013）。同じ期間に輸出額は五〇

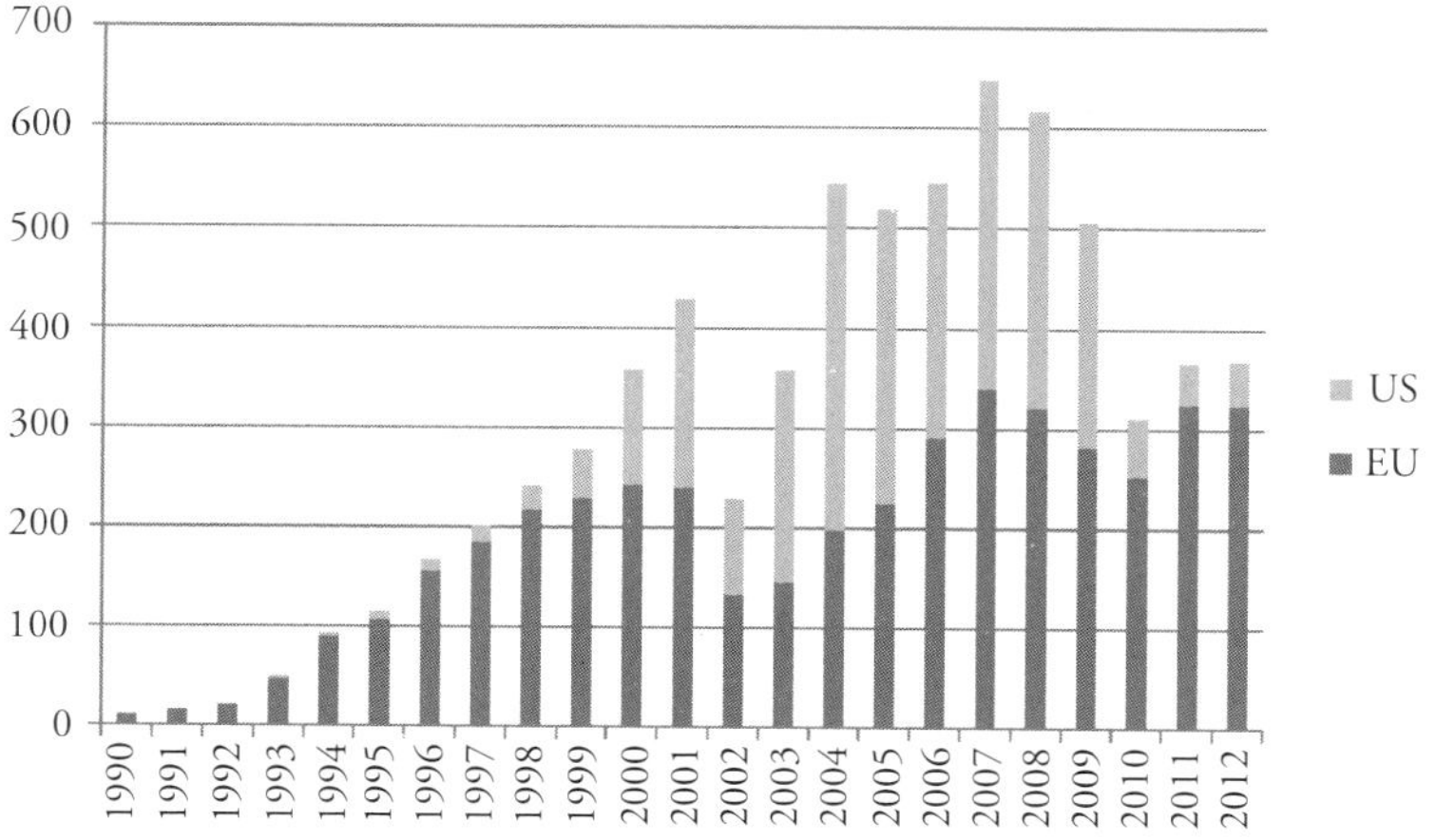

図 2　衣料品の対欧米輸出額（100 万ドル）

出所：UNComtrade のアメリカ，EU の報告値より。

表 3　雇用変化（2008–2010 年）

	構成	変化率（% 2008–2010 年）		
	（%, 2008 年）	合計	男性	女性
全職種	100.00	−46.5	−46.1	−35.7
職種別				
経営幹部	0.76	−30.0	−15.2	−23.2
事務職	2.36	−26.5	−29.1	1.8
技術者	1.06	−66.0	−90.9	17.6
品質管理	2.80	−31.8	−12.6	−34.2
スーパーバイザー	3.12	−26.6	−63.0	49.6
ミシンオペレーター	72.94	−47.5	−44.7	−36.5
ヘルパー	10.79	−52.3	−46.1	−51.7
その他	6.18	−47.7	−55.5	−34.7

注：外国人労働者は合計に含まれるが，男女別には含まれていない。

出所：Fukunishi (2013)

パーセント減少しているので、ほぼ同じ比率で雇用が減少したことがわかる。このうち、二万三〇〇〇人あまりがオペレーター、ヘルパー職など非熟練労働者の雇用であった。これらの職に雇用減少が多いのは、縫製産業全体の雇用に占める割合が大きいだけでなく、非熟練雇用の減少率が高いことにも原因がある（表3）。

（二）離職の実態

以下では、INSTATによる縫製労働者調査を利用して離職の実態を示す。この調査は二〇一三年に縫製労働者と離職者を対象に、二〇〇八年から調査時点までの就業状況、収入、消費について情報を収集している。調査回答者の中から、二〇〇八年八月に縫製産業で働いていた回答者（三一六六人）を選び出し、本節以下の分析に利用している。(12) 就業状況については月次の情報があり、フォーマル、インフォーマル、失業の別で、さらにインフォーマルは自営業と被雇用者に分けられている。収入や消費は年次の情報である。五年にわたるリコール情報（回答者の記憶に頼った情報）は計測誤差が大きい可能性がある。(13) 本論文では、就業状況は回答者にとっては記憶しやすくまた重要な情報であるため計測誤差が小さいと考えるが、収入と消費については計測誤差の可能性があり、特に消費額の誤差は大きいと認識している。以降では、主に就業状況と収入の情報を利用しているが、収入については、全期間の情報と直近二年の情報の両方を利用して、顕著なバイアスの有無を確認している。(14)

図3は、二〇〇八年以降に縫製工場を離職した者のシェアを示したものである。なお、本論文では離職を経験した労働者を分析対象としているため、離職後に縫製工場に復職しているものも離職者に含めている。(15) また、自発的に離職した労働者も含めている。図3より二〇〇九年半ばから離職者の増加率が上昇し、二〇一〇年に最も

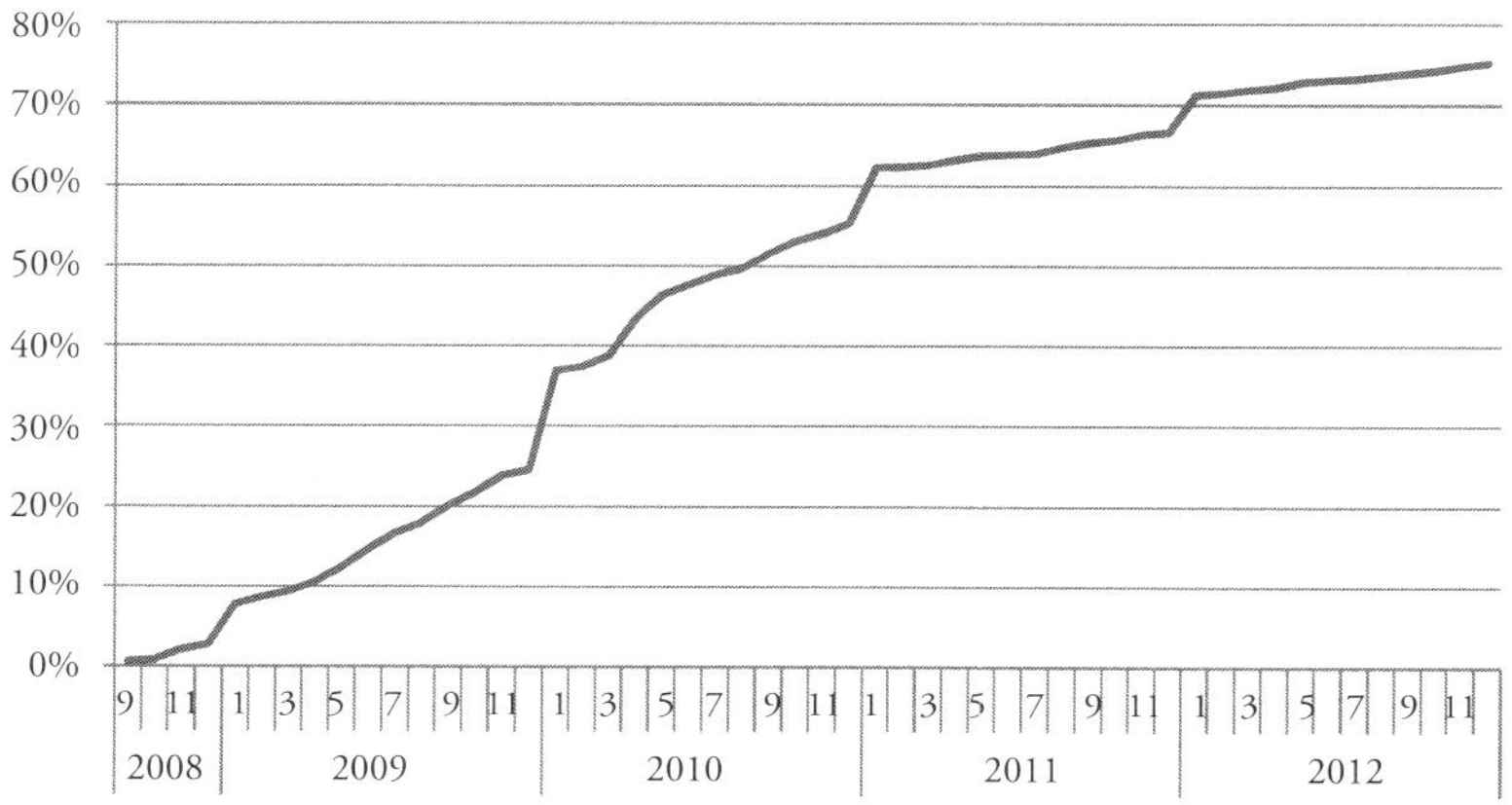

図3　離職者のシェア

注：サンプル加重にもとづく推定値。離職後に縫製産業に再雇用された離職者も含む。
出所：INSTAT 縫製労働者調査より筆者作成。

多くの離職者が発生していることが分かる。二〇一二年一二月時点には、二〇〇八年八月に就業していた労働者の七五・二パーセントが少なくとも一度は離職を経験している。離職者と調査時点まで離職を経験していない労働者について、二〇〇八年時点の特徴を比較すると、年齢、性別、教育年数、スキル（職種）など多くの属性について有意な差がみられない。本人の労働所得（賃金）と本人の認識する昇進の機会に統計的に有意な差があるが、差は小さく両者の間に顕著な違いはみられない（表4）。つまり、企業は解雇する労働者をこれらの属性で選択している傾向が弱いことを示しており、工場閉鎖にともなう一斉解雇によって離職した者が多数含まれるためだと思われる（図4）。

表4　離職者と未離職者の特徴（2008年）

	離職していない者	離職者	差		離職していない者	離職者	差
性別	0.595	0.632		縫製工場での	1.391	1.324	
（女性＝1）	（0.763）	（0.323）		スキル	（0.800）	（0.314）	
	2148	1018		（1-3の指標）	2066	826	
年齢	28.824	28.540		勤務年数	4.548	4.862	
	（10.374）	（4.270）		（年）	（6.104）	（2.525）	
	2148	1018			2110	1001	
教育＋	3.106	3.023		昇進の機会	1.277	1.137	*
（1-5の指標）	（1.192）	（0.507）		（1-3の指標）	（1.022）	（0.393）	
	2148	1018			2148	1018	
戸主ダミー＋	0.500	0.459		労働組合への	0.423	0.457	
（戸主＝1）	（0.777）	（0.333）		参加	（0.774）	（0.328）	
	2148	1018		（組合員＝1）	2086	946	
婚姻＋	0.851	0.859		労働所得	1661.9	1538.0	*
（既婚＝1）	（0.554）	（0.233）		（年額，1000Ar）	（969.039）	（408.608）	
	2148	1018			2133	985	
家屋の所有	0.392	0.474		家計消費	197.3	180.6	
（所有者＝1）	（0.762）	（0.332）		（月額，1000Ar）	（202.750）	（55.374）	
	2123	986			2133	985	

注：離職者とは2008年8月以降2012年12月までの間に離職した者。サンプル加重を用いた平均と標準偏差（カッコ内）の推計値。各欄の最下段はサンプル数を表す（加重なし）。指標の定義は以下の通り。＜教育＞1：初等教育未修了，2：初等教育修了，3：前期中等教育修了，4：後期中等教育修了，5：高等教育，＜縫製工場でのスキル＞1：非熟練，2：準熟練，3：熟練（国が定める職種分類にもとづいて熟練度を分類），＜昇進の機会＞1：2008年の一年間に機会なし，2：若干の機会があった，3：多くの機会があった。＋は2013年（調査時点）の数値を示す。＊は平均値の差が5%水準で有意であることを示す。

出所：INSTAT縫製労働者調査より筆者作成。

図 4　ミシンを売る商人。撤退した縫製企業の設備や在庫が売却され，インフォーマルな市場に流れていると思われる。

4　インフォーマルセクターの有効性

（一）インフォーマルセクターのモデル

発展途上国の労働市場を表現した初期のモデルであるハリス＝トダロ・モデルは、都市フォーマルセクターでの雇用を求める労働者のうち、雇用を得ることができなかった者が生計のために行う零細な生産活動を、インフォーマルセクターとして分析対象に取り込んだ。インフォーマルセクターは初期投資を必要としない誰でも参入できる生産活動であり、自由参入の結果、得られる収入は生存レベルであると想定されている。しかし、インフォーマルセクターは一様ではないという指摘も多く、インフォーマルセクターを生産性の高い上位サブセクターと参入自由で生産性の低い下位サブセクターに分けて扱うモデルが提唱されてきた（Fields 1990）。その後の実証研究はインフォーマルセクターの多様性を支持しており、フォーマルセクターと同等かそれ以上の収入を得るインフォーマルセクターの労働者や企業が存在することが明らかにされている（Maloney 2004; Günther and Launov 2012; Falco *et al.* 2011 など）。

多様なインフォーマルセクターを想定すると、離職者がインフォーマルセクターで得られる収入も多様であることが予想される。上位サブセクターに就業した者は、縫製工場の賃金と同等の収入が得られる可能性があるが、下位サブセクターでは収入が大幅に減少する。先行研究では自営業者と被雇用者の間に賃金差があることが示されており（Bosch and Maloney 2010; Nguimkeu 2014など）、上位サブセクターは自営業者、特に複数の労働者を雇用する零細な企業の経営者または所有者があてはまり、それらに雇用される労働者が下位サブセクターにあたると考えられる。Nordman *et al.*（2015）は、マダガスカルでも、フォーマルセクターの労働者よりも収入の高い自営業者が多く存在する一方、インフォーマルの被雇用者の収入は低いことを示している。ただし、セクター間の収入差は、インフォーマルセクターの就業者が増える深刻な景気後退期には大きく変化する可能性がある。表1は、EPZとインフォーマルセクターの平均収入の差が二〇一〇年に広がっていることを示しており、セーフティネットとしてのインフォーマルセクター就業の有効性を理解するためには、経済後退期におけるセクター間の収入格差を検討することが必要である。

また、上記の労働市場モデルはインフォーマルセクターの少なくとも一部は参入自由と想定しているため、就業を希望する離職者はすべてインフォーマルセクターで就業機会を得られることを意味する。職がない状態である労働者は、より条件のよい雇用を探しているか、インフォーマルセクターで働くよりも家事や育児などの家庭内労働に従事したほうが家計の助けになるため就業を希望しないかのどちらかということになる。

（二）離職者の就業状況

離職後の就業状況を離職からの月次で集計したのが、図5である。離職直後は六〇・五パーセントの離職者が失業状態であるが、その割合は時間とともに減少し、就業者の数が増えている。離職後一八か月目あたりで就業状況は安定するが、この時点でインフォーマルな自営業者として働く離職者が三七・六パーセントと最も多く、

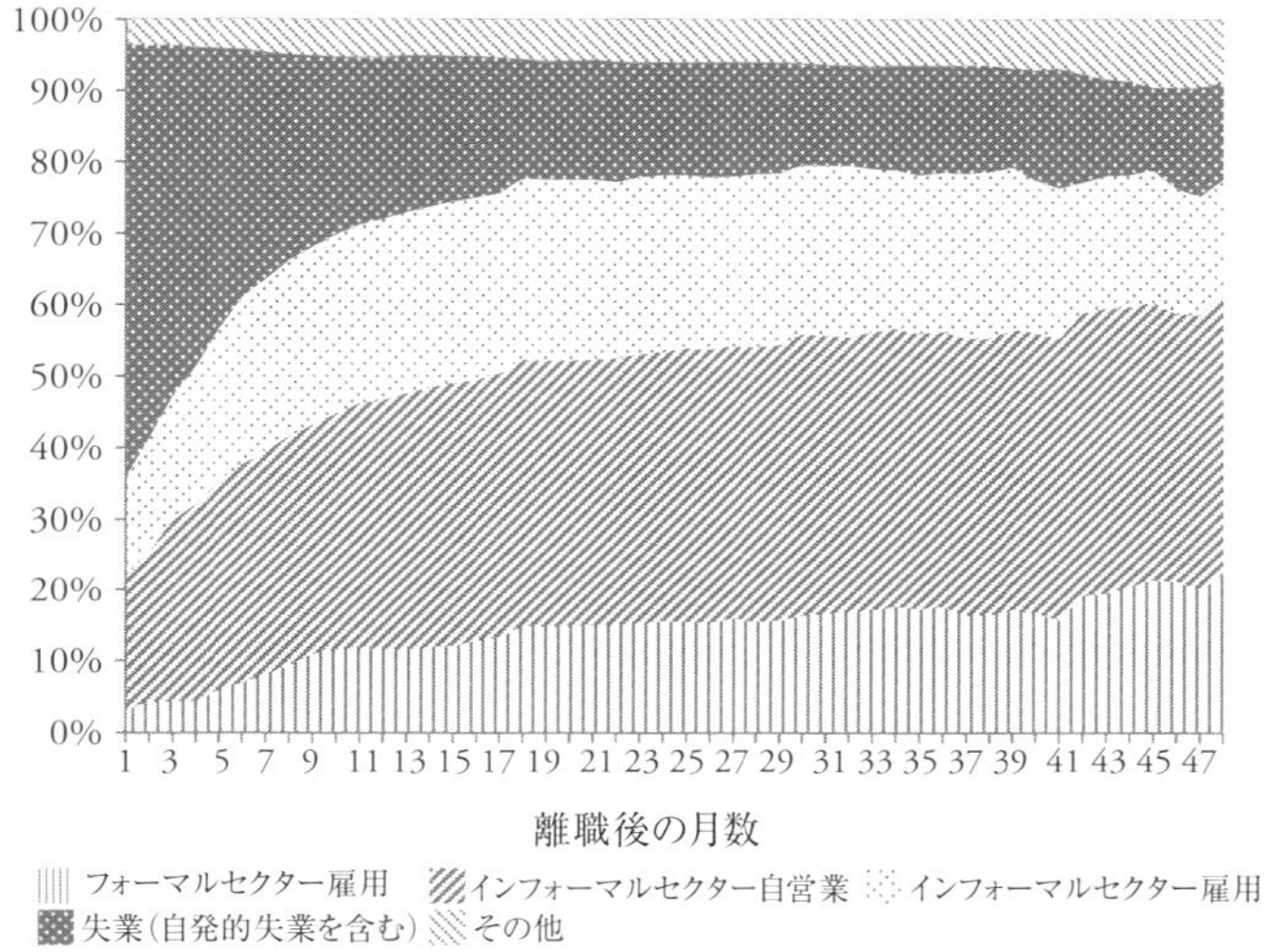

図5　離職者の就業状況の変化

注：サンプル加重にもとづく推定。また離職後の期間は離職者によって異なるので，各月の離職者の総数は異なる。たとえば，離職後1か月目の総数は1152人，48か月目は256人である。
出所：INSTAT 縫製労働者調査より筆者作成。

次いでインフォーマルの被雇用者が二五・四パーセント、失業者が一六・六パーセント、フォーマルセクターの被雇用者が一四・八パーセントを占めている。フォーマルセクターの被雇用者のほとんどは縫製産業に職を得ている。離職から最長五七か月後までの期間における就業状況を人月（人数×月数）で示すと、インフォーマルセクターでの就業が総離職人月の五八・〇パーセント（自営業が三五・二パーセント、被雇用者が二二・八パーセント）、フォーマルセクターが一三・〇パーセント、失業が二三・三パーセントを占めており、インフォーマルセクターの貢献が最も大きいことが明らかである[16]。

離職者はフォーマル／インフォーマルセクターのいずれかに就業した後、さらに他のセクターに移動したり、再び失業している可能性がある。また、離職後一八か月を超えても一五パーセント程度の失業者が存在しているが、同じ離職者が失業

表5　離職後の就業状況の変化（離職後3か月目と調査時点）

		調査時の就業状態					
		フォーマルセクター	インフォーマル自営業	インフォーマル被雇用	失業	その他の就業	計
離職後3か月目の就業状態	フォーマルセクター	55.9%	17.6%	5.9%	17.6%	2.9%	100.0%
	インフォーマル自営業	1.5%	93.8%	0.0%	4.7%	0.0%	100.0%
	インフォーマル雇用	3.3%	10.7%	76.8%	8.4%	0.8%	100.0%
	失業	12.6%	22.0%	13.8%	48.4%	3.3%	100.0%
	その他	5.1%	7.0%	0.0%	7.0%	80.8%	100.0%

注：サンプル加重にもとづく推定。離職期間はサンプルによって異なる。サンプル数は1094。
出所：INSTAT 縫製労働者調査より筆者作成。

状態を続けているのか、それとも就業と失業を繰り返す離職者がいるのかは図5からは明らかではない。そこで、離職後三か月目と調査時点（二〇一三年五月）の就業状況を比較し、その変化をみた（表5）。まず、三か月目にインフォーマルな自営業者として就業していた離職者の九三・八パーセントは調査時点でも同様であった。次に、インフォーマルセクターの被雇用者として就業した離職者は七六・八パーセントが調査時にも被雇用者として働き、一〇・七パーセントが自営業者に転換し、三・三パーセントがフォーマルセクターで雇用を得ていた。これらから、インフォーマルセクターで就業した離職者はフォーマルセクターに移ることが少ないことが分かる。また、三か月目に自営業者、被雇用者として働いていた者のうち、調査時に失業していた者の割合はそれぞれ四・七パーセント、八・四パーセントであったので、インフォーマルセクターに就業するとその後失業する確率が低いことが分かる。インフォーマルセクターは、多くの離職者に安定的な就業機会を提供していたといえる。他方で、三か月目にフォーマルセクターで雇用された離職者は、二三・五パーセントが調査時にインフォーマルセクターで働き、一七・六パーセントが失業していた。調査時にはAGOAの適用が見送られたままで衣料品の輸出額が回復しておら

表6　離職者の失業期間

1か月以下	35.9%
2–6か月	31.7%
7–12か月	13.2%
13–18か月	6.4%
19–24か月	1.9%
25か月以上	10.9%

注：サンプル加重にもとづく推定。調査時点において失業している離職者も含む。
出所：INSTAT縫製労働者調査より筆者作成。

ず、縫製産業での雇用は安定的でなかったことが分かる。

また、三か月目に失業していた離職者は、約半数が調査時までに就業しているー方で、残りは失業状態のままであった。一部の離職者は継続して失業状態にあったことを示している。失業期間の分布をみると分散が大きく、一年を超える失業を経験するものも少なくないことが分かる（表6）。これらの長期にわたる失業が自発的なものかどうかを知ることは、フォーマルセクターの雇用を失った労働者がインフォーマルセクターに自由に参入する機会を得ているかどうかを判断する材料になるが、ここで厳密に検討することは難しい。自発的に失業しているのかどうかを判断する材料として、求職者の留保賃金が考えられる。留保賃金とは、求職者が受け入れる賃金の下限であり、失業時の便益の価値に等しい。マダガスカルでは失業保険はないが、失業によって家庭内労働に専念する結果、それらを他者に依頼する費用（託児料や洗濯料など）を節約することができる(17)。標準的なジョブサーチ理論は、留保賃金の高い労働者ほど自発的な求職期間が長くなることを示している（Mortensen 1986; 今井ほか 2008）ので、長期間失業している労働者の留保賃金を検討することにより失業が自発的かどうか判断できる。しかし、これらの特徴を正確に表す情報は縫製労働調査には含まれていない(18)。

（三）離職による所得変化

離職者は離職を経験しなかった縫製労働者と比較して、より大きな収入の減少を経験している。表７は離職者と離職を経験しなかった労働者の平均収入（本人の労働所得）を比較したものであるが、両者の差は二〇〇八年に七・五パーセントであったのが、二〇一二年には三四・五パーセントに拡大している。二〇〇八年から二〇一二年までの各年の収入を利用して同一労働者の収入変化を推定すると、離職者は離職しなかった労働者よりも収入の減少が二四・一パーセントポイント大きいことが確認された（表８）。これは、政治的混乱による景気後退の影響などを除いて、純粋に離職が収入に与えた影響を示している。リコールによる計測誤差を避けるため、直近二年（二〇一一、二〇一二年）のデータのみを利用して収入を比較したところ、離職の影響は二六・七パーセントと推定された[19]。

上記の結果は離職者全員の平均であるが、離職後の就業状況により所得変化は異なると思われる。就業状況を、フォーマルセクター雇用、インフォーマルセクター自営業、インフォーマルセクター雇用、失業、その他の就業の五つに分けて、離職後最も長期間就業した形態で離職者を分類した。それぞれの分類について離職しなかった労働者の収入変化と比較すると、離職後に失業している期間がもっとも長い労働者の収入減少は九〇パーセントポイント以上大きいが、いずれかの形態で就業している期間がもっとも長い離職者の収入は減少が小さいことが明らかになった（表８）。たとえば、インフォーマルセクターの自営業に従事する離職者の収入減少は離職しなかった労働者よりも平均〇・三パーセントポイント、インフォーマルセクターで雇用を得た離職者は平均九・五

表7　離職者および離職未経験者の所得，消費（1000Ar）

	2012			2008		
	離職していない者	離職者	差（%）	離職していない者	離職者	差（%）
労働所得（年額，1000Ar）	1826.3 (1141.3) 2146	1195.6 (780.8) 767	−34.5*	1661.9 (969.039) 2133	1538.0 (408.608) 985	−7.5*
家計消費額（月額，1000Ar）	211.74 (199.5) 2148	189.57 (58.4) 1015	−10.5*	197.3 (202.750) 2133	180.6 (55.374) 985	−8.4
1人あたり家計消費額+（月額，1000Ar）	60.29 (46.33) 2148	55.32 (19.60) 1015	−8.2			
家計所得額+（月額，1000Ar）	254.1 (197.6) 2148	213.4 (108.3) 1018	−16.0*			

注：離職者とは2008年8月以降2012年12月までの間に離職した者。サンプル加重にもとづく推定。数値は，平均（上段），標準偏差（中段），サンプル数（下段）を示している。+は2013年の数値。*は平均値の差が5%水準で有意であることを示す。
出所：INSTAT縫製労働者調査より筆者作成。

パーセントポイント大きい。先行研究と同様に、自営業に就業した離職者の収入が高く、収入変化も小さいことが分かる。また、重要な点として、自営業者、被雇用者のいずれの場合も収入変化は統計的に有意ではなく、離職しなかった労働者と比べて収入が減少する傾向は確認できなかった（表7）。直近二年間のデータのみを利用した推定でも同様の結果であった。つまり、離職後に何らかの職に就いていれば離職による所得減少を経験しない者が多い。

Nordman *et al.*（2015）の結果と比較すると、右記の推定結果はセクター間の収入差がより小さいことを示している。本論文では深刻な経済後退期を対象としていることと、縫製労働者のみを対象としていることが Nordman *et al.*（2015）との違いである。先に見たように、セクターの平均収入でみると、縫製業を含むEPZセクターの収入は政治危機の前後でほとんど変化がない一方で、インフォーマルセクターの収入は大きく減少しているので（表1）、セクター間の収入

表8　離職による所得と消費の変化（%）

	労働所得		一人あたり家計消費
	パネルデータ	クロスセクション・データ	クロスセクション・データ
	2008–2012	2011–2012	2012
離職者の平均	−24.1**	−26.7**	−2.95
離職後の就業状態による分類			
失業	−93.7**	−93.8**	−15.2**
フォーマルセクター雇用	2.54	−0.19	5.41
インフォーマルセクター自営業	−0.28	−8.09	−3.01
インフォーマルセクター雇用	−9.53	−10.0	0.41
その他	21.3	−18.5	−7.03
固定効果	あり		
年ダミー	あり	あり	
居住地ダミー（村レベル）		あり	あり
労働者の特徴に関する説明変数		あり	あり
N	14624	5131	2757

注：表の数値は，離職が所得および消費に与えた影響の推定値を示している。パネルデータを用いた推定は，いわゆる「差の差（difference-in-differences）」による推定である。* は5% 水準で，** は1% 水準で統計的に有意であることを示す。
出所：Fukunishi (2015) の推定結果をもとに，離職が収入に与える限界効果を計算した。

差は平均的に拡大している。したがって、収入差が小さいという推定結果は、対象が縫製労働者であるためだと考えられる。つまり、縫製工場を離職した労働者が就業するインフォーマルセクターの職種では、政治危機後も収入の減少を経験しなかったか、政治危機前は十分に収入が高く、その後の収入減少によって縫製労働者と同様の収入になったかのどちらかだと推測される。

なお、家計消費への影響は所得よりも小さい。政治危機前の二〇〇八年に離職者と離職を経験していない労働者の平均家計消費の差は八・四パーセントであったが、二〇一二年の差は一〇・五パーセントであり収入差ほど拡大していない（表7）。また、一人あたりの家計消費額では両者の平均に有意な差はみられておらず（表7）、労働者の特徴を考慮しても、離職者と離職していない者との間に有意

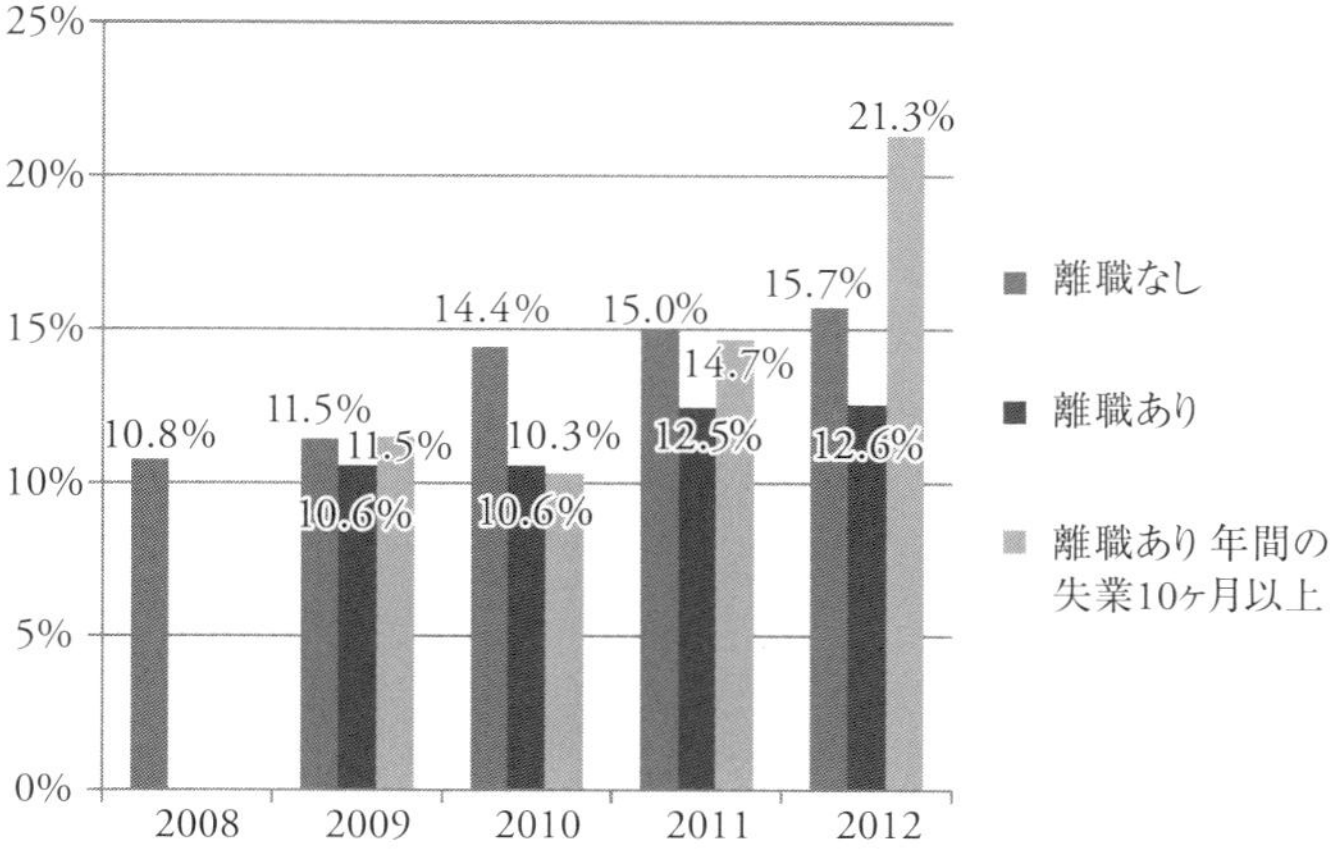

図6　送金を受け取った労働者家計の割合

注：サンプル加重にもとづく推定。サンプルは，各年における離職の有無と失業期間により分類している。

出所：INSTAT 縫製労働者調査より筆者作成。

な違いは見られなかった（表8：第三列）[20]。離職後に失業している期間が最も長い離職者も、一人あたり消費額の低下は一五・二パーセントに抑えられており、離職者の家計では所得変動を緩和し消費をある程度平準化することに成功している。家計全体の収入で見ると、二〇一三年における両者の差は一六・〇パーセントであり、労働者本人の収入差（三四・五パーセント）の約半分であることから（表7）、離職にともなう労働者の収入の減少を他の家計メンバーが補っている様子がうかがえる。

（四）親族ネットワークによるリスクシェア

多くの先行研究で指摘されているように、貧困家計ではコミュニティや親族ネットワークによって収入ショックの影響を緩和している。縫製労働者における親族ネットワークの働きについて、送金の授受の点から補足する。

図6は送金を受け取っている労働者の割合を、離職経験

および失業期間で分けて比較したものである。二〇〇八年はすべての労働者が縫製工場に在職しているので、すべての労働者が「離職なし」のグループに含まれる。つまり、政治危機前には全サンプルの一〇・八パーセントが送金を受け取っていた。離職していない労働者家計では二〇一〇年以降、送金を受け取る家計がやや増加し、二〇一二年に一五・七パーセントとなっている。離職した労働者の家計では送金を受け取る家計が少なく、二〇一二年は一二・六パーセントであった。年間で一〇か月以上の失業を経験した労働者の家計においても、二〇〇九年から二〇一一年の間は送金を受け取る家計の割合は多くないが、二〇一二年は受け取り家計の割合が二一・三パーセントに上昇している。ただし、統計的に有意な差はみられない。

逆に送金をしている家計の割合を見ると、離職していない労働者、および離職者のうち失業三か月以下の労働者では、二〇一二年に送金する家計の割合が増えている。他方で、失業一〇か月以上の家計では顕著な変化は見られなかった。これらの結果から、送金は経済停滞が長引くにつれて、職のない労働者の家計が受け取ることが多くなり、逆に職を持つ労働者の家計からは送ることが多くなっている。送金の授受でみると、送金は長期にわたる収入の減少に際して利用されていると推測される。

5　おわりに――セーフティネットとしてのインフォーマルセクター

二〇〇〇年代に入ってから、アフリカにおいてもグローバルな生産ネットワークに組み込まれる形で発展する産業が現れ、これまで限られていた民間フォーマルセクターの雇用が増加する国が見られている。欧米市場への輸出によって成長したマダガスカルの縫製産業は、比較的教育水準の低い労働者や女性労働者を中心に一〇万人以上の雇用を提供していた。フォーマルセクターで働く労働者は、労働政策によって保護され、インフォーマルセクターでの就業よりも安定した雇用と健康的な環境が確保されることが期待される。実際に、従来の労働市場では軽視されてきた労働者の権利が縫製産業では尊重され、労働者の福利厚生を高める効果があったと報告されている。他方で、マダガスカルを含む多くのアフリカ諸国では失業者を保護する政策が貧弱であるため、職を失った場合、労働者は自助努力によって収入を確保しなければならない。

近年アフリカで成長するフォーマルセクターの多くは輸出産業であるが、世界的な景気変動の影響を受けるとともに、輸出を下支えする優遇的な市場アクセス制度の変更にも影響されている。輸出国と輸入国それぞれの政治的な意図により、輸入国での関税免除などの優遇措置が停止され、輸出産業の雇用が深刻な打撃を受ける事例が発生している。マダガスカルの縫製産業は、国内政治の混乱とそれにともなうアメリカ市場への優遇アクセスの適用中止の後、一年間で雇用は約半分にまで減少した。こうした政府の対応は、労働政策の点からみれば一貫性に欠けており、フォーマルセクターの雇用者といえども失業時に生計を確保することが不可欠である。

縫製労働者の調査から、離職者の数と離職後の月数を掛け合わせた離職人月でみて、五八パーセントはインフォーマルセクターで就業していたことが分かった。就業形態としては、インフォーマルな自営業者として働く者が雇用される者より多く見られ、また、一度インフォーマルセクターで就業した離職者がその後失業することは少なかった。他方で、フォーマルセクターでの再雇用が離職人月に占める割合は一三パーセントにすぎず、インフォーマルセクターが離職者の主たる受け皿になっていることが明らかになった。また、インフォーマルセクターで就業した離職者の収入は、縫製産業で働き続けていれば得たであろう収入よりも平均三～一〇パーセント低いが、統計的に有意な差は見られなかった。これらの結果から、インフォーマルセクターは、経済後退期としては安定的で前職に劣らない収入が得られる就業機会を提供していたといえる。

インフォーマルセクターの収入が離職前の収入と近似していたのは、縫製工場で得られる収入がフォーマルセクター雇用のなかでは低く、また離職者がインフォーマルセクターで得た収入が同セクターの平均収入よりも高かったためである。筆者が離職者に対して行ったインタビューによると、離職後の職種は縫製業（仕立て業）に限らないので、縫製労働者はより一般的なスキルや能力を有していると推測される。また、インフォーマルセクターのなかでも収入に多様性があることを示唆しており、インフォーマルセクターに異質性を想定した労働市場モデルと整合的である。さらに、インフォーマルセクターの収入の分布はフォーマルセクターの分布と部分的に重なっているので、両セクターの労働市場が部分的には統合され、労働者は自ら就業するセクターを選択している可能性がある。

経済後退期でもインフォーマルセクターで新たな雇用が生まれる理由として、同セクターの生産物への需要が増加したことと、インフォーマルセクターの労働者の間で需要を分け合っていることの二つが考えられる。前者は、多くの家計が所得の減少を経験したため低価格の商品への需要が増えた場合に起こりうる。後者は、新規参入した自営業者が既存の自営業者の需要の一部を奪っていることを意味している。新規参入者が既存の自営業者より安い価格で商品やサービスを提供する場合や、それまで自営業者が少なかった地域に立地する（出店する）場合などが考えられる。その結果、既存の自営業者の収入は減少するので、フォーマルセクターを離職した労働者の収入は、もともとインフォーマルセクターで就業していた労働者の収入の一部を移転することによって維持されている[21]。どちらの要因が優勢であったのかは本章では扱っていないが、失業者の参入が他のインフォーマル就業者に影響を与えていた可能性は考慮すべきである。

他方で、離職後に失業が長く続くケースも見られる。離職後一八か月目の時点で一五パーセントの離職者は失業しており、失業状態にある時には大幅な労働収入の減少を経験している。これらの失業が、インフォーマルセクターでも就業機会を得ることができないためなのか、より収入の高い就業機会を求めるためであるのかは、本章では明らかにできなかった。もし非自発的な失業が多ければ、インフォーマルセクターの代替所得源としての限界を示している。ただし、そうした労働者の家計は他の手段で収入を補っており、消費額の減少は緩和されている。失業が長い労働者の家計は、親族などからの送金を受け取るものの割合が比較的高く、親族ネットワークによる相互扶助が働いている可能性を示唆している。

本章での検討の結果、インフォーマルセクターでの就業機会や親族ネットワークが、失業の影響を緩和していることが分かった。それらこそ、アフリカ社会のなかで人びとが、グローバル化と政府の政策の失敗によってもたらされた経済的苦境に対応して、生き抜いていく潜在力の表れと言ってよいだろう。そこでは、自身の新しい生業を見つけ、編み出していくための技法や創意工夫、また雇用機会を探すうえでの人びとどうしのネットワークが機能しているものと想像されるが、その詳しい調査は別の機会に譲りたい。ただし、それらは完全ではなく、失業が続く労働者の家計は消費の減少を経験している。また、縫製産業よりも賃金の高い産業で雇用が成長した場合には、そこで働く労働者にとってインフォーマルセクターは代替の収入源としては不十分である。途上国および先進国の政府には、雇用を生み出すだけでなく、それを安定させるような取り組みが求められる。いたずらに不安定にすることのないように、貿易制度の運用は慎重に行うべきである。

注

(1) ＡＧＯＡの適用には政治経済的条件があり、市場経済、法の順守、複数政党制、人権および労働者の権利の保護などの政治体制や政策に関する条件を満たさないとアメリカ政府が判断した場合に、適用が取り消される。マダガスカル以外にも適用を取り消された国は少なからずあり、最近では、労働環境に改善が見られないことを理由に二〇一五年からスワジランドへのＡＧＯＡの適用が中止されている。

(2) インフォーマルな企業の定義も一つではない。ＩＬＯの定義は、政府に登録していない、または帳簿を記録していない企業であるが、従業者数が少ない企業をすべてインフォーマルと扱う場合もある。

(3) 主に旧フランス植民地の国で実施されている大規模労働者・家計調査。三つの調査ユニットからなり、サンプル家計から労働者としてのデータ、インフォーマル自営業のデータ、家計消費のデータを収集している。詳細はＤＩＡＬ（Developpement Institutions and Mondialisation）のウェブサイトを参照。

(4) 表1は原典に従って二〇一〇年価格で示している。本文では、原典に示される価格デフレーターを用いて筆者が二〇〇六年価格を計算した数値を掲載している。

(5) マダガスカルの教育制度は、初等教育五年、前期中等教育四年、後期中等教育三年である。

(6) フォーマルセクターとインフォーマルセクターの労働者は教育、スキル、経験などの特徴に違いがあるので、両セクターの労働者の賃金にはそれらの違いも反映されている。また、考えられる全ての特徴をデータとして収集し利用することは困難であるので、同一人物を比較する方法が妥当だと考えられている。ただし、比較対象期間に職業訓練などを受けてスキルが変化する場合は、同一人物の収入変化にトレーニング効果が含まれる。失業者ほどトレーニングを受ける傾向にあるとすれば、セクター間の収入差を過小評価する可能性が高い。

(7) 政府資料（Ministère de l'Economie et de l'Industrie 2009）によると、輸出加工区の雇用者数は一〇・七万人、うち九四パーセントが縫製産業の雇用であった。

(8) 表1のＥＰＺ平均賃金（四一ドル、二〇〇六年）とは少なからず差違があるが、二〇〇六年から二〇〇八年にかけての為替レートの変動および物価上昇率を調整すると、二〇〇八年価格では六一ドルとなる。また、縫製企業調査および縫製労働者調査の結果に整合性があることから、それらの情報を利用することが妥当だと考えている。

(9) 国内の貧困線は二〇〇五年と二〇一〇年に設定されており、それぞれ三〇万五三四四アリアリーと四六万九〇〇〇アリアリーであった（Ministere d'Etat Charge de l'Economie et de l'Industrie 2011, Ministere de l'Economie, des Finances et du Budget 2006）。二時点間を貧困線が線形に変化すると仮定し、二〇〇八年の貧困線は三八万五三二〇アリアリーと推定した。

(10) 一九九五〜二〇〇六年の1-2-3サーベイ一〇年分を分析対象としている。
(11) 初等教育は五年であるが、家計調査の報告書では初等教育四年目を修了した回答者を「初等教育修了」と分類している (Ministere d'Etat Charge de l'Economie et de l'Industrie 2011: Table 112)。
(12) この調査では、調査時点（二〇一三年）において縫製工場で働いている労働者と、かつて働いていた労働者をそれぞれ異なる確率で抽出している。それぞれの労働者グループにおいてはサンプルがランダムに抽出されていると考えられるので、二〇〇八年に縫製工場で働いていた労働者も偏りなく含まれている。各グループのサンプリング確率が同一になるようにサンプリング加重を与えて、二〇〇八年の縫製労働者のランダムサンプルを構築した。詳細は Fukunishi (2015) の Appendix を参照のこと。
(13) たとえば、離職者は過去の収入について過少に回答する傾向があるといった相関があれば、収入に関する統計や回帰推定結果にはバイアスが生じる。
(14) 全期間の情報を利用した推定結果と直近二年のみの推定結果は必ずしも比較可能ではないので、バイアスのチェックとしては不完全である。
(15) ただし、一か月以内に復職しているケースは離職者としていない。
(16) 概念的には人月は表5の面積にあたる。ただし、調査時点で離職後四八か月未満の回答者も多いため、各月次における離職者数は一定ではなく、そのため上記の数字と面積でみたシェアは異なる。
(17) 失業によって得られる余暇の効用も失業時の便益であるが、貧困家計の場合は余暇の効用がほとんどないと考えられることが多い。また、失業時には求職活動により多くの時間を費やせることから、より高い賃金のオファーを得られる確率が高まる。これも失業時の便益である。
(18) 縫製労働者調査には、留保賃金に関連する変数として性別、戸主ダミー、乳幼児の数がある。長期失業者とその他の離職者の間でこれらの変数を比較すると、長期失業者には女性が多く、戸主が少ない傾向が見られ、自発的な失業が存在することを示唆している。
(19) 直近二年のデータには期間中に離職した労働者の数が少ないため、同一労働者の所得変化ではなく、離職者と離職していない労働者の所得を比較している。この場合、両者の特徴に顕著な違いがあれば、そのために収入に差が生まれる可能性がある。たとえば、離職者には女性が多く、かつ賃金に性差があるケースである。表4は、調査で得られる特徴について、離職者と離職していない労働者には有意な差異がないことを示しているが、推定においては性別、年齢、教育、二〇〇八年時点における職種、経験年数と昇進機会、戸主ダミー、五歳以下の子供の数、家計内の稼ぎ手の数、居住地をコントロールしている。
(20) 消費額は調査直近のデータのみを利用している。また、縫製労働者調査では一般的な家計調査と異なり、家計のなかで縫製企業で働いている人にのみ質問しているケースがあるため、消費額について正確な情報を知っていると思われる女性労働者の回答者のみをサンプルとした推計も行ったが、結果は同様であった。

（21）この場合、どのようなインフォーマルセクターの就業者が収入を減らしたのかは、貧困に対する重要な含意を持つ。離職者と同じような収入を得るインフォーマル労働者の収入を減らしたのであれば、比較的豊かな労働者が影響を受けているが、もともと収入の低い労働者の収入を減らしたのであれば、貧困への影響は深刻である。

参照文献

日本語文献

今井亮一・工藤教孝・佐々木勝・清水崇（2008）『サーチ理論 ―― 分権的取引の経済学』東京大学出版会。

福西隆弘（2013）「開発政策としての優遇アクセスの成果と課題 ―― マダガスカルに対する経済制裁を例に」『アフリカレポート』五一：五五―六二。

欧文文献

Bosch, M and WF Maloney (2010) Comparative analysis if labor market dynamics using markov process: An application to informality. *Labor Economics*, 17: 621–631.

Cling, JP, M Razafindrakoto and F. Roubaud (2009) Export processing zones in Madagascar: The impact of the dismantling of clothing quotas on employment and labor standards. In R. Robertson, D Brown, G Pierre, and M L Sanchez-Puetra (eds.), *Globalization, Wages, and the Quality of Jobs*. pp. 237–264. World Bank, Washington DC.

Falco, P (2014) Does risk matter for occupational choice?: Experimental evidence from as african labor market. *Labour Economics*, 28: 96–101.

Falco, P, A Kerr, N Rankin, J Sandefur, and F Teal (2011) The returns to formality in urban Africa. *Labour Economics*, 18: S23–S31.

Fields, Gary (1990) Labor market modelling and the urban informal sector: theory and evidence. In D Turnham, B Salomé, and A Schwarz (eds), *Informal Sector Revisited*. pp. 49–69. OECD, Paris, France.

Fukunishi, T (2015) *Informal Sector as a Safety Net: A Case of Large Job Destruction in Madagascar*, mimeo, Institute of Developing Economies, Chiba, Japan.

Fukunishi, T (2013) Suspension of duty-free access in Madagascar: Assessment of impacts on garment industry, *IDE Discussion Paper*, No. 422,

Institute of Developing Economies, Chiba, Japan.

Fukunishi, T and HA Ramiarison (2014) The export-oriented garment industry in Madagascar: Implications of foreign direct investment for the local economy. In T. Fukunishi (ed.), *Delivering Sustainable Growth in Africa: African Farmers and Firms in a Changing World*. pp. 135–173. Basingstoke: Palgrave Macmillan, London, UK.

Grimm, M, J Lay, F Roubaud and J Vaillant (2011) *Informal Sector Dynamics in Times of Fragile Growth: The case of Madagascar*. Document de travail, DIAL.

Günther, I and A Launov (2012) Informal employment in developing countries: Opportunity or last resort?" *Journal of Development Economics*, 97: 88–98.

Maloney, WF (2004) Informality Revisited. *World Development*, 32 (7): 1159–1178.

Ministere d'Etat Charge de l'Economie et de l'Industrie (2011) *Enquête Périodique auprès des Ménages 2010: Rapport principal*. Antananarivo, Madagascar.

Ministère de l'Economie et de l'Industrie (2009), *Situation Economique et Financière au cours des Trois premiers mois de 2009*. Antananarivo, Madagascar.

Ministere de l'Economie, des Finances et du Budget (2006) *Enquête Périodique auprès des Ménages 2006: Rapport principal*. Antananarivo, Madagascar.

Mortensen, DT (1986) Job search and labor market analysis, In O Ashenfelter and R Layard (eds), *Handbook of Labor Economics, Vol. II*, Elsevier Science Publisher, Amsterdam, Netherland.

Nguimkeu, P (2014) A structural econometric analysis of the informal sector heterogeneity. *Journal of Development Economics*, 107: 175–191.

Nicita A. (2006) Export led growth, pro poor or not?: Evidence from Madagascar's textile and apparel industry. *World Bank Policy Research Working Paper*, 3841.

Nordman, CJ, FH Rakotomanana and F. Roubaud (2015) Micro analysis of formal-informal nexus in Madagascar: Job transitions and earnings dynamics. In JP Cling, S. Lagée, M Razafindrakoto, and F Roubaud (eds), *The Informal Economy in Developing Countries*. pp. 233–252. Routledge, Oxon, UK.

Paulson, AL, and R. M. Townsend (2005) Financial constraints and entrepreneurship: Evidence from the Thai financial crisis. *Economic Perspectives*, 3Q/2005: 34–48.

Rakotomanana, F, M Razafindrakoto, F Roubaud and JM Wachsberger (2011) *The Economic Impact of the Political Crisis on Urban Households in*

Madagascar, Policy Brief, DIAL and INSTAT.
World Bank (2012) *World Development Report 2013: Jobs*, World Bank, Washington DC.

第７章

路上空間から情報コミュニケーション空間をめぐるコンフリクトへ

── タンザニアの路上商人を事例に

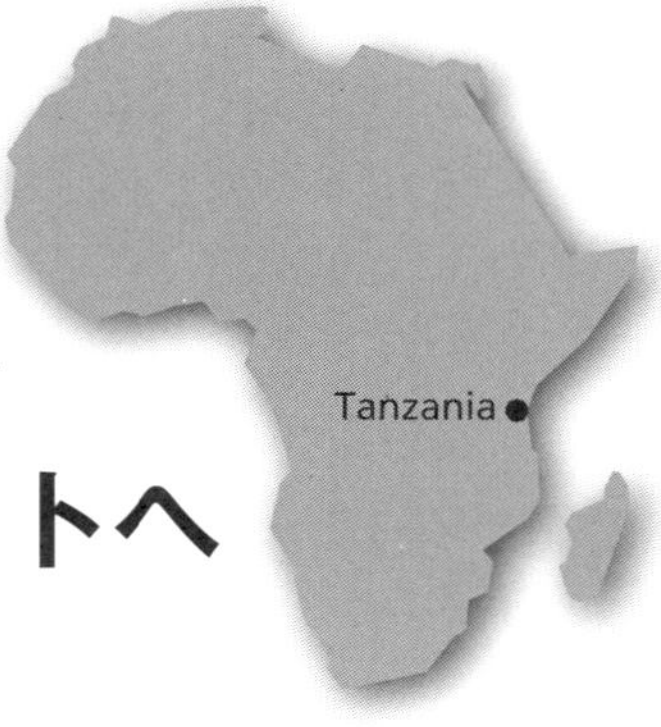

小川さやか

扉写真：エム・ペサ代理店の外観。エム・ペサはヴォダコム社の送金サービスの名称であり，タンザニアの主要な通信会社すべてがそれぞれ独自の送金サービスを展開している。多くの都市住民は，頻繁に送金しあう家族や友人に合わせて，どの通信会社を利用するかを選択しているが，家族とビジネスパートナーの利用する通信会社が違うなどの理由から，なかには，三つも四つもSIMカード（電話番号）を持っている者たちもいる。

1　はじめに

アフリカ諸都市で「インフォーマル性」が問題にされるとき、多くの場合、国家の雇用統計から零れ落ちる「経済行為」を指している。しかし、インフォーマルセクターとフォーマルセクターとの二分法が都市政策における空間的な管理・配置によっても決定されてきたという論点は、長らく正面から議論されてこなかった（Anyamba 2008: 9–12）。アフリカにおけるインフォーマル経済とフォーマル経済は「もののやり方」としては明瞭に区分されえないし、人びとは両部門を行き来しているが、都市の空間管理に関わる政策は、ある空間や場所に配置されるのに望ましくない活動を規定するために、特定の経済行為に違法性／インフォーマル性を付与してきた。なかでも都市空間を無秩序に占拠する路上商人は、空間管理と結びついた違法性／インフォーマル性が問われてきた典型的な存在である。彼らは、都市の美観を損ね、不衛生な環境をつくりだし、円滑な交通を妨げ、スリや泥棒に温床を提供し、正規の商店の営業を妨害する存在として一貫して取り締まりの対象となってきた。タンザニアではとりわけ、一九九三年に国連開発計画（UNDP）と国連人間居住計画（UN-HABITAT）が、世界持続的都市計画の対象の一つとしてダルエスサラーム市を選び、公共空間の不適切な利用を生み出している原因として路上商売を名指しして（Nnkya 2006: 83–85）以来、路上商人の問題は「公共空間」の管理の問題として論じられるようになった。各都市の行政は、都市郊外に公設市場を建設し、都市中心部の路上から市場へと商人たちを強制的に移動させる政策を、経済政策ではなく「都市政策」の一環として展開してきた。

郊外の市場への移動を求める市当局と路上商人とのコンフリクトは、路上商売をめぐる議論の中心的なテーマとなってきた（Jimu 2005; Hansen 200; cf. Tripp 1997）。しかし二〇〇〇年代には、政府・市当局とインフォーマルセクターとの関係ではなく、都市公共空間である路上に重層的に関与する諸アクター間の権利の拮抗に着目する議論が台頭した（Brown 2006; Hansen 2010 など）。これらの研究では、路上空間とは、都市政策を立案する当局、異なる利害関心をもつ市民が、路上という資源をめぐって多様な権利―たとえば、生存の権利や働く権利、通行・運送の権利、安全で衛生的な環境で暮らす権利など―を折衝・交渉する「抗争空間 contested space」であるとされる。たとえば、A・ブラウン編の論集は、この抗争空間における最も脆弱な層として路上商人や女性商人の生存戦略に注目し、彼らの複合的な脆弱性や生存の権利に配慮した都市公共空間の創出の必要性を主張するものである（Brown 2006）。

この抗争空間論は、先進諸国の都市を対象として論じられてきた、瀟洒なショッピングモールなどの進出によるジェントリフィケーションの進展や、上流階級だけでなく中間層のゲーテッドコミュニティ（外壁や警備体制によって周囲から隔離された住宅地）の出現（cf. Harvey 2009）、「非＝場所」（オジェ 2002）の拡大が、アフリカ諸国をはじめとした発展途上国でも進展しつつあることを背景としている。M・オジェは、街路や広場、界隈といった人びとのアイデンティティや歴史、社会関係と密接に関連づけられる「場所」に対して、それらと関連付けられることなく、つまり人が生を共にすることなく共存し、あるいは共住する空間―高速道路といった交通の空間やスーパーマーケットなどの消費の空間、電話やテレビなどのコミュニケーションの空間を「非＝場所」と定義し、経験的な意味での非＝場所の蓄積が同時代世界の都市を特徴づけているとした（オジェ 2002: 244–278）。また、F・ムニョス（2013）は、オジェの議論を参照しながら、ショッピングモールや、ターミナル駅、空港など大都市圏において自己完結型の活動をおこなう「コンテナ」が、独自の資本やモノ、時間のフローを生み出すことで存立する都市を「ハブ都市」と定位した。そのうえで彼は、マクドナルド化といった単なるグローバル化の帰結による均質的な空間の広がりを指摘するにとどまる議論を批判し、「コンテナ」での空間移動や時間利用を支配する論理が、地域ごとの微細な景観的差異を比較可能にする基準となり、地域ごとの差異がマネジメントされるようになることで、結果として標準化された都市化が生じていくプロセスを明らかにした。彼はこのプロセスを「俗都市化」と呼び、都市を構成する多様な主体による都市への権利、都市の時空間への権利を擁護するために、こうした標準化から逃れ出る方途を模索する必要性を提示した。

タンザニアでも、二〇〇〇年代以降、都市の再開発やショッピングモールの進出がすすみ、路上商人をはじめとしたインフォーマルセクターが営業場所として好む未舗装の空き地や猥雑な空間が縮小しつつある。また、情報コミュニケーション産業固有の時空間が人びとの生活世界における関係性を規定しつつある。これらの現象はあたかもグローバル化や都市の近代化の自然な成りゆきのように進展する。もちろん、こうしたグローバル化や都市の再開発によって路上商人ないし、インフォーマル経済がすぐさま消滅するわけではない。たとえば、岩谷彩子（2012）は、「前近代‐近代‐ポストモダン」といった直線的なグローバル化の移行モデルを批判し、「いずれは消滅する部門」とみなされてきた露天商（をはじめとしたインフォーマル経済）が、ショッピングモールというグローバル資本の進出により、地域経済やコミュニティに密着した独自の人やモノのフローを見出すことで、むしろ活性化していることを指摘する。また、本書第６章で福西（「グローバル化する経済の都市労働者」）で示されている通り、グローバル化と政府の政策の失敗によりもたらされうるフォーマルセクターでの大規模な失業に際して、インフォーマルセクターはそのショックを緩和しうる受け皿として機能する。そのため、グローバル化や近代化にともなうフォーマル化により、ひとたびインフォーマルセクターが縮小しても、経済的困難の際にはいつでも再興しうる部門として潜在していると考えられる。

本稿では、タンザニアの中央政府・行政が経済自由化以降、およそ三〇年にわたり排斥できなかった路上商売が市内中心部から縮小し、インフォーマルな営業形態がフォーマル化されていくようにみえる現象を扱う。ただし本稿では、都市の空間管理に適した「フォーマル化」の実態が、従来とは異なるインフォーマル経済の発現であること、インフォーマル経済のニッチが視覚的に問題化される物理的な空間から情報コミュニケーション空間へとシフトしつつあることを明らかにする。そこから、かつて路上空間で営まれていた共生的な関係性の再創造の可能性を議論したい。

私は、二〇〇一年から二〇一〇年までに、計約四年、タンザニア北西部の地方拠点都市ムワンザ市において路上商人マチンガの商慣行や社会関係について断続的なフィールドワークを実施してきた。二〇一一年八月と九月、二〇一二年九月には、ムワンザ市で新たに結成されたマチンガ組合シウマの活動内容と組合の展開について組合員六八人と同組合への参加を拒んだ路上商人二一〇人に聞き取り調査を実施した。二〇一三年から二〇一五年は、タンザニア北西部のローカルな森林資源の流通を調査するため、調査の拠点をアルーシャ市に移したが、ムワンザ市の路上商人（二一人）とは毎日電話やメールで連絡を取っていた。本稿で用いるデータは、これらのフィールドワークで集めたものによる。

2　路上商人暴動と自主的な空間管理

（一）路上商人暴動の変容

二〇一一年七月、ムワンザ市においてこれまで幾度となく繰り返されてきた路上商人マチンガによる暴動が再び起きた。直接的なきっかけはムワンザ市最大の商業ストリートであるマコロボーイ・ストリート西側のインド系寺院・幼稚園前の路上で営業していた路上商人が、警官による立ち退き命令に抵抗して投石を働いたことによる。いつものように暴動は瞬く間に他の路上へと飛び火し、数時間の後に市内全域へと拡大した。興奮した路上商人や暴徒化した若者たちが市内へと入る主要道路を、破壊した建物の残骸や車に火をつけて封鎖し、街を占拠する。機動隊が投入され、催涙弾による威嚇射撃によって路上商人側に多数の負傷者と逮捕者を出しながら、暴動を鎮圧。いつも通りの展開と結末であるようにみえた。ただし、二〇一一年の暴動ではそれまでの路上商人暴動と違った点が背景として生じていた。それを説明するために、二〇一〇年一〇月に行われた大統領・国会議員・市議会選挙前の動向に立ち戻りたい。

タンザニア政府は一九九二年に複数政党制を復帰、複数政党制に復帰後にはじめておこなわれた一九九五年の総選挙から過去三回の選挙で革命党（*Chama cha Mapinduzi*）が圧倒的な勝利を収めた。二〇一〇年の大統領選挙でも革命党が勝利し、キクウェテ大統領が再選を果たした。しかし二〇一〇年の選挙では野党も善戦し、とりわけ北部・北西部のいくつかの州と都市下層民を中心に支持基盤を拡大した民主開発党（*Chama cha Demokrasia na Maendeleo*）が躍進した。ムワンザ市の国会議員選では民主開発党が、イレメラ選挙区とニャマガナ選挙区の二つの選挙区で勝利した。市議会選でも市長、副市長ともに民主開発党が椅子を獲得した。このムワンザ市での選挙と、二〇一一年の路上商人暴動は少なからぬ関係を持っていた。

タンザニアでは三五歳以下の若年人口が、中高年人口をはるかに上回る。二〇一二年の国勢調査の結果によると、タンザニアの四四九二万八九二三人の人口のうち、選挙権をもつ一八歳〜三五歳の人口は、一二八〇万八五五一人で、三六歳以上の全人口九六一万五五八五人を上回っている[1]。とくに地方からの若年人口の流入と老年人口の退出がつづく都市部では、若年人口の肥大化が顕著である。そのため、都市部における選挙活動では若者の心を掴むために、各政党ともストリート文化や若者文化を積極的に取り入れた選挙活動を展開した。また、選挙活動において、与野党はともに路上商人を重要なターゲットに定めた。路上商人は若年層の貧困や社会不安の象徴であったため、彼らに対する処遇は対路上商人政策という狭い枠組みを超えて、政府が貧しい若者、あるいは政策や施策に反抗的な市民にどう対峙するかを示す試金石となったのである。

二〇〇六年に大きな暴動を経験したムワンザ市でも、対路上商人政策が国会議員や市議会議員の選挙における一つの争点となった。革命党はこれまでの基本的な対路上商人対策の路線—郊外の公設市場への移動—は変更せず、マイクロ・ファイナンスの拡充案としてマチンガ銀行（*Machinga Bank*）の設立を公約に掲げた。それに対して、民主開発党は、（一）市当局（当時、革命党）が二〇〇六年に建設した郊外の公設市場の放棄、（二）市中心部における路上商人専用の商業施設マチンガ・コンプレックス（*Machinga Complex*）の建設、（三）施設の完成までの特定の路上における営業の許可を公約した。この与野党の政策の違いは、都市の空間管理にも密接に結びついていた。与党の公約は、都市中心部と郊外にインフォーマルセクターとフォーマルセクターを配置する分離策を維持すると同時に、路上商売の移転による郊外経済の活性化を企図したものであり、野党の公約は、路上商売を都市中心部の景観や機能に即した商形態、すなわち近代的な「モール」での経済活動に変質させることを企図した政策である。マチンガ・コンプレックスは、平均的な商店よりも小さな貸店舗が数多く入る屋内型デパートに中庭やアミューズメント・パークを組み込んだ巨大な複合商業施設として計画されている―ただし、マチンガ・コンプレックス自体は、ダルエスサラーム市で二〇一〇年に建設された同施設に倣ったものであり、もともとは革命党の施策だった。

ムワンザ市の路上商人は、第五節で後述する理由から郊外に建設された市場への移動を不合理なものだとみなしていた。特にこれまで幾度となく路上商人暴動の拠点となってきたマコロボーイ・ストリート東側の商人たちは、二〇〇六年の暴動後に市内中心部での商業施設の建設に関する嘆願書を市当局に出していたこともあり、民主開発党の施策を好意的に受けとめた。彼らは、選挙の数か月前に民主開発党の議員に「選挙に勝ったら」、都心部で路上商売の場所をつくると約束されたことを受けて、二〇一〇年六月に路上商人組合シウマ（ＳＨＩＵＭＡ：*Shilika la Umoja wa Machinga*）を結成し、民主開発党支持を呼びかけた。

路上商人たちは、二〇一〇年一〇月に政権野党の民主開発党が市議会選に勝利した後、市内の路上が同施設の建設まで自由に使えるという公約は果たされるものと理解した。ところが、この公約は文書化されておらず、警察は選挙前に政権与党の革命党が取り決めた内容に従って動いていた。そのため、二〇一一年の暴動は、「許可されたはずの」路上からの立ち退きを命じられたことが原因であるように報道された。ただ、そのように考えると、おかしな点があった。

この暴動において興味深い出来事は、次の二点である。第一に、市当局に認可された唯一の路上商人組合シウマが、この暴動の鎮圧に貢献したことである。この時の暴動では、同組合のなかで民間警察（*Polisi Jamii*）に任命された者が主体となり、警察と連携して暴動に乗じて強盗や家屋の破壊に関与していた若者を捕まえたという。第二に、インド系住民が路上商人を銃殺したという嘘のうわさが広まったことである。暴動が高まりをみせた時、ムワンザ市の警察署長は「営業は許可されているはずだ」という路上商人側の主張について市長室と連絡を取った。その後、警察署長は正式に路上商売は認められていること、ただし、すべての路上が許可されるわけではなく、インド系寺院の前などの路上は営業禁止であることを通告した。この後に、路上商人たちは、警察署長の口から正式に路上商売の許可が下りたことに喝采し、警察署長を市当局までエスコートする騒ぎにまでなったとされる。しかし、その直後、上述したインド系住民による路上商人の銃殺に関する偽のうわさが流れ、ふたたび暴動が再燃した。結果としては、暴動は鎮圧されたのだが、この偽のうわさは野党の勝利とマチンガ組合の結成後に生じた路上空間をめぐる大きな変化を象徴していた。

（二）路上空間の自主的な管理

議員候補がシウマの組合員たちに営業を認めたとされる場所は、インド系寺院前などの人種的なコンフリクトが想定される場所、交通の要所、官公庁、富裕層の消費地以外の路上に限定されており、路上商人すべてを包摂するうえで十分な広さを備えていなかった。二〇一二年に暴動のきっかけをつくった路上商人本人への聞き取り調査から、二〇一一年の暴動の発端となったマコロボーイ・ストリート西側のインド系寺院前で営業していた商人たちは全員、その場所が営業禁止区域であることを知っていたとされる。それでも彼らが「知らないふりして」、暴動を起こした理由は、暴動の目的に市当局への不服従・反感の表明といった意図だけでなく、営業が認められた場所で活動する他の路上商人、とりわけ路上商人組合シウマのメンバーに対する反感の表明が企図されていたためである。

シウマは、「市当局が営業を許可した」マコロボーイ・ストリート東側で主として衣料品雑貨を扱う路上商人たちが中心となって結成された。同組合の活動内容の詳細とその後に組合が辿った経緯は別の機会に譲り、ここでは割愛するが、彼らは組合が認可され、特定の路上での営業を認めてもらう見返りに、（一）ゴミの路上投棄を辞めるよう啓発・取り締まる美化運動、（二）許可された営業場所以外の場所で不法に営業をおこなう路上商人たちに立ち退きや許可された営業場所への移動を説得する啓蒙活動のふたつの自主的な空間管理をおこなっている。

かつて仕入れ先の商店へのアクセスの良さや顧客の多さなどの商売上の利便性によって価値づけられていた路上は、いまや合法の場所と非合法な場所に二分化された。商品の没収や検挙、罰金の支払い等の脅威にさらされずに安全に商売ができる前者の路上は、すぐに飽和状態になった。ここでシウマは、営業可能な路上空間で活動する組合員のインフォーマルな占有権を保証する役割を担うと同時に、それらの場所に参入を希望する路上商人に空いている場所を割り当てる活動も実施するようになった。ただしそのためには、入会金や会費を支払って組合員にならなくてはならず、実のところ組合幹部に近しくないと、場所は割り当てられなかった。当然ながら、市当局に路上商売が可能な場所の拡大を求めるのではなく、市当局の手先となって他の商人を管理／排除するシウマの活動には批判の声があがった。その一方で、オープンアクセスの原則のもとで流動的に使われていた路上空間の占有権を、シウマを通じて市当局に認められることに賛同する動きもみられ、組合は二〇一二年までに千人を超える規模に拡大していった。

路上商人が空間の占有権に関心を寄せるようになった背景には、二〇〇〇年代後半から二〇一〇年代を通じて路上商売が営業可能な場所が狭隘化の一途を辿ったことが挙げられる。次節では、路上商売が可能な営業場所の狭隘化していく原因を探りたい。

3　都市再開発と路上空間の変質

（一）路上商売が可能な場所の狭隘化

ムワンザ市における都市の再開発は民間主導ではなく行政主導で展開してきた。九〇年代を通じて都心部の開発は低調であり、本格的に都心部の開発が行われたのは、二〇〇〇年代に入ってからのことである。都市再開発の契機となったのは、二〇〇二年に発表されたムワンザ市行政の都市中心部改良プランである（Mwanza 1994）。二〇〇三年、市当局は市内商業地区の活性化と交通の円滑化を目的として、市内商業地区に一〇〇以上の小道を新設し、この小道沿いに貸店舗を増設していった。市内中心部において路上商売の可能な場所が狭隘化していく過程は、この貸店舗の増設に端を発する。

増設された貸店舗には、二〇〇〇年代以降にタンザニア市場を席巻することとなったアジア製衣料品をあつかう商人が多数参入した。二〇〇四年に市内商業地区で開店していた全衣料品店を踏査した結果、一九九九年までには一八軒しかなかった衣料品店は、二〇〇四年までのわずか五年間で一六倍以上の二九七軒に激増した。これ以降も、衣料品店は増加していき、二〇一二年九月に再調査したときには、四六七軒が開店していた。現在も商店の数は増えつづけており、衣料品雑貨以外を含めて一〇〇〇軒を超える貸店舗が増設されたという。その結果、市内には通行人が数人やっと通れるほどの狭い道幅の小道を挟んで両側に零細な商店がびっしりと立ち並ぶ、迷路のような景観がつくられていった。小道を挟んでたつ商店のディスプレイは、店舗周辺の路上にはみ出しがちであるため、物理的にも路上商人が商品を展示する空間的余地がまったくない場所となった。

また、これらの貸店舗を収容する、いくつかの複合商業ビルも建設された。オーウェンによれば、一九九〇年代にムワンザ市において五階建て以上の建物の数はわずか七つだった。しかし二〇〇三年以降の都市再開発の動向により、二〇〇四年までに一八の五階建て以上のビルが、二〇一三年までに八三の五階建て以上のビルが建設され、さらに八つの複合商業ビルが建設中であったという（Owen 2014: 146–147）。これらの商業施設の多くには、オフィスや数十軒の貸店舗が入っているが、商業施設内の通路での路上商売はもちろんのこと、行商人の立ち入りも禁止されている。

また、二〇〇〇年代のムワンザ市の再開発を促進した重要な背景には、都市の人口増加だけでなく、二〇〇二年以降に進展した東アフリカ諸国間の経済連携がある。タンザニア、ウガンダ、ケニアは、二〇〇一年に東アフリカ共同体を再結成（二〇〇七年にルワンダとブルンジが加盟）し、二〇〇五年には関税同盟を結成、域内関税の段階的な撤廃と対外共通関税の導入が完了した二〇一〇年には東アフリカ共通市場化への移行が正式に宣言された。これに伴い、ビクトリア湖に面してケニアとウガンダとの国境に接したムワンザでは、隣国との交易や、隣国へ／からの労働移動が活性化した。その結果、同市は、タンザニア北西部地域の拠点都市ではなく、東アフリカ共通市場における拠点都市としての役割が期待されるようになっていく。

私がタンザニアで調査を開始した二〇〇〇年代初頭、ムワンザ市の高級ホテルは、湖岸沿いのリゾートホテルを除けば、高級住宅街の麓にあるホテル・ティラピアと、市内中心部のニュー・ムワンザホテルの二つしかなかった。また、スーパーマーケットも二つしかなかった。しかし、二〇〇〇年代後半から同市を訪れる外国人旅行者やビジネスマン向けの高級ホテルが市内中心部に次々と建設され、外国製の菓子やシャンプーなどを販売するミニ・スーパーマーケットは、市内のあらゆる路上に点在するようになり、ショッピングモールやホームセンターも把握している限りで七軒が開設されている。なかでも、二〇一五年八月一五日にオープンした「ムワンザ・ロックシティ・モール」は、これまで同市内はもちろんビクトリア湖周辺地域全体にもみられない「ウルトラモダンな」ショッピングモールとして注目を集めている。ロックシティ・モールは、LAPF Pensions Fundとムワンザ市当局のジョイントベンチャー会社（Mwanza City Commercial Complex Limited：ＭＣＣＣＬ）により環ビクトリア湖地域のハブ機能を担う商業拠点として建設された施設ある。(2) 巨大なモールには、デパート、レストラン、銀行、フードコート、映画館やカジノなどの娯楽施設などが入っている（図1）。

これらの高級ホテルや商業施設は、路上商売の営業場所の狭隘化に拍車をかけた。たとえば、図2の右端に写っているビルは、二〇〇八年に建設されたＰＰＦコマーシャル・プラザの外観である。壁と路上の間にはフェンスで囲まれた芝生があったり、国旗が並んでいたり、玄関へのアプローチまでにスロープがあり、路上商人が商品を展示したり地べたに商品を並べて居座ることに心理的なハードルを感じるような舗装がなされている。すなわち、高級ホテルやモールの周囲の路上はその美しい外観によって、ここは路上商人をふくめた多様なアク

図1　環ビクトリア湖地域でもっとも近代的な商業施設として建設されたムワンザ・ロックシティ・モールの外観。同施設にはスーパーマーケットや，衣料品店，宝石店などを扱う店舗，カジノや映画館，ナイトクラブ，子どもの遊戯施設が入っている。（写真は同施設を紹介する facebook（https://www.facebook.com/MwanzaSonara/）より転載。）

図 2　市内中心部のケニヤッタ・ロードに立地する PPF コマーシャルプラザは，Parastatal Pensions Funds が所有する複合商業ビルであり，四つ星ホテルの Gold Crest Hotel も併設している。同施設の前には，噴水のある小さなガーデンがあり，ビル周辺の道路は舗装されている。路上商人による商品の展示はみられない。
（https://www.flickr.com/photos/emilsjoblom/ より転載。）

ターと「争われる公共空間」ではなく、これらの施設を訪れる客が通行するためだけの空間、「非＝場所」（オジェ 2002）であることを主張しているのである。さらに周囲には、ホテルやショッピングモール、併設する銀行などに雇用された警備員が盗難を防止したり、客を誘導するために巡回している。これら民間の警備員は、路上商売を取り締まることを仕事にしているわけではないが、市が路上商人を取り締まるためだけに雇用した労働者（「ムガンボ」*mgambo*）よりもはるかに効果的に路上商売を抑止している。なぜなら広い市内を巡回するムガンボは特定の路上で最大でも一時間程度しか留まることはないが、モールやホテルの警備員は、二四時間、特定の路上で警備にあたる。彼らは、市に路上商人の取り締まりのために一時的に雇用された非正規の契約労働者ではなく、ホテルやモールに雇用された正規労働者であるので、賄賂の授受などの職務規定違反をして就業機会を棒に振るようなことはしない。

（二）商店街のインフォーマル化

このような商店街の活性化やホテル等の建設は、路上商人たちにとって市当局による取り締まりのように抵抗できる／抵抗すべき一過性の出来事ではなく、都市の近代化や発展にともなう「自然で不可逆的な発展」として受け止められた。友人の路上商人たちのなかにも状況／時代に不適合なものになった路上商売の継続に危機感を募らせる者が増えていった。そして実際に、商店経営に参入する者が急増していったのである。

二〇〇四年一二月と二〇一二年に新規商店経営者に聞き取り調査を行った結果、ふたつの調査時では、商店に参入している商人層には違いがあることが明らかとなった。上述したように、市内の貸店舗は市が建設したものであり、店舗を経営するためには営業許可を取得し、市当局に一年間の賃貸料である二〇〇万シリングから四〇〇万シリングを前払いする必要がある。また他店と競いながら集客するためには、婦人服ならば、最低でも一〇〇点の品ぞろえが必要とされる。このような莫大な初期投資が必要であったために、二〇〇四年の調査時では、商店主は、数百万シリング以上の資本をもつ大規模な商人で構成されていた。ところが、二〇一二年に再調査した時には、四六七軒中、約半数の二二八軒の店主は数年前まで、数万から数十万シリングの資本しか持たなかった路上商人で占められていた。ここで興味深い点は、なぜ資本が不足した路上商人が商店経営に参入することができたかである。別稿にて詳述したので、具体例(小川 印刷中)はそちらを参照されたいが、その理由は以下の通りである。

まず、東アフリカ共通市場化を背景とした隣国との交易や、中国・東南アジア諸国からの商品の輸入業により成功した商人のなかから、市行政に一年間の賃貸料を前払いし、実際の商店主に月単位で店を貸しだす賃貸業／オーナー業を営むものが出現した。この大家の出現により、事業開始以前に、年間の賃貸料を払う資金がない零細商人でも、月々の家賃さえ支払うことができれば商店経営に参入できるようになったのである。さらに、商店をディスプレイするのに十分な数の商品を揃える資金のない零細商人たちは、二、三人で一つの店舗を共同で賃借するようになった。ただし、彼らは、共同出資してビジネスを行うわけではなく、それぞれ自らが仕入れた商品の売り上げで独立自営業をしているため、実態としては一つの店舗に複数の独立経営をする零細な路上商人が参入している構造となっている。

このような店舗を独立自営業者たちがシェアする形態は、路上商人たちがもともと実践していた路上空間の利用のあり方を応用したものである。シウマによるインフォーマルな空間管理が展開する以前、路上商売は、集積

（集合化）と分散（流動化）の効果を調整するオートポイエーシス的なシステムによって成立していた。路上商人が限られた資本で扱える商品点数は少ないため、より多くの品ぞろえが可能な規模の大きな商店やモールと競争して集客するうえで、あるいは広告やマーケティングなしに「流行」を創出したり価格を統制するうえで、同種の商品を扱う商人が特定の路上に集合することには一定の利益があった。実際に、現在でもマコロボーイ・ストリートは婦人服、タクシー・スタンド前はリネン類、ミティ・ミレフ・ストリートは靴といった、ごく緩やかではあるが、商品ごとの集合がみられる。同種の商品を扱う商人どうしの間では、仲間の商人が不在の時に代わりに商品を販売したり、客の注文に応じて商品を交換しあうなどの互酬的な協力関係が広くみられる。商店をシェアする関係は、このような路上商人たちの仲間関係をベースとしていた。一方で、同種の商品を扱う路上商人どうしはライバル関係にある。彼らの多くが扱う衣料品雑貨の市場は不安定なので、路上商人どうしの競争の激化や共倒れを回避するために分散化／流動化する動きも同時に起きていた。商人たちは特定の路上での競争の高まりを察知すると、別の路上に移動したり、かつての路上で競争力をもっていた商人が他のより大きな商売へと退出すると、再び戻ってくることを柔軟におこなっていた。また、朝の通勤時間帯にはバス停付近で商売をし、通勤ラッシュが終わると、野菜市場前や病院前の路上へと移動し、夕方の通勤時間に再びバス停付近に戻るといった各時間帯による客の見込み数に応じた場所の移動や、客通りが途絶えると露店の商品を担いで行商に出るといったことを各自が各自の裁量でおこなうことで、特定の路上での過密化と過度な競争は緩和されていた。つまり、彼らにとって商店経営が困難だった理由は、資本の不足だけではなく、固定的な場所で営業する商店では、商人どうしの共生的な関係を維持することが困難だったことにもよっていた。それが、月単位の家賃支払いのしくみにより、路上空間への参入退出と同じように、商店という空間への参入退出を繰り返すことができるようになった。その結果、興味深いことに、路上商人たちは資本規模や流動性（参入退出の頻度）、独立自営の営業形態が変化しないまま、路上商人から商店主への移行―タンザニアの法規上のインフォーマルセクターからフォーマルセクターへの移行を成し遂げたのである。

しかし、すべての路上商人が商店経営へと参入できたわけではない。その理由は第一に、一〇〇〇軒の新規の貸店舗を三名ずつで共有したとしても、これらの商店が収容できる路上商人の数は、三〇〇〇人に過ぎないことが挙げられる。ムワンザ市における路上商人の数は、私が調査していた二〇〇四年頃の時点で市内中心部だけで六〇〇〇人を超えていた（小川 2011）。同市の人口成長に鑑みると、現在では、最低でも一万人は存在すると推計できる。実際に、商店経営に参入した商人への聞き取り調査によると、彼らの多くは大家業を営む商人との何らかのつながりがあった。

このようなかたちで、市内中心部で営業可能な場所を見つけられなかった路上商人は、二〇一一年以降にも報道されているだけで二回の暴動を起こした[3]。その一方で、二〇〇六年の暴動後に市当局が郊外に建設した公設市場へと移動を開始する路上商人が増えていく。市当局が二〇〇六年の暴動後に建設した二つの市場―キロレリ市場とブズルガ市場は、その後に移動する商人がほとんどいなかったために、二〇〇九年の完成から五年近く、草が生い茂ったまま放置されてきた。二〇一二年に調査した時点では、キロレリ市場の食堂の一部は洗車場として利用されており、食堂の内部は、落書きやマリファナの吸い殻、シンナーの袋が散乱する不良少年のたまり場となっていた（図3）。なぜ路上商人たちは、二〇一四年頃から突如として郊外の市場への移動を開始したのだろうか。

図 3　2006 年の暴動後に建設されたキロレリ市場は利用する商人がいなかったことから荒廃していた。トイレとシャワー施設はインフォーマルな洗車場に，食堂は不良のたまり場になっていた。2012 年の調査時点では，路上商人たちが公設市場に移動する気配は全く感じられなかった（筆者撮影 2012 年 9 月）。

4　携帯電話を通じた都市空間の変容

路上商人が郊外の市場へと移動し始めた理由は、携帯電話（以下、携帯と記す）と携帯を通じた送金サービスの急速な普及により、路上商人と商店主、路上商人と消費者とのあいだで展開してきた商慣行が大きく変化したことと密接に関連する。商慣行がどのように変化し、なぜ路上商人たちが公設市場への移動を始めたのかを説明する前に、本節ではタンザニアにおける携帯の普及と送金サービスについて少し詳しく述べておきたい。

（一）タンザニアにおける携帯の普及

携帯は、固定電話をもつ人口が限られていたアフリカにおいて急速に発展したBOPビジネスである。二〇〇〇年の時点では、アフリカ五三か国で一五〇〇万人ほどであった契約数は、二〇一〇年では五億四〇〇〇万人近くにまで膨れ上がり、二〇〇五年から二〇一〇年までの携帯加入者数の年平均増加率は、アフリカ全体で三一パーセントにも及ぶ（羽渕ら編 2012: 4）。タンザニアも携帯普及率が高い国である。タンザニア通信規制局によると、携帯の利用登録者数は、二〇〇〇年の一一万五一八人から二〇一四年には三三〇三万八五〇〇人に急増している（図4）。二〇〇三年から〇四年七月までの長期調査では、私が調査対象としていた古着商人で携帯を所有する者は半数に満たなかった。しかし、二〇〇八年にヴォダコム社が後述する送金サービスを開始すると、携帯は

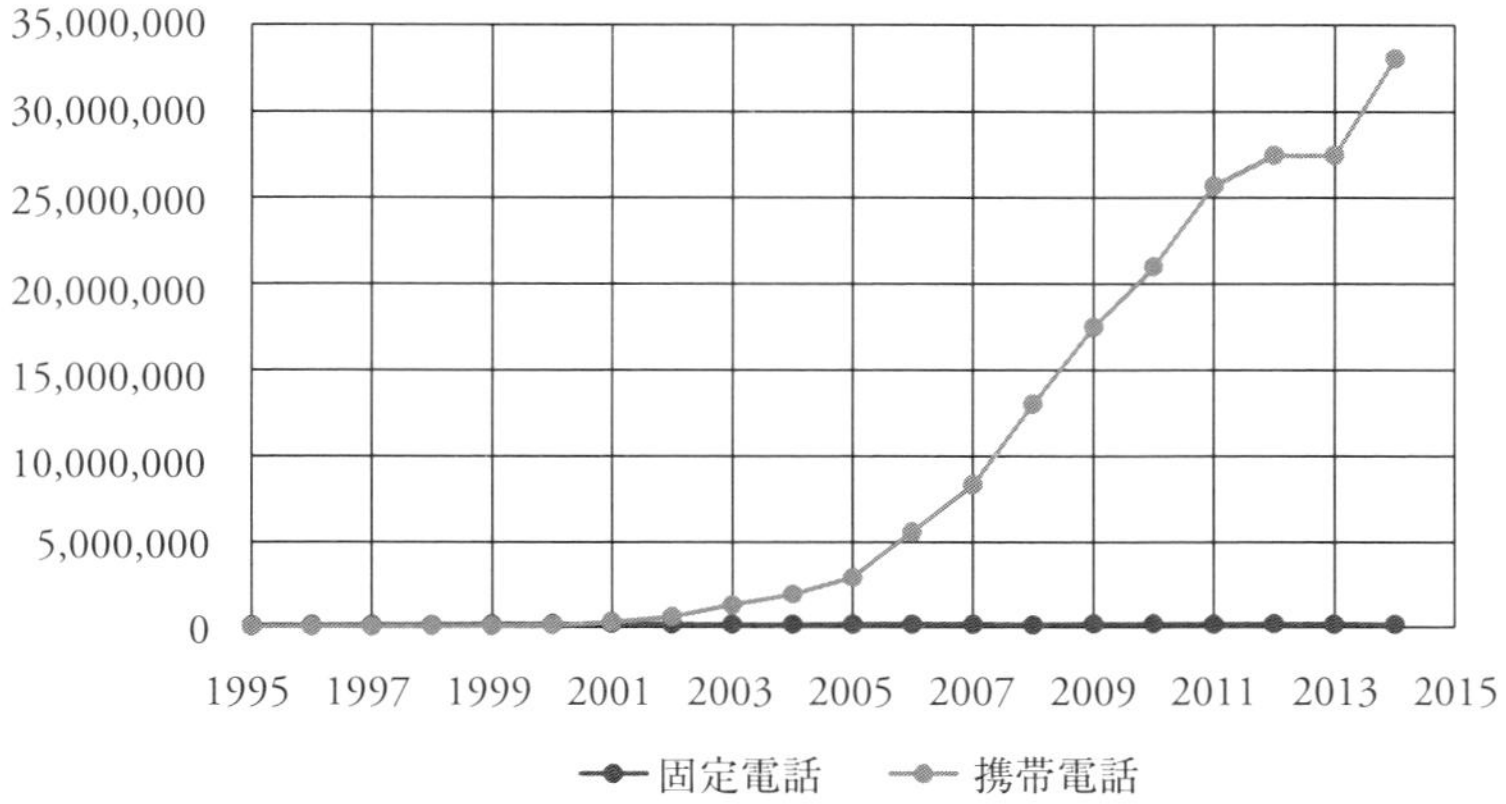

図４　タンザニアにおける固定電話と携帯電話の利用登録者数（1995–2014年）
Tanzania Communications Regulatory Authoritiesの各年の統計データより筆者作成。

瞬く間に路上商人の間にも広がっていった。

二〇一〇年代には、中国製の偽ブランド携帯や中国企業のリーズナブルなブランド携帯のスマートフォンが普及した。スマートフォンの普及にともない、いわゆる「ガラパゴス」携帯の価格は急降下していく。二〇〇三年に私が購入したモートローラ社の最安値のガラパゴス携帯は七万シリングだった。二〇一五年にアルーシャ市の商店街で調べた結果、最安値のガラパゴス携帯は三万シリング、最安値のスマートフォンは一〇万シリングだった。この間に物価水準は二倍程度に上昇しているので、二〇一五年のガラパゴス携帯は二〇〇三年当時の物価に照らすと、約五分の一程度の価値になる。二〇一三年改訂の民間部門の最低給与では、建設現場の日雇い労働者の日当の最低給与が九六一六シリングであるので、ガラパゴス携帯は日当の三日分で手に入る計算になる。また、スマートフォンも決して手の届かない価格ではなくなった。実際に、友人の零細商人たちはみなスマートフォン・ユーザーである。

また二〇一〇年代には、プリペイドカードではなく、制限時間内でより安価に通信料を購入する「パケット（*vifurushi*）」購入が通信会社各社により導入され、電話やインターネット利用を加速させることになった。たとえば、ティゴ社の場合は、①二四時間、②一週間、③一か月のパケットがある。都市下層の若者たちに最も利用されている二四時間のパケットにも多様な価格設定があるが、いちばん安価な四九九シリングの場合でも、二四時間のあいだ、一五分間の通話と三〇〇通のショートメッセージ、八メガバイト分のインターネット等の利用ができる。

（二）送金サービス——エム・ペサ

タンザニアにおいて携帯の急速な普及を後押ししたのは、二〇〇七年にケニアのサファリコム社が開発した「エム・ペサ」である。エム・ペサは、これまで銀行サービスにアクセスできなかった人びとがお金を安全かつ安価にやり取りする手段として、アフリカ諸国で急速に広まった送金サービスである（内藤 2012, 157）。タンザニアには、ヴォダコム社によって二〇〇八年四月に導入された。エム・ペサはまさに爆発的な勢いで普及した。タンザニア銀行がスポンサーとなって行われた大規模な調査では、二〇〇八年四月導入からわずか五年で九〇パーセントの成人が利用経験をもち、四三パーセントが定期的に利用するまでに拡大したとされている（Castri and Gidvani 2014: 2）。エム・ペサ代理店の数も急速に増加し、二〇一三年には正式登録されている支店だけで一五万三三六九店も開店した（Castri and Gidvani 2014: 2）。

エム・ペサの具体的な利用方法は次の通りである。①送金したい者は、最寄りのエム・ペサ代理店に行き、現金を電子マネーに換えて自身のエム・ペサ口座（携帯口座）にチャージする。②送り先の携帯番号へと電子マネーを送る。③受け取った側は、最寄りのエム・ペサ代理店で電子マネーを現金化する。同様のサービスは、現在では、ヴォダコム社以外にもタンザニアの主要なモバイル通信会社のすべてが実施している（各社で名称が異なる）。

エム・ペサがおこした革命は何より、送金に関わる時間や距離、そして不確実性の問題を解決したことにある。かつて空間的に離れた場所にいる人物に送金する手段は、一部の大都市間の送金に使うことのできたウエスタン・ユニオンを除くと、①郵便局のＥＭＳ、②バスの運転手やコンダクターへの委託、あるいは③知り合いに手紙とともに金銭を託す方法が採用されていた。いずれの方法でも、送金の要請を受けてから実際に相手に金銭が届けられるまでには相当な時間がかかった。また送金のためにまとまった金銭をかき集める時間もかかった。だが、銀行送金とは異なり、エム・ペサでは一〇〇〇シリング以下という非常に少額でも送金できるので、送金のためにまとまった額を貯める必要がない。たとえば、送金の要請を受けた者が近くの代理店に駆け込み、受け取りの連絡を受けるまでに要する時間は十分もかからない。さらにエム・ペサは、送金にともなう不確実性も解消した。送金相手の携帯番号が表示されるし、履歴に記録も残る。何より受け取った相手からすぐに受け取りの電話がかかってくる。二〇一〇年には、ＳＩＭカードの購入に身分証のコピーの提出が義務づけられた。

またエム・ペサは、銀行カードやクレジットカードの機能も代替する。銀行口座を持っている者も給与の一部を電子マネー化してエム・ペサ口座に入れている。大都会の銀行は混雑しており、地方都市では取引している銀行がないことも多い。エム・ペサ口座に電子マネーを入れておけば、大金を持ち歩くことなく、必要な時に必要な分だけを現金化することができる。近年では、銀行ＡＴＭからエム・ペサ口座の現金を引き落とすこともできるようになった。商店やオフィスのエム・ペサ口座に電子マネーを送ることでショッピングも可能である。クレジットカードのように、その時に現金がなくても後払いや分割払いができる。特にティゴ社は率先して、エム・ペサのクレジットカード化を推進しており、各都市の商店では「ここで払えます *lipa hapa*」という同社の看板が掲げられている。さらに、エム・ペサは世界八〇か国のウエスタン・ユニオンの窓口を通じて、送金を受け取ることができるため、銀行口座を持たずして世界各地の商業取引に参入可能である。

5　商慣行の変容と郊外への移動

では、なぜ零細商人が郊外の市場へと移動を開始したのかを検討したい。まず、郊外の市場になぜ路上商人たちが移動しない／できなかったのかを説明する。次に、彼らの移動を阻んでいた問題がいかにして携帯とエム・ペサの普及により解消されたのかを明らかにする。なお路上商人たちが郊外の公設市場への移動を拒む理由については、別稿にて詳述したので、具体例は小川（2011:268-320）を参照されたい。

（一）郊外の市場へ移動できない理由

路上商人が郊外の市場への移動を拒む理由は、①都市中心部の路上と比べた際の客の少なさや期待できる価格の低さ、②営業資金や参入後の税金等の支払いなどの不利益に加えて、仕入れ先の商店主との取引関係にもとづいた各々の商売戦略と郊外への移動が矛盾することによっていた。商店主と路上商人の商慣行は、路上商人と消費者とのあいだの取引に深くかかわるので、まず路上商売が消費者のどのような必要にもとづいた業態なのかを確認したい。

第一に、路上商売は基本的に移動能力、在庫貯蔵能力の低い消費者の購買行動に対応した業態である。逆に言えば、まとめ買いした商品を一度に運べる自家用車があり、商品を適切に保存できる広い部屋や設備を所有する消費者は路上商人を必要としない。

第二に、路上商売はいずれも消費者の収入の少なさだけでなく、収入の不規則性・不安定性に対応した商売である。たとえば、私の調査助手であるブクワは、現在、大工を生業にしている。ふだんは建設現場で日雇い労働を探しているが、しばしば数カ月程度の契約労働を獲得する。彼は日雇い労働をしている時には、自宅付近のキオスクや路上商人から、玉葱一つ、食用油ならソーダの瓶で指三本分、紅茶や洗剤は一パックずつといったかたちでその日、その時に消費する分だけを購入する。しかし、契約労働で月給を手にすると、中央市場まで出かけて玉ねぎを小バケツ一杯分、スーパーマーケットで二リットルの食用油のペットボトルや紅茶、洗剤の箱や大袋を購入することもある。居住区で営業する路上商人やキオスク店主の販売する品物もスーパーや卸売市場、商店街で仕入れた商品をばら売り／小分けにしたものであるので、定期的にまとまった収入があれば、直接的に商店や卸売市場で買ったほうが、路上商人のマージンの分だけ安くつくからだ。

第三に、右で述べた生活必需品を除くと、路上商売は大部分で、消費者の「衝動買い」をあてにして成立している。ショッピングモールや市場などは実際に購入するかどうかは別として、買い物を目的として出かける場所である。それに対して路上商売は、通勤などによく使われる道路やバス停、渋滞が発生しがちな交差路など、ショッピングを企図していない消費者にモノを買わせる商形態である。『無印都市の社会学』の序章で社会学者の近森高明は、コンビニやドラッグストアで買い物をする現代日本の「脱力した」消費のあり方をベンヤミンの〈気散じ〉という概念に着目して論じている（近森 2013:13-19）が、露店や路上商人がひしめく路上空間も、日本人にとってのコンビニと同じように、タンザニアの消費者にとっては、日常に埋め込まれた「脱力した消費」空間―欲求がひっきりなしに刺激され、ついつい商品を買ってしまう空間―でもある。

買い物に行く時間のない労働者や家を空けられない女性の便宜に合致したサービスを提供する行商人も、かなり「衝動買い」をあてにしている。一度でも行商人から商品を購入した消費者のところには、その消費者の嗜好性や必要性を予想した、おすすめの商品を揃えて見せに行くことになる。ここで「必要な消費」と「偶発的な消費」はしばしば一致する。なぜなら急に欲しくなった商品のなかには、計画的に購入を先延ばしにしてきたわけではないが、思い起こしてみれば、たまたま必要性に迫られなかったせいで先延ばしにしていた「欲しかった商品」が多々含まれているからである。このように、路上商売と行商は、欲しい商品／必要な商品があっても「買い物」に出かける時間的な余裕、あるいは気持ちのうえでの余裕がない人びとの消費を促す仕組みとしても成立しているのである。

ただし、本格的なマーケティングをするわけではないので、路上商人も行商も、客が気に入る商品を持っているか否かは、商売人としての勘にもとづいた「賭け事」であった。この投機性に対処するために、各々の路上商人・行商人は商店主と特定の商慣行を築いていた。彼らを、営業形態や販売場所ではなく、仕入れと販売に関わる戦略の違いで分類すると、(一)マリ・カウリ取引と呼ばれる信用取引をおこなう商人（以下、マリ・カウリ）、(二)ダラーリ、(三)ワペレンバージの三タイプに区分できた。

第一のマリ・カウリ（*mali kauli*）とは、商店主から商品を前渡しされ、夕方または翌朝に販売した商品の仕入れ代金を返済する方法で商売をおこなう商人である。マリ・カウリ取引では、売れ残った商品について再度値下げを交渉したり、返品を行うことができる。それゆえマリ・カウリ取引は、路上商人にとっては自己資本を超える量の商品を仕入れて、客の多様な嗜好性に対応できるよう商品を多角化するとともに、日々の値下げ交渉や返品を通じて消費者の嗜好性を見誤るリスクを商店主に負担してもらう戦略となっている。また、商店主にとっては、資本をもたない多数の路上商人を動員して、商品を迅速かつ大量に販売するとともに、現金で選ばせると売れ残る商品を信用の提供と引き換えに、誰かに販売させることを可能とする戦略となっている。ただし、マリ・カウリ取引では、日々の市場の動向に応じた仕入れ価格の再交渉や返品が重要となるため、郊外の市場の露店を飾るのに十分な大量の商品を一度に仕入れることには意味がなく、また担保もなしに信用を供与する商店主の側も日々の販売量を過度に超える商品を一度に路上商人に前渡しするリスクを引き受けることを好まなかった。またこの商慣行では、路上商人がその日の生計維持費を稼げなかった場合、商店主は交渉に応じて生活補助を手渡すことになっている。それゆえ、商売の悪化が見込まれる郊外の市場への路上商人の移動を商店主のほうが望んでおらず、結果として路上商人たちは、マリ・カウリ取引を維持しながら、郊外の市場へ移動することは難しかった。

第二のダラーリとは、商店主から少数のサンプルを購入して、商店の店先、あるいはその商店から数分以内で通える範囲の路上で販売する商人である。彼らは、もし消費者が見本として並べた商品とはサイズや色、デザインが異なる商品を希望した場合、客に「少し待ってくれ」と頼んで商店に走り、すでに仕入れたサンプルと客が希望した商品とを交換して戻り、販売する。あるいは客を商店まで連れていき、商店主と客とのあいだで販売が成立すると、客引き料として売り上げの数パーセントを報酬としてもらう。ダラーリの戦略とは、限られた資本で仕入れ可能な商品を交換可能な「サンプル」として有効活用することで、消費者の嗜好性を見誤るリスクを回避し、限られた数の商品で消費者の欲求を刺激する商品の多様化を成し遂げる戦略である。商店主からすると、ダラーリとは、出先で商店の商品を宣伝し、客引きを兼ねるエージェントに他ならない。ただし、この業態では、客がしびれを切らして立ち去らない時間で商店と販売場所を往復する必要があるため、市内中心部の商店からバスで三十分以上もかかる公設市場に移動することはできなかった。

第三のワペレンバージとは、消費者の嗜好性を見誤るリスクを回避するために、あらかじめ販路を確定してから商品を仕入れる業態を採っている商人である。彼らはまず、消費者のオフィスや自宅などを回って特定のデザインや機能の商品の注文を集めて回る。その後に、市内商業地区の商店を回って目当ての商品を探し出し、顧客に届ける。また彼らは、商店に消費者から注文が多かった商品を首座都市や隣国の輸入商・卸売商や、アジア諸国から商品を買いつける輸入商へと注文するよう助言する役割を担う。商店主にとっては、彼らはマーケティングを兼ねた販売員であり、それゆえ彼らに対してはたとえ一枚しか仕入れなくても、消費者とは異なる卸売価格での販売を認めてきた。しかし、ワペレンバージは市内中心部の商店街からオフィス街、居住区まで広く歩き回り、注文を集めてくることが主な仕事となるため、公設市場という一つのところで販売することはできなかった（小川 2011:268-310）。

（二）携帯による商慣行の変化

では、携帯とエム・ペサはこれらの商慣行をいかに変化させたのだろうか。

商慣行の変化を促した第一の要因は、携帯の普及にともない、いずれの商人にも顧客からの注文が頻繁に電話やメールで舞い込むようになったことが挙げられる。消費者からのショートメッセージには、サイズや色、デザインの細かな指示があり、なかには、友人や隣人が購入した商品と同じ商品が欲しいとメールに写真が添付されてくる場合もある。またサイズやデザインの情報に不備があっても、すぐに電話やショートメッセージで確かめることができる。客から注文を受けた路上商人は商店主たちにメールを送り、注文品の有無や卸売価格等を確かめる。ここでも複数の商店主の電話番号やメールアドレスがわかっていれば、かつてのように複数の商店を自らの足で回り、注文品を探しまわらなくてもよくなった。逆に商店主から新商品の入荷の知らせを受け取ることもある。その場合には、「おすすめの商品が手に入った」などと客に営業メールを送ることもできる。

携帯による注文の増加は、マリ・カウリとダラーリにとっては、ワペレンバージのようにあらかじめ販路を設けてから商品を購入する計画を立てることが可能になったことを意味した。その結果、信用の提供と引き換えに売れるか分からない商品を仕入れるマリ・カウリや、サンプルを活用して商売をおこなうダラーリという商戦略じたいが意味をなさなくなった。ワペレンバージにとっては、みずからの足で注文を取りに行く手間がなくなったため、一か所でオフィスを構えて商売をすることができるようになった。

商慣行の変化を促した第二の要因は、エム・ペサの普及により、消費者への掛売りが容易になったことである。かつてエム・ペサがなかった頃は、消費者のオフィスや自宅を直接訪問するワペレンバージ（行商人）を除いて、路上商人は自宅や職場などを把握している消費者以外には、めったに掛売りでの販売を認めなかった。行商人にしても掛売りはなるべく避けたいものだった。私が古着の行商人を参与観察していた二〇〇一年から〇四年頃までの間、行商人にとって最大の悩み事の一つは、客からの未済代金の取り立てであった。大抵の消費者は約束した日に訪問しても居留守を使われたり、もう少し待ってほしいと泣きつかれたりした。代金の支払いの遅れは、行商人の商売を十分に危機にさらすものだった。代金が支払われるまで仕入れ代金の返済を待ってもらえたり、焦げつきを商店主に負担してもらえることが、資本のある商人でもマリ・カウリ取引を選択した理由の一つとなっていた。

しかし、エム・ペサは、わざわざ訪問しなくても未済代金を回収することを可能にした。訪問の手間がないので、耳を揃えて商品代金を支払ってもらう必要もない。路上商人たちは、顧客に電話をする際に、「とりあえず、いま手元にある額だけを送ってくれ」と頼む。送金手数料は顧客持ちなので、五〇〇、一〇〇〇シリングといった無理のない額を少しずつ支払ってもらっても構わないのである。そして掛売りが基盤となる商売が展開するようになった。

たとえば、中国製の安物ジーンズをあつかう商人（三〇代後半、男性）は、「掛売りならば、一万二〇〇〇シリング、現金ならば、一万シリングぴったり」などと、掛売り価格と現金価格をそれぞれ別個に設けるようになったと語った。また、ブルンジ製の高級キテンゲ（アフリカン・プリント布地）を扱う商人（三〇代前半、女性）は、掛売りが大半となったので、「一か月に二度、支払い日を決め、分割払いの回数により、五百シリングずつ手数料を上乗せする仕組みを採用している」と語った。そのほうが早く支払いを完了してもらえるからだという。さらに、中等・高等学校の教職員を主な顧客として開拓した婦人服を扱う商人（二〇代後半、男性）は、「注文品を探す前に、消費者から手付金をとるようになった」と語った。彼は、注文を受けると、その品を扱う商店主と電話して決まった額にマージンを上乗せした販売額の一部を消費者に自身のエム・ペサ口座にあらかじめ送金してもらい、それを元手の一部として商売をするようになったという。その際には、顧客から送金された額をそのまま商店主に転送し、注文品を取りおいてもらうこともある。

このように掛売りが一般化すると、以前よりも多くの商品をあつかう必要性が生まれる。また分割払いでの販売が大半になれば、毎日、その日に販売した商品の仕入れ代金を届けることも困難になる。他方、商店への代金支払いもエム・ペサ口座を通じて簡単におこなうことができるため、販売した商品の仕入れ代金を商店まで届けにいく必要はなくなった。その結果、マリ・カウリ、ダラーリ、ワペレンバージとも、似通った営業形態へと変化していくことになった。すなわち、ある程度の注文を集め、それぞれの顧客にいくらで売ることができ、どの程度ならば、注文品以外の商品に投機できるかといった計画を立てたうえで、商店主から信用で商品を仕入れ、その代金を決められた日にちに分割で返済していく方法である。

そして、このような形で商売するならば、郊外の公設市場で商売をするほうが合理的である。なぜなら、結局のところ、路上商人が共通して担うこととなったのは、「個人の買い物の代行」である。市当局が建設した郊外の公設市場は、彼らから商品を購入する大半の客が暮らす居住区に立地している。商品の注文や引き取り窓口となるならば、消費者がいつでも気軽に立ち寄れる彼らの自宅付近の露店でおこなった方が良いだろう。また、商店主から大量の商品を信用で仕入れるためには、固定的な「場所」がある商人のほうが、信用を得やすいのである。以上の理由により、路上商人たちはついに郊外に建設された公設市場へと移動を開始したのである。

6　情報コミュニケーション空間におけるコンフリクト

このような携帯や送金システムに依拠した零細商売は、ある面では危ういものである。というのも、現在のところ、彼らが「代行」「窓口」機能を果たせているのは、消費者の自宅に商品を宅配する流通業が発展しておらず、一部のショッピングモールや携帯電話店を除くと、ネット通販が限定的で消費者が自宅に居ながら注文品を見つけることが難しいためだと想像されるからである。また、路上商人たちは、新たな問題として以下の点を指摘した。

第一に、情報コミュニケーション空間における競争の激化である。以上で述べた商売戦略は、電話やメールでの顧客やクレジットの獲得競争を余儀なくされる。私が聞き取り調査をしたほとんどの商人は、携帯利用料が増えたことや一日中携帯を手放せないことを新たな悩みとして指摘した。また携帯による顧客の確保は、新たなコンフリクトの種ともなった。たとえば、アルーシャ市での調査中にキロレリ市場へと移動した衣類商人たちと電話でやり取りした結果、次のような意見が提示された。

「路肩でコーヒーを飲んでいる時に居合わせた人と話が弾む。この続きをまた話そうよと電話番号を交換する。だけど、商売に行き詰ると、そうやって知り合った人たちに商品を注文したり、露店に新しい商品を見にきてもらうよう頼み込むことになる。客が来ない暇な時間は、ずっとメールをしている。一日に五十通以上も送ることがある。友人も家族も関係ない。今では携帯番号を教えてといっても（頻繁な営業を警戒して）教えてくれない人が多くなった」（二〇一五年八月二七日、三二歳、男性）。

「嫉妬が増えた。路上で商売をしていたときには、知り合いが別の商人から買っても、彼が持っていた商品をたまたま気に入っただけだと気にならなかった。いまは、なぜ自分ではなく、彼に注文したのかと考える」（二〇一五年八月二六日、三四歳、男性）。

かつて路上で「衝動買い」をあてにしていた商人たちにとって、消費者が自分の商品を購入するか否かは、第一義的には、客の気に入る商品を持っているか否かによっていた。それは、各商人の目利きの良さや商品の展示のしかた、接客の巧みさ、あるいは得意客の嗜好性を管理・予測するといった商売上のスキルによるものであり、賭け事だった。しかし客からの注文どおりの商品を仕入れるだけならば、新参者にもできる。現在において必要とされる技能は、ツイッターのフォロワーを集めたり、チャットのメンバーを拡大するのと同じ能力、継続的な電話やメールによって自分の存在をアピールしたり、広く浅いネットワークを維持・拡大する能力である。このヴァーチャルなコミュニケーション能力は、先に提示した後者の商人が述べるように、彼／彼女自身の人気のバロメーターへと容易に転換されがちである。

第二に、エム・ペサを利用した商売は、借金をめぐる悩み事を増やした点である。クレジットローンと同じで、エム・ペサで買い物した／仕入れた借金を返せなくなり、借金地獄に陥るのは、消費者と路上商人のいずれにも起きる。未済代金の回収が容易になり送金のリスクが減ったとしても、信用の不履行のリスクが減少したわけではない。支払いが困難になった消費者は着信拒否をする。ＳＩＭカードの購入に制限はなく、わずか二千シリングで新たなＳＩＭカードを購入できるので、なかには、計画的に可能な限りクレジットで買い物してから、いまのＳＩＭカードを捨てて、新しい電話番号を手に入れる者もいる。そのような形でクレジットが焦げ付いても、決められた日程で仕入れ代金を分割払いするようになった路上商人たちは、商店主に焦げ付きを負担してもらうことはできなくなった。

結局、携帯に依存した商慣行は、「信頼」の問題へと行きつく。多くの商人は携帯やメールは直接的に顔をみて対話するより容易に嘘をつくことができると指摘した。モロニーも、携帯を通じた嘘がタンザニアの零細自営業者たちの信頼関係を難しくしていると指摘している（Molony 2006）が、問題は単なる嘘の増加ではない。たとえば、これはアルーシャ市の農産物の仲買人（三〇歳、男性）から聞き取った話だが、電話やメールは次のような態度も可能にする。

「私は携帯とエム・ペサのおかげで、かつてよりもビジネスをうまく回していけるようになった。なぜなら、農民はいつでももっと高く買ってほしいと泣きつき、卸売商たちは少しでも前回と違う値段をいうと、それじゃあ食べていけないと文句を言う。携帯が普及する前は、どちらにも同情して商売ができなかった。顔を見なければ、簡単だ。泣き言が始まったら、『とにかくそういうわけだから、送金して』と言ってブツッと携帯を切ればいいのだから」（二〇一五年八月）。

かつて商店主や得意客との信頼は、人格的な関係の上に成立していた。彼らとの値段交渉やクレジットの返済をめぐる対面交渉では、表情や身振り、交渉文句のちょっとした矛盾などから互いの事情が伝わり、たとえ嘘に気づいても時と場合によって嘘を受け入れることも長期的な関係を維持するための「賢さ *ujanja*」のひとつだとされていた（小川二〇一一）。携帯やメールは、こうした「顔のみえる」交渉においてはできた値下げや借金の回収などにおける適度な要求や適切なタイミングの判断を難しくさせ、日々の関わりのなかで理解していた「嘘」を単なる信用の不履行に変えてしまったのだ。

ただし商人たちは、これら新たな問題への解決策を現在のところ、インターネットを通じた社会ネットワークのさらなる拡大に求めているようだ。たとえば、長年の友人である古着商人ニャワヤは、次のようなメールをくれた。

「むかしは困ったら、特定の消費者、特定の商店主に期待してしまった。いまはまだネットワークが小さいから同じような問題が起きている。もっとたくさんの顧客を得たら、特定の誰かに無理に商品を買ってくれと要求しなくても済むし、別の商人に顧客を盗られたといちいち気に病まなくなる。そのうち、カンパラやナイロビの輸入商と取引できるようになったら、いまの商店主に過度な値下げを期待しなくても済むようになる」。

こうしたネットワーク拡大への期待は、彼以外の商人も指摘する。その理由の一つには、多くの研究が指摘してきたように、路上商人をはじめとしたインフォーマル経済従事者は即応的な技能・知識の習得によって様々な職種／仕事を渡り歩くジェネラリスト的な生き方をしていることが挙げられる。人びとは都市や職場を頻繁に移動し、そこで新たな人間関係を築く。現在、三十代半ばを超えた調査助手のブクワも、行商、ハウスボーイ、トラックの荷卸し、肉屋への卸売り、建設会社での測量補助、バスの客引き・コンダクター、古着露店商、建築現場での日雇い労働、サンダル装飾、軽トラックの運転手、鉄くずのディーラー、大工とじつに多彩な仕事をしてきた。「私たちは離れてしまった人びととの関わりに飢えていた」と指摘する彼らとって、携帯はかつての仲間をつなぎ、さらにそれぞれの仲間が開拓した仲間をまだ見ぬ「未来」仲間として接続していくツールとなっている。このネットワークの拡大は、彼らの流動的な生き方のスタイルそのものと連続性をもつものだ。そして、零細商人たちの日々の対面交渉にもとづいた仕入先の商人や同じ路上で活動する商人どうし、固定的な顧客との濃密な社会関係は、こうした流動的な生計戦略を前提とした他の社会関係への柔軟な参入・退出の可能性を織り込んで成立してきた。たとえば、第三節で述べた、路上商人による路上空間の移動も、経済的な競争の激化だけでなく、支援に対する過度な期待や嫉妬に起因する社会関係の軋轢を解消する必要からも生じていた。そのため、ニャワヤが指摘するように、携帯を通じたネットワークの拡大は確かに、特定の商関係をうまく機能させるためにも働きうるのである。

7　おわりに

本章では、路上商人暴動にみられた変容から出発し、路上空間をめぐるコンフリクトがいかに変容したのかを明らかにしてきた。市当局による選別的な路上空間の合法化、都市再開発、東アフリカ諸国間の急速な経済連携を背景として路上商人が営業可能な場所は狭隘化した。市当局と路上商売を仲介する路上商人組合シウマは、狭隘化した路上空間を自主的に管理するようになった。また、市当局と路上商人を仲介する大家業の出現により、一部の商人は商店経営へと参入した。さらに携帯と携帯を通じた送金システムの普及を背景として、かつて移動を拒んで暴動を起こしていた商人のなかから、市当局が建設した郊外の市場へと自発的に移動する商人が増えていった。

これらのプロセスは、市当局の空間管理の施策に則ったかたちで、路上商人―インフォーマルセクターが「フォーマル化」していく過程となっている。しかし、これらの路上商売の自発的なフォーマル化の過程は、経済行為―「もののやり方」―における強固なまでの持続性を示しているように思われる。むしろ多くの、あるいは基本的な点で従来通りの商形態―たとえば、参入退出の容易さ、独立自営の原則、経済行為における非組織性、水平的かつ広範なネットワークの拡大など―を維持する／できるゆえに、彼らは空間管理に則ったフォーマル化―商店経営への参入や公設市場への移動―を成し遂げたようにもみえる。この過程を、国家が推し進めてきた空間の管理に対応しつつ、自らの経済行為とそれを支えるネットワークを維持し、再編し続けるための人びとの潜在力の発揮の過程と捉えることもできるだろう。本書第3章（「内発的な開発実践とコモンズの創出—タンザニアにおける水資源利用をめぐる対立と協働に着目して」）で荒木は、村の共有物（コモンズ）としての水力製粉機とマイクロ水力発電を創り出していくプロセスを、「人びとがみずから創造・蓄積し、運用してきた知識や制度」といった「潜在力」を源泉に、外来の適正技術や資金と縫合・統合させていく「知恵の実践力」の発揮として描いたが、本章で示した情報コミュニケーション技術を通じた「フォーマル化」のプロセスも同様の知恵の実践力の一つの表れであるといえよう。

情報コミュニケーション技術の進展は、時空間を圧縮することで物理的な路上空間をめぐるコンフリクトを解消したが、新しいかたちの関係性とコミュニケーションを維持する知恵が必要となった。現実世界における濃密な人間関係を煩わしく思いながらも、孤独に耐えられない先進諸国の住民がつながりを求めて殺到する情報コミュニケーション空間は、しばしば空疎で時に暴力的である。タンザニアの零細商人たちが、日々の生計を維持する糧として情報コミュニケーション空間にいかに新たな自分たちの「場所」を創造／再創造しうるかは、物理的な路上空間における共生の技法、柔軟に離合集散する互酬的ネットワークを、非対面的な関係を含むより広いネットワークに転用していくことに賭けられている。それはアフリカの人びとの共生に向けた潜在力の発揮の前に横たわる新しい課題であるといってもよい。

謝辞

本章の資料収集にあたっては、日本学術振興会科学研究費補助金「中古品と非正規品の越境交易にみる現代アフリカの消費文化に関する研究」（課題番号：24720402）の代表者、および科学研究費補助金「アフリカにおける地方経済活性化と資源保全に関する実証研究」

（課題番号：25257107。研究代表者：池野旬）の分担者として実施したタンザニア現地調査の機会を利用させていただいた。記して、謝意を表したい。

注

（1）http://www.nbs.go.tz/（二〇一五年八月二日参照）。
（2）http://rockitymall.com/about-us.php?arcm=active（二〇一五年一二月二七日参照）。
（3）二〇一二年一一月一五日。二〇一四年六月一二日。

参考文献

日本語文献

岩谷彩子（2012）「露店はモールを夢見るか――グローバル化するインドにおける露天商ビジネスの現在」（三尾裕子・床呂郁哉編）『グローバリゼーションズ――人類学、歴史学、地域研究の現場から』弘文堂。

小川さやか（2011）『都市を生きぬくための狡知――タンザニアの零細商人マチンガの民族誌』世界思想社。

小川さやか（印刷中）「仕事は仕事――東アフリカ諸国におけるインフォーマル経済のダイナミズム」（中谷文美・宇田川妙子編）『仕事の人類学』世界思想社。

オジェ、M（2002）『同時代世界の人類学』森山工訳、藤原書店。

近森高明（2013）「無印都市とは何か」（近森高明・工藤保則編）『無印都市の社会学――どこにでもある日常空間をフィールドする』法律文化社。

内藤直樹（2012）「カネとケータイが結ぶつながり―ケニアの難民によるモバイルマネー利用」羽渕一代・内藤直樹・岩佐光広編『メディアのフィールドワーク―アフリカとケータイの未来』北樹出版。

羽渕一代・内藤直樹・岩佐光広編（2012）『メディアのフィールドワーク――アフリカとケータイの未来』北樹出版。

ムニョス、F（2013）『俗都市化――ありふれた景観、グローバルな場所』竹中克行・笹野益生訳、昭和堂。

欧文文献

Anyamba, TJC (2008) *Diverse Informality: S patial Transformation in Nairobi*. VDM Verlag, Saarbrücken, Germany.

Brown, A (ed.) (2006) *Contested Space: Street Trading, Public Space, and Livelihoods in Developing Cities*, ITDG Publishing, Rugby, UK.

Castri, S and L Gidvani (2014) *Enabling Mobile Money Policies in Tanzania: A "Test ad Learn" Approach to Enabling Market-led Digital Financial Services*, Mobile Money for the Unbanked.

Evers, H-D and H. Schrader (eds) (1994) *The Moral Economy of Trade: Ethnicity and Developing Markets*. Routledge, London, UK.

Hansen, KT (2004) Who rules the streets?: The politics of vending space in Lusaka. In KT Hansen and M Vaa (eds), *Reconsidering Informality: Perspectives from Urban Africa*, pp. 62–80. Nordiska Afrikainstitutet, Uppsala, Sweden.

Hansen, KT (2010) Changing youth dynamics in Lusaka's informal economy in the context of economic liberalization. *African Study Quarterly*, 11: 2–3.

Harvey, D (2009) The right to the city. In *Social Justice and the City*, pp. 323–324.: The University of Georgia Press, Athens, GA.

Jimu, JM (2005) Negotiated economic opportunity and power: Perspectives and perceptions of street vending in urban Malawi. *Africa Development*, 30(4): 35–51.

Molony, T (2006) "I don't trust the phone; it always lies": Trust and information and communication technology in Tanzania micro-and small enterprises. *Information Technologies & International Development*, 3(4): 67–83.

Mwanza (Mwanza Municipal Council)(1994) *Mwanza Master Plan*（未公刊文書）

Nnkya, T (2006) An enabling framework?: Governance and street trading in Dar es Salaam, Tanzania. In A Brown (ed.), *Contested Space: Street Trading, Public Space, and Livelihoods in Developing Cities*. pp. 79–98. ITDG Publishing, Rugby, UK.

Owens, K (2014) *Negotiating in the City Urban Development in Tanzania*. Doctoral thesis, Department of Urban and Regional Planning, Michigan University.

Tripp, AM (1997) *Changing the Rule: The Politics of Liberalization and the Urban Informal Economy in Tanzania*. University of California Press, Oakland, CA.

第3部

国家と生きる

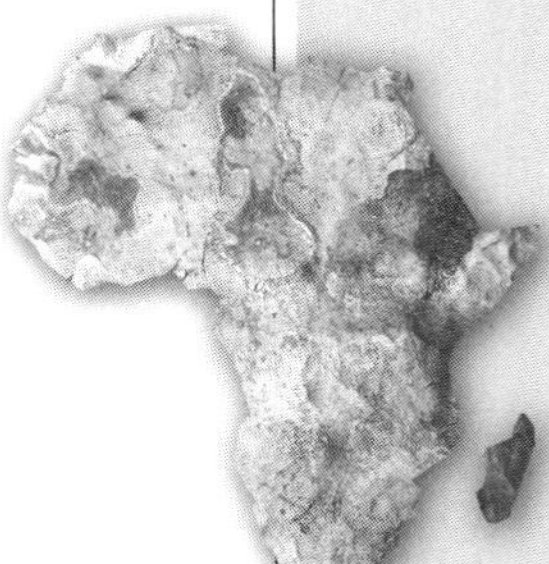

第8章

外生の変容をかわす生業戦略の柔軟性

── タンザニアの狩猟採集民と多民族国家

八塚春名

扉写真：ダンスを踊るハッツァと観光客。
タンザニア北部に暮らす狩猟採集民ハッツァは，1990年代より民族観光に従事している。観光客が来ると男性はヒヒの毛皮を着て観光客をもてなす。彼らは客と一緒に狩猟に出かけ，客にダンスを披露する。観光は，ハッツァに，生計や居住パターンなど多くの変化をもたらしているものの，ハッツァは居住地を移動することによって，観光とうまく距離をとりながら「彼らなり」の生活を構築している。

1　観光や農耕に従事する狩猟採集民

二〇一二年一二月、わたしはタンザニアの狩猟採集民ハッツァのキャンプ(1)を訪れた。同じタンザニアに暮らすサンダウェという人びとの村で、二〇〇三年から調査を続けてきたため、タンザニアの地方の暮らしには慣れていた。しかしハッツァのキャンプでは、いささか居心地の悪さを感じざるをえなかった。彼らはしばしば「最古の狩猟採集民」と形容され、現在でも狩猟採集活動を続けているが、同時に民族観光に巻き込まれてもいた。キャンプには、毎朝六時になると、外国人観光客を乗せた複数の車がやって来て、ハッツァは観光客と狩猟採集に出かけ、客に踊りを披露し、ビーズアクセサリを販売していた。一方のサンダウェは、現在、農耕を中心に生活しており、わたしを除いて村に外国人はほとんど来ない。サンダウェとの暮らしは、ほんとうにのんびりとしたものだった。

元来サンダウェは、ハッツァとともに、東アフリカのコイサン系言語グループに属する狩猟採集民だと言われていたが、現在では狩猟採集よりも農耕に重点を置く生活を送っている。一方のハッツァは今でも狩猟採集を続けていると聞いていた。そこでわたしは、二民族の生業実践やその変容過程の差異を知りたいと考え、サンダウェを対象とした研究を続けながら、ハッツァを対象とするフィールドワークを始めたのだ。しかし行ってみると、ハッツァの暮らしはサンダウェのそれとは大きく違っていた。

タンザニアには一二〇を越える民族が暮らしており、そのなかでもハッツァとサンダウェが居住する地域は、タンザニアの中央高地と呼ばれ、実に雑多な人びとが混住している。この地域に最初に暮らし始めたのはコイサン系の言語集団だといわれているが、後にバンツー系、クシ系、ナイロート系といった異なる言語を話す複数の集団がやってきた。その結果、中央高地には、さまざまな言語を話し、農耕、牧畜、狩猟採集といった多様な生業活動を営む人びとが隣り合わせに暮らしている。さらに一九世紀から二〇世紀にかけて、多数のアラブ人の象牙商人やヨーロッパからの宣教師らが訪れたこともあり、この地域では雑多な人びとが交流し合いながら暮らしてきた。

その中央高地において、狩猟採集民と言われてきたふたつの民族が、本章の主役であるハッツァとサンダウェである。彼らは狩猟採集という基盤をもちながら、近隣民族から農耕や家畜飼養を学んだり、近隣民族と生産物を交換したりしながら、自分たちの暮らしを構築してきたという、長い「共生」の歴史を有している。しかし、現在のハッツァとサンダウェは、生計手段や経済状況といったそれぞれの暮らしの根幹が大きく異なる。さらに今日では、ハッツァは自分たちの狩猟採集活動の基盤である土地権や生業権を主張し、国際社会から「先住民」と認識されているが、他方サンダウェは、農耕を生業の基盤にすることで経済的には近隣民族と類似しており、「先住民」とみなされる機会はほとんどない。

本章では、サンダウェとハッツァをめぐる近隣民族関係、国家政策の歴史、先住民運動への参加の三点に焦点を当てながら、両者の生業活動を取り巻く変容過程を追い、彼らがいかにタンザニアという多民族国家のなかで、また中央高地という多民族混住地域のなかで「共生」を果たしてきたのか、そしてそのなかでいかに自らを差異化させ、自己アイデンティティを保持してきたのかを考えたい。なお、本章は、人びとのこまかな実践に注目しながら、ローカル・レベルでの「共生」を見出すことをめざしており、アフリカの多民族国家における、国民統合についての政策レベルでの議論は叶わない。それらは、本章に続く第9章と第10章に譲りたい。

先行研究において、不安定な政治、経済に翻弄され、予測不可能な自然環境下に生きるアフリカの人びとが多面的な生計戦略や社会的・空間的に高い流動性を有することは、たびたび指摘されてきた。たとえば市川（1986）は、南部アフリカの狩猟採集民サンがもつ多面的な生計戦略が、変動の激しいカラハリの自然を生き抜くにはとりわけ有効であること、アフリカ狩猟採集社会が、周囲の自然的・社会的条件に応じて集団の構成をかなり変化させることができる柔軟性を有していることを論じている。サンダウェとハッツァも、不安定な降雨に悩まされる半乾燥地帯において、自然資源に依存した暮らしを送るなかで、こうした生計戦略における柔軟性を駆使してきたことは予測できる。また島田（2007）は、アフリカ農民の多生業・多就業指向や、空間的移動性が大きいことを踏まえたうえで、彼らの生計にみられる変化の激しさを「変わり身の速さ」と表現しながらも、他方、農民は基礎的な食糧生産を放棄することがないことを強調し、アフリカ農民は、変化に対する積極性と抵抗性といった二つの姿を併存させていると考察している。さらに、本書第7章のなかで小川は、調査対象である都市零細商人が都市や職場を頻繁に移動しており、彼らが個々に築きあげる社会関係は、流動的な生計戦略を前提とした他の社会関係への柔軟な参入・退出の可能性を織り込んで成立してきたことを指摘している。これらの議論を顧慮しつつ、本章の末尾では、国家政策に巻き込まれながら、生業を変容させ、自らの位置づけを変化させてきたハッツァとサンダウェが、現代タンザニアにおいて、どのように柔軟性や高い流動性を活かしながら生活を構築しているのかを検討しつつ、アフリカにおける多民族の共生と、それと関わる国家のありようを、アフリカの人びとの生業実践にみられる柔軟性をキーワードに考えていきたい。

話の舞台は、タンザニア北部アルーシャ州カラツ県マンゴーラ地区のハッツァのキャンプと、タンザニア中

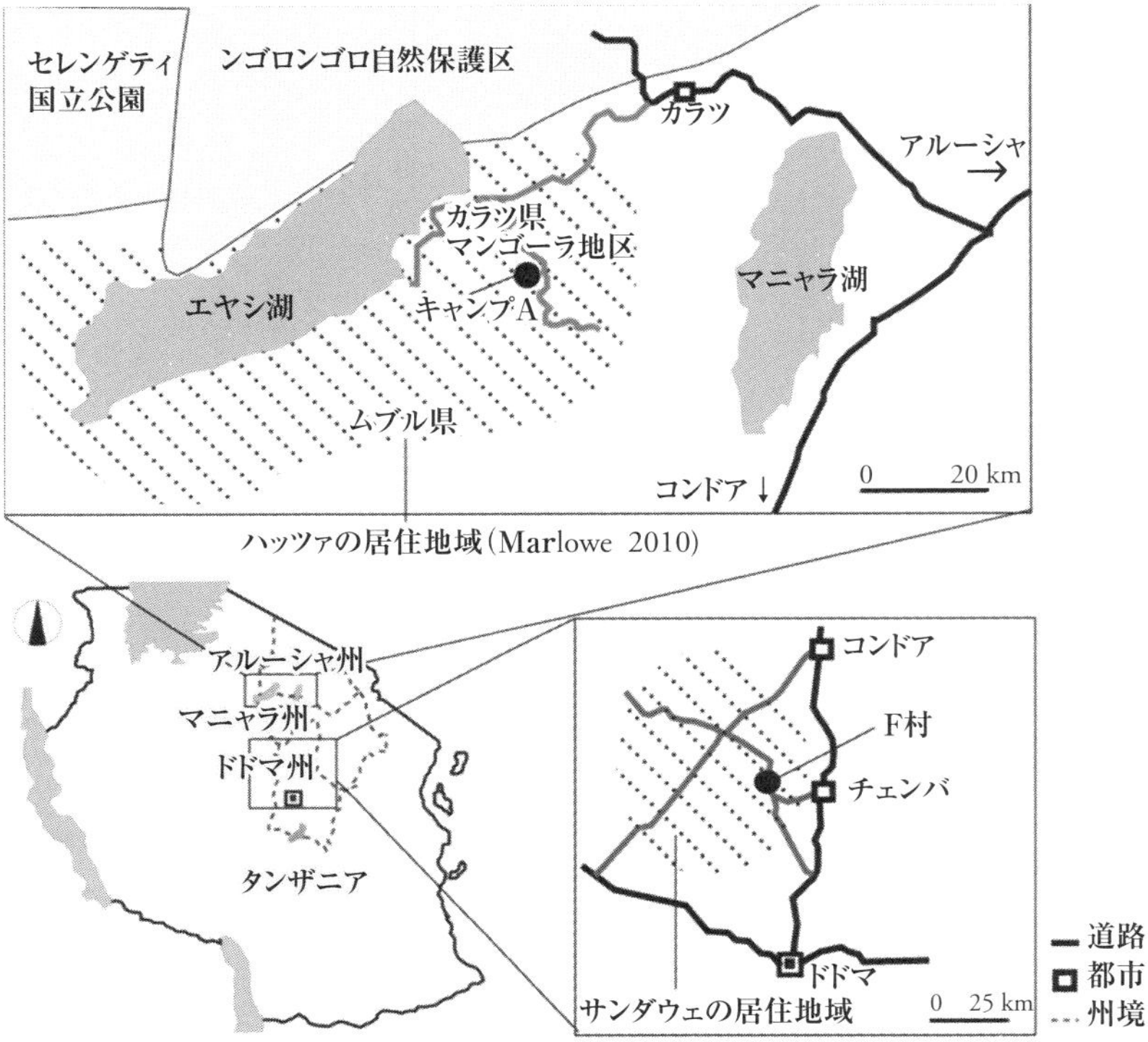

図1　ハッツァとサンダウェの居住地域

央部ドドマ州チェンバ県のサンダウェの居住地域である（図1）。ハッツァはタンザニア北部のエヤシ湖周辺の複数州にまたがって居住しているが、マンゴーラ地区はそのなかでも湖の東岸に位置する。いずれも年間降水量が六〇〇ミリ程度しかない半乾燥地帯に属する。ハッツァの人口は一〇〇〇人ほど（Marlowe 2010）[2]、一方のサンダウェの人口は六万人ほどと推定される[3]。ハッツァの近隣には、牧畜民ダトーガ、農牧民イラク、そして農耕に従事するイサンズやスクマといった多様な人びとが暮らしており、サンダウェの近隣には農耕民ランギ、ブルンゲ、農牧民ニャトゥル、ゴゴ、牧畜民マサイ、ダトーガが暮らしている。本章は、マンゴーラ地区に点在するハッツァのキャンプのひとつ（キャンプＡ）と、サンダウェの居住地域にあるＦ村において実施したフィールドワークで得られた資料をもとに話を進める。

2　タンザニアにおけるハッツァとサンダウェの位置づけ

ハッツァとサンダウェは、それぞれの居住地域に、他のいかなる民族よりも先に暮らし始めた人びとだと推測されている。この二民族はタンザニアの他の多くの民族とは異なる特徴的な出自と歴史的背景をもち、そのことは、長いあいだ考古学者や言語学者の関心を集めてきた。彼らの言語は南部アフリカのコイコイやサンのようにクリック音を用い、コイサン系のグループに分類されてきた。近年、ハッツァ研究者らは、ハッツァの言語はコイサン系には属さない独自のものだと主張しているものの、サンダウェとハッツァの特徴的な言語は、彼らが歴史的に南部アフリカの狩猟採集民サンと近縁であることを連想させ、これら二民族を狩猟採集民だと判断するひとつの根拠になってきた。最近では、ミトコンドリアＤＮＡやＹ染色体の解析によって、両者は遺伝的に近縁ではなく、それぞれの近隣民族との近縁性がもっとも高いことが示されており（Tishkoff *et al.* 2007）、近隣民族との混淆の歴史が解明されてきている。しかし、そうした新たな証拠の有無とは無関係に、他のタンザニア国民は、ハッツァとサンダウェのことを、「わたしたちとは異なる人びと」で、サバンナで動物を狩って暮らしていると認識している。さらにメディアはときに、彼らのことを「タンザニアのブッシュマン」と表することもある。とくにハッツァは、新聞やラジオでもたびたび、近代的な生活への変化が必要な人びとだと報じられてきたため、多くのタンザニア人は、ハッツァは今でも開発とは無縁の「伝統的な」暮らしを継続していると信じている。

一方のサンダウェの場合、言語などの特徴に由来する彼らへのステレオタイプなイメージは、「農耕のやり方を知らない」、「怠け者で農耕ができない」といった、サンダウェに対するネガティブなイメージをも作り上げてきた。またサンダウェ自身も、自分たちの先祖は南部アフリカの狩猟民であるという認識をもち、近隣民族との差異を強調する。サンダウェは、自分たちの言語が近隣民族が話すものと明確に異なることを当然に理解しており、さらに近隣民族に比べて自分たちの肌の色が褐色であると、他民族とのあいだの差異を説明する。これらの差異は、サンダウェの起源が近隣民族とは異なるということを、彼ら自身が容易に解釈する材料になっている。J・ニューマン（Newman 1978）は、サンダウェ自身が「わたしたちは（周囲の人びとと）まったく違ってみえる」とか「明らかに周辺の人びとのようではない」と語ることに言及したうえで、「事実であろうが、そうでなかろうが、サンダウェには身体的差異による先住民としての認識があり、それがサンダウェのエスニシティを決定づけている」と記した。わたしがこれまでにおこなった聞きとりによると、彼らが自分たちは南アフリカから来たと語る理由には、書物で読んだり、研究者から話を聞いた経験によるものもあるが、「南アフリカのネルソン・マンデラ元大統領が、自分たちとよく似た言葉を話すのをラジオで聞いた」という人もいた。コサ人であるマンデラは、系統ではバンツー系でありながらクリック音を用いるコサ語を話した。実際にマンデラがラジオでコサ語を話したのか、また、その演説をサンダウェがタンザニアで聞いたか否かは定かでないが、いずれにせよ、近隣民族との言語や身体的特徴にみられる差異が、サンダウェにとっても、また近隣民族にとっても、彼らの独自の歴史を形成するまぎれもない証拠となっていることは明らかである。タンザニア国内における、こうしたサンダウェとハッツァに対する認識は、他の多くの民族とのあいだに大きな差異を作り出し、圧倒的に農耕従事者が多い社会のなかで、彼らをそれぞれの地域のなかで唯一の狩猟採集民と位置付ける所以にもなってきた。

3　ハッツァとサンダウェの外部社会との関係史

（一）近隣民族との関係

ハッツァやサンダウェに関する最初の報告は、一九世紀末、ドイツの植民地期に書かれたものであった。その当時のハッツァは、植物の果実や根茎、野生動物の肉といった林産物に大きく依存していたことが報告されている（Bagshawe 1924–25; Woodburn 1968）。一方、多くのサンダウェは、その頃すでに定住し、穀物を栽培して家畜飼養を始めていたが、同時に、彼らにとってはハチミツや野生植物といった林産物が非常に重要な食糧源であったと記されている（Newman 1970）。

富川・富田（1980）によると、ハッツァが古くから居住してきた地域のひとつであるマンゴーラ地区には、一九二〇年代にドイツ人が入植し、泉を開発して灌漑溝を作った。彼はケニアのバンツー系農耕民をはじめとする農業労働者を複数連れてきて、マンゴーラでコーヒー農園を始めた。彼の農園は結局のところ失敗に終わったが、この泉の開発が、降雨の少ないマンゴーラにおいて、その後さらなる外国人や農耕民の移住につながったことは間違いないだろう。また、一九三〇年代から四〇年代にかけては、外国人ハンターに雇われたアフリカ人トラッカーや、宝石やサイの角、ヒョウの毛皮などを求める商人も多数やってきた。そうした人びとのなかには、マンゴーラに残り農耕を始めた人もおり、この頃以降、マンゴーラには多数の人びとが続々と移住をしてきた（富川・富田 1980）。牧畜民ダトーガはハッツァと並び古くからマンゴーラに居住してきたと考えられており、ダトーガの口頭伝承によると、一九世紀中頃にはすでにマンゴーラに暮らしていた（富川・富田 1980）。しかし一九四〇年代以降は、農牧民イラクのような他の民族も、家畜を連れてマンゴーラに移住してきた。

現在はマンゴーラ各処に大小いくつかの泉が分布し、地域住民はそれらを利用して大規模なタマネギ栽培を展開している。タマネギは、タンザニア北部の都市アルーシャやケニアの首都ナイロビに出荷され、村にはタマネギ栽培で儲けた農家の豪奢な家屋が複数軒ある。このタマネギ畑では、マンゴーラの農耕民だけでなく、タンザニア各地からやって来た多数の出稼ぎ労働者も働いている。しかし、一時的にでもハッツァが農作業に雇われることはなく、農耕民は口をそろえて「ハッツァには（タマネギ栽培の作業は）できない」という。

一九八〇年代までのマンゴーラでは、ハッツァが他民族の畑の開墾、家づくりの手伝い、水くみなどといった日雇い労働に雇われ、その報酬として現金や農作物を得ていた（石毛 1971; Ndagala 1985）。今日でも、わたしはムブル県において、近隣牧畜民から牧童として雇われているハッツァに会ったことがあり、また、F・マーロー（Marlowe 2010）は、農耕民が害獣から畑を護るためにハッツァを雇用していることを記している。しかし、先に述べたとおり、マンゴーラにおいては現在、タマネギ栽培はむろん、他のさまざまな活動にもハッツァが雇用されることはない。その主要な理由は、ハッツァが観光に参入し、自分たちで現金を稼ぐ手段を有しているからである。

一九九〇年代より、主に外国人観光客が「伝統的」な生活を続けるマンゴーラのハッツァのキャンプを訪れるようになった（扉写真）。当初、観光客は非常に少なかったが、世界遺産であるンゴロンゴロ自然保護区やセレンゲティ国立公園から近いという地理的な好条件ゆえ、観光客数は徐々に増加した。この観光はハッツァ主導ではなく、ハッツァやダトーガを研究対象とする外国人研究者と懇意にしていた近隣民族が始めたものであり、現在ではハッツァを除く複数の民族が通訳も兼ねたガイドを務めている。観光収益の多くは、ガイドや彼らの観光オフィスが位置する村の評議会に流れ、ハッツァへの配分が少ないことや、配分割合の決定にハッツァが関与できなかったことなど、ハッツァから多数の不満が挙げられているものの、マンゴーラに暮らすハッツァにとって、この観光収入が主要な現金稼得源になっていることは事実である。また、近隣に暮らすダトーガも鍛冶屋の仕事を観光客に披露し、近年では農耕民もタマネギ畑に観光客を案内するツアーを実施し始め、近隣民族もハッツァ観光に便乗している。

一方、サンダウェはかなり昔から近隣民族との交流をとおして生業を変化させてきた。ニューマン（Newman 1970）によると、最初にサンダウェの居住地域にやってきた民族は牧畜民ダトーガで、それは一〇世代ほど前のことだ。続いて、サンダウェの西隣に暮らす農牧民ニャトゥルの移住や、南隣に暮らす農牧民ゴゴとの接触により、トウジンビエやモロコシ、ササゲといった作物の栽培がサンダウェ社会に伝えられた。他方で家畜飼養は、第一にクシ系の言語集団であるイラクに出自をもつアラグワという人びとを介して、第二にダトーガやニャトゥルを介して伝わったと考えられ、実際にサンダウェが使用するウシに関する基礎的な用語はクシ系由来であり、ウシの繁殖や生育といった飼養に関する語彙はダトーガ由来である（Ten Raa 1986a; 1986b）。また、中央高地に暮らす人びとのあいだでは、サンダウェは狩猟民としてよりも、ハチミツ採集者として知られていた。彼ら自身も、先祖はハチミツを近隣民族の家畜と交換することによって、家畜を増やしていったことをしばしば語る。こうした交流をとおして、サンダウェは他民族とのあいだに婚姻関係を結び、農耕や家畜飼養を採用しながら、一方で狩猟やハチミツ採集といったサンダウェが得意とする生業活動も継続することによって、他民族と生産物を交換してきた。

（二）国家の干渉

タンガニーカ（タンザニアの大陸部）は一九世紀末よりドイツの植民地となり、第一次世界大戦後はイギリスの委任統治領になった。ハッツァはイギリス統治期から、度重なる定住化や農耕化の対象とされてきた。最初の定住化は税金の徴収を目的として、一九二七年にムブル県で実施され、続いて三九年にも再び定住化が実施された（Kaare and Woodburn 1999）。しかし、これらはいずれも失敗し、ハッツァは叢林での狩猟採集を基盤とする遊動生活に戻っていった。この二度の失敗により、植民地政府はハッツァへの関心を失い、植民地期のタンガニーカにおいて、ハッツァは唯一、徴税の対象から外された民族となった（Ndagala 1985）。

タンガニーカは一九六一年に独立し、六四年にザンジバルと合併してタンザニア連合共和国となった。初代大統領ニエレレの政権は農村地域の開発を推し進め、ハッツァに対して植民地政府が早期に実施した定住化・農耕化の方針を引き継いだ。七〇年代には、政府が巨額の資金を投じて大規模な定住化政策を実施した。その際、定住者を対象に、学校や家屋の建設、製粉機の導入、井戸の掘削、食糧の配給、獣肉の運搬補助、洋服や農具の提供、養蜂箱の導入、畑の耕起補助、種子の配布がおこなわれた地域もあった。しかし数年後に政府がこの予算と取り組みを廃止したことにより、定住地のハッツァは自力で耕作を継続しなければいけなくなり、七九年までにほとんどのハッツァが定住地を去り、再び叢林での狩猟採集生活へ戻った（Ndagala 1985）。

タンザニア第四代大統領キクウェテの政権（二〇〇五年から二〇一五年）もまた、ハッツァに対する定住と農耕を促進する必要性については、それまでの政権と変わらない見解を示してきた。一方で、彼らの狩猟採集や遊動生活を半ば許容する態度もみられた。二〇一二年の人口統計調査の際には、マンゴーラ地区が属するカラツ県の行政は、調査時にハッツァが狩猟に出かけたり移住したりすることなく、住民全員がキャンプにいて、迅速に調査が遂行できるようにと、各キャンプにシマウマの肉を配った。行政によるハッツァに限定したこの対応は、行政がハッツァを狩猟採集民として特別視していることを示している。

一方、サンダウェの生活様式に対するこれまでの国家の関与は、他の多くの民族に対するものと総じて変わらなかった。植民地期には間接統治の対象となり、チーフがいなかったサンダウェ社会にチーフが任命された。独立後の社会主義政権においては、サンダウェの居住地にも「村」がつくられ、一九七一年からはウジャマー村政策（*Operation Vijijini*）と呼ばれる農村開発のもと、他地域と同様に集村化が実施された。もともと、叢林のなかに散居していたサンダウェは、この政策により全員が道路沿いに強制移住させられた。数年後に移住先を去り、以前の居住地へと戻った人もいたが、以後、今日まで多くの人びとが道路沿いに集住している。

一九九六年、世界各地で活動を展開するＮＧＯのタンザニア支部であるワールドビジョン・タンザニア（World Vision Tanzania）がサンダウェの居住地域で活動を開始した。彼らは子どもの就学支援、ＨＩＶ／ＡＩＤＳの予防教育、種子や鋤の低価販売などによる農業支援を実施した。このＮＧＯがサンダウェの居住地域をひとつの活動拠点に選んだのは、あくまで当該地域が「遅れた」地域だとみなしたからであり、決してサンダウェや彼らの生業活動を特別視したからではなかった。ワールドビジョン・タンザニアはタンザニアの複数の地方村に活動オフィスを設けており、サンダウェの居住地域は、その一対象地域にすぎない。

4　誇張されるハッツァと目立たないサンダウェ――生業変容とその結果

「最古の狩猟採集民」と呼ばれることもあるハッツァのなかにも、小規模に農耕をおこなう人びとがいる。収量は降雨の影響を受けて大きく左右されるものの、そうした人びとは食事のいくらかの部分を自身で栽培した農作物に依存している。しかし、マンゴーラのキャンプＡやその周辺では、ハッツァによる農耕は一切おこなわれていなかった。キャンプＡの男性はしばしば狩猟に出かけ、オリーブヒヒ、ヤブイノシシ、ディクディクなどを仕留めて帰ってきた。女性は野生植物の果実や根茎を採集したり、雨季にはキャンプ周辺に広がる牧畜民の居住地跡や放牧地でスベリヒユなどの草本植物を採集していた。

しかし、マンゴーラのハッツァの暮らしに、もっとも大きな影響を及ぼしているのは、先にも述べた民族観光であった。観光はハッツァに現金をもたらし、彼らの生業活動、食生活、居住や移動のパターンを変化させている。キャンプＡにおいて二〇一二年一二月におこなったわたしの二一日間の調査では、そのうちの一八日にタンザニアを含む一二か国から計四〇組の観光客がやってきた。多くの客は早朝六時頃にやって来て、ハッツァ男性と狩りに行く。二、三時間後に狩りから帰ってきたら、弓矢を射る体験をしたり、ときに女性と採集に行ったり、ダンスを見学したりする。最後に、ハッツァが作ったビーズアクセサリや弓矢などの土産物のなかから気に入るものがあれば購入し、ツアーは終了する。この観光により、ハッツァは二種類の現金収入を得る。ひとつは、他民族が務めるガイドに客が支払ったツアー代金の一部であり、それは客の人数に応じた規定額が訪問したキャンプに対して支払われる。キャンプAの場合、この収入を使って主食であるトウモロコシを購入したり、近隣農耕民からしばしば大量の酒を購入し、キャンプ全員でこれらを消費していた。もうひとつの収入は、客の土産物購入によるもので、これは製作者個人に支払われる。土産物の売り上げには、かなり大きな個人差がみられた。彼らは個人収入によって、葉菜などの副食の材料、調理油や塩、衣類、懐中電灯、電池といった日用品、タバコや酒といった嗜好品を購入していた。むろん、観光とは関係ない場において、ハッツァが狩猟や採集に行くこともあったが、マンゴーラのハッツァの生活は、基本的には観光が中心だといえる。ガイドは客に「ハッツァらしさ」を見せるため、ハッツァに対して、ヒヒの毛皮を着たり、購入した農作物を客から見えない場所に隠したりすることを要求し、狩猟採集活動のみによってハッツァの生活が構成されているように説明をする。こうして、ハッツァは観光をとおして意図せずにして狩猟採集というイメージを誇張し、結果的に狩猟採集と観光という、他民族とはきわめて異なる生業活動を実践するに至っている。

一方のサンダウェは、一九六〇年代にはすでに農耕が生業基盤となっており、家畜飼養や狩猟採集を補完的におこなっていた。しかし同時に、狩猟採集により獲得される林産物は、それまでと同様に彼らの食事においては重要であった（Newman 1970）。現在のサンダウェは、各世帯が農地を保有し、土壌条件に合わせて主食作物を中心に、さまざまな農作物を栽培している（図2）。サンダウェ社会に農耕が普及して以来、彼らは、シクンシ科の低木が密生するシケットやマメ科ジャケツイバラ亜科の樹木が優占するミオンボ林といった砂の含有量の高い土地を利用して、トウジンビエやモロコシを栽培する焼畑移動耕作をおこなってきたが、近年、より砂の少ないアカシア林においてトウモロコシ栽培を中心とする常畑が拡大している（八塚 2012）。

サンダウェは農耕と家畜飼養をおこなうようになり、狩猟採集が「肉体的な生存（スチュアート 1996）」と直接

図２　農作業にはげむサンダウェ

あるサンダウェ女性の畑において，近所の人たちが除草を手伝っている。この畑では，トウジンビエと数種のモロコシが混作されており，近年になって，畑のなかの限られた場所でトウモロコシも栽培されるようになった。現代のサンダウェは皆，こうした畑をもっており，収穫物は，当該地帯にとって重要な食糧となっている。

はかかわらなくなった。とくに狩猟については、ディクディクやヤブイノシシ、ブッシュハイラックスなどを捕獲してくるものの、食事調査をしても、その消費は結果に顕著に表れるほどに多くはない。しかし、主要なカロリー源を狩猟に依存する必要がなくなったとはいえ、彼らが狩猟活動を一切必要としなくなったわけではない。サンダウェの男性は、畑や家畜の放牧に出かけるときにはたいてい弓矢を携帯する。彼らのこうした姿は、狩猟という確かな目的がなくても、林を歩くときに弓矢をもつことが男性としてのあるべき姿だと彼らが考えていることを示している。男性の死に際しては、弓矢は最も大切な遺品となる。また、初潮を迎えてから閉経するまでの年齢の女性が毒矢に触れると、その威力が減ると考えられている。弓矢はサンダウェ男性にとって単なる狩猟具の意味を超えた特別なものである（図3）。

ところが、タンザニアでは狩猟免許なしの一切の狩猟が禁止されており、これに反すると罰金刑や懲役刑が課せられる。タンザニアの野生動物管理法のなかでは「伝統的コミュニティ」に対して狩猟を許可できること、またそのコミュニティは大臣によって指定されることが記載されているが（United Republic of Tanzania 2013）、その対象として特定の民族集団を指しているわけではない。サンダウェが狩猟を認めるべき「伝統的コミュニティ」であると指定されたことはなく、狩猟をするためには免許を取得することが求められるが、多くのサンダウェにとって、免許発行にともなう決して安くはない金額を支払うことは容易ではない。わたしがF村に滞在するあいだにも、野生動物保護官がやってきて村内の道路沿いにテントを張り、そこを拠点に近隣の村々を監視し、網猟[4]をしていた隣村の住民を逮捕するということがあった。こうした経験から、サンダウェは獣肉を手にF村を縦断する幹線道路を歩かない、弓矢の矢羽を野生のホロホロ鳥からニワトリに変えるといった工夫をしながらも狩猟を放棄せず、狩猟を認めない政府に小さく抗っている。

図3　弓矢を手に狩猟から帰るサンダウェ

サンダウェは，19世紀中ごろまでは狩猟採集を基盤にしてきたと考えられている。現在は農耕を中心に生活しているが，狩猟も男性にとっては重要な生業活動である。この男性は，数人の友人たちと狩猟に出かけ，レッサークドゥの肉と，背負ったひょうたんにたっぷりと入ったハチミツを獲得して帰ってきた。ただし，タンザニアでは，こうした彼らの狩猟はすべて「密猟」として扱われてしまう。

こうしたサンダウェの現状は、客と狩猟に行くハッツァ観光でおこなわれていることとは対極にある。わたしが話をきいた行政の役人や野生動物保護官は、狩猟免許をもたないハッツァが客と狩猟に行く行為を「狩猟はハッツァの在来の生業活動だから」と筆者に説明をした。つまり、ハッツァは先の法律でいうところの「伝統的コミュニティ」であり、役人は彼らの観光の場での狩猟行為を黙認しているという具合だろう。そして、ハッツァ観光にやってくる人びとは、彼らの狩猟採集活動を見学、あるいは体験することを目的にしてやって来る。今日、世界各地から客が訪れるハッツァ観光の盛り上がりをとおして、彼らの狩猟採集活動ばかりに注目が集まり、ハッツァと他民族との文化的、歴史的な差異がますます強く連想されるようになっているのではないだろうか。

5　主張を拡げるハッツァと主張しないサンダウェ ―― 先住民運動への参加

ここまでで紹介したハッツァ観光は、主にアルーシャ州マンゴーラ地区で実施されているが、ハッツァは同州だけでなく、エヤシ湖周辺の広大な地域を居住地としており、彼らはそのあいだを頻繁に移動する。しかし現実にはハッツァが利用してきた土地では他民族による移入が目立ち、ハッツァの遊動生活の継続が困難になっている（Woodburn 1968）。とくにマンゴーラでは、どの村においても村の中心部にはタマネギ栽培に従事する農耕民が多数暮らしており、その周辺の叢林に牧畜民ダトーガとハッツァが小さな集落を形成して暮らしている。一九九九年にタンザニアのアルーシャで開催された「東部、中央、南部アフリカ先住民の会議（Conference on Indigenous Peoples of Eastern, Central and Southern Africa）」に出席していたハッツァが、そうした現状を踏まえて次のように発言した。「わたしたちは、他の自由なタンザニア国民がそうするように、自分たちの土地の開発については、外部者にどのようにすべきか指南されることなく、自分たちで選択をしたい（Gudo *et al.* 1999）。」

長年にわたるハッツァの土地喪失を受けて、二〇〇四年からハッツァ居住地域の南部にあたるマニャラ州ムブル県において、ハッツァを支援するＮＧＯ（Ujamaa Community Resources Trust：ＵＣＲＴ）とハッツァ自身が、県評議会と県内の複数の村と協力しながら、土地利用にかんする参加型ゾーニング事業を始めた（Peterson *et al.* 2012）。彼らは、ムブル県内の林の中に「ハッツァが在来の生業活動に利用するために保護された土地（*Eneo la Hifadhi wa Matumizi ya Asili ya Wahadzabe*）」とスワヒリ語で書かれた複数の看板を設置した（図４）。そして二〇一一年一〇月、タンザニア土地委員会は、ハッツァが「伝統的な」生業活動を続けることを目的に、ムブル県内の三村にまたがる約二万ヘクタールの土地の用益権をハッツァに対して承認した（Dorobo Fund online 2011）。ＵＣＲＴと村評議会は同時に、三村のその他の土地についても、農地、放牧地、居住地などといった用途別に塗り分けた簡易地図を作成した。

他方、カラツ県マンゴーラ地区では、先に述べたように、一九四〇年代から多くの民族が移住し、ハッツァが狩猟採集をおこなう土地は減少の一途をたどる。マンゴーラに暮らすある高齢のハッツァ女性は、「（マンゴーラでは）動物はあまり獲れない、ウシやヤギばかりで動物はいない、ヤギを殺したら捕まるが、彼らはわたしたちの動物を追い払った、でもそのことについて、行政は何もいわない」と近隣民族の家畜についての不満を語った。わたしが滞在したキャンプＡにもしばしば近隣に暮らす農牧民イラクの家畜が侵入し、ハッツァ男性が「ここは住まいだ、ここで放牧をするな」と牧童に怒鳴ったことがあった。現在、この状況を改善しようと、古くから遊動生活を送ってきたハッツァと牧畜民ダトーガが手を取り、さらにＵＣＲＴも協力をし、カラツ県において

図4　ハッツァの居住地域内に建てられた看板
タンザニア北部ムブル県の叢林には，「ハッツァが在来の生業活動に利用するために保護された土地」とスワヒリ語で書かれた看板が立つ。これは狩猟採集民ハッツァがNGOと協働で，彼らの土地喪失を食い止め，狩猟採集をするための資源を確保することを目的におこなわれた活動のひとつである。

もムブル県同様の土地権獲得をめざしたいという機運が高まっている。

こうしたハッツァの動きとはきわめて対照的に、これまでサンダウェが対外的に自己の権利を主張したことはなかった。それは、現在では多くのサンダウェが、定住し農耕に従事するタンザニアの主流社会と類似の暮らしを送っているという点において、ハッツァとの間に差異があることが背景にあるのだろう。しかし一方では、彼らは普段の会話のなかで「サンダウェなのだから狩猟をしたい」と語り、他民族と同等の扱いにより自分たちがおこなう狩猟が規制されることに対しては不満を抱いている。現状では、サンダウェがハッツァのように「伝統的コミュニティ」として差異を認められることはなく、また、サンダウェ自身が行政に狩猟の権利を訴えた事例もない。

先に紹介したハッツァが土地権を獲得した出来事は、NGOの支援を受けながらも、国家の枠組みを超えた先住民運動の機運の高まりに後押しされてきたものだといえる。近年、アフリカにおいても少数民族が「先住民」として、土地や生業活動、政治的地位などをめぐる権利回復をめざした運動を展開している。現在でこそ、南部アフリカの狩猟採集民サンによる先住民運動が国際的にもよく知られているが、アフリカにおいて最初にこうした運動に加わったのは、東アフリカの人びとであった。一九八九年、牧畜民マサイの活動家であるM・パーキプニ（Parkipuny）と、ハッツァの活動家R・バーロー（Baalow）の二人が、アフリカから初めて、国連の第六回先住民作業部会に出席した。パーキプニはその場で、東アフリカにおいてコミュニティや個人の権利が侵害されている脆弱な少数民族として、狩猟採集民のハッツァ、ドロボ、サンダウェと、その他多数の牧畜民の名前を挙げた。彼は、それらの民族は、国家や主流社会から見放されているとして、そうした人びとの文化的アイデンティティと生存基盤としての土地を維持するための基本的な権利を主張した（Parkipuny 1989）。この会議以降、東アフリカの牧畜民活動家やＮＧＯが国連の先住民作業部会に参加し、自分たちの置かれた状況を広く訴えるようになった。その流れを受けて、ハッツァら狩猟採集民も、自己の権利を主張する「先住民」として運動に参加したり、巻き込まれたりするようになった。

マサイの先住民運動を研究するＤ・ハドソン（Hodgson 2011）は、南北アメリカやオーストラリアと比べると、アフリカの人びとは度重なる同化や移動の歴史をもつため、「誰が先住の民か」という判断が非常に難解だと指摘する。実際に多くのアフリカの国家は、国民全員が先住民だという主張を繰り返しており、本章の舞台であるタンザニアもまた、現行の憲法では「先住民」の存在を認めていない（IWGIA 2013）。そのため、アフリカ人権委員会（African Commision on Human and People's Right：ＡＣＨＰＲ）は、アフリカにおける「先住民」とは、文字通りの「先住」を意味せず、周縁化され、差別化され、文化的な差異をもち、自己決定権をもつ人びとのことだとしている（ACHPR 2006; 2007）しかし実際のところ、「先住民」を決定する際には、それらの事実と同様に、対象となる人びとの生業実践が強く反映されていると考えられ、移動をともなう狩猟採集や牧畜に従事している人びとのほうが、農耕に従事している人びとよりも、土地利用パターンなどを考慮すれば「先住民」イメージにより適しているとみなされてきたといえる（Yatsuka 2015）。

サンダウェとハッツァは共に、先のパーキプニによる演説において、権利を侵害されている脆弱な少数民族として名前が挙げられた。さらに、アフリカ先住民調整委員会（Indigenous Peoples of Africa Co-ordinating Committee）のホームページには、東アフリカの先住民として両民族の名前が記されている（IPACC online 2010）。しかし現実には、ハッツァは先住民運動に参加し土地や生業の権利を訴え、他方サンダウェは、国連に一度も出向くことなく、「先住民」として一切認識されていない。他民族がサンダウェに対して狩猟採集に関連するイメージを抱いたり、サンダウェ自身が自分たちのことを狩猟民だということはあるものの、国家も、国際社会も、サンダウェをタンザニアの他の多くの民族と政治的に大きく差別化することはほとんどない。それは、ここまで述べてきたように、現在彼らが従事する生業活動とそこに至るまでの生業変容の過程、そして変容を促した国家の対応や近隣民族との関係史がハッツァの場合と大きく異なってきたことと無関係ではないはずだ。

6　柔軟性を生かした「共生」へ向けて

二〇一二年一二月、わたしが初めてキャンプAを訪れたとき、そこには三一人の成人と若者が暮らしていた。翌年八月にキャンプAを再訪したときには、そのうちの二一人が他のキャンプや定住村へ[5]移住していた。なかでも、一一人はマンゴーラの地区外へと移動し、観光客がほとんど来ない地域で生活していた。わたしはその後も毎年、キャンプAを訪問しているが、訪れるたびにメンバー構成は異なり、二〇一五年八月には、二〇一二年に確認した三一人のうち、キャンプAに居続けている人はたったの二人になっていた。他方、二〇一二年をさいごにマンゴーラで見かけなかった二人の女性が、再びキャンプAで暮らしていた。先述したとおり、ハッツァはエヤシ湖周辺の広い地域において遊動生活を送ってきた。そして今でも彼らは「疲れた」、「飽きた」といってマンゴーラを去り、他の地域へと移動をする。わたしは今でもキャンプAに滞在すると、毎日のようにやって来る観光客に生活や調査のリズムが左右されることに対して疲労を感じる。おそらく、そうした暮らしは、ハッツァにとってもそれほど居心地のよいものではないだろう。だからこそ、彼らは移動をすることによって、しばらくのあいだ観光や雑多な民族が暮らすマンゴーラでの暮らしから自らを解放し、またしばらくして気がむいたらマンゴーラに戻り、アクセサリを販売したりするのだ。このことは、ガイドとしてハッツァ観光を管理したり、すぐ近くで家畜を放牧したり、ハッツァが利用してきた土地に農地を拡大していく他民族や、突然にやって来る見知らぬ外国人との、ハッツァなりの距離の取り方であり、それこそが、定住化を促し観光を推奨する国家のなかで彼らの他者と共生する手段なのかもしれない。また、観光から離れた先では、小規模ながら農耕に従事したり、狩猟やハチミツ採集にいそしむなど、居住場所とともに生業活動の内訳を自在に変化させることで、観光や先住民運動に巻き込まれ狩猟採集ばかりが強調されていくなかで、ハッツァは自分たちの暮らしの基盤を確保していた。

一方、ハッツァのように遊動が一般的でなくなったサンダウェの社会では、自らが移動することによって他者との距離をとることはできない。二〇〇七年頃から、タンザニア最大の人口を有する民族であるスクマがサンダウェの居住地域に移住を始めた。彼らは村評議会の役人に賄賂を贈ることによって、サンダウェにとっては狩猟とハチミツ採集の場であり、同地域に混住していたダトーガにとっては放牧の場であった広大な季節湿地の用益権を獲得し、大規模な水田稲作を開始した。定住したスクマは徐々に親族を呼び寄せ、二〇一四年の時点において、移住の中心地となった一村では、人口の半数以上をスクマが占めるまでになっていた。また、収穫したコメを都市部に販売するスクマと、収穫物の大部分を自家消費するサンダウェとのあいだには、明らかな経済格差が広がっていった。スクマはこの地域では見られなかった水田稲作を始めたが、彼らを真似て稲作を始めるサンダウェはほとんどおらず、スクマは「サンダウェは泥に入って作業をすることはできない、彼らは怠けている」と噂をしていた。サンダウェとダトーガは、突然に移住してきた人びとによって短期間に広い面積を開拓されてしまったこと、その手段としてスクマが賄賂を用いたこと、また、サンダウェは水田ができないと揶揄していたことに対して強く怒っていた。追い打ちをかけるように、スクマがサンダウェ女性を誘惑しているといった噂もたち、二〇一四年八月、サンダウェとダトーガの若者がスクマ男性を弓矢で殺害する事件が起きてしまった。彼らは、土地やそこで手に入る多種の資源といった自分たちの生活の基盤が、スクマや賄賂を受け取った役人によって、一方的に壊されたことに我慢ならなかったのだろう。事件が起きた頃、村人は口をひらけばスクマを非難していた。

しかし実は同時期に、サンダウェとスクマのあいだで、コメとトウモロコシや雑穀といったそれぞれの収穫物の交換が、個人レベルでおこなわれていた。サンダウェにとって、これまで売店で現金を支払うことによってしか入手できなかったコメを、現金がなくても自分のもつ農作物と交換することでコメが得られるようになったのだ。スクマの移住をどう思うかと抽象的な質問を投げかけると、「スクマのせいで、このままだと、自分たちの子どもの世代は土地を確保できなくなる」と将来を危惧し、愚痴をこぼす。しかし、個人的な物々交換の関係は事件が起きたことによって変わることはなく、「スクマ」一般を非難することとは異なる次元で、個人的な共生関係が築かれていた。

実はこうした関係はハッツァと農牧民イラクのあいだにもみられた。キャンプＡの人びとは、観光客が好む岩洞窟があることを理由に現在の居住場所を選択したが、その結果、水へのアクセスが非常に悪く、乾季には徒歩で四〇分もかかる涸れ川が唯一の水場であった。朝の涼しい時間帯は観光客の対応に追われ、客が帰る頃にはすでに太陽は頭上にあり、遠路水くみに出かけることは考えるだけで疲れてしまう。そんなキャンプＡでは、いつからか、近隣に暮らすイラクがロバを使って水を運び、二〇リットル単位でハッツァに販売するようになった。ハッツァは観光で稼いだ現金をイラクに支払い、水を手にしている。ハッツァはこれまでに、イラクをはじめとするさまざまな民族に土地を奪われてきた。先述したように、イラクの家畜は毎日のようにハッツァの愚痴の対象になっている。しかし今日、マンゴーラのハッツァが観光を組み込んだ新しいやり方で生計を維持するなかで、隣に暮らしながらも観光対象にはならないイラクは、ハッツァの観光収益と引き換えに水くみを担っていた。いずれの事例も、サンダウェとハッツァにとって、利用可能な土地が縮小していることは事実であり、そのことについては、行政による対応や先住民運動による後押しが必要である。しかし、そうした介入がいつも期待できるわけでないこともまた、アフリカに暮らす人びとが抱える現実であり、サンダウェのように、賄賂を受け取る役人によって期待が踏みつぶされる事例は、彼らも、そしてわたしも、いやというほど見聞きしてきた。しかし、わたしがここで強調したいことは、こうした事例を読み解く際に、他者に土地を奪われるといった表側のインパクトだけでなく、その裏側で起きている彼らの生活実践を細かく検討すれば、他者との小規模な共生の数々が、彼らの日常を支えているという点に気付くことができるということである。

ハッツァは遊動的な狩猟採集生活を送ってきたために、植民地期以降これまでずっと、定住して農耕をおこなうことが推奨され、タンザニア国民としての同化を求められてきた。現在は、狩猟採集民であることによって観光の対象になったり、「先住民」として国際社会と関わる経験を経て、国家のなかで、ハッツァはある程度は独自の立ち位置を確保している。ハッツァが土地や生業に関する権利を獲得しつつあることは、マイノリティである彼らが多民族国家のなかで暮らしていくためには重要なことだろう。しかし現状では、遊動を基盤とした狩猟採集生活に必要な土地や動植物といった資源を、すべてのハッツァが十分に享受することはもはや困難であり、既に移住してきてしまった他者を完全に排除することは、新たなコンフリクトの火種になりかねない。こうした状況において、ハッツァ自身が広い居住地域内で高い流動性を維持し、狩猟や採集をしたり、ときに小規模な農耕をおこなったり、観光を利用したりと、生業を柔軟に取捨選択するしなやかさは、現代アフリカを生きる重要なカギになりえるだろう。

一方のサンダウェは、比較的早期に定住し、農耕や家畜飼養を始めたことによって、国家や国際社会から特別な対応を受けることはなかった。しかし言語や身体的な特徴によって、彼ら自身も、また近隣民族も、サンダウェを他の多くのタンザニア国民とは異なる歴史的背景をもつ人びとだと考えてきた。彼らは食料のほとんどを農作物に依存しながらも、狩猟や採集は社会的に、かつ文化的に重要であり、そのこともまた、彼ら自身が他者とは異なる自己アイデンティティを維持することにつながってきたといえる。サンダウェは会話のなかで自らを「狩猟民」といったり「農耕民」といったりする。彼らの会話を聞いていると、サンダウェ社会における狩猟の意義に関する訴えも、また、農耕は食糧をもたらしてくれるから欠かせないと農耕の重要性に関する熱弁も、どちらもしばしば登場する。つまり、彼ら自身の認識においてさえも、自らの位置づけは固定的でなく流動的に変化しているのだ。彼らは、自己の歴史認識、周囲からの視線、多生業の実践といった複雑な背景をもつからこそ、ときに農耕を強調してタンザニアの主流社会と同化し、ときに狩猟を強調することによって周囲とは差別化をはかり、自己アイデンティティを中間的で流動的なものとして維持してきたのではないだろうか。しかし、サンダウェが農耕をおこなうことを理由に狩猟を規制する国家は、こうした彼らのあいまいさを理解しようとせず、農耕民か狩猟民かといった白か黒の判断しか下してこなかった。

多くの民族を抱えるタンザニア国家にとって、生業基盤や歴史的背景の異なる人びとが共生を実現していくことは複雑な挑戦である。しかし、本章で示したハッツァとサンダウェの事例のように、アフリカに生きる人びとの日々の生業にみられるこまやかな実践のなかには、長い歴史をかけて彼らが築いてきた他者との共生に向けた多くの秘訣が散らばっており、そのことこそが、彼らの大きな潜在力である。外生の社会変容に捕捉されきらない彼らの生業の柔軟性にあらためて注目することは、今後の資源が希少化するアフリカ社会のなかで、多様な集団が持続的に共生への潜在力を発揮するためのひとつの道筋ではないだろうか。

謝辞

本研究は、以下よりご支援いただいた。日本学術振興会特別研究員奨励費（研究代表者：八塚春名、課題番号：12J08176）、科学研究費補助金（基盤（B）、研究代表者：丸山淳子、研究課題番号：26300012）、科学研究費補助金（基盤（B）、研究代表者：鶴田格、研究課題番号：26300014）。またフィールドでは多数の人びとにお世話になり調査が可能になった。感謝申し上げる。

注

（1）数家族の集まりで構成され、開放的で流動的なメンバーシップを特徴とする、ボツワナの狩猟採集民サンの居住形態を田中（1971）は「キャンプ」と呼んだ。現代のハッツァのキャンプは、乾燥した叢林のなかに、数〜十世帯ほどの規模で作られた集落を指し、サン同様、メンバーシップは非常に開放的で流動的である。

（2）ハッツァの人口について、多くの研究者は一〇〇〇人以下だと記しているが、筆者は二〇一一年に、ハッツァのコミュニティ開発官を務める男性から、都市に暮らすハッツァも含めた人口調査をおこなった結果、ハッツァの人口は約四五〇〇人だという報告を受けた（K・ナフタリ（Naftali）私信）。

（3）独立後のタンザニア政府は民族別の人口統計調査を実施していない。サンダウェの人口は、サンダウェが居住する複数の村の人口や言語学者による話者人口の推定を参考にしながら筆者が推定した。

（4）サンダウェは弓矢猟以外に、叢林に張った網に動物を追い込む網猟もおこなう。しかし、網猟は弓矢猟よりも野生動物保護官に見つかりやすいうえ、網の所有が見つかるだけで逮捕されてしまうことから、監視を恐れて網猟に従事する人は減少している。

（5）ハッツァの居住地域には、政府が設けた複数の定住村が存在する。居住者はハッツァだけではないが、他村よりもハッツァの割合が高く、家屋を構え定住する者もいれば、村を拠点にしながら季節的に遊動生活を送る者もいる。村には小規模ながらも農地が広がっている。

参照文献

日本語文献

石毛直道（1972）「マンゴーラ村における四つの生活様式」（今西錦司・梅棹忠夫編）『アフリカ社会の研究　上巻』六五—一〇〇頁、西村書店。

市川光雄（1986）「アフリカ狩猟採集社会の可塑性」（伊谷純一郎・田中二郎編）『自然社会の人類学——アフリカに生きる』二七九—三一一、アカデミア出版。

島田周平（2007）『アフリカ　可能性を生きる農民——環境—国家—村の比較生態研究』京都大学学術出版会。

スチュアート、H（1996）「現在の狩猟採集民にとっての生業活動の意義」（スチュアート、H編）『狩猟採集民の現在』一二五—一五四頁、言叢社。

田中二郎（1971）『ブッシュマン——生態人類学的研究』思索社。

富川盛道・富田浩造（1980）「タンザニアにおける開拓部落の成立と形成——マンゴーラの社会生態誌」（富川盛道編）『アフリカ社会の形成と展開——地域・都市・言語』二二七—三一一頁、東京外国語大学アジア・アフリカ言語文化研究所。

八塚春名（2012）『タンザニアのサンダウェ社会における環境利用に関する研究——狩猟採集社会の変容への一考察』松香堂。

欧文文献

African Commission on Human and Peoples' Rights (ACHPR) (2006) *Indigenous Peoples in Africa: The Forgotten Peoples? The African Commission's Work on Indigenous Peoples in Africa.* ACHPR and IWGIA, Banjul and Copenhagen.

African Commission on Human and Peoples' Rights (ACHPR) (2007) *Advisory Opinion of the African Commission on Human and Peoples' Rights on the United Nations Declaration on the Rights of Indigenous Peoples*. Banjul, ACHPR.

Bagshawe, FJ (1924–25) The people of the happy valley (East Africa) Part 2. *Journal of the African Society*, 24: 25–33.

Dorobo Fund (2011) *Hadza Granted Land Title*. Online. Retrieved from http://www.dorobofund.org/dorobo-fund-journal/(Accessed on November 15, 2015).

Gudo M, P Gonga and C Simon (1999) The Hadzabe of Tanzania. *Indigenous Affairs*, 2: 30–31.

Hodgson, DL (2011) *Being Maasai, Becoming Indigenous—Postcolonial Politics in a Neoliberal World*. Indiana University Press, Bloomington, Indiana.

Indigenous Peoples of Africa Co-ordinating Committee (IPACC) (2010) *East Africa*. Online. Retrieved from http://www.ipacc.org.za/eng/regional_eastafrica.asp (Accessed on November 15, 2015).

International Work Group on Indigenous Affairs (IWGIA) (2013) Tanzania. In *The Indigenous World 2013*, pp. 384–391. IWGIA, Copenhagen, Denmark.

Kaare B and J Woodburn (1999) The Hadza of Tanzania. In R. Lee and R. Daly (eds.), *The Cambridge Encyclopedia of Hunters and Gatherers*. 200–204. Cambridge University Press, Cambridge, UK.

Marlowe, FW (2010) *The Hadza: Hunter-Gatherers of Tanzania*. University of California Press, Berkeley, CA.

Ndagala, DK (1985) Attempts to develop: the Hadzabe of Tanzania. *Nomadic Peoples*, 18: 17–26.

Newman, J (1970) *The Ecological Basis for Subsistence Change among the Sandawe of Tanzania*. National Academy of Science, Washington, DC.

Newman, J (1978) Place and ethnicity among the Sandawe of Tanzania. In M. T. Brian (ed.), *Ethnicity in Modern Africa*. pp. 105–121. Westview Press, Colorado.

Parkipuny, M (1989) The human rights situation of indigenous people in Africa. *Fourth World Journal*, 4 (1): 1–4.

Peterson, D, R Baalow and J Cox (2012) *Hadzabe, by the Light of a Million Fires*. Mukuki na Nyota, Dar es Salaam, Tanzania.

Ten Raa, E (1986a) The acquisition of cattle by hunter-gatherers: a traumatic experience in cultural change. *Sprache und Geschichte in Afrika*, 7–2: 361–374. Helmut Buske Verlag Hamburg, Germany.

Ten Raa, E (1986b) The Alagwa: a Northern intrusion in a Tanzanian Khoi-San culture, as testified through Sandawe oral tradition. In R Vossen and K Keuthmann (eds.), *Contemporary Studies on Khoisan 2 (Quellen zur Khoisan-Forschung 5–2)*. pp. 271–299. Helmut Buske Verlag Hamburg, Germany.

Tishkoff SA, MK Gonder, BM Henn, H Mortensen, A Knight, C Gignoux, N Fernandopulle, G Lema, TB Nyambo, U Ramakrishnan, F A Reed and JL Mountain (2007) The history of click-speaking population of Africa inferred from mtDNA and Y chromosome genetic variation. *Molecular Biological Evolution*, 24(10): 2180–2195.

United Republic of Tanzania (2013) *The Tanzania Wildlife Management Authority Act*. Ministry of Natural Resource and Tourism (July 2013), Dar es Salaam.

Woodburn J (1968) An introduction to Hadza ecology. In RB Lee and I DeVore, (eds), *Man the Hunter*. pp. 49–55. Aldine, NY.

Yatsuka, H (2015) Reconsidering the "indigenous peoples" in the African context from the perspective of current livelihood and its historical changes: the case of the Sandawe and the Hadza in Tanzania. *African Study Monographs*, 36(1): 27–48.

第9章

教科書に見る民主主義と多文化共生

—— エチオピア連邦民主共和国における市民性教育

山田肖子

扉写真：エチオピア連邦共和国発行「市民性及び道徳教育」の中等教育段階（9～12学年）の教科書。写真左は2010年に発行された12年生用の教科書で，法の支配が，いかに公務員や政治家の汚職を防ぐ有効な制度であるかを絵やケーススタディを用いて説明している。写真右は，1999年に発行された9年生用教科書で，このページでは，多様な民族，文化から構成されるエチオピア社会の独自性を称揚しつつ，共生の重要性を説いている。

1　序論――エチオピアにおける市民性教育と共生

一九九四年に、エチオピアでは、一九七七年以来、政権を掌握してきた軍事政権を倒して、新憲法が制定され、エチオピア連邦民主共和国（Federal Democratic Republic of Ethiopia：ＦＤＲＥ）が正式に発足した。この章では、多民族国家エチオピアが一党独裁体制から民主制に移行するなかで、市民性教育がどのような役割を果たしたのかを検証していく。エチオピア政府にとって、国家を構成する多様な民族的、文化的集団から支持を得つつ、支配基盤を固めるためには、民主主義の制度とその理念について、国民に理解を広めることは急務であった。それは同時に、民族、言語の異なる人びとの間で、対立ではなく、共存・共生をめざす価値観を形成することでもあった。そして、市民性教育は、それらの目的を達するための重要な手段と位置づけられたのである（一党独裁体制からの政治的変化のもとでの人びとの共存・共生、国民統合に関する価値観や認識については続く第10章を参照のこと）。

市民性教育を学校に導入するための新しいカリキュラムの開発は、ＦＤＲＥ政府が公式に政権の座に就くよりも以前に始まった。二年間の議論を経て、市民性教育の最初のカリキュラムが発表されたのは一九九三年である。その科目は、当初、「市民性教育（Civic Education：ＣＥ）」と呼ばれたが、二〇〇〇年のカリキュラム改定の際、「市民性及び道徳教育（Civic and Ethical Education：ＣＥＥ）」と改称された。[1] エチオピアでは、この科目の教科書は、常に教育省の直接の監督のもとに編纂され、二〇一〇年に理数科の教科書開発に国際競争入札が導入された際も、ＣＥＥに関しては、入札は行われなかった。エチオピアでは、民間の教科書会社が作成するものを政府が検定するという、日本のような制度にはなっておらず、連邦政府が提供する国定教科書を各州の公用語に翻訳している。従って、教育省が直接の監督のもとに開発するＣＥＥの教科書を分析することによって、政府が民主主義をどのように定義し、その定義の背景にどのような論理が存在するかを把握することができるのである。政府による市民性や民主主義の定義は、その教科書が策定されたときの政治的、社会的状況を如実に反映する。本章の分析からは、支配者の政治上の必要性と教育メディアとしての教科書がどのように関連しながら形成されていったかが見て取れるだろう。「民主主義」、「人権」、「法の支配」といった用語は、一見、普遍的なように思われる。しかし、これらをどのような状況に関連付けて意味づけするかは、極めて状況固有なものなのである。

現在の支配政党であるエチオピア人民革命民主戦線（Ethiopian People's Revolutionary Democratic Front：ＥＰＲＤＦ）は、エチオピア北部のティグレ人の軍政への抵抗運動に単を発し、現在でもティグレ人はＥＰＲＤＦ政権の中枢を掌握していると言われている。共産主義軍事政権の崩壊は、軍事独裁の終焉だけでなく、ティグレ人が帝政時代から長く続いたアムハラ人による支配を排除したことも意味した。ティグレ人は、オロモ、アムハラに続いて人口が多いとはいえ、その割合は、エチオピア総人口の六・〇七パーセントに過ぎない（Government of Ethiopia 2008）。エチオピアの文脈においては、ティグレ人という少数による多数支配は、連邦制によって、民族集団ごとの自治権を広く認めることで不満をそらしつつ、何らかの形で、政権の正統性に対する支持を取り付け、求心力を保つことを前提とする。政権基盤の脆弱さは、国政選挙の度に起こる国内の騒乱と大量の政治犯逮捕に現れており、ＣＥＥが単に民主主義や共生をめざすだけのものではなく、厳しい政治的現実のもとで、支配の確立強化の方途にもならざるを得ないことは、ＣＥＥのカリキュラム改定が、二〇〇〇年、二〇〇五年、二〇一〇年の選挙の時期と重なって、重視されていることからも分かる。

市民性教育の重要性は、近年、日本を含む多くの国で指摘され、導入されているが、冷戦後に民主化した国々など、そもそも民主主義が根付いていなかったり、民族・文化の多様性などを背景に、社会基盤が脆弱であったりする国家で、特にその必要が高いといわれる。アフリカに多く存在する、民主化の途上にある多民族国家の一つであるエチオピアにおいて、市民性教育を通じて、人びとの共生がどのように模索されているかを知ることは、本書の目的である、共生への潜在力を検討するうえで、重要であろう。同時に、エチオピアは、民主化したと言っても、政権与党が、極めて強い統制力を行使しているケースであり、市民性教育が、多文化共生を奨励しているとだけ考えるのは単純に過ぎ、政権のイデオロギーを反映している側面を無視することはできないだろう。そこで、本章では、九〇年代初頭から現代までの高等学校のＣＥＥ教科書の内容分析から、エチオピアにおける「民主主義」の論理を読み解く。分析に用いた二三冊の教科書および教員指導書からは、民主主義が権力のコントロール、現政権の正統性の根拠、多様性への寛容といった、時に矛盾する目的に資する概念として提示されていることが分かった。

2　教育セクター開発計画（ＥＳＤＰ）と国際的影響

一九九四年に政権を掌握してすぐ、ＥＰＲＤＦ政権は、新しい教育政策である「教育訓練政策及び戦略」を発表し、一九九六年には、向こう二〇年にわたる長期計画である、教育セクター開発計画（ＥＳＤＰ）を開始した。社会主義政権から民主政権への交代により、海外からの援助が急激に流入するとともに、教育を含むエチオピアの開発計画は、国際的な潮流に沿うものになっていった。二〇〇〇年から二〇〇五年の間に、エチオピアの援助依存率は国民総所得の八・八パーセントから一七・四パーセントに増加した（World Bank 2007）。同時に、教育分野では、二〇一五年までに基礎教育の普遍化を達成するという国際目標に歩調を合わせるように、初等教育への集中が年々高まった。政府は、「万人のための教育（ＥＦＡ）」国際目標とミレニアム開発目標（ＭＤＧ）の達成をめざし、ＥＳＤＰをそのために実施することを宣言した（Joint Review Mission 2003: 7）。

このように、教育分野では、ＥＦＡ-ＭＤＧで取り上げられている分野―初等教育へのアクセス拡大、女子教育、住民参加―が強調され、国際的な影響が色濃く見られてきた。その一方で、ＣＥＥは、海外からの影響が見えにくい。まず、そもそもこの科目の教科書やカリキュラムは、国際目標達成のために標準化したり評価したりすることに馴染みにくい。歴史、公民等の社会科教育は、国の独自性や国家・国民の在り様に関する政治権力者の見解が最も反映されやすい。エチオピアにおいても、ＣＥＥの教科書執筆は、常に教育省の官僚とエチオピア人執筆者の手によってなされてきた。また、市民性教育は、選挙の透明性やガバナンスを向上するための援助との関連性は高いが、教育セクターの課題とは見なされてこなかった。それでいて、政治学者や選挙監視に関わる人びとは、教育セクターの範疇に属する学校教育課程での市民性教育にあまり関心を持っていない。アフリカの民主化プロセスに関する研究は多く、エチオピアの選挙プロセスに関するものだけでも多くの論考が発表されている（Abbink 2006; Harbeson 1998; Samatar 2005; Vestal 1999）。しかし、アフリカの市民性教育に関しては、それほど多くの研究はなされていないのである（Moodley and Adam 2004; Kudow 2008）。教育の主流の議論であるＥＦＡ-ＭＤＧからも政治学者の関心からも切り離されてきたため、ＣＥＥは、外部からの介入をあまり受けずにエチオピア人の手の中に残されていた。そうは言っても、二〇〇五年の選挙の前後ではブリティッシュ・カウンシルから派遣された英国人コンサルタントが技術指導に入ったり、二〇一〇年の教科書改訂の際には、世界銀行をはじめとする複数の援助機関の資金を得たりしている。したがって、エチオピア人執筆者が書いたとはいえ、最近の教科書は、エチオピア色が当初より薄まり、国際的にもてはやされている学習者中心の教授法が取り入れられるなど、国際的な影響も受けている。九〇年代からのCEE教科書を経年比較することによって、外部からの影響や国内情勢を受けて、教科書で取り上げられる概念の提示方法がより練り上げられ、精緻化していくのが分かるのである。

3　「市民性及び道徳教育」のカリキュラムの変遷

(一) 三つのカリキュラム期の特徴と展開

政権交代後、最初の市民性教育のカリキュラムは一九九三年に発表された。しかし、実際に教室で使われる教科書は順次作成され、中等教育(九〜一二学年)段階では、一九九六年に九年生のものに始まり、一二年生分まで整備されたのは二〇〇〇年である。カリキュラム施行と教科書発行に時差があるため、教科書の発行年は、必ずしもカリキュラムの期間と一致しない。たとえば、二〇〇二／三年に発行された教科書の一部は第一期のカリキュラムにもとづいているのに、同時期の他のものは改定されたカリキュラムに従っている。

九三年以来、エチオピアの市民性及び道徳教育には、大きく分けて三回のカリキュラム変更があった。第一期は、科目導入時から二〇〇〇年にカリキュラムの第二版が出るまで、第二期は第二版カリキュラムの施行期間、第三期は二〇〇五年のカリキュラム改定以降である。

第一期のカリキュラムには、市民性教育の使命として「生徒が、グローバルな感覚と人間性、民主的な国民感情と愛国心を備えた有能なエチオピア市民になるよう手助けすること、民主的な価値観と人権を尊重する文化を醸成すること、エチオピアの人びとの福祉、真実、公平性、正義、平和を追求すること、憲法を遵守すること」を挙げている（Syllabus 1-3: 1）。第一カリキュラム期末の一九九九年から二〇〇三年頃までに出版された教科書には、既に、後のカリキュラムでも重視されている「愛国心、人権、公平性、正義、平和、憲法」についての言及がある。しかし、この時期には、目標として掲げられた内容が、教科書にシステマティックに反映されていたとは言いがたい。第二、第三期の教科書では、螺旋型の教授法が用いられ、カリキュラムの重点テーマは、学年ごとに内容を深めつつ何度も取り上げられるのに対し、初期の教科書では、テーマ間や学年間での相関性を持たせずに、一章ずつ異なるテーマを順に扱っている。総じて、この時期の教科書は、輸入された概念の抽象的な説明が多く、学習者のバックグラウンドやエチオピアの状況への適応は限られている。たとえば、一二学年の教科書（表1のT14）は、哲学、社会理論、哲学と市民性教育の根源的つながりに関する長い説明で始まるという、かなり難解で唐突なものである。この時期、中等教育段階の市民性教育の科目には、年間六〇〜六五コマ割くこととなっていた。現在のエチオピアの学校カレンダーをもとに、年間授業期間を三五週と考えると、週に約二回、市民性教育の授業が行われたことになる。

二〇〇〇年のカリキュラム改定に始まる第二期では、輸入概念を暗記させるのでなく、生徒に一定の価値観を身に付けさせることを志向するようになる。全ての学年の教科書は、以下の共通の一一の価値観によって章立てされることとなった。すなわち、(1)民主制度の確立、(2)法の支配という概念、(3)公平性、(4)正義、(5)愛国心、(6)責任、(7)勤勉さ、(8)自律性、(9)貯蓄、(10)参加、(11)知性の追求、である。また、後述するように、生徒の日常体験とこの教科を関連付けるため、多くのディスカッション用の質問やケーススタディが導入された。この改定時より、科目名は市民性教育(CE)から市民性及び道徳教育(CEE)に変更され、行政や司法の制度理解だけでなく、個人の人格や道徳性を育てることに重点が置かれるようになった。

第一期と第二期の間には、カリキュラム開発者の明確な発想の転換が見て取れる。自身が社会主義軍事政権下で教育を受けた彼らにとって、マルクス・レーニン主義的なものの見方から資本主義や民主主義への転換は容易ではなかったろう。そのため、教科書の説明は、ふとしたはずみでマルクス主義的論理にすり替わるが、奇妙なことに、それは、他の記述と一見、違和感なく理屈が通っているように見える。いずれにせよ、第二期には、外来概念をエチオピアのコンテクストに翻訳しなおす作業は劇的に進んでいる。同時に、第三期と比べても、最も教科書執筆者の意図が明確に現れているのもこの時期である。環境保全や薬物依存、農民の抵抗運動など、多大なページが割かれている項目がある一方、ジェンダー平等など、申し訳程度にしか言及していない項目もあり、教科書執筆者の傾向が分かりやすい。

二〇〇五年に始まった第三期は、第一期から第二期への移行と比べると、劇的な変化は少ない一一の価値観の基本枠組みは変わらず、変更されているのは、内容や原則ではなく、概念の提示の仕方や教え方の手法である。CEEのカリキュラムを向上させる努力は、第二期から既になされていたにもかかわらず、教師や教育行政官から、理論的知識や暗記偏重だ、授業時間数に対してカバーすべき内容が多すぎる、言葉が難しすぎる、生徒の生活との関連性が低い、といった批判が多く出ていた(Huddleston 2007: 2, 7–8)。さらに、エチオピアで初めて、全ての有権者の参加による国政選挙が二〇〇五年に行われることになっており、人びとが国民としての投票権を適切に行使し、混乱なく選挙を行うための準備が必要であった。こうした状況を受けて、CEEは二〇〇四年には小学校から大学入試まで、全ての教育段階での必須試験科目とされた。授業時間数も、年間六〇〜六五コマだったものが、九〇コマに増やされた（Ministry of Education 2006: 3, 11）。同時に、教科書も、今まで以上にケーススタディ、ディスカッション、写真や挿絵を入れた双方向的な学習方法を取り入れるようになっていった。

筆者が二〇〇四年八月にエチオピアを訪れた際には、連邦教育省は、州教育省のCEE担当者に対してこの科目の原則と内容についての理解を深めるためのトレーニングを行っていた。このトレーニングには、ブリティッシュ・カウンシルによって派遣されたイギリス人のリソースパーソンが関わっていた。更に、学校教育におけるCEEの範囲外ではあるが、政府は、市民への選挙啓蒙活動を行うNGOに対して補助金も出していた。非識字者の選挙民に対して、ポスターなどの視覚教材を用いた啓蒙なども多く行われた（図1、図2）。このように、二〇〇五年の選挙に向けては、学校教育の科目であるCEEをはじめ、公的、非公的チャンネルでの様々な市民性教育がなされたのである。

図１　NGO が作成した投票に関する啓蒙ポスター
投票は，選挙監視員の立ち合いのもと，秩序正しく行われる必要があること，男性が女性に優先されることはなく，すべての人が自分の意見にもとづいて投票する権利があることを示している。

図 2　NGO が作成した投票に関する啓蒙ポスター②
選挙への立候補者は，政党や性別，民族などにかかわらず対等であり，公正に競争する必要があることを示している。また，選挙に敗れた者は，素直に負けを認め，当選者に席を渡さなければならない。

（二）二〇一〇年教科書改訂プロセスでの議論

二〇一〇年十月に、中等教育段階で、ＣＥＥの新しい教科書が導入された。内容的には、以前のバージョンと基本的には同じだが（表１のＴ７〜Ｔ10）、カラー刷りで、イラストも増えて、学習しやすく、魅力的になった。二〇一〇年の教科書改訂は、世界銀行をはじめとする援助機関の支援による「一般教育の質向上プログラム（General Education Quality Improvement Program：ＧＥＱＩＰ）」の技術的、資金的支援のもとに行われた（Ministry of Education 2007）。ＧＥＱＩＰは、エチオピアの一般教育（職業技術教育を除く）の質向上にかかる広範囲なプログラムで、（１）学習成果の測定、（２）教師教育、（３）モニタリングと評価、（４）マネージメント、（５）カリキュラム改革の五つのコンポーネントから成る。多くの途上国と同様、エチオピアでも九〇年代末から急激に就学率が向上したが、量的拡大のみを重視した結果、教育の質が低下したとの批判が高まっていた。そこで、エチオピアの教育セクターを支援している主要援助機関の参加を得て、ＧＥＱＩＰが開始されたのである。

ＣＥＥの教科書改訂は、カリキュラム改定の活動の一環として行われた。ＣＥＥ以外では、理科（物理、化学、一般理科）と英語の教科書が同時に改訂された。しかし、ＣＥＥが他の科目と異なるのは、理科と英語では、教科書の執筆も印刷も国際競争入札によって外注されたのに対し、ＣＥＥの教科書執筆は、全てエチオピア人専門家によってなされたことである。印刷のみが入札によってインドの企業に外注された。

一九九三年の科目導入以来、ＣＥＥのカリキュラムと教科書は、常に少数の人びとの手によって開発されてきた。同じ名前が度々出てくるが、これらの人びとが、常にエチオピアの市民性教育に関する意思決定の中心に

表 1　分析に用いたシラバスと教科書

	シラバス	発行年	カリキュラム期
S−1	Civic Education Syllabuses Grade 9	1998	第一期
S−2	Civic Education Syllabuses Grade 10	1998	第一期
S−3	Civic Education Syllabuses Grade 11−12	1998	第一期
S−4	Civic Education Syllabuses G11−12	2000	第二期
S−5	Civic and Ethical Education Syllabuses Grade 12	2005	第三期
	Student Textbook		
T−1	Civic Education G9	1999	第一期
T−2	Civic Education G10	2000	第一期
T−3	Civic Education G11	2001	第一期
T−4	Civic Education G12	2002	第一期
T−5	Civic and Ethical Education G10	2003	第二期
T−6	Civic and Ethical Education G12	2003	第二期
T−7	Civic and Ethical Education G9	?	第三期
T−8	Civic and Ethical Education G11	?	第三期
T−9	Civic and Ethical Education G10	2002	第三期
T−10	Civic and Ethical Education G12	2002	第三期
T−11	Civic and Ethical Education G9	2010	第三期
T−12	Civic and Ethical Education G11	2010	第三期
T−13	Civic and Ethical Education G10	2010	第三期
T−14	Civic and Ethical Education G12	2010	第三期
	Content Flowchart		
	Civic and Ethical Education G9−12	2003	第二および三期
	Student Textbooks from former regime		
	Political Education G11	?	軍政期
	Political Education G12	1984	軍政期
	Political Education Unit Question	?	軍政期

いたことは想像に難くない。その意味で、CEEで何を教えるかに関しては、エチオピア教育省の意思が直接的に反映されていると言っていいだろう。

筆者がグループ・インタビュー（二〇一一年三月にアジスアベバで実施）を行った教科書執筆者によると、彼らは教育省に指名を受けている。インタビューを行ったのは、二〇一〇年に刊行された中等教育のCEE教科書の四名の執筆者のうち三名で、彼らは政治学、人類学、経済学、倫理学等の異なる専門を持つが、全て、大学でCEEを教えている教員である。二〇〇七年三月、イギリス人コンサルタントのチームが教科書執筆の候補者のためのワークショップを行ったとき、参加者は五〇名程度だった（Huddleston 2007: 7）。そのうち十六名が教育省によって選ばれ、数回の会合を行った。会合の度に少しずつ人数が減り、最後に残ったのがこの四名だったという。

改訂プロセスには、二人のイギリス人コンサルタントが関わり、「イギリスとエチオピアの間を何度か行き来しながら、フィードバックやコメントを行った」（二〇一一年の教科書執筆者とのインタビューより）。この二名のコンサルタントのうち一名は、教科書の編者に名を連ねている。

このように、二〇一〇年の教科書には、内容と全体の方向性については教育省がコントロールしつつ、外国人コンサルタントの考えも反映されていた。外国人専門家の視点は、色鮮やかでインターアクティブな教科書の体裁だけでなく、内容面にも現れている。すなわち、教科書の全体的な枠組みは第二期の教科書と変わらないにもかかわらず、この二〇一〇年教科書は、挑戦的な表現を避け、宗教、文化、政治、性別等の異なるグループのどれにも偏らないよう、バランスに配慮するように手が加えられているのが分かる。もちろん、現政権の正統性や優越性を示唆する記述は底流には存在するものの、それらは、学習者中心の教授法にのっとり、普遍的価値としての市民性や民主主義を提示するという建前のまえに、以前より控えめに表現されるようになっている。

4　教科書の内容分析から見るエチオピアの市民性教育の特徴

以下に、民主主義体制に移行して市民性教育が導入された後に発行された中等教育の教科書の定量的および定性的手法によってテキスト分析した結果を報告したい。表1に示したように、三つのカリキュラム期にわたる十四冊の教科書とシラバスが分析対象となる。エチオピアでは、過去の教科書を一括保管する場所がなく、筆者が入手できたものは全てを網羅しているわけではないが、カリキュラム期ごとに傾向を分析するには十分な数だと考える。さらに、国立公文書館に保管されていた軍政期の一九八〇年代に使われていた政治教育（political education）の教科書も一部入手できた。政治教育は、CEEとは異なる科目で、扱っている政治思想も全く異なるため、厳密な意味での比較は困難である。しかし、政治教育として教えられていた内容を知ることで、マルクス・レーニン主義的視点の残滓が、どのように〝民主主義的〟であるはずのCEEの教科書に反映しているかを理解する助けになった。

中等教育段階では、教授言語は英語で、教科書も全て英語で書かれている。単独の科目としてのCEEは小学校の第五学年から教えられており、一〜四学年では、環境学（environmental science）の授業時間の二五パーセントをCEEに割くこととされている（Ministry of Education 2006: 11）。初等教育段階の教授言語は、各州の公用語である。教科書とカリキュラムは連邦教育省が開発するもの以外には存在しない。しかし、初等教育段階での教科書は、各州政府の責任において、その州の公用語に翻訳される。「民主主義」「国民の権利」「国民の義務」「市民性」といった単語は現地語のボキャブラリーにない場合が多く、この翻訳段階で、訳者の裁量がかなり働くと思われる。本調査は、その性質上、教科書で用いられる言い回しや論理構成、単語の選び方などが重要な分析対象であるため、筆者自身が直接分析できる言語である必要があった。また、この科目の政治的特徴から考えて、州政府は、CEEに関して、連邦政府とはかなり異なる認識を持っている可能性が考えられる。本調査では、連邦レベルで意図されたカリキュラムと、それを反映した教科書を分析することに焦点を当てたため、州レベル以下の行政や政治に影響を受ける可能性が高い初等教育段階は分析から外した。同時に、カリキュラムが実施され、実際に学習者が政治に対してどのような態度で参加するようになるかは、政治変動への教育の影響としては、最も関心のあるところであるが、本調査では、拡散を避けるため、教室での教師や生徒の学習プロセスやその結果は、分析対象から外している。

教育学のカリキュラム研究では、「意図されたカリキュラム」と「実施されたカリキュラム」と「達成されたカリキュラム」の三段階は分けて検討すべきと考えられている（Glatthorn *et al.* 2006: 6–15）。カリキュラム開発者が、学習者に何を学ばせたいか、という意図が、行政機構や教師などの能力の低さや、独自の判断によって、実施段階で変質する可能性がある。特に、教師教育が不十分な発展途上国や、分権化が進んだ制度などのもとでは、「意図されたカリキュラム」と「実施されたカリキュラム」のギャップが大きい場合が少なくない。さらに、教師が教えたことと、学習者が実際に身につけたことの間にもギャップがありえる。CEEの場合、教師自身が市民性や民主主義を、他人に教えられるほど理解していない可能性や、学校を取り巻く地域社会や親の態度が、学習者の市民性形成に影響する可能性も少なくない。このように、「実施されたカリキュラム」や「達成されたカリキュラム」が、教育的介入の成否と、それに影響する要因を理解するうえでは重要なのだが、それらを分析できるのは、そもそも「意図されたカリキュラム」が明確に把握されている場合に限る。エチオピアのＣＥおよびＣＥＥの場合、カリキュラムの文書は存在するものの、そこに記載された抽象的な文言から、実際には何が意図されたのかをくみとることは困難である。また、価値形成を志向する科目の特性から言っても、「意図されたカリキュラム」をまず正確に把握することが、科目のもつ社会的、政治的意味を理解するうえで不可欠なのである。

エチオピアでの中等教育（九学年以降）の就学率が一五パーセント程度であるため（Ministry of Education 2009）、この教育段階に焦点を当ててもエチオピアのＣＥＥ教育が、全体として、また、実際にどのように行われているかを示すことにはならないが、「意図されたカリキュラム」を解析するという目的に対しては、より複雑な内容を論理的に提示している中等教育段階の方が、地域社会の環境を学ぶ一環として教えられる初等教育段階のＣＥＥよりも適していると思われる。

（一）分析手法

この研究で用いる主な分析手法は、定性的および定量的なテキスト分析である。定性的な手法では、主要な概念の説明文を中心に、異なるカリキュラム期間での記述傾向の変遷を調べる。定量的な手法では、教科書の各ページを（１）言及されているコンセプト、（２）言及している人や国の単位、（３）用いられている教授法の三つの項目に従って分類する。これらのカテゴリーは、先に行った定性的分析やエチオピア国ＣＥＥのカリキュラムガイドラインをもとに作成した。

三つのカリキュラム期の定量的比較には、三冊の教科書を用いた。すなわち、二〇〇二年の十二年生用CEE教科書（表1のT-4）、二〇〇三年の一二年生用CEE教科書（T-10）、二〇一〇年の十二年生用CEE教科書（T-14）。この三冊は、同じ一二年生を対象とし、異なるカリキュラムに準拠しているため、比較に適していると判断した。上記で、分類はページごとに行ったと述べたが、一つのグループとして分類できる内容の長さは様々である。そこで、コードを割り当てて分類するコーディング作業にあたっては、文章の長さに応じて、〇・二ページ、〇・五ページ、一ページといった数字を割り当てている。教科書の一つの部分が同時に複数の事柄に関連している場合が少なくないため、分類の入力シートは、部分あたり三つまでは重複してコードを割り当てることができるようにした。

既に述べたように、第二期、第三期の教科書は、一一の価値観によって章立てされている。しかし、定性的な分析の結果、これらの一一の価値は、相互排他的ではなく、教科書の様々な箇所で、様々な角度から重複して言及されていることが分かった。この傾向は、カリキュラム開発者や教科書執筆者が強調しようとする内容に関しては特に見られた。そこで、教科書の各章のタイトルが内容を自動的に代表するとは考えず、これらの価値観が教科書でどのように取り扱われているかをもっと細かく分析することとした。一一の価値のうち、いくつかは複数の項目に分けたり、名前を変えたりした。また、追加した項目もある。(2) コーディングのための項目は、定性的分析から導き出された重要度の高い概念や用語が一一の価値観に含まれていない場合には追加し、逆に、一一の価値観のうち、実際にはほとんど教科書の内容を反映していないものや、他の概念のほうが上位にあると思われる場合には、統合したり名前を変えたりしている。その結果、上記のカテゴリーのうち、（1）の「言及されたコンセプト」について、最終的に採用した分類項目は（a）民主主義、（b）法の支配、（c）公平性、（d）正義、

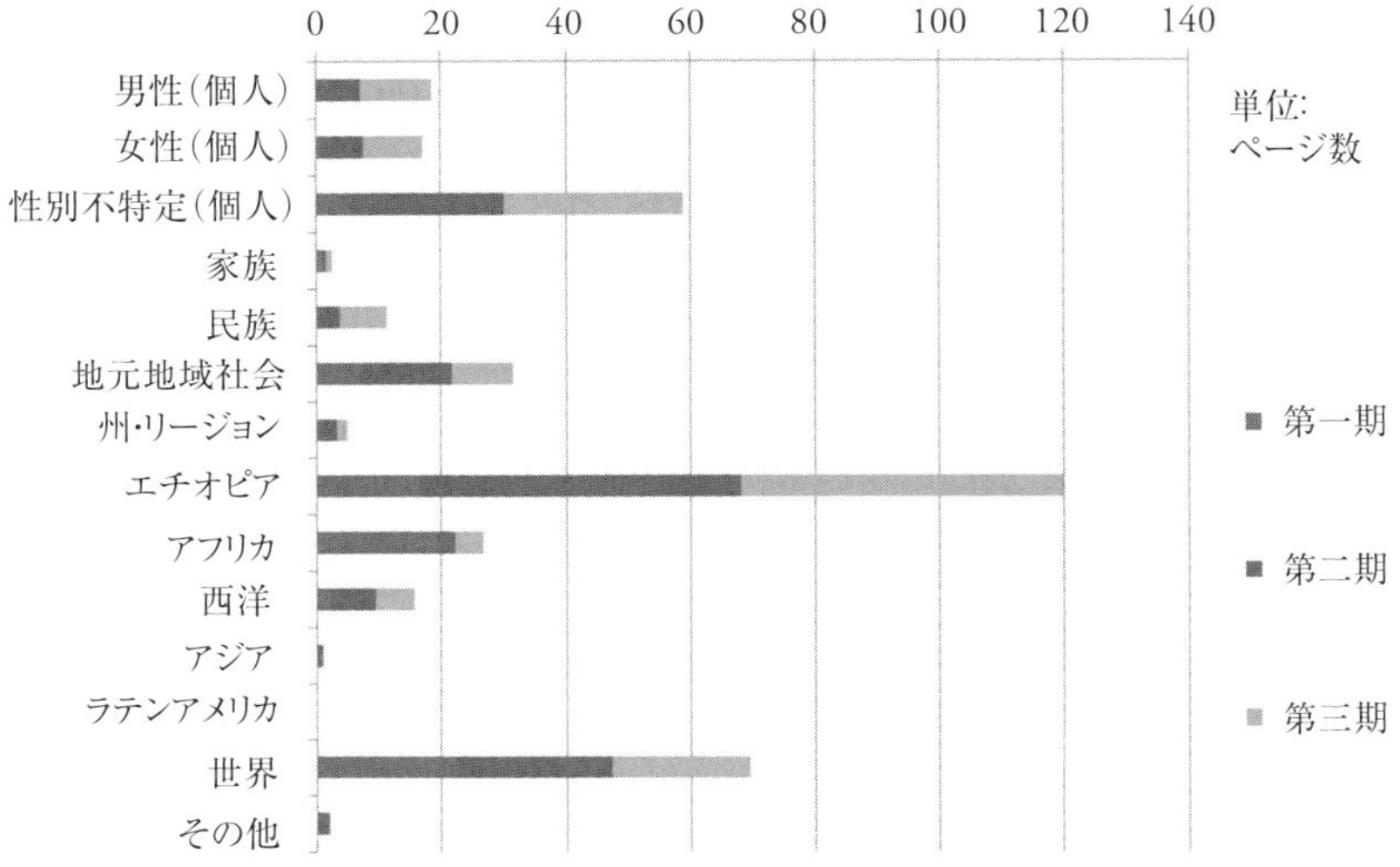

図３　三つのカリキュラム期で言及されている対象

（e）愛国心、（f）責任、（g）個人生活における態度・習慣、（h）自律性、（i）参加、（j）形而上／理論、（k）紛争／寛容、（l）開発（経済的、政治的、社会的）、（m）統治（ガバナンス）、（n）権利／自由、（o）権力、（p）その他、の一六項目である。

二つ目の分類カテゴリーである「言及している人や国の単位」は、教科書の記述が、個人や家族、地域社会などの身近な対象に言及しているか、それとも国際社会やアフリカといったマクロレベルの事象を取り上げているかを調べるために設定したものである。文章が、特定の対象を設定せずに、抽象的な知識を淡々と伝えている場合には、「言及対象なし」とした。たとえば、文章が「もしあなただったらどうしますか……?」などとなっている場合には、分類は「個人」である。近年の教科書は、話題がジェンダーに直接関係ない場合でも、男性、女性に対してバランスよく言及するよう配慮されているので、個人の分類項目は、男性と女性を分けた。最終的にこのカテゴリーで用いた分類項目は下記の一四である。（a）個人（男性）、（b）個人（女性)、(c) 個人 (不特定)、(d) 家族、(e) エスニック・グループ、(f) 地域社会 (local community)、(g) 地域 (region)、(h) エチオピア、(i) アフリカ、(j) 西洋、(k) アジア、(l) ラテンアメリカ、(m) 世界、(n) その他、である (図3)。

(3) の教授法に関する分類は、七つの項目に従って行われた。すなわち、(a) 要旨/イントロダクション、(b) 知識/説明、(c) 考察/議論、(d) ケーススタディ、(e) イラスト/写真、(f) ロールプレイ/アクション型、(g) その他、である。既に述べたように、新しい教科書は多色刷りで、囲み記事や写真などが多用されていて、初期の教科書とは見るからに違うのであるが、この分類は、そうした経年変化が計量的にも裏付けられるかどうかを検証する目的で行った。

(二) 三つのカリキュラム期を通じた教科書で提示された価値観の変遷

本項では、二〇〇二年、二〇〇三年、二〇一〇年の一二年生用教科書の内容を比較分析した結果を提示することとする。第一カリキュラム期に属する二〇〇二年教科書は、民主主義や市民の役割に関する抽象的な説明が大部分を占めた。表2にあるように、この教科書で最も多く言及されている概念は、民主主義、理論、ガバナンスである。他の二冊の教科書と比べると、この第一期の教科書は、システマティックに広範な内容をカバーすることや、学習者の態度形成を促すことはしていない。

二〇〇三年と二〇一〇年の教科書は、第二期と第三期をそれぞれ代表しており、先に述べたような一一の概念に沿って、同じように構成されている。表10-2は、それぞれの価値に触れたページ数の全体に占める割合を示

表2　三つのカリキュラム期の教科書それぞれで言及されている価値（%）

	CE G12 2002	CEE G12 2003	CEE G12 2010
民主主義	27	7	5
法の支配	6	19	11
公平性	1	4	4
正義	1	3	4
愛国心	1	2	2
責任	1	4	9
個人生活における態度・習慣	1	11	13
自律性	1	5	3
参加	3	4	4
形而上 / 理論	17	4	3
紛争 / 寛容	9	3	6
権利 / 自由	3	9	7
統治（ガバナンス）	12	3	2
開発（経済的，政治的，社会的）	7	3	3
その他	9	17	17
権力	0	3	8
合計	100	100	100

したものであるが、この表を見ると、この二冊の教科書に共通して頻繁に取り上げられた概念は、法の支配、個人生活における態度・習慣である。分類項目作成時には個別項目として取り上げなかったものを包括する「その他」が、二〇〇三年、二〇一〇年の教科書ともに十七パーセントと高くなっている。

「法の支配」はカリキュラムの一一の柱の一つであり、第二章のタイトルにもなっているが、この概念が言及されている箇所は、各教科書の第二章に限定されているわけではない。様々な事柄が、法の支配の重要性、正統性、手続きに関連して語られ、また、エチオピア連邦民主共和国憲法の条文が度々引用されている。また、学習者自身に考えさせるための「ディスカッション・クエスチョン」やケーススタディの多くが、憲法や様々な法規に関連づけて記述されている。

本章の分析で、一一の価値に追加した項目の一つに「権力」がある。なぜなら、法の支配は、エチオピアのCEおよびCEEの教科書では、権力濫用の抑止や権威の正統性の問題と密接に関連するものとして扱われているからである。後述するように、エチオピアの市民性教育の特徴の一つは、不法に獲得した権力を濫用し、国民に資源を公平に配分しなかった過去の政権を打倒したことが、いかに偉大な功績であるかを学習者に納得させようとしていることにある。法の支配という概念は、現政権の正統性を示すとともに、選挙やオンブズマンなど、立憲民主主義で認められた手段以外でこの正統な政府に反発することを否定している。現実問題としては、選挙の度に開票結果に疑惑が提起されたり、政治犯が投獄されたりするこの国において、この法の支配のもとの正統性の論理で、どれほど現政権と過去の政権の差が示せるのかは疑わしいが、教科書で〝意図された〟論理では、法の支配が現政権の正統性の重要な根拠である。

「個人生活における態度・習慣」は、個々の市民の道徳性や倫理に関する記述を分類する際に用いた項目である。エチオピアでは、CEからCEEに科目名が変更された際、この教科には、公民的内容だけでなく、道徳教育の要素も含むことになった。その目的に照らし、二〇〇三年と二〇一〇年の教科書では、個人のあるべきライフスタイルや態度にかなりの重点が置かれるようになった。そこで論じられる「態度」には、市民としての権利と義務の行使にかかわる事柄だけでなく、労働倫理、仕事における満足、社会貢献、知性の追求なども含まれたのである。教科書の前半に比べ、道徳的な内容が多くなる後半は、あらゆる事柄に言及しようとした結果、統一性がなくなってしまっている。たとえば、二〇一〇年教科書の第九章は、「貯蓄」というタイトルがついているが、天然資源の保存に始まり、銀行制度、世界貿易機構（WTO）と経済活動に関する国際的な取り決めにまで話が及び、そこからさらに、農村家計調査の事例と都市および農村の家族の写真を入れつつ、ミクロ、マクロ経済の概要を説明している。これらの合間には、倹約や勤勉の重要性を訴えてもいるといった状態である。

「その他」に分類された内容が多かったのは、教科書のかなりの部分が、いわゆる十一の価値とそれに関連する概念以外のことに割かれていたことを示している。その他に分類された内容は、HIV／AIDS、薬物依存、資源管理などの小さい項目である。経済関連の内容は、「その他」に分類された中でも大きなグループである。一二年生の教科書では、経済に関する知識が導入されるが、一一の価値の枠組みにはぴったり合わず、教科書のいろいろな箇所の記述に関連して提示されている。もう一つ、「その他」に含まれる大きな内容としては、地球市民性、外交、エチオピアの国際社会での地位といった、国際的／グローバルな事柄が挙げられる。国際関係に関する記述が年々増えていることは特筆に値する。同時に、CEE教科書開発に対してイギリスをはじめ先進国の技術支援が入っていながら、相変わらずこの科目の教科書に、先進国に対する批判的記述が見られるのは、エチオピア国政府の反骨精神の表れのようでもある。

(三) 個人や多文化共生への配慮

二〇〇二年の一二年生用教科書では、国家としてのエチオピアや世界全体への言及が多かったのに対し、学習者により近い単位(個人、家族、地域社会等)への言及は限られていた。また、対象を明確にしない一般的な説明文が多かったため、分析では、「言及対象なし」と分類された箇所が非常に多かった。「世界」に言及していると分類された箇所では、ヨーロッパやそれ以外の国々での民主制度に説明しており、「エチオピア」に言及している部分は、そのような制度がエチオピアにどのように適用されているかを述べている。表1に示すように、第一期と第二、第三期の間では、個人への言及の量で大きな違いが出ている。さらに最近の二〇一〇年の教科書になると、「あなた」「あなたの地域」「あなたのクラス」「あなたの学校」に関連付けて考えさせる傾向が強まっている。国に対する言及と地域社会や個人への言及の間にあって、州・リージョンへの記述は全体的に少ないが、これは、市民の帰属する集団として、教科書が州という単位を前面に出していないことによる。この事実について、行政上の分権制が過度に進行することを抑制する意図が働いていると述べるだけの根拠は、定性的分析からも挙がっていないが、州政府に多くの権限を持たせる連邦制を敷いていながら、「分権」という記述が極めて少ないことは指摘できる。

また、最近になるほど、男性、女性両方に言及する努力が明確になっている。たとえば、二〇一〇年の教科書の「コミュニティ参加」の項では、南部エチオピアの村で、「女子の就学」を向上させることを議論しているコミュニティの集会が、写真入りで紹介されている（T-14, 2010, p. 135）。また、他の箇所では、エチオピア女性弁護士協会を市民参加のあり方の一例として紹介したり（T-10, 2003, p. 142; T-14, 2010, p. 136）、様々な民族の女性の写真を「多様性の中の結束」の項目のなかで一ページを割いて示している（T-14, 2010, p. 138）。内容的には女性である必要はない場面でも、女性の写真や事例を用いていることは、教科書作成者が、様々な形で男女平等を表現しようとしていることを示している。こうした女性の画像や事例のほか、第二、第三期の教科書は、女性のアファーマティブ・アクションについても二～三ページと比較的大きなスペースを割いて言及している。

女性を平等に扱おうとする努力に比べて、特定の民族（エスニック・グループ）を取り上げることは避ける傾向にある。例外的に、「多様性の中の結束」の項で、前政権に対する大衆抵抗運動について述べる中に、民族の名前が出てくるのみである。この大衆抵抗運動の説明では、二〇〇三年（第二期）の教科書に、ティグレ人の優越性を示唆する表現が度々見られる。第二期には、一二年生以外の教科書でも同じ傾向が見られるが、一二年生では、六ページにわたって大衆抵抗運動の歴史を整理している（T-10, 2003, pp. 39–45）。一連の抵抗運動の最後はウォヤネ運動と呼ばれ、ティグレ人民解放戦線（Tigray Peoples Liberation Front：ＴＰＬＦ）が主導した。教科書の記述では、ウォヤネ運動は、各地で起こった小農の蜂起を糾合し、軍事政権の支配から「解放」された地域において、開発上の諸問題への組織的な対応を生み出したという。また、ＴＰＬＦは、特に女性をエンパワーした功績が高いとも記述されている。抵抗運動の歴史を述べた六ページのうち、四分の一（一・五ページ）はウォヤネ運動とＴＰＬＦの功績に割かれている。

我々は、ウォヤネ運動を包括的政治運動ととらえている。……バレやゴジャムの農民蜂起とティグレ地域におけるウォヤネ運動の大きな違いは、後者が促進した女性の参加のレベルが非常に高いことである。……解放された地域では、ＴＰＬＦは女性の最低結婚年齢を一八歳以上に引き上げただけでなく、結婚持参金もなくてよいことにした。また、女性が財産所有をする権利を保障し、離婚の際の平等な権利や教育を受ける機会を拡大することに努めた（T-10, 2003, pp. 44-45）。

このような一つの民族に対する肩入れは、第三期（二〇一〇年）の教科書では見られなくなっている。その代わりに増えたのが、文化の多様性の象徴として盛り込まれた、さまざまな民族の生活の様子や民族衣装をつけた人びとの写真などであった。このことは、第三期には、カリキュラム開発者や教科書執筆者の視点は表立って示されることが減り、政治色が薄まっていることを示している。この事実を以って、ＣＥＥという科目における教育が「共生」の実現に資するものとして非政治化されたと判断することは、教科書分析からは困難である。むしろ、ＣＥＥという教育の場を通じた「共生」は、「実施されたカリキュラム」と「達成されたカリキュラム」の分析によって可能となるが、それは今後の課題である。

（四）学習者中心の教授法の導入

先に述べたように、エチオピアのＣＥＥの教科書は、後になるほど学習者の視点に立ち、自ら考えさせるような教授法に移行している。図４に見られるように、第一期の教科書は、大半が一方的で説明的な内容で、合間に配置された「質問」も知識の定着を目的にした抽象的なものが多かった。たとえば、二〇〇二年の一二学年の教科書（T-6）にある質問は下記のようなものである。

「法の支配」とは何か（p. 10）
歴史が科学的研究と言われるのはなぜか？（p. 12）
国家と政府の違いを述べよ（p. 49）
国際法と国内法の違いを述べよ（p. 86）

しかし、第二期、第三期と時を追うにつれ、教科書での複雑な概念説明は減少し、文章もより平易な表現を用いるようになっている。同じ第三期でも、二〇〇三年と二〇一〇年を比べると、更に読みやすくなっていることがわかる。二〇〇二年（T-4）と二〇一〇年（T-14）の教科書が、ともに二ページほど割いている「権力と権威」という項目を見てみよう。二〇〇二年には、民主国家における権力の根拠や、正当な権威にもとづく国家に

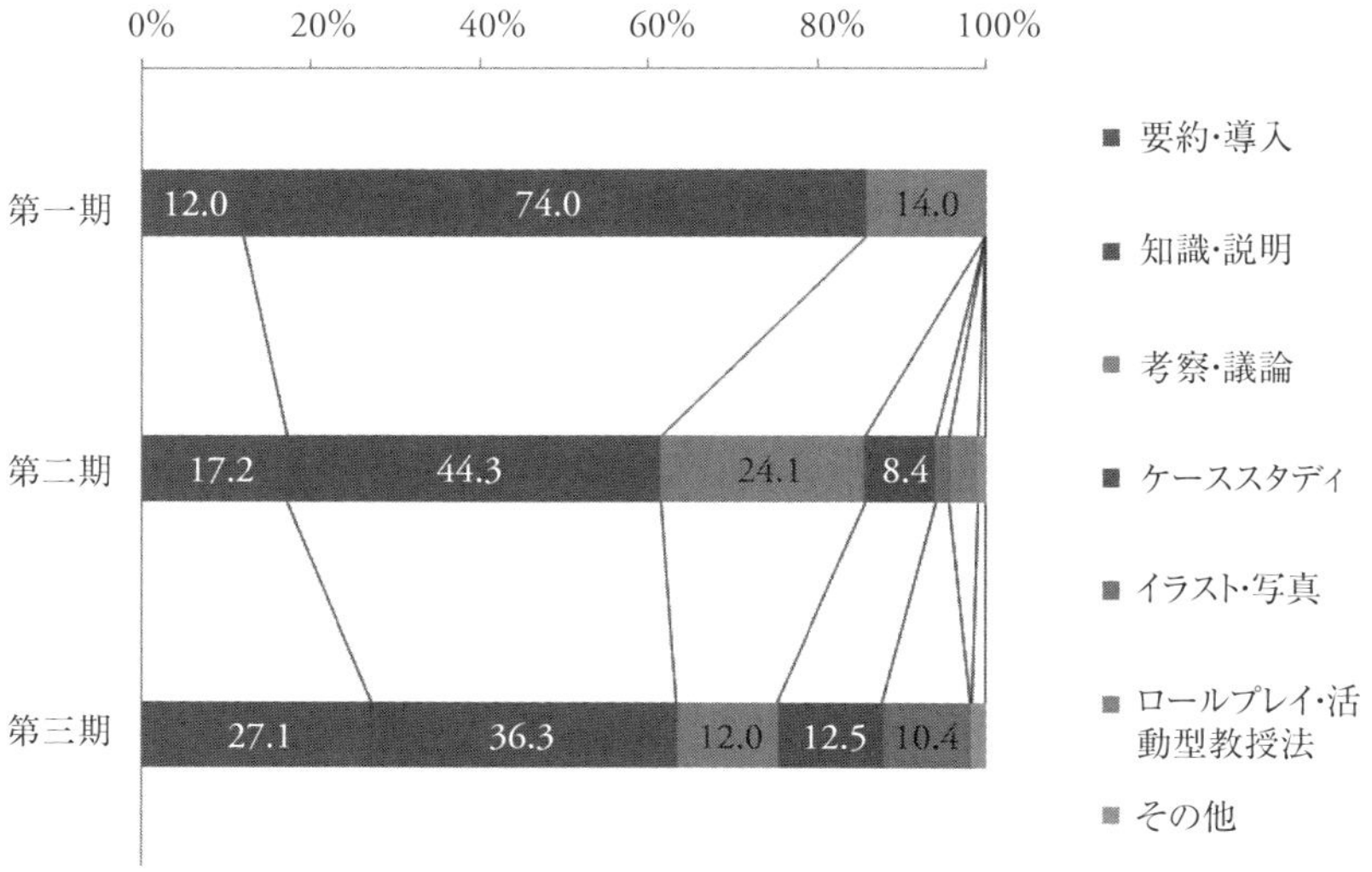

図4　三つのカリキュラム期の教科書で用いられている教授法

貢献する市民の義務などの説明に九割のスペースが割かれ、残りの一割で、これらの知識の定着を測る質問が提示されている。それに対し、二〇一〇年の教科書は、概念説明に割かれているのは一ページ未満で、「モブツ・ザイールの独裁者」と題されたケーススタディが半ページ、ロールプレイやグループでの調査の指示が〇・二ページ、残りのスペースが導入部、単元の学習内容のチェックリストとなっている。こうした教授法の変更は、正に、第三期カリキュラム改革の意図どおりである（Huddleston 2007: 7–9）。図4を見ると、二〇一〇年の教科書が、教授法の観点からはもっともバランスが取れていることが分かる。総ページに占める説明の割合は三六・三パーセント、双方向的な教授法―ディスカッション、ケーススタディ、イラスト、写真―が三四・九パーセントと、ほぼ同じ分量になっている。

二〇一〇年教科書のこのような変化には、イギリス人コンサルタントの技術支援や、世界銀行等によるGEQIPプロジェクトが影響している。この科目の教科書執筆が、教育省のコントロール下にあったことを考えると、変化の原因が外部からの介入にあると単純に言うことはできないが、より使いやすく、双方向的で、内容的にもグローバルスタンダードに沿うように変化している反面、エチオピア固有の特徴は以前ほど明確ではなくなっている。それと同時に、いくつかの特徴的視点は、底流に残っており、時々表面に現れている。そこで、次節では、エチオピアのＣＥＥ教科書に見られる立憲民主制や国際関係に関する独自の解釈や論理をひもといていくこととする。

5　市民性教育のエチオピア的特徴 ── 定性的内容分析の結果

立憲民主制に対する考え方は、エチオピアの「市民性及び道徳教育」の基幹部分で、それが「愛国心」や「権力のコントロール」といった価値につながっている。個々の市民の態度、人びとの共生に関連する、多様な社会集団の結束、現政権の正統性なども全て同じ論理で説明されている。さらに、エチオピアと他国の関係は、教科書で年々重点が置かれるようになっているテーマである。国内の市民の責任に関する議論を敷衍させて、相互依存が進む国際社会の責任あるメンバーとしての参加の必要性が強調されている。しかし、この国際的相互依存の議論には二つの側面がある。一つは、世界の秩序と平和の維持に対する積極的貢献、もう一つは、先進国の搾取に対するアグレッシブな批判である。

(一) 紛争をコントロールし、権力濫用を抑制するための民主主義の役割

先にも述べたように、エチオピアの現政権は、自らの権威は、民主選挙を通じて付与されたもので、憲法に則って運営されていると主張している。憲法は、全国の郡レベルまで降りて、広く国民の意見を聴取し、草稿審議会が作成したもので、国会の承認を受けている。したがって、憲法の下の支配は、人民の意思による支配である、というのである（T-13, p. 10）。三つのカリキュラム期を通じて、各学年で繰り返し力説されているのは論理を整理すると以下のようになる。すなわち、「法に従って、現政権は、官僚の権力濫用を禁止し、この法に背いたものは罰している。権力を濫用し、人びとを貧困で苦しめた前政権と違い、現政権には、権力の監視システムが働いている。さらに、民主主義は、異なる背景や関心を持つ人びとの間の対立を減らすことができる。人びとが市民としての正しい行いをし、暴力を用いず、民主的ルールに従えば、関心の対立は平和的に解決することができる。このように、エチオピアは、多様性を維持しつつまとまった国家として存続し続けるだろう」。こうした論理は、共生の観点からも重要であるが、問題は、このカリキュラムが実施されるなかで、多文化共生のニュアンスと権力監視のニュアンスがどのぐらいの比重で学習者に伝達されるかであろう。いずれにせよ、権力の問題が教科書で取り上げられる頻度は、驚くほど高い。

権力と同じぐらい頻繁に議論されているのは「愛国心」である。しかし、教科書執筆者は、民主連邦制にもとづく愛国心（彼らは、立憲愛国心 constitutional patriotism と呼ぶ）と民族主義（伝統的愛国心 traditional patriotism）を厳格に区別する。ガンジーの非暴力運動やマーチン・ルーサー・キングとローザ・パークの市民権運動を引用し、

本当の愛国者は、目的達成のために暴力的手段を用いず、多様性にも寛容だと指摘する。特に二〇一〇年の教科書では、公平で誠実で勇敢な愛国者の道義的行動について繰り返し説諭している（T–13, p. 58; T–12, p. 70; T–14, p. 67）。民主主義と愛国心の関係は、以下のように説明されている。

> 立憲愛国心は、市民による民主主義と人権への強い関与を意味する。ここでいう愛国心は、狭い意味での国民感情や特定の文化や表象に感情移入するような、古い、国家主義的な愛国心とは違う。立憲愛国心は、多文化主義と多様性を称揚する。もしあなたが、市民として、言語や肌の色、性別、宗教、その他の要素が異なる人びとの存在を認めるだけでなく、そのような違いを喜び、感謝するようになったら、あなたは本当の愛国者である。寛容性とは、言い換えれば、多様性と違いを認め、喜ぶことである。
>
> ……伝統的愛国心……エチオピアがアフリカで最も古い独立国であるにもかかわらず、未だに本質的には古い権威主義的で非民主的な統治システムを持っているのは、まさに伝統的愛国心のせいである。エチオピアの排他的愛国心が様々な問題の根源になっている。
>
> （T–10, p. 78）

教科書のなかでは、一方では偏狭な民族主義を批判しつつ、オリンピックでメダルを取ったエチオピア人選手を国家のプライドであると賞賛し、国旗や国家の儀式等を尊重するのは市民の責任だと述べている（T–14, p. 74）。さらに、統合のシンボルとして、国旗だけでなく州の旗もあるということが教科書のなかでわざわざ指摘され、「旗がエチオピアや各州の開発のためにどのような役割を果たしていると思うか？」という質問も提示されている（T-14, p. 73）。

エチオピアの現政権は、国家を支配、統合する必要と、多様性に配慮して異なる民族・文化集団の自治を尊重する姿勢の間でバランスを取らなければならない。過去の政権は支配のために大衆の声を力で抑えた。民主主義は、教科書が言うところの「腐敗した」過去の政権との対比で、現政権の権威の根拠を正当付ける役割を果たしている。同時に、こうした民主主義の論理構造は、大衆に、政権への致命的な打撃を与えるチャンスも与えてしまう諸刃の剣である。こうした脆弱性ゆえに、CEEの教科書は、学習者の、よき愛国的市民としての道徳性に訴えるのである。

（二）国際的従属性

エチオピアのCEEの教科書は、国際社会の援助の論理に関しては批判的な傾向を見せる。たとえば、二〇〇三年の一〇年生の教科書（T-5）は、知的財産権の事例を挙げている。アメリカの大学にいる、あるエチオピア人教授がエチオピアで伝統的に洗剤として用いられていた植物が、パイプの詰まり取りに役立つことに気づき、それに関わる特許を申請・登録した。この植物は、長年にわたり、地元の人びとが交配合を繰り返して作り出したものだった。

あなたは、国際的な知的財産権がエチオピアの地元社会にどのような影響を与えるか、考えたことがあるだろうか。我々が良く知っているエチオピアの植物―エンドード―が登録されたことで、それまで普通にその植物を使っていた、グローバル化とは無縁の田舎の人たちの生活をどれほど圧迫したか、富がどんなに不公平に配分されたか、考えたことがあるだろうか。

（T-5, p. 81）

教科書執筆者は、自分の母国の農民が世代を超えて伝承してきた知識を商業的な目的のために売ったエチオピア人教授のことも暗に批判していたかもしれない。愛国心とは、複雑である。国民の義務を果たし、偏狭な民族主義を非難し、同時に国際的な場面では、国益を守ることも意味するのだろう。

もう一つ、三つのカリキュラム期を通じて見られるのは、植民地主義とグローバル化に対する批判的姿勢である。教科書執筆者は、エチオピアが植民地化されなかったことに多大なプライドを示しているが、同時に、現在の国際秩序のなかでの途上国の扱われ方には不満があり、その原因は、植民地主義と搾取にあると断じている。同時に、その議論の仕方は、軍政時代の政治思想であったマルクス主義の残滓を感じさせる。第二期以降の教科書では、「自律性」と題する章のなかで、「従属」について詳しく述べている。学年や発行年の違いを超えて、この章は、搾取者と被搾取者の二項対立にもとづく従属理論の視点からの記述に満ちている。

最近の教科書は、以前ほど露骨な表現は少なくなっているが、それでも、貧しい国は豊かな国に従属し、関係性は対等ではないと述べている。国際貿易、財政、その他様々な国際関係のルールは、パワーのある国が設定し、貧しい国は従うしかない。こうした考え方を直接的に記述するのではなく、最近の教科書は、生徒に問題意識を内部化させる質問を数多く提示している。たとえば、「自立した責任ある市民として、あなたは、エチオピアの先進国への従属状態を軽減するために何をすればいいか？」（T-14, p. 111）「世界貿易機構（WTO）は、途上国にどのような価値観をもたらしているか？　あなたは、それは、エチオピアの貿易にどのような影響をあたえていると思うか？　エチオピアの貿易は、〝比較優位〟原理によって恩恵を受けると思うか？」（T-14, p. 121）教科書執筆者は、先進国の利益のために、途上国に市場を開放させるために使われていると思われる自由貿易の原理を暗に批判している。同じ教科書は、生徒に、下記の二つの視点に応じてグループ分けし、ディベートを行うように指示している。

（1）エチオピアは自由貿易のみを推進し、自国の産業を他国との競争から保護しようとすべきではない。競争はいいことで、推進すべきだ。

（2）エチオピアは貧しい国なので、外の世界から産業を守るべきである。この国は、市場開放する状況にはなく、もし自国産業を保護しなければ、国の成長に悪影響を及ぼす。

（T-14, 122）

ディベートの設問は、どちらの立場にも中立な記述であることが想定されるが、上記の設定はかなり誘導的で、（2）が正解、と言わんばかりである。

しかし、この論理は、教科書のほかのページで扱っている国際関係に関する記述とは矛盾する。教科書を構想した人びとは、従属を強要されることは嫌うが、一方、エチオピアは貧しく、エチオピア市民全ての基本的人権が保障されなければならないので、国際社会も途上国を助ける義務があるという。そのため、二〇〇三年の十一年生の教科書は、生徒にかなり強い調子で質問を提起している。「豊かな国には、生きるための基本的サービスへのアクセスがなく、人道上の悲劇が起きることを避けるための手助けをする義務があるとするならば、彼らは、途上国に対し、経済的、人道的支援を怠ける正当な理由があるだろうか?」(T-8, p. 117)

6　結論 ―― 教科書が語る国民としての共生への潜在力

本章では、民主主義の概念が、エチオピアのCEおよびCEEの教科書やカリキュラムでどのように扱われているかを分析した。三つのカリキュラム期の教科書を比較した結果、特に第一期と第二期の間では、教科書の構成や内容に大きな変化があったことが分かった。初期には外来の概念を一方的に説明していた教科書が、より双方向的に学生に考えさせる方法を取るようになり、さらに、法の支配、権力、愛国心、多様性への寛容といった概念は、エチオピア固有の状況に照らした独自の解釈が加えられるようになっている。エチオピア連邦民主共和国は、少数民族のティグレが多数派を支配する構造であることから、政権の正統性を国民に広く認知させ、心理的な支持を高めつつ、民主政治の制度的基盤を強化することをめざしてきた。市民性及び道徳教育は、そのための一つの重要な手段として常に連邦政府のコントロール下で重点を置かれてきた。

二〇〇五年の国政選挙で、大量の政治犯の逮捕と国内騒乱を経て政権を維持したエチオピア人民革命民主戦線(EPRDF)であるが、五年後の二〇一〇年の選挙の際には、本章で論じたように、授業時間の増加、教科書改訂、教員や行政官の訓練等によるCEEの強化・徹底を行った。このCEEへのてこ入れは、全国五〇〇万人に及ぶ党員組織の改革や選挙に関する新法の導入などとともに、EPRDFによる選挙の圧勝をもたらした。

本論で分析を行ったCEEの教科書は、こうしたEPRDF支配にもとづく民主国家エチオピアの国づくりが強化されていく過程を如実に示していた。一方、エチオピアの政治情勢は、二〇一〇年以降、メレス首相の急逝による求心力低下の影響もあり、大きく様変わりしている。二〇一五年五月の国政選挙は、事前に、EPRDF党内にも野党にも立場の分裂があり、混乱の可能性も指摘されていたが、実際には、野党SPDP（Somali People's Democratic Party）が保持していた二四の国会議席を全て失い、EPRDFとそこに連携する少数政党の代表者で五四七の全ての議席を独占するという結果に終わった。州議会でも一九八七議席のうち、野党が獲得したのは二一議席に過ぎず、国政、州政とも、EPRDF連立与党の圧勝だった（The Guardian, June 22）。選挙プロセスも平和裏に進行したと報告されているが、ここまで野党が有力対抗政党としての役割を果たさないのは、むしろ与党政権のコントロールが強権的にすぎたためだとの指摘もある。エチオピアは、多様な価値が収斂され、国民統合が進んでいるのか、あるいは、法の支配という名の現政権の絶対的権力が形成されているのか、今回のいびつなまでの選挙結果は、観察者に、むしろ後者の可能性を感じさせてしまう。実際、二〇一五年十二月には、オロミア州で学生蜂起が起きるなど、政権への反発もくすぶっている。

このような状況において、CEEの重要性は、これまで以上に大きく、また、継続的な観察によって、支配と共生のバランスが失われないことを担保する必要があるだろう。多民族・多文化の共生を謳うCEEは、教育を通じて、国民統合の基盤を作る可能性を秘めている。言い換えれば、そのことは、エチオピアに暮らす多様な人びとの国民としての共生に向けた潜在力を引き出すうえで重要な意味を持ち得るであろう。その一方で、抑圧的な軍政に反発する大衆運動から生まれ、民意を反映した憲法にもとづく政府である、という教科書の主張は、支配基盤を維持するために警察や法という権力に頼ることによって、別の勢力から同じ論理で覆されるリスクも負っている。CEEの教科書分析からは、多様性を尊重することによって反発を避けつつ、国家として成立するためには、中央集権的な支配を強化するという、矛盾した目的を達しようとする現政権の置かれた立場の微妙さがつぶさに読み取れるのである。政治討論の表面で語られない政権の真の政治的意図を、教科書は語り続けるであろう。また、CEEを導入することによって、国民の政治参加と現政権支持を取り付けようという政府側の意図に反して、末端に行けば行くほど、カリキュラムの意図以外の要因が影響するのがこの科目の特性でもある。しかし、本書の10章でも議論されているように、政治闘争との共生の課題は、地域社会のなかでは、政府の中枢での議論とは全く違った形で現れる可能性がある。今回の分析では対象とすることができなかったが中央政府の意図が直接反映される教科書だけでなく、「実施されたカリキュラム」や「達成されたカリキュラム」を、個々の教員や生徒のレベルまで下りて分析することが、今後の課題であろう。

注

（1）「市民性教育」とは、広く、市民としての資質・能力を育成するための教育と定義され（小学館二〇一三）、市民としての権利・義務だけでなく、他者や他文化の尊重や共生に対する理解や態度形成も含まれる。政治制度や体制についての知識習得をめざす公民教育より、対象とする知識の範囲が広いだけでなく、価値観の形成や態度変容までも志向する点で異なる。エチオピアのCEおよびCEEは、内容的には市民性教育をめざしていると考えられるため、Civic educationの直訳である「公民教育」ではなく、「市民性教育」を訳語として用いることとする。

（2）カリキュラムで強調されている十一の価値のうち、「勤勉さ」「貯蓄」「知性の追求」は結合して、「個人生活における態度・習慣」という項目にした。追加された項目は、「形而上／理論」「紛争／寛容」「開発（経済的、政治的、社会的）」「統治（ガバナンス）」「権利／自由」「権力」「その他」である。

参照文献

日本語文献

小学館（2013）『デジタル大辞泉』。

欧文文献

Abbink, J (2006) Discomfiture of democracy? The 2005 election crisis in Ethiopia and its aftermath. *African Affairs*, 105(419), 173–199.

Guardian, The (June 22, 2015) Ethiopia's ruling party wins by landslide in general election. Retrieved from http://www.theguardian.com/world/2015/jun/22/ethiopias-ruling-party-win-clean-sweep-general-election

Glatthorn, AA, F Boschee and B. Whitehead (2006) *Curriculum Leadership: Development and Implementation*. SAGE Publications, Thousand Oaks, CA.

Government of Ethiopia (2008) *Summary and Statistical Report of* the 2007 *Population and Housing Census*. Federal Democratic Republic of Ethiopia Population Census Commission, Addis Ababa, Ethiopia.

Harbeson, JW (1998) Elections and democratization in post-Mengistu Ethiopia. In K Kumar (ed.), *Postconflict Elections, Democratization, and International Assistance*. pp. 111–143. Lynne Rienner Publishers, Boulder, CO.

Huddleston, T (2007) Report on Training Workshop held in Addis Ababa, Federal Democratic Republic of Ethiopia, 28039 March 2007, Interactive Teaching and Learning in Civics and Ethical Education. Unpublished manuscript.

Joint Review Mission. (2003) Ethiopia Education Sector Development Programme II: joint review mission report. Unpublished manuscript. Addis Ababa: Joint Review Mission.

Kudow, PK (2008) Developing citizenship education curriculum cross-culturally: A democratic approach with South African and Kenyan educators. In D Stevick and B Levinson (eds), *Advancing Democracy through Education?: U. S. Influence Abroad and Domestic Practice*. pp. 159–178. IAP, Charlotte, NC.

Ministry of Education (2006) Governing Guideline of the Civic and Ethical Education Blue Print (Zero Draft). Unpublished manuscript. Ministry of Education, Addis Ababa, Ethiopia.

Ministry of Education (2007) *Draft General Education Quality Improvement Program (GEQIP)* 2008/09–2012/13. Ministry of Education, Addis Ababa, Ethiopia.

Ministry of Education (2009) E*ducation Statistics Annual Abstract 200 E. C. /2007–2008 G. C.* Ministry of Education, Addis Ababa, Ethiopia.

Moodley, KA, and H. Adam (2004) Citizenship education and political literacy in South Africa. In J. A. Banks (ed.), *Diversity and Citizenship Education: Global Perspectives*. pp. 159–183. Jossey-Bass, San Francisco, CA.

Samatar, AI (2005) The Ethiopian election of 2005: A bombshell & turning point? *Review of African Political Economy*, 32(104/105): 1–7.

Vestal, TM (1999) *Ethiopia: A Post-Cold War African State*. Greenwood Publishing Group, Westport, CT.

World Bank (2007) *World Development Indicators* 2007. World Bank, Washington DC.

第10章

国民統合，政治暴力，そして生活世界

—— ケニア農村における紛争と共生

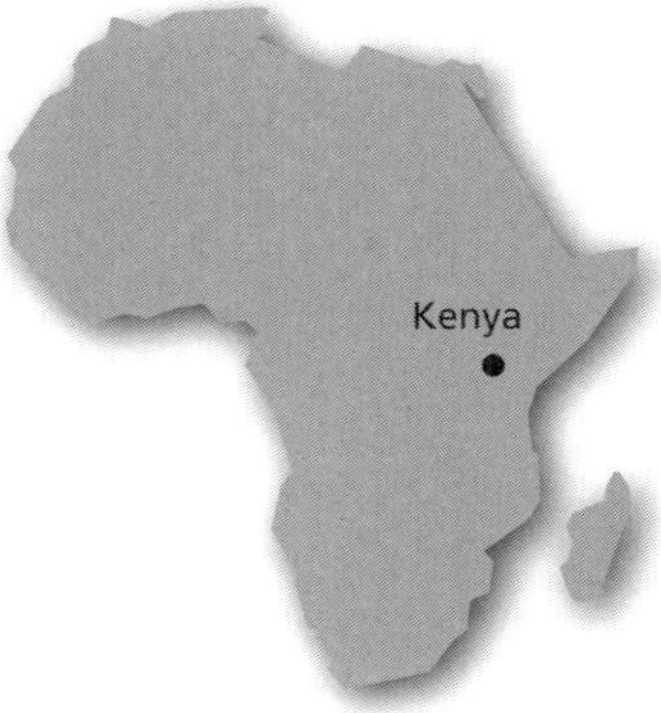

高橋基樹・長谷川将士

扉写真：2007-2008 年のケニアにおける紛争「選挙後暴力」で，隣人により放火されたキクユ人入植者の住居（ウアシン・ギシュ県エルドレット近郊）。周辺の入植者のなかでも特に営農に成功した持ち主の長年の労苦のたまものであるレンガ造りの家は，一夜のうちに廃墟となった。

「外来者たちは（もし、ナンディの法、習慣、伝統を守らないのであれば：筆者注）（中略）ナンディ人の憤怒とその根底にある憎悪の的にならないよう、持ち物をまとめてナンディから出ていくべきだろう」

——ナンディ・ヒルズ宣言　一九六九年七月(1)

「自分がナンディ人であることと、カレンジン人であることのどちらが大事かと聞かれたら、カレンジン人であることだと思う。大きな集団につながっていることが肝心だから。」

——元紛争地でキクユ人に囲まれて住むナンディ人の村民（男性）

二〇一三年八月

1　はじめに——見果てぬ夢としての国家の建設？

アフリカ諸国の領域は、一九世紀末からの植民地分割によって外生的に形づくられた。そのことが出発点となって、独立時のアフリカ諸国にとり実質を伴った国家を建設することは何よりも大きな歴史的課題となった。だが、ケニアの初代大統領ジョモ・ケニヤッタが、自分の国は「小さな国際連合（United Nations in miniature）」のようなものだと嘆いてみせたように（Kenyatta 1968: 247）、アフリカ各国のなかには多種多様な民族が居住し、一つのアイデンティティによって統合された国民は存在しないと認識されてきた。そればかりでなく、「民族忠誠主義（ethnic patriotism）」というロンズデールの有名な概念（Lonsdale 1992, 2012）が示しているのは、人びとの忠誠心は国家ではなく、それぞれの民族に向けられているということである（Ekeh 1975; Ndegwa 1997 参照）。そして、少なくとも一部の国では、人びとは国家のためではなく、民族のために自らの命を落とし、他者の命を奪っており、国家を成り立たせる国民は未だ形成されておらず、そのために公的な資源配分は不平等に歪められているとされる（Easterly and Levine 1997）。

さらに政治的に統合されていない国家は、経済的にも脆弱で、さまざまな制度や公共財を民族や地域を超えて供給することができず、領域のなかでの市場システムの統合と発展をも支えることができないとも考えられる（高橋 2015）。そうした国家の不十分な能力に加えて、アフリカの市場は、民族によって異なる考え方や利害、そこに端を発する、政治的な対立によって発展を妨げられてきたようにも見える。

だが、本書の他の章が示しているように、少なくともいくつかの国では国家と市場は人びとの生活にさまざまなかたちで影響を及ぼし続けている。多くの国々が独立して半世紀を超す歳月が過ぎた今、アフリカの国家建設はどのような状況にあるのか。人びとは自らの心のなかで国家、その資源配分・制度をどのようなイメージとして形づくっているのか、という問いを中心に置いて、国家建設の今日を考えようというのが、本章の主旨である。そこからわたしたちは、アフリカにおける諸民族・諸集団の共生への可能性、言い換えれば潜在力を見出すことができるのだろうか。

アフリカでも顕著に民族間関係が政治経済を動かす大きな要因になっている国としてケニアをあげることができよう。この国は、二〇〇七年から翌年にかけて、民族間で発生した紛争「選挙後暴力（Post-Election Violence：PEV）」によって、国家崩壊の危機に瀕したとされる。旧リフトバレー州(2)は、この紛争の主な発生地の一つだったが、なかでも本章で取り上げるウアシン・ギシュ県のエルドレット市周辺では、凄惨な暴力が行使された。

そこでは、独立後に入植したキクユ人と、独立以前から同州に多く居住していたカレンジン人、とりわけカレンジンのなかでも大きな人口規模を持つ下位集団であるナンディ人(3)、およびその他の民族が隣接して居住していた。そのナンディ人の集団がキクユ人を襲撃したとされているのである。しかし、紛争後この地域では、少なくとも表面的には､国家崩壊という言葉が想像させるものとはいささか異なる､人びとの共存と平穏な状況が広がっている。この地域の人びとの暮らしや意識を知ることは、国家というものに対する人びとの考えやその複雑さを考えるうえで、大変貴重なものであろう。本調査では、襲撃された側と襲撃した（とされる）側の村々の調査を通じて得られた知見やデータをもとに、右の問いに答えることを目的とする。

本章では、以下、まず第2節で、「選挙後暴力」にまで至るケニアの政治経済史とそれを背景とした民族間関係の展開を、領域ごとの自治による他民族の排除を主張したマジンボ主義の盛衰に焦点を当てながら、振り返ることとしたい。そこでは、旧リフトバレー州への他州からの入植や、政治的有力者たちによる大規模な「土地収奪」が鍵となる。

続いて第3節では、一九九〇年代の初頭の複数政党制への移行の後、旧リフトバレー州、なかでもウアシン・ギシュ県において続いてきた対立と紛争の展開を、その頂点となった二〇〇七年から二〇〇八年にかけての「選挙後暴力」を中心に概観する。そして、選挙後暴力はケニア独立以来の深刻な政治的危機だったと考えられているが、それに至る一連の対立と紛争の要因がどのように解釈されているかについて、既往の議論を紹介する。

第4節では、ウアシン・ギシュ県の、お互いに近い二つの村における世帯ごとの聞き取りをはじめとする現地調査をもとに、襲撃された村と襲撃したとされる人びとの住む村との間で、生活、経済水準、土地の権利、そして政治への認識などの比較を中心に分析を行う。そのなかで、人びとがどのように他の民族やケニアという国家についての認識を持っているかをやや詳しく明らかにする。

最後に、以上の分析の結果を踏まえて、人びとはどのような国家や民族に対するイメージを持っており、そこからアフリカにおける国家建設の進展とそれに対する人びとの意識に関して何が言えるのかについて、照らし合わせながら考察する。そこでは、襲撃された側と襲撃した側で何か大きな違いや共通点があるのか、あるとすればその違いや共通点から、国家建設の認識について何が言えるのか。そして、それらを踏まえて紛争および共生についての人びとの考えを探り、現代アフリカ国家と生きる人びとの共生に向けた潜在力について筆者なりの考えを述べて締めくくりとする。

2　ケニアの歴史と民族――旧リフトバレー州を中心に

（一）植民地支配とその民族と土地に与える影響

この章の考察の対象であるウアシン・ギシュ県は大地溝帯（グレート・リフトバレー）の西側の、降雨量に恵まれ、比較的肥沃で冷涼な高地の一部を成す。大地溝帯の東側の高地には、首都ナイロビとその北方の旧セントラル州がある。植民地支配前、ウアシン・ギシュとその近隣地域には元々ナンディ人が多く住み、旧セントラル州にはキクユ人が住んでいた。なお、今日カレンジン人と呼ばれる民族のなかで、ナンディ人は、キプシギス人に次ぐ人口を擁すると推測される。

ナンディ人とキクユ人はともに、イギリスの植民地支配確立の過程で強く抵抗した。彼らの抵抗を鎮圧して始められたのが、両方の土地を含む農業に適した高地にヨーロッパ系農家を入植させる事業である。これによって、大規模な農場が数多くケニアに形成されるとともに、土地の私有制度が初めて導入されることになった。その一

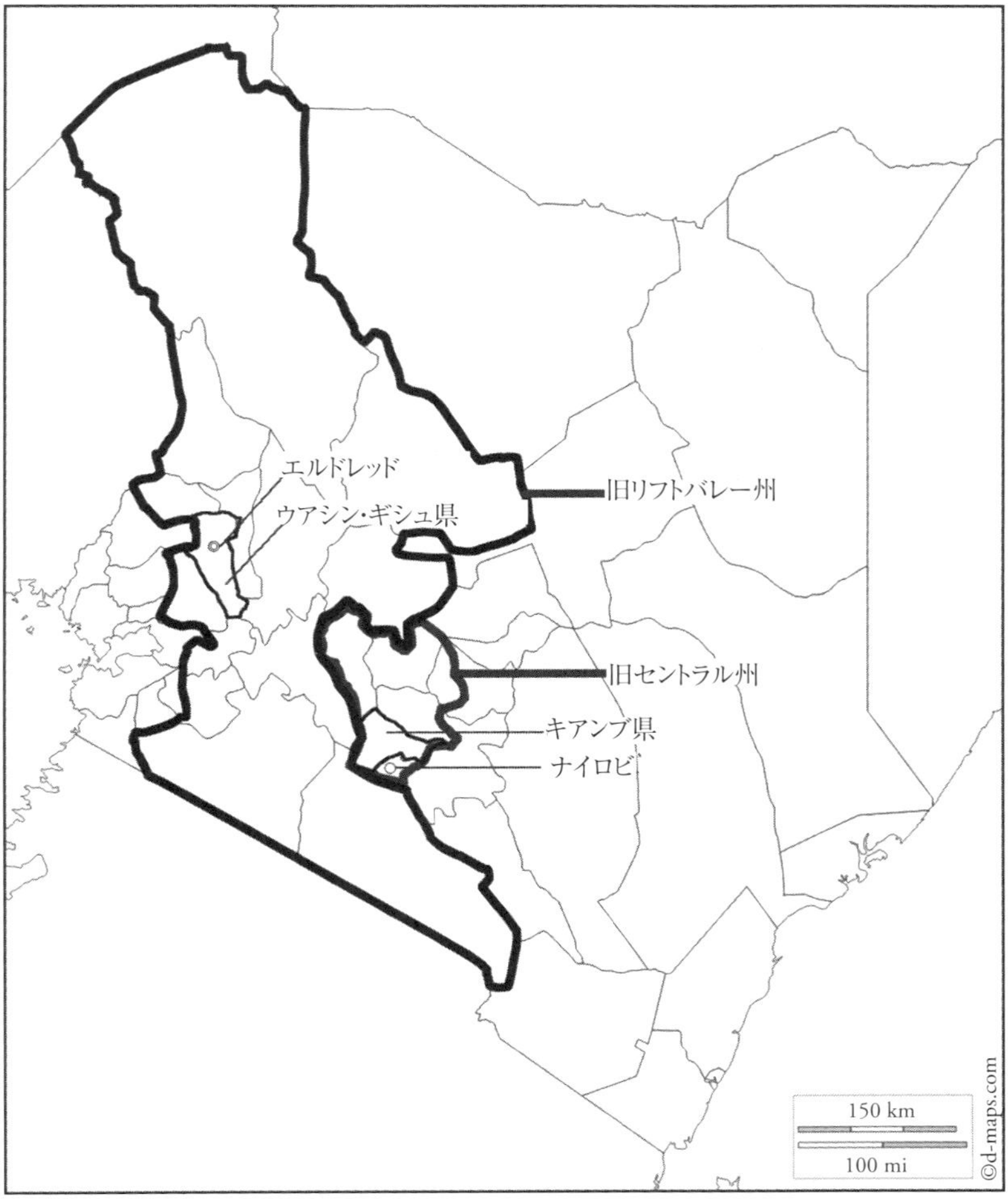

図 1　ケニア全図（本章の関連行政区域と都市）。

方で、キクユやナンディをはじめアフリカ系の人びとは政府によって強制的に指定された「原住民居留地（native reserve）」に押し込められることになった。人口増加も相まって、人びとは狭い居留地から、ヨーロッパ人の所有地に流入し、いわゆる「不法居住者（squatter）」となった。「不法居住者」の状況は植民地支配下でますます深刻化し、一九五〇年代にはキクユの貧困層の一部がヨーロッパ人の支配体制と同じ民族の中の富裕層とに対して展開した闘争である、マウマウ闘争の原因となった（Lonsdale 1992）。他方で、キクユの貧困層は、ウアシン・ギシュ県にも多数流れ込み、植民地末期にはナンディの人口を上回った(4)。他方で、大規模農場が多数形成されたウアシン・ギシュとその周辺では、ナンディ人自身のなかでも多くの「不法居住者」が生まれた。

一九五〇年代は、マウマウ闘争を背景に、将来の独立に向け、キクユ人の政治的な影響力が強まる時代でもあった。そのことは、多数のキクユ人の流入と相まって、それまで同じカレンジン語系の言語を話し(5)、文化的共通性を基盤に互いに一定の交流を持つ人びとというまとまりでしかなかった諸集団が、「カレンジン人」という共通のアイデンティティを身に付けることを強く促した。そこにはカレンジンとしてまとまることで、強大な他者に対する数の上での拮抗を確保しようという意識が働いていた(6)。また、そうしたなかで、リフトバレー州をカレンジンが持つべき「領域」と考える意識も芽生えていった（Lynch 2011: 36–37）。

独立に向かう過程でカレンジンを代表する政治家が主張したのは、独立後に連邦制を敷いて、土地の配分等の行政をそれぞれの地域が自治的に行う「マジンボ主義」であった(7)。それは具体的には、自らがカレンジン人の領域と考えるリフトバレー州におけるキクユ人たちの政治的影響力とともに、その土地所有を排除することを意味していた。

（二）マジンボ主義の封印とキクユ支配体制

マジンボ主義は、一九六三年の独立時の憲法には盛り込まれたが、キクユ人のジョモ・ケニヤッタ初代大統領のもとで程なく法制上廃棄された。ケニアは連邦制でない単一国家となり、人びとが民族・出身地域に関わりなく、全国どこにおいても土地を入手し得る制度、言い換えれば、土地の全国統合市場化が開始されることになった。そして、植民地時代にヨーロッパ人に収奪されたものを含む土地は国家が強制的に収用してアフリカ人たちに分配するのではなく、個々人が有償で入手すべきものとされた。

一九六〇年代後半までには、こうした土地政策の導入を通じて出身地域にかかわらず、全国どこでも土地を有償で入手できることで、土地市場がケニア全国に普及する制度的基盤がすえられた。その後、旧ヨーロッパ人居留地を含むケニア全土で土地の測量と所有地の登記が実施されていった。そして、アフリカ人によるリフトバレー州を含む各州での土地取得が進んでいった。それは大きく二つの形態に分けられる。一つは大規模なヨーロッパ人農場をほぼそのまま引き継ぐものであり、もう一つは、植民地時代に各民族を悩ました土地不足と「不法居住者」問題を背景として、普通の人びとが政府等の計画のもとで、あるいは自らの選択で土地を入手するものである。有償での取得という制度のもとでは、資金へのアクセスのある人びとこそ土地の有償による入手で有利であった。

ケニヤッタ政権の圧倒的な優位のもと、カレンジン系を含む野党の有力政治家のほとんどは、マジンボ主義を放棄して、ケニヤッタ政権の支持に回った。こうした政治情勢も右のような土地制度の導入を政治的に後押しした。大規模な土地の取得を進めたのはまずもって政府内外の資金源にアクセスを持つキクユ人の有力政治家であり、カレンジン系を含む他の民族の有力者たちもその恩恵に浴した。それはケニヤッタ政権が彼らを懐柔するための手段だったと言ってよい。他方、普通の人びとの土地入手には、さまざまな民族が参加したが、特にリフトバレー州の土地入手で目立ったのは、自民族の政治家・有力者の資金的支援を受けたキクユの普通の人びとであった。その一方で、資金へのアクセスの乏しいナンディ人らの多くは、土地の法的権利なしに大規模農場で暮らす「不法居住者」となった。後で見るように、ナンディ人社会では「不法居住者」は未だに今日的問題であるが、その起源は、植民地時代の極端な不平等を継承した、独立時の土地の市場化から彼らが取り残されたことにある。こうしたことを背景に、ナンディ人の間ではマジンボ主義がくすぶり続け、冒頭に掲げたような一九六九年の「ナンディ・ヒルズ宣言」として表明された。それは、土地や雇用の全国統合市場化への鮮明な反対宣言であったと言ってよいであろう。しかし、ケニヤッタ政権は直ちにそうした動きに弾圧で応じた。カレンジン系の他の集団からも支持は得られず、ナンディ人のなかのマジンボ主義は孤立し、封印を余儀なくされた。

(三) モイ体制の成立とカレンジン

一九七八年ケニヤッタの死去に伴い、カレンジンのもう一つの下位集団であるトゥゲン人出身の副大統領ダニエル・モイが、政権を継承した。この頃には、カレンジンという共通の集団意識はより定着していった。その背景には、リフトバレー州でキクユ人等の入植が続き、カレンジン系の人びとの不遇感がより広く共有されるようになったことがあると考えられる。こうした不遇感は、モイ政権にとって、キクユ人の強い勢力に対抗できるような支持基盤を形成する上で役に立つと同時に、自らの集団のなかに、解決すべき問題が残っていることを示していた。その不遇感はカレンジンの普通の人びとのなかに、隣人となったキクユ人らに比べての自らの「遅れ」の自覚に根ざしていたのである。モイ政権はカレンジン内部での資源配分に腐心しつつ、その不遇感が自らへの憤懣《ふんまん》に転化し、政治的に表面化してくると、容赦ない弾圧を加えた（Lynch 2011: 111-141）。

他方で、モイ政権の中枢を握ることになったトゥゲン人やケイヨ人（もう一つのカレンジンの下位集団）らの有力政治家は、個人的な利権の拡大という点でケニヤッタ政権下のキクユ人政治家らの先例を踏襲した。その手段として、公有地の不正な払い下げや未登記の個人占有地の収用を強行して私的に所有する土地を拡大していった（CIPEV 2008: 31; Branch 2011）。リフトバレー州の未登記の土地でモイ政権の政治的有力者の収奪の対象となったのは主に非カレンジン人の農民の土地であった（Branch 2011）。他方で、登記で守られているキクユ人らの入植者の土地の多くはそのまま残存し、彼らの多くはそこに定着して、営農を着々と展開していった。こうしたなかで、「不法居住者」らカレンジンの普通の人びとに多くの経済的利益はもたらされず、彼らの不遇感や土地への渇望は大きく放置された

3　リフトバレーにおける紛争

（一）複数政党制移行後の紛争

一九九〇年代初頭、アフリカの国々を席巻した民主化＝複数政党制への移行の潮流は、ケニアをも巻き込んだ。

政権発足後一党制を法制化し、強権を交えて政権を維持してきたモイらは、複数制への移行は、ケニアを部族主義的な分裂と混乱に陥れるものとして反論し、民主化要求に弾圧で応じた。しかし、結局は先進援助国と野党の要求に抗しきれず、一党制の廃棄を受け入れたのである。支持基盤が少数派の民族であるモイ政権の有力政治家にとって[8]、それは、政権自体を失うリスクに直面することでもあった。

その危機感を背景にカレンジン等の政権側の政治家の多くが再び主張し始めたのが、マジンボ主義であった。リフトバレー州の土地への権利は、元々そこに住んでいた民族に属する者にしかないという主張は、一九九〇年代以降の政治集会等において、人びとを紛争に駆り立てるためにモイ政権側の政治家によって頻繁に発せられたとされる。さらに、リフトバレー州へのキクユ人など移入者自身やその入植地・居住地は消去されるべき「汚点（*madoadoa*）」だと叫ばれたと言われている（HRW / AW 1993: 31; CIPEV 2008: 50）。

そして、一党制廃棄後初めての選挙を翌年に控えた一九九一年頃から、同州では、紛争が頻発するようになった。それは、時に数千人の集団を組む多数のカレンジン人やマサイ人の側が集団でキクユ人、ルヒヤ人、ルオ人などの入植者を襲撃し、後者の人びとが反撃するというかたちで展開することが多かった。正確な被害者の総数は分かっていないが、ヒューマンライツウォッチは一九九一年から九三年までの間だけでも、最低で一五〇〇人が命を落とし、三〇万人が家を追われたとしている。その主な舞台の一つがナンディ人の居住地域であった。またウアシン・ギシュ県のバーント・フォレスト村での衝突は、九〇年代初頭の紛争のなかでも最も激しいものだとされ、九二年末の選挙直前から翌年にかけて、カレンジン人側の襲撃とキクユ人側の反撃が繰り返された（HRW / AW 1993; 津田 2000）。その後も九七年の国政選挙などを軸として暴力が生じ、多くの被害が出た。二〇〇七年から翌年にかけての選挙後暴力は確かに激しい紛争ではあったが、それまでにケニアで起こってきた暴力も相当に深刻であったことを踏まえる必要があるだろう。

九二年以降のケニアの政治過程は、キクユ、カレンジンなど各民族の領袖に率いられた勢力間の対立と野合の連続と化していった。野党側は有力民族ごとに分立してお互いの間でも争い合い、モイ政権を利することになった。そのなかで、再燃したマジンボ主義は、カレンジン人らのキクユ人らへの攻撃を正当化し、促進する面があっただろう。一連の紛争は、モイ政権の側が野党勢力の支持者の投票を妨げ、選挙戦を勝ち抜くために、「上から」組織した面があるのは否めないが、そのなかで、マジンボ主義とキクユ人らのリフトバレー州における土地の入手には歴史的な不正が関われているという考えが、カレンジンの普通の人びとの少なくとも一部に浸透していったように思われる（Lynch 2011: 200）。マジンボ主義者は、一連の紛争のなかで、カレンジン人らの領域に権利なく土地を入手した「よそ者」であるキクユ人らを放逐し、それらの土地をカレンジンの手に奪い返すと唱えた。そうした暴力的な手段が、カレンジン人全体の支持を集めていたかどうかには疑問の余地があるが、キクユ人らが大規模な取得や入植をしたリフトバレー州の土地の多くは、植民地支配者の強権によって囲い込まれたものであり、キクユの普通の入植者一人一人に責任があるかどうかはともあれ、歴史的な不正を始まりとしていることは否めない（Branch 2011）。こうした考えの浸透が、土地を渇望する「不法居住者」を含むカレンジンの一部の人びとを紛争に駆り立て、あるいは土地問題の解決を他民族の追放によって解決する方法への一定の支持を生んだようである。そのため、同州の土地紛争の一部は政権の意図を離れて、拡大・激化したように思われる（津田 2000：136–137）。

しかし、よそ者でリフトバレー州の土地に権利を持たないはずのキクユ人を暴力に訴えてでも追い出すという過激なマジンボ主義は決して全てのカレンジンによって共有されたわけではなかった。むしろ、ナンディ人らの一部の政治家の批判の矛先は、「不法居住者」のキクユへの敵意を煽るかげで、ウアシン・ギシュ県などで自らの大土地所有の拡大や腐敗を繰り返すトゥゲン人やケイヨ人の政権中枢の有力者に向けられていった。そして、入植者であるキクユ人との共存を積極的に唱える政治家さえ現れた。また、一連の紛争に多くのナンディ人が動員される一方で、帰る先のないキクユ人らは、一時的に避難をしながら、入植地から容易に退去しなかった。そのため、政権中枢が約束したナンディ人の土地の入手は多くの場合実現されなかったのである。そのこともナンディ人の政権中枢への反感を高めることになった（Klopp 2002）。

二〇〇二年の大統領選挙が近づくなか、モイのカレンジンの人びとのなかでの威信は揺らぎ、彼が後継に指名したキクユ人候補者ウフル・ケニヤッタ（初代大統領ジョモの息子）を、多くのカレンジン人、ナンディ人の政治家は支持しなかった。ウフル・ケニヤッタは同じキクユ人のベテラン政治家ムワイ・キバキと彼を推す「国民虹の連合」に敗れた。「虹の連合」には、ルオ人のライラ・オディンガをはじめとする、ほぼ全ての有力民族出身の政治家が集っていた。それを可能にしたのは総理大臣職の創設による権力の分散、オディンガ派の閣僚職半数への任用などで合意した選挙前夜の両者の覚書による約束だったという（CIPEV 2008: 29–30; 津田 2009）。ここに、二四年間にわたったカレンジン人政治家による政権の中枢の掌握は、いったん終わりを告げることになったのである。

（二）選挙後暴力の前夜の政治情勢と旧リフトバレー州

キバキ政権の誕生は、それまでの特定民族出身の有力政治家による寡頭支配を終わらせることを期待させた。

たしかに、キバキは大統領選で自らを支援した各民族の有力政治家を閣僚に指名した。そのなかには、ウアシン・ギシュ県選出の若い世代のリーダーでナンディ人である、ウィリアム・ルトらも含まれていた。しかし、キバキは総理大臣職の創設も、オディンガの任用も行わず、政権の中枢を自らに近いキクユ人で固めた（CIPEV 2008: 41–42; 津田 2009：95–96）。このことはキクユによる政治の寡占的支配の復活と見なされ、強い反発を招き、政権の内外でキクユ対それ以外の民族の対立が激化した。それがより先鋭化する契機となったのが、キバキ政権が二〇〇五年に提案した憲法改正とそれをめぐる国民投票であった（CIPEV 2008: 40）。

モイ時代以前のような大統領と中央政府への権力集中を排し、民主化されたケニアにふさわしい憲法を作ることは、キバキ政権の課題だったはずであるが、提案された改正案は、それとは程遠いものと受け取られた。キクユ人の政権支配に対する批判と重なり合って、国民投票は同政権の信任投票の様相を呈した。オディンガをはじめとし、多くの有力政治家はオレンジ民主運動（Orange Democratic Movement）を結成して[9]、新憲法案へのさかんな反対運動を展開し、そのなかには、ルトや野党リーダーとなったウフル・ケニヤッタも含まれていた。国民投票に向けた賛成派、反対派双方の運動は激しいものとなり、いくつかの暴力事件が発生し、死傷者も出る事態となった。その背景には、キクユ支配への反感が広く人びとの間に広がっていったことがあった（CIPEV 2008: 52）。反対運動は功を奏して、キバキが提案した憲法改正案は、国民投票で大差により否決された。しかし、一般の人びとの間にまで広がったキクユ人への反感は払拭されず、カレンジンの人びとの間に再び、キクユ人らを「汚点」と見做し、先祖の土地を取り返すべきだという言説が、カレンジン語のラジオ放送などを通じて広がったと言われる（CIPEV 2008: 52, Lynch 2011: 196）。選挙後暴力の直前には、ウアシン・ギシュ県などカレンジンとキクユ双方の人びとの居住地域の社会は、そうした険悪さをはらむようになっていった。

その後、反キクユ感情は二〇〇七年大統領選挙に向け、再選をめざすキバキをウフル・ケニヤッタが支持することを表明し、キクユ陣営の政治的統一が成ったことにより、さらに強まっていった。これに対して、オディンガは反キクユ・キバキ感情の強まりを利用して、有力政治家の支持を、民族を超えて集めることに成功し、実質的な野党側の最有力候補として大統領選挙に打って出た。カレンジン人政治家のなかで最も有力となっていたルトもまた、オディンガの支持に回った。オディンガ陣営は、地方分権強化の観点からマジンボ主義を採用することを表明したが、それは過激なマジンボ主義者を含む、大多数のカレンジン人に、オディンガを支持させるのに効果的であっただろう（Lynch 2011: 198）。二〇〇七年の国政選挙（大統領選挙および国会議員選挙）が近づくにつれ、ルトらナンディ人の政治家の何人かは、選挙区を中心に、過激なマジンボ主義を鼓吹した。そのなかのより排他的な者は、カレンジンの領域と権利を守るために、ケニアの分割もあり得るとさえ主張したという。(10)

（三）選挙後暴力の展開とウアシン・ギシュ

二〇〇七年に行われた大統領選挙と国会議員選挙は、おおむね平和裡に実施されたが、ウアシン・ギシュ県をはじめとするリフトバレー州では散発的な小競り合いがあった。また、同県選出のルトのマジンボ主義の鼓吹に触発されたかのように、選挙戦の最中には隣人や職場の同僚であるキクユ人に対し、オディンガ陣営に投票せず、あるいはオディンガ陣営が敗れたら恐ろしい結果になると脅されたキクユ人もいた（Daily Nation 2013）。

一二月三〇日選挙管理委員会はキバキの大統領選での勝利を宣言した。キバキは直ちに二期目の大統領就任式を行った。宣言されたキバキの勝利は多くの国民の期待ばかりではなく、その予想と実感に反していた。事前の世論調査に加え、同時に行われた国会議員選挙での与野党の得票数と大きく食い違い、国際選挙オブザーバー・報道機関の出口調査にも反する結果は、国民の多くに、キバキ側の票数の不正操作を確信させた。その直後、オディンガの出身民族ルオ人ばかりでなく、カレンジン人、マサイ人らが、抗議デモやキクユ人への激しい攻撃を開始した。暴力は瞬く間にナイロビ、モンバサ、キスムなどの主要都市やリフトバレー州を中心とする農村部に広がった。農村部のなかでも他所より激しい暴力が展開したのが、ウアシン・ギシュ県であった。ケニア内外の専門家からなるこの選挙後暴力についての公式調査委員会は、合わせて一一三三人の死者があったと報告しているが、そのうちリフトバレー州で七割弱の七四四人が死亡し、なかでもウアシン・ギシュ県の死者は二三〇人と全国の県のなかで最多であったとされ、また負傷についても、ほぼ同様の状況だったとされている（CIPEV 2008: 308, 383）。さらに、女性などへの性暴力も広範に見られた。

　ウアシン・ギシュ県では、県都エルドレット周辺を中心に、数千人とも言われるカレンジン人の集団が、キクユ人の居住地や住宅・店舗を襲う事態が見られた。公式報告書によれば、襲撃の方法は、家々に放火するとともに、刃物、鈍器、弓矢などで、キクユ人など他の民族に属する住民を襲い、殺傷するというものであった。注意すべきことは、同県での死亡事案の原因のうち、「鋭利なもの」による刺傷が四割を占め、これに「火傷」「鈍器」によるものなどを合せると約六割となり、「弓矢による攻撃」「銃砲による攻撃」（合わせて一割強）などを大きく上回っていることである。負傷事案の原因にも類似した傾向が見られる（CIPEV 2008: 313, 316, 328, 328）[11]。つまり、同県での死傷事案は、重武装し、高度の技術を持つ人びとによる攻撃というより、身近で手に入る刃物、木材・石、ガソリンなどの燃料を携行した集団が、被害者に手の届く距離に接近して行った軽武装の襲撃であることを推測させるものである。しかも、重要なことは、被襲撃者が、襲撃側のなかに隣人や知人であるカレンジン人の姿を目撃していることである[12]。前述のように多数の動員があったことを考えると、浮かび上がってくるのは、普段は、一般住民として暮らしており、必ずしも武力の使用に習熟したわけではないカレンジン人が、数の力で圧倒しながらキクユ人らが自宅やその周辺にいるところを襲って、刃物で刺し、切りつけ、殴打し、レイプし、あるいは放火するなどの直接的な暴力をふるっている状況である[13]。

キクユをはじめとする人びとは襲撃を逃れるために、警察署、公共施設、教会、さらには新しく設けられた収容施設などに身を寄せたが、多くは自宅に戻ることができず、そのまま一時的にせよ国内避難民となった。公式報告書によれば、ケニア政府は国内避難民の数を約三五万人と推計している（CIPEV 2008: 272）[14]。相当の割合の人びとがリフトバレー州の居住者であり、ウアシン・ギシュ県でもかなりの数に上ったものと推測される。

選挙後暴力はその後、一般人を含むキクユ人らの側が反撃に出て、さらに激化し、キクユ人とそれに敵対するルオ人やカレンジン人との間の民族間全面対決の様相を呈した[15]。キバキを支持していたウフル・ケニヤッタは、主にキクユ人から構成される暴力組織ムンギキを動員し、キクユの側からの反撃を主導し、それによって多くのルオ人やカレンジン人が死傷したとされる。こうした事態の深刻化を受けて、アフリカ諸国から欧米諸国に至る国際社会が仲介に乗り出した。最終的には、国連元事務総長のコフィ・アナンが中心になった調停活動が奏功し、キバキとオディンガの間で、挙国一致内閣の発足と総理大臣職の創設を柱とする権力分有の合意が二月末に成立した。それによって、ようやく暴力は収束に向かったのである。

一連の襲撃のなかでも最も凄惨な事件が起こったのが、本論の調査対象地のひとつ、エルドレット近郊のキアンバー村である。二〇〇八年一月一日、その中心部に位置するアセンブリー・オブ・ゴッド（Assembly of God）教会には近隣の村々も含め多数のキクユ人が一二月三〇日から発生した襲撃を避け、身を寄せていた。そこへ、複数の方向から、合せて一〇〇〇人ほどのカレンジン人たちが押し寄せ、数十人のキクユ人らの女性と子どもが中にいる教会の建物に火を放った。これによって、三五人が焼死し、それを上回る人びとが火傷を負った。キアンバー村のできごとはケニア内外で大きな注目を集め、選挙後暴力全体を象徴する事件となった（図 2 参照）。

公式報告書によれば、キアンバー村への襲撃の計画の情報は、前日には警察もつかんでおり、エルドレットの警察部長は早速部隊を派遣した。しかし、幹線道路からキアンバー村に至る道路の入り口が岩石や重機によって封鎖されており、部隊が教会に到着したときには教会は灰燼に帰していた（CIPEV 2008: 54）。それは、この事件が一定の計画性・組織性をもって行われたことを窺わせるものであった。この事件では、後にルト陣営に連なるカレンジン人地方政治家が襲撃を現場で率いたとして起訴された。さらに後になって、キアンバー村事件やその政治家の役割は国際刑事裁判所でのルトの選挙後暴力における刑事責任の審理においても論点の一つとして取り上げられた。

（四）選挙後暴力およびその後とカレンジンの人びと

公式報告書は、選挙後暴力直後の状況を踏まえて、ケニアの国民意識は民族間の対立によって蝕まれており、ケニアの国家建設は破綻の淵に瀕しているとする（CIPEV 2008: 35–36）。そして、同報告書は、こうした状況にケニアを至らしめた選挙後暴力までの経緯や、その根本的な要因を分析しているが[16]、その分析からうかがえるのは、この紛争は、一方のキバキ・ケニヤッタ、他方のオディンガやルトといった、政治的に有力な民族の領袖どうしの対立が原因で、彼らの指示により引き起こされたというだけでは説明できない、ということである。

図２　ケニア，ウアシン・ギシュ県，キアンバー村のアセンブリー・オブ・ゴッド教会の焼け跡に眠る，放火事件で命を落とした人びとの墓標。なかには，「氏名不詳」とされているものもあり，キアンバー村外から，家族とはぐれて逃げ込んだ人びとが含まれているものと思われる。

たしかに、選挙後暴力も、九〇年代にモイ政権中枢の有力政治家がカレンジンの人びとを、実質的な命令や報償による勧誘などで組織した、「上からの」紛争という面があったことは否定すべくもない（Klopp 2008参照）。それは襲撃側の行動が一定の計画性・組織性を帯びていることからも分かる。しかし、参加者が非常に多数に及んでおり、その多くが襲撃された人びとの隣人、すなわち日常は普通の生活を送っている人びとであり、また襲撃側の武装は相当に軽度であり、そこここでかなり自然発生的に生じた面があることを考えると（Lynch 2011）、この紛争は普通の人びとによって「下から」支えられた面があったことも、事実であろう。公式報告書も民族間の不平等のなかで、不利な立場に置かれた側の人びとの周辺化、暴力の蔓延や若年層の紛争への動員の背景にあった失業などの、普通の人びとの暮らしに関わる事柄を、紛争の根本的要因として指摘しているのである（CIPEV 2008: 30–35）。

ここで、紛争後の状況のなかで、紛争の当事者になっただろう普通の人びとの暮らしのあり方と意識を探ることが重要になるだろう。冒頭に述べたように、元紛争地には平穏な日常が表面的には戻っている。そのなかで普通の人びとが、ケニアという国家、民族間の関係、土地や自らの暮らしについてどのような認識を持っているか、ということが、本論の問題意識を追究していく上で鍵となるだろう。注目すべき点は、人びとが依然として、一連の政争と紛争を引きずって、民族間の対立そして国家の分裂につながるような認識を持っているのか、言い換えれば「部族主義」あるいは過激なマジンボ主義に影響され続けているのか、ということである。

4　襲撃した村と襲撃された村

（一）襲撃した村と襲撃された村――対象村と調査の概要

右のような考えに立って、本調査では、襲撃された村であるキアンバー村と、襲撃した側の関係者が居住するとされるX村において、住民の意識の調査を行った。

両村が位置するエルドレット市の周辺で目立つのは、多くのインフラの劣悪さである。幹線道路と村々をつなぐ道は、大雨の後などには泥濘化し、通常の自動車の通行は不可能になる。たとえばキクユ人が人口のほとんどを占める旧セントラル州のキアンブ県では農村道路のかなりの部分が全天候仕様となっていることとは対照的である。モイ政権のもとでも、この地域への公共財の供給が軽視されていたことによるであろう（図3参照）。

ここで、二つの村のうちキアンバー村の概要について述べておこう。キアンバー村は、エルドレットの南方約一〇キロメートルに位置している。この村について銘記されてよいことは、同じ名のキアンバーという地域が旧セントラル州キアンブ県に存在し、そのキアンバーは、ケニヤッタ初代大統領政権の中枢を担ったキクユ人政治家が輩出した選挙区だということである。リンチは、カレンジンの一部の人びとからは入植してきたキクユ人が農場等にキクユ語の名を付けること自体が、よそ者らしからぬ「おごり」と見なされ、怒りを買ったと指摘する（Lynch 2011: 200）。その怒りは、キアンバーのように、キクユ人支配を想起させる響きを持った名前である場合

図 3　ウアシン・ギシュ県エルドレット市近郊の調査対象地近くの道路でぬかるみにはまった車（左）。ウアシン・ギシュ県の農村道路の多くには，舗装や砂利の埋設などの全天候型車道とするための処置はされていない。そのために，大雨が降ると泥濘化し，普通の自動車は通行不能となる。逆に旧セントラル州のキアンブ県等では，公共投資のおかげで多くの農村道路が全天候型車道となっている。

はなおさらであったかもしれない。それが、襲撃する側にとって、キクユの不正とおごりを象徴する意味を持って受け取られたとしてもおかしくはないだろう。

キアンバー村は、セントラル州のキアンバー地区が属するキアンブ県からの入植者が中心になって一九六四年に開村した。独立の翌年であるから、比較的早い時期の入植であった。ヨーロッパ人の所有地を二・六エーカー（約一ヘクタール）ずつの区画に分割し、入植者が購入するかたちをとった。その際に入植者に条件を付けなかったので、キクユ人中心でありながらも、当初から他の民族も含むかたちで村の歴史が始まった。初期には一五〇世帯の入植があり、それ以外に不在地主が四〇世帯ほどあったという。キアンバーは右で述べた、普通の人びとによる入植の典型的な例と言ってよい。

二〇一三年の調査時点でキアンバー村の在村世帯数は現在の村長の話では一四五世帯であり、正しいとすれば、開村の初期に比べてその数はあまり減っていないようである。総人口は八八三名という。さらに明確な回答のあった八六五名の民族帰属は、約八六パーセントに当たる七四六名がキクユ人であり、カレンジン人が六二人で約七パーセント、残りはルヒヤ人、キシイ人、ルオ人、カンバ人である。カレンジン人のほとんどはナンディ人と思われる。(17)

他方、襲撃した側の村として、Xという村を調査対象として選んだ。それは、キアンバー村住民をはじめとして周辺住民の間では、X村住民や出身者がアセンブリー・オブ・ゴッド教会襲撃に加わったこと、またX村がその襲撃の訓練を行った場所であったことが、いわば「公然の秘密」として語られていたことによる。このX村の住民および関係者のなかに相当数の襲撃者が加わっていることは、おそらく間違いのないところと思われる。(18)

X村の成り立ちは、キアンバー村とは大きく異なっている。この村は東アフリカ・タンニン採取会社

（ＥＡＴＥＣ）という植民地時代に創設された大企業の跡地に所在する。同社は皮なめしに用いるタンニンを採取する農場のなかに、ナンディ人の労働者向けの宿営地のひとつとして一九七〇年にＸ村を開いた。ナンディ人向けと言いながらも、当初からカレンジンの他の集団なども居住しており、なかには移住してきたキクユ人がカレンジン人に転身した例が二件あるという。

Ｘ村の当初からの住民ないしその親の多くは、植民地時代には、居留地ではないＥＡＴＥＣの内外に住む「不法居住者」であった。独立後もその状況は基本的に変わらず、ＥＡＴＥＣでの日雇い労働とＸ村への居住を認められることで、かろうじて生活を紡ぎ得たと考えられる。Ｘ村の設立当初、居住地の敷地は狭く、生活上数々の厳しい制限が設けられ、同社の賃金の不十分さもあって、生活に困窮することが多かったという。

二〇〇〇年にＥＡＴＥＣは解体された。その際にトゥゲン人・ケイヨ人などの政治的有力者が跡地を自らの所有地として大規模に入手したと言われている（Klopp 2002）。Ｘ村の土地は同社の労働者であった世帯主に一定の条件付きで、主に二エーカーごとに無償で配分された。しかし、近年ではエルドレット近郊という便利さもあって、多くの人びとの流入があったことも手伝い、土地の細分化が生じているという。

二〇一四年の調査時点でＸ村の世帯数は確認できた範囲で一二九世帯、その世帯員数の総計は七三一名である。そのうちカレンジン人と回答したものは約九四パーセントの六八七人で、その他の民族はルヒヤ人、キシイ人のみであり、キクユ人と名乗る者は一人もいなかった。Ｘ村でのカレンジン人の比率は、キアンバー村でのキクユの比率よりもはるかに高くなっている。しかし、さらにカレンジン人のなかでの所属集団を尋ねると、そのうち約六六パーセント（同村全体の約六二パーセント）の四五一人がナンディ人であり、残りはケイヨ人約一四パーセント、キプシギス人約九パーセント、トゥゲン人約六パーセントなどとなっており、一定の多様性が見られる。

調査は、各世帯を訪問し、主に世帯主に予め用意した質問を行うことを通じて、各世帯および個人の属性、また各世帯主の認識について尋ねるかたちをとった(19)。その質問のなかで、政治認識に関する質問については、元紛争地であることに鑑み、被質問者の感情を刺激しないよう、慎重を期さざるを得なかった。そのために、ケニア人有識者の意見も参考にし、紛争や暴力そのものについての直接的な質問は避け、政治家の責任や国民としての意識に関わる問題に焦点を絞ることとし、そのことを通じて、人びとは心のなかで国家をどのようなイメージとして形づくっているのか、という問に答えるのに役立つ示唆をもたらすものと期待した。

(二) 二つの村における人びとと暮らしのあり方

キアンバー村とX村を実際に訪ねると、第一印象の大きな違いは、X村では日中何することもなく、時には酩酊しながら歩き回り、あるいは談笑に長時間を費やす者が多く見受けられるのに対して、キアンバー村ではそうした光景は限られていることである。むしろ、キアンバー村では一部を除いて圃場はよく維持され、人びとが紛争後であるにもかかわらず、営農に熱心にいそしんでいる印象を受ける。その大きな違いを除けば、どちらの村も、いつ訪ねても表面的には同じように平穏である。周辺の地域には、二〇一一年に最初に訪ねた段階では多くの放火の焼け跡が見られたが、年を追うごとに片づけられ、あるいは建て替えられ、そのことも相まって、激しい暴力が過去の非日常となりつつあるかのような光景が広がっている。

しかし、キアンバー村には、教会の襲撃事件で死に至らなかったまでも心身に傷を負う者、家族を喪った者、あるいは他所で家族を惨殺され移り住んできた者が居住している。彼ら・彼女らの話を聞き出すことは、より踏み込んだ個別の聞き取りなどの接近なしには困難である。調査の限界もあってか、キアンバー村で襲撃者に対する怨恨を口にする人びとに出会ったことはない。他方で、特に二〇一二年の調査において、村内のカレンジン人住民の父子を名指しして襲撃に加わっていたとし、そのうち息子が襲撃後に精神疾患を発症したことを述べ、同様に精神を病んだカレンジンの若者が多いと指摘する証言を聞いた（二〇一二年九月、キアンバーにおける平和維持活動員Jに対するインタビュー）。襲撃に関連したらしいカレンジン人の若者が精神を病む例については村内外で他にも触れる者が複数名あった（二〇一二年九月、エルドレットにおける運転手K、キアンバー村におけるソーシャルワーカーLに対するインタビュー）。

X村で目立つのは、村民の多くに見られる自分の村が特に貧しいという認識である。そこで、X村の住民に対して特に自分の村についての貧富の認識を聞いたところ、「とても裕福である」と答えた者はおらず、「やや裕福である」と答えた者は約一パーセント、「他の村と同じ程度である」は約一二パーセントに過ぎなかった。「やや貧しい」（約三二パーセント）と「とても貧しい」（約四四パーセント）を合わせると、全体のおよそ四分の三（無回答者を除けば約八三パーセント）の回答者が自村について貧困であるという認識を持っていることになる。そうした認識は近隣の住民にも共有されている（たとえば、二〇一四年一一月、X村近辺でのソーシャルワーカーLに対するインタビュー）。ある新しいX村住民は、X村が外部者からも「貧しく治安が悪い」というイメージを持たれていることを意識して、X村在住であることを親族・知人に隠しているという（二〇一四年一一月、X村の住民Aのへのインタビュー）。こうした劣等感は、X村がもともと「不法居住者」の宿営地として形成されたことと無縁ではないだろう。

一方、X村住民から襲撃した際のことについての証言を聞き取ることはできなかった。代わりに聞かれたのは、X村は元々ナンディ人の村であり、カレンジン人であろうと他の集団は出ていくべきであるとの言説である。X村に住むケイヨ人の富裕層のなかには、ナンディ人に周囲を囲まれて住むことに不安を感じている事例（二〇一四年一一月、X村の住民Bへのインタビュー）、あるいは実際に土地取得の法的手続きの不備を突かれて隣人および行政から立ち退きを迫られた事例もある（二〇一四年一一月、X村の住民Cへのインタビュー）。

選挙後暴力の際にキクユ人の追放が唱えられ、またX村でも非ナンディ人への反感が強まっているとすれば、それらが現実にどのような影響を与えているかを知るためには、両村から流出した人びとの時期や数などを調べることができればよい。しかし、過去にさかのぼった事実確認が必要であり、移出者を追跡することは著しく困難であり今回の調査ではできなかった。他方で、いつそれぞれの村に移住してきたのかについては尋ねることができ、キアンバー村二三三人、X村三五七人について回答を得ることができた（現地生まれの者については回答を得ていない）。移入者の推移の両村間の顕著な違いは、キアンバー村は一九九一年前後を境に移入者が減少してきたのに対して、X村は近年になり、特に選挙後暴力の後に移入者が増えていることである。九一年以降のキアンバーへの移入者におけるキクユ人の比率はこの頃から下がっている。X村への移入者についてはエルドレットへの通勤のために宅地を購入する例が多いようである（そして、そのことは土地の価格の上昇を引き起こしているようである）。これに対して移出する若者の多くは従来からいる「不法居住者」など比較的貧しい世帯の構成員であると推測される。

次に、各世帯の所有・保有土地面積（以下単に所有面積）[20]を見よう。一世帯当たりの平均所有面積はキアンバー村（回答世帯数一三〇）が約一・八エーカー、X村（同一二六）が約一・一エーカーでそれなりに差がある。回答した世帯の土地面積を〇・二エーカー刻みで分けると、キアンバー村で世帯数が最も多いのは所有が二・六エーカー前後の世帯（二八世帯）で、それを超える世帯は一五しかなく、開村当初の土地分配の影響が残っていることと、それが集約されるよりも、細分化されていったことがうかがえる。しかし、一エーカー以下の零細規模の土地は、二五世帯にとどまっている。他方、X村で最も多いのは二エーカー前後の面積を所有する世帯（三六世帯）で、キアンバー村と同様の当初の区画面積の影響がうかがえると同時に、それより小さい零細規模の土地は五七世帯に及んでいる。このうち〇・二エーカー以下の極小規模が三〇世帯に及ぶ。X村の方が全体として土地所有が小規模であると同時に、そのなかで一定の分極化が起こっていることが分かる。

こうした土地所有規模の両村における違いは、両者における主たる生業のあり方に関係していると思われる。キアンバー村では約六二パーセントが農業と答えており、次いでインフォーマルな雇用についている者が約一七パーセント、フォーマルな雇用が約八パーセントと続く。これに対して、X村ではフォーマルな雇用についている者が約二九パーセント、インフォーマルな雇用が約二七パーセント、農業は約一八パーセントに過ぎない。X村の所有土地面積が小さいことは、エルドレットなどのフォーマル雇用につき、通勤している者が住居用として宅地を求めるケースが多いことを部分的に反映しているのかもしれない。が、それだけではなく、X村の村民が自他ともに認めるように、「不法居住者」の村として貧しい者が多いこととも相関していよう。X村の村民の相当数の人びとにとって土地の規模はあまりに小さく、営農をすることが難しい。インフォーマルな雇用が相当の割合に及ぶのは、それに頼る以外に選択肢がない人びとがいることのあらわれであるとも考えられる。

なお、紙幅の関係で詳しいデータは省略せざるを得ないが、両村の間には教育水準の点であまり大きな違いはないと言ってよい。

選挙後暴力に至る一連の紛争・政治過程のなかで、過激なマジンボ主義のもと、キクユ人らをリフトバレー州から追放して、カレンジン人らの手に土地を奪い返すという主張が叫ばれたこと、そして、襲撃の結果として多くのキクユ人らが国内避難民となったことは既に見た通りである。こうした一連の土地問題をめぐる経緯は、キアンバー村に居住しているキクユ人の認識にどのような影響を与えたのだろうか。他方で、X村の住民は、もともと「不法居住者」として土地についての法的権利を持たなかった者が多く、現在も村内の非ナンディ人の土地所有に対して排他的な眼差しを向ける場合がある。両村の住民は、果たして自らの土地への権利（所有および借地等土地を利用する権利）がどれだけ保障されていると感じているか、という質問を世帯主たちに行った。(21)

（三）土地権利の保障に関する人びとの認識

その結果、キアンバーの回答者一三三人のうち、約八五パーセントの一一三人の世帯主が自分の土地の権利は「しっかり保障されている」、約八パーセントの一一人が「保障されている」と答えている。「あまり保障されていない」、「全く保障されていない」はそれぞれ約二パーセント、約五パーセントとごくわずかであった。他方X村の同じ質問への一二七人の答えは、約四〇パーセントの五一人が「しっかり保障されている」、約五パーセントの六人が「保障されている」、約二〇パーセントの二五人が「保障されていない」、約三五パーセントの四五人が「全く保障されていない」と答えている。つまり、キアンバー村の大半の世帯主が自らの土地への権利について不安を感じていないのに対して、X村では過半数の世帯主が不安を感じていることになる。これは、選挙後暴力における経緯を考えれば、やや意外であり、踏み込んだ考察を必要とするものであろう。

ここで、キアンバー村で調査を行った二〇一三年、ケニアではキバキ大統領とオディンガ首相が率いた挙国一致内閣が任期を終え、政権が交代していたことを背景として踏まえるべきかもしれない。新しく発足したのは、ウフル・ケニヤッタを大統領、ルトを副大統領とする政権であった。既に述べたように、ケニヤッタはキクユ人、ルトはカンレンジン人かつナンディ人であり、選挙後暴力においては、激しく対立した勢力の中心的な役割を果たしたと見られている者たちである。それが二〇一二年に政治的に手を結び、選挙戦を同じ陣営でたたかった。この両者間の関係の大きな変化の背景には、選挙後暴力への国際調停の提言にもとづき、ケニヤッタとルトが選挙後暴力主導の嫌疑をかけられ、国際刑事裁判所での審理に臨まなければならなくなったことがある。ルトは元の盟友オディンガ首相と自身の汚職疑惑をめぐって政治的に訣別していた。ケニヤッタとルトはともに孤立を深め、キバキ後の大統領を決める選挙に向けてオディンガに対して劣勢に立たされたのを挽回するという点で利害を共にするようになった。この政治的連携は効果を発揮して、ケニヤッタとルトはオディンガらを破って政権を勝ち取った。いずれにせよ、かつて対立した政治的有力者間の提携は、ウアシン・ギシュ県等リフトバレー地域に影響を及ぼしたのかもしれない。特にキクユの人びとにとっては、自民族出身者が大統領であり続け、ナンディ人の領袖と和解をしたことは、政治的脅威の軽減を意味したのかもしれない。

他方でX村において自己の土地への権利に不安を感じている者が多いことには別の説明が必要であろう。キアンバー村とX村との違いにおいてひとつ注意すべきことは、キアンバー村で回答のあった世帯主のうち約八六パーセント（一一〇人）が所有ないし保有する土地を登記していたのに対して、X村は登記をしている世帯が回答者の約三二パーセント（三七人）にとどまるという点である。X村で土地への権利が「あまり保障されていない」、「全く保障されていない」と答えた計七〇人（約五五パーセント）のうち、五八人は土地の所有権が登記されていないと答えている。逆に登記をしている者三七人のうち、二九名は「しっかり保障されている」と答えている。

X村における土地の登記の比率の低さは、植民地時代以来の「不法居住者」たちの土地への渇望に、公式の制度的裏付けの賦与という解決を十分与えられていないことを示しているように思われる。このことは、政治的有力者どうしの対立や和解などの国家レベルの政治情勢とは別に、各地域における暮らしの場での土地市場制度をめぐる状況が人びとの権利意識に大きな影響を与えていることを示唆するものであろう。

(四)政治家の責任と民族等との関係についての人びとの認識

次に、政治家の責任に関するキアンバー村とX村の世帯主たちの認識について見よう。既述のように元紛争地であることに慎重に配慮しつつ、人びとがケニアの国家を認識のなかでどう形づくっているかを知ることを念頭に置いて、七つの多面的な質問を試みた(表1)。

最初の質問1は、大統領の資源配分上の責任と民族とのあるべき関係についての認識を知るために、「もし大統領があなたと同じ民族であったなら、彼ないし彼女の責任はどのようなものであるべきか」と尋ね、五つの選択肢から考えに合うものを選ぶことを求めた。詳しい結果は、表1のとおりである。この問いで事前に想定したのは、もし、住民(世帯主)たちが国家よりも自民族を優先する、いわゆる「部族主義」的考えをいだいているのなら、第一の選択肢〈道路、学校、配電網、雇用などの資源は、自民族に優先的に配分されるべきである〉という選択肢が多くなり、逆に第二の〈民族を超えて公平に配分するべきである〉という選択肢が少なくなることであった。結果はその反対で、両村とも第二選択肢を選んだ世帯主が最多であり、第一はそれにはるかに及ばな

表1　政治家の責任と民族の関係についての調査結果

	質問	選択肢	回答数（回答者に占める比率）キアンバー村（回答者：136人）	回答数（回答者に占める比率）X村（回答者：129人）
質問1	もし，ケニアの大統領があなたの民族に属しているとしたら，彼ないし彼女の態度はどうあるべきですか。	1. 道路，学校，配電網，雇用などの資源を，自民族に優先的に配分するべきである	2人（約1%）	16人（約13%）
		2. それら資源を，民族の別に関わりなく，できる限り公平に配分するべきである	129人（約94%）	63人（約49%）
		3. それら資源を，他より貧しい民族に供与するべきである	5人（約4%）	10人（約8%）
		4. その他	0人（0%）	4人（約3%）
		5. わからない	1人（約1%）	36人（約28%）
質問2	もし，ケニアの国会議員があなたの民族に属しているとしたら，彼ないし彼女の態度はどうあるべきですか。	1. 道路，学校，配電網，雇用などの資源を，自民族に優先的に配分するべきである	2人（約3%）	26人（約20%）
		2. それら資源を，民族の別に関わりなく，できる限り公平に配分するべきである	126人（約93%）	60人（約47%）
		3. それら資源を，他より貧しい民族に供与するべきである	6人（約4%）	7人（約5%）
		4. その他	0人（0%）	4人（約3%）
		5. わからない	1人（約1%）	32人（約25%）
質問3	もしケニアの大統領があなたの民族に属しておらず，彼ないし彼女が自民族にだけ優先的に資源を供与したとしたら，それについてどう思いますか。	1. それは彼ないし彼女にとって自然なことだと思う	2人（約3%）	4人（約3%）
		2. それは不公正なことなので，やめるべきである	130人（約96%）	92人（約71%）
		3. もし，その民族が他の民族より貧しければ受け入れられる	3人（約2%）	6人（約5%）
		4. その他	0人（0%）	2人（約2%）
		5. わからない	1人（約1%）	25人（約20%）
質問4	もし，あなたの村の道路に問題があったら，誰に保守・修理を頼みますか。	1. 村長	14人（約10%）	6人（約5%）
		2. その他の担当職員	9人（約7%）	7人（約5%）
		3. 地方政治家	84人（約62%）	86人（約67%）
		4. 国政政治家	9人（約7%）	4人（約3%）

表 1 つづき

（質問 4 つづき）		5. 村の長老	8 人（約 6%）	7 人（約 5%）
		6. 村民（村民どうしで相談する）	5 人（約 4%）	11 人（約 9%）
		7. その他	10 人（約 7%）	2 人（約 2%）
		無回答	0 人（0%）	6 人（約 5%）
質問 5	もし，あなたの村の学校に問題があったら，誰に保守・修理を頼みますか。	1. 村長	16 人（約 12%）	4 人（約 3%）
		2. その他の担当職員	12 人（約 9%）	5 人（約 4%）
		3. 地方政治家	75 人（約 55%）	56 人（約 43%）
		4. 国政政治家	13 人（約 10%）	11 人（約 9%）
		5. 村の長老	5 人（約 4%）	6 人（約 5%）
		6. 村民（村民どうしで相談する）	7 人（約 5%）	38 人（約 29%）
		7. その他	11 人（約 8%）	2 人（約 2%）
		無回答	7 人（約 5%）	7 人（約 5%）
質問 6	あなたの選挙区選出の国会議員の最も重要な責任は何だと思いますか。	1. ケニアの国家全体に貢献すること	29 人（約 21%）	38 人（約 29%）
		2. 彼ないし彼女自身の民族に貢献すること	5 人（約 4%）	1 人（約 1%）
		3. 選挙区 / 地域社会に貢献すること	95 人（約 70%）	82 人（約 64%）
		4. その他	2 人（約 1%）	1 人（約 1%）
		5. わからない	4 人（約 3%）	7 人（約 5%）
質問 7	もしあなたの民族の政治的リーダーたちが腐敗を通じて彼ら自身やその家族の富を増やしているとしたら，どう思いますか。	1. わからない	2 人（約 1%）	9 人（約 7%）
		2. その富は彼ないし彼女の民族に分配されるべきである	10 人（約 7%）	4 人（約 3%）
		3. その富はケニア政府に返還されるべきである	105 人（約 77%）	89 人（約 69%）
		4. 多数の政治家が同じことをしているので，彼らだけが非難されるべきではない	2 人（約 1%）	9 人（約 7%）
		5. もし政治家たちが自分たちが得ている以上の富を分配するならば，腐敗は悪いことではない	3 人（約 2%）	11 人（約 9%）
		6. その他	15 人（約 11%）	2 人（約 2%）
		7. そのことに関して特に何も感じない	1 人（約 1%）	6 人（約 5%）

	無回答	0人（0%）	1人（約1%）
質問8　ケニアで自然災害が起こった場合に，他の民族に出た被災者を救うため，税金を用いるのは正しいことだと思いますか。	1．はい	129人（約95%）	124人（約96%）
	2．いいえ	7人（約5%）	2人（約2%）
	無回答	0人（0%）	3人（約2%）
質問9　その自然災害の被災者に自分で寄付をする気持ちがありますか	1．はい	129人（約95%）	124人（約96%）
	2．いいえ	6人（約4%）	2人（約2%）
	無回答	1人（約1%）	3人（約2%）
質問10　他の民族の自然災害の被災者を救うために，税金を増やすとしたら賛成しますか	1．はい	112人（82%）	69人（約53%）
	2．いいえ	23人（17%）	57人（約44%）
	無回答	1人（約1%）	3人（約2%）

注1：（　）内の数値は回答者数に対する比率を示している。
注2：質問1から7までは複数回答を可とした。そのため，各質問の回答数計は回答者数と必ずしも一致しない。
出所：調査結果にもとづき筆者作成。

かった。また、第三の〈他より貧しい民族に供与すべきである〉との意見も両村において少数にとどまった。

ただ、両村の回答の構成には明確な違いがあり、キアンバー村では第一を選んだ者はごくわずかであったが、X村では約一三パーセントいた。また、キアンバー村では第二を選んだ者が圧倒的な多数であったが、X村では最多数であるものの、半数弱にとどまっている。さらに、第五の〈わからない〉を選んだ者もキアンバー村ではごくわずかだが、X村では三割弱に達した。

さらに次の質問2で、国会議員の資源配分における責任について最初の質問と同じ選択肢を提示して聞いたが、ほぼ同様の結果が得られた。X村においては、国会議員に自民族優先の資源配分を期待する意見が約二〇パーセントと多く、また、〈わからない〉を選んだ者はおよそ四分の一と、相当の割合になっている。

質問3では、大統領が他民族の出身で、その民族に優先的に資源を配分した場合（すなわち、「部族主義」的な資源配分をした場合〉、それをどう思うかと尋ねた。もし、人びとが「部族主義」的な考え方であれば、それを〈自然なことと思う〉という第一の選択肢が多くなることも考えられたが、両村ともわずかであった。代わりに第二の、〈それは不公正なことであり、すぐにやめるべきである〉との選択肢が多数を占めた。キアンバー村ではその答えはほぼ全員と言ってよい比率であるが、X村でも七割を超えている。ただ、X村においては、やはり〈わからない〉を選んだ者が約五分の一と相当に高い割合となっている。

質問1～3はいわば、人びとが「部族主義」的考えと想定される思いを発するのかどうか聞いたものであるが、結果は、両村ともそうした思いを表明するものはわずかであった。ただ、三つの質問に共通して、X村で一定程度高い割合になったものは、〈わからない〉という選択肢であった。それは、襲撃した側、あるいはナンディ人・カレンジン人の特殊な事情がそれに関わっているのだろうか。このことは、次節において振り返ることとしよう。

質問4と5は、政府・公共団体等が供与する資源の具体例として、それぞれ村のなかの「道路」と「学校」を挙げ、問題があった場合に誰にその対応を依頼するか、と尋ねた。その意図は、これらの暮らしに関わる公共財の配分について、人びとがどのような人物に最も直接的な役割を期待しているかを明らかにすることであった。その結果、両村とも、道路・学校の双方について最も多かったのは、地方政治家であった。道路については両村とも三分の二前後、学校については半数前後であり、その点は、二つの公共財の間の性質の違いがあるかもしれない。その他の担当職員、村の長老、そして国政政治家に依頼するという答えはそれほど多くない。ただ、キアンバー村で村長への期待、X村で〈特に学校について〉〈村民どうしで相談をする〉という選択肢がやや高いことには注意をしてよい。国家レベルの「部族主義」的配分を考えるのに参考になると思われる国政政治家への依頼の期待がそれほど高くないのは、直接の担当ではないことや、普通の人びとにその回路がないであろうことを考えれば当然かも知れない。

質問6は自分の県選出の国会議員の役割の最も重要な責任について聞いた。もし、人びとが「部族主義」的な考えを持っていたならば、第二の選択肢である〈彼ないし彼女の民族に貢献すること〉が多くなると予想されたが、表1のとおり、両村ともそうした考えはごく少数であった。逆に第一の選択肢である〈ケニアの国家全体に貢献すること〉は、両村ともそれなりの割合を占めているが、最多ではない。両村とも最も多かったのは、第三の〈選挙区／地域社会に貢献すること〉であった。この結果は第二の質問における最多の意見、国会議員の公共財資源の配分に対する態度について民族に関わりなく公平に配分されるべきだということとの関係が問題になるだろう。ケニアのようにある程度県や選挙区に分かれて住んでいる場合、選挙区／地域社会重視は結局、間接的・実質的に民族重視につながる可能性が高い。しかし、多数の人びとが〈民族に貢献すること〉という選択肢を選ばないことはやはり重要であろう。そして、ウアシン・ギシュ県選出の歴代の国会議員はその多くがカレンジン人（ナンディ人）であり、またキアンバー村のキクユ人など非カレンジン人にとって国会議員の選挙区／地域社会への貢献は、個々人や村の利益とはなっても、自民族という集団への利益供与とは程遠いもののはずである。しかし、キアンバー村ではX村より高い比率の人びとが、この第三の選択肢を選んでいる。第五の質問と第六の質問を考え合わせてみると、人びとは公共財の配分の依頼先として、公務員等に期待するのではなく、地方政治家を主に念頭に置いているが、同時に国会議員にも選挙区／地域社会の発展に貢献することを求めている。ケニアにおいては、地方政治家が国政政治家の支援者・配下として一種の上下関係を結んでいることは多く、質問五で人びとが地方政治家を選んだのは、そのことを念頭に置いてのことであったのかもしれない。そういう意味では、地方政治と国政の双方において、その二つを連動したものとして捉えつつ、人びとは政治家に身近なものも含め、自らの利益になる資源配分を期待していると言えるのかもしれない。

政治に関する質問の最後に七番目として、「もしあなたの民族の政治的リーダーたちが腐敗を通じて彼ら自身やその家族の富を増やしているとしたら、どう思いますか」と聞いた。もし「部族主義」的傾向が強かったら、第二の選択肢〈その富は彼ないし彼女の民族に分配されるべきである〉が多くなると想定されたが、それは表1のように少数であった。あるいは人びとがケニアで頻繁に報じられる政治的腐敗に慣れてしまい、あるいは自分の利益をそこに見出しているのであれば、第四の〈多数の政治家が同じことをしているので、彼らだけが非難されるべきではない〉あるいは第五の〈もし政治家たちが自分たちが得ている以上の富を分配するならば、腐敗は悪いことではない〉が多くなることが想定された。これらはX村ではやや多いものの、キアンバー村では決して多数ではない。両村で最も多かったのは、第三の〈その富はケニア政府に返還されるべきである〉という答えであり、キアンバーでは四分三強、X村でも三分の二強の人びとがそう答えていた。このことを言葉通りに受け取れば、人びとは政治的有力者たちの腐敗を決して許してはいないし、腐敗で損害を被った「ケニア政府」ないし国家を公共資源の正当な所有主体として心のなかでイメージしているとも言えるのかもしれない。

(五) 他の民族への支援について

最後に、続く三つの質問において、自然災害を例にとって、それに他の民族が見舞われた場合、支援をどのように考えるかについて聞いた。質問8は「他民族の被災者に税金を支出するのに賛成か」、質問9は「他民族の被災者のために自分が寄付するつもりがあるか」、質問10は「他民族の被災者のために税金を増やすことに賛成か」をきいた。質問8、質問9については両村とも圧倒多数の人びとが肯定的な答えを寄せた。X村で質問10について賛成しない意見がかなり多かったものの、賛成する意見の方が上回っていた。つまり、両村とも多数派の人びとが、三つの質問で他民族の自然災害の被災者への公的・私的資金の供与を肯定する選択肢を選んだ。もし単純な「部族主義」的考えを持っていれば、三つの質問とも否定的意見が多いものと思われたが、結果はその逆であった。

5　人びとにとっての国家、民族、および紛争 ── 暫定的考察

アフリカの国家建設の今日を考えるために、ケニアの元紛争地に暮らす人びとは自らの心のなかで国家をどのようなイメージとして形づくっているのか、そして、そこに諸民族・諸集団の共生への潜在力を見出すことができるのか、を問うことが、本論の中心的な課題であった。共生への潜在力については本論の最後に振り返るとして、この節では、筆者らの調査から右の問いに対して何が言えるのかについて、考えてみよう。

カレンジン人あるいはナンディ人の集団がキクユ人らの村を襲撃したとされる調査対象地では、いずれの民族に属するかが、人びとが傷つけ合う際の境界線となっていた。そうした場所では、国家のあり方に関しても、民族間の差別に根ざし、個別の民族に偏った国家のあり方を肯定するような意見、すなわち「部族主義」的意見を表明する者が特に多いのではないか、と調査構想時には想定された。そうした「部族主義」的意見は、本論の冒頭で述べた、アフリカの人びとは国家ではなく、自分の民族をこそ重要と考えており、国家の公的資源配分がゆ

がむことも問題には思っておらず、そのことが国家建設を妨げ、あるいは危機に陥らせているという状況認識を裏書きするものであろうと考えられたのである。

しかし、襲撃されたキアンバー村と、襲撃したX村における人びとに尋ねると、そうした「部族主義」的意見を表明する者は少数であった。X村で答えを留保する者がやや多く、そのことには別の検討が必要であろうが、両村とも最多数の人びとは国政政治家が民族間で公平に資源を配分することを求め、公的資源の腐敗による私物化については不正なものであり、その資源は自民族ではなく、公共的主体としての「ケニア政府」に返還されるべきだと考えていた。

他方で、どちらの村の人びとも、国会議員の最も大事な責任として選挙区や地域社会に貢献することを、国全体への貢献より重視していたが、自分の村の道路や学校などについての資源配分を国会議員に期待するというより、それは地方政治家の役割であると認識している。もちろん、多くの住民にとって国会議員と直接連絡がとれるはずはなく、またケニア社会でよく指摘される、国会議員と地方政治家との派閥的な縦のつながり（あるいはパトロン―クライアント関係）を彼らが意識しているのであれば、地方政治家への請願を通じて、国会議員が自分たちに有利に資源を配分するよう取り計らうことへの期待もその裏側にはあるのかもしれない。しかし、国会議員に地元への貢献を優先して求めることは、ケニアに限らず、日本を含む先進国でも往々にして見られることである。かつまた、人びとは、国会議員が自民族への優先的資源配分を行うことを否定してもいるのである。これらの点から、選挙区への優先的貢献を求めることが、「部族主義」と一義的に直結しているとも言えない。

さらに両村とも多数の者が、同じケニア人である他民族が自然災害の被災者となった際には、救済のために国の税金を使い、あるいはそのために増税し、自ら寄付することをいとわないと答えている。

以上をまとめるなら、いわゆる民族紛争のなかで、きわめて惨烈な襲撃事件が起こった地域に暮らす人びとの多くは―襲った側と襲われた側の双方ともに―、調査構想時に想定したような「部族主義」とは異なった、国民統合によりかなった考え方を共通して持っている、あるいは少なくともそうした考え方を建前として知っている、ということになる。

そうした考え方を人びとが持ち、あるいは知るようになったのは何時からなのかを正確に知ることは過去に調査を行っていないために難しい。ただ、いくつかの推測は可能であろう。選挙後暴力の後、ケニアでは、紛争への反省にもとづき、「国民連帯統合委員会（National Cohesion and Integration Commission）」「真実正義和解委員会（Truth, Justice, and Reconciliation Commission）」が設けられた。ヘイト・スピーチが法的に禁止され、少なくとも表面的には「部族主義」的な言説が控えられるようになっている。何より、二〇一〇年には、より民主的とされる新しい憲法が制定され、各州を廃止して、それぞれの県に対し、自主財源の一定の保障やより大きな自治権を賦与し、中央政府への権力の集中に一定の歯止めがかけられた。

そして、既述のように二〇一三年には、選挙後暴力で対立したキクユとカレンジン＝ナンディをそれぞれ代表するウフル・ケニヤッタとルトが首班となって、政権を発足させ、両民族の和解を演出した。両村の人びとは、そうした近年の政治的事態の展開のなかで、新しく国民統合にかなう考え方を知るようになったのだろうか。逆に言えば、人びとは数年前までは、そうした考え方を知らず、だからこそ、自ら激しい暴力に参加し、あるいはその犠牲となったのか。

しかし、人びとの答えは、新しく知ったにしては、相当に共通に国民統合にかなっていると言わざるを得ない。ケニヤッタ＝ルト政権が成立したのは、キアンバー村でのわれわれの調査のわずか数カ月前のことであり、また、印象論にとどまるが、政府の努力による民族間の和解や国民的な連帯の呼びかけが人びとの考えを全く塗り替えるような熱心さで日常的に行われているとは、調査対象地での状況からは感じられなかった。むしろ、人びとは、国民統合にかなう考え方を、ケニア独立後の歴史のなかで、選挙後暴力以前から徐々に知るようになっていたと推測する方が自然であろう。

ただ、そのように推測した場合、何故、X村の住民・関係者もおそらく含む多数の人びとが、国民統合にかなう考え方を知っていながら、選挙後暴力の残虐な襲撃に加わったのか、ということについての改めての説明が必要になるだろう。一つの説明は、既に述べたようにキクユ人から奪った土地の分配、金銭的報酬などと引き換えに「上から」動員されたのだということである。しかし、調査結果から分かるように、キアンバーにおいてキクユの住民が激減し、それに多数のカレンジン人が取って代わったという事実はない。もしキクユ人の土地の入手が主要な、譲れない目的なら、この地域ではマジンボ主義を掲げた対立が日常的に続いていくはずである。また、X村の内外において聞き得た情報では、選挙後暴力の際に支払われた報酬は、五〇シリング程度（二〇〇七年の時点で約九三円）[22]に過ぎない。これらの政治的有力者による経済的利得による誘導に効力がなかったとは言いきれないし、たとえばX村の「不法居住者」世帯出身で定職に就けず、村周辺で無為の時間を過ごすことが多い者にとっては一定の意味があったかもしれない。しかし、それだけで、国民統合の理念を知っている人びとを多数、近隣住民への殺傷行為に走らせるに十分な金額とは思えない。言うまでもなく、彼らもまた、人を傷つけることに罪悪感を持つ人間なのである。

こうした経済的利得とは別にリンチが示唆するのは、ナンディの人びとの内部的なつながり、特に弓矢などを使用する成年儀礼を共にした年齢階梯集団の絆の強さである（Lynch 2011）。そうしたナンディ内の横のつながりが、ルトら国政政治家を頂点とし、有力者や村々の長老らを柱とする縦の関係と相まって、より下位の若者たちに抗いがたい同調圧力を与えたことは想像に難くない。それは、高度でないとはいえ、一連の襲撃・暴力に組織性があり、また、政治的領袖どうしの妥協が成立した後には暴力がほぼ停止し、平和な状態が継続していることを説明する一つの要因であろう。だが、カレンジン＝ナンディの人びとが、常にそうした上意下達と同調圧力のなかだけで生き、考えているのだとすれば、やはり国民統合にかなった考え方を持つ余地は生まれないだろう。

また、先に触れたように、公式報告書の見解は民族間の土地などをめぐる不平等を要因として指摘している。たしかにキアンバー村とX村の間には各世帯の土地面積の平均や営農の成功の度合いに違いがある。そして、両村間の平均土地面積の差は、ウアシン・ギシュ県内に広がる、カレンジンのエリートたち所有の大規模農場とX村との土地の差に比べれば、微々たるものである。両村間の土地の規模の格差への憤懣が、襲撃を招く主要かつ直接の原因になったとも思えない。

むしろ、第4節（三）で述べたように両村で大きな違いがあるのは、自らの土地の権利を保障されていると感じている人びとの比率である。キアンバー村では、過激なマジンボ主義の主張のもとに襲撃されたできごとなどなかったかのように、土地の権利に安心感を持っている者が多いのに対して、X村では相当に少ない。その違いはおそらく両村の住民の土地の権利が登記されていることの比率に関係しているだろうことを第4節（三）で指摘した。

リンチは、今日もカレンジン人の多くの人びとは、過激なマジンボ主義を支持しないまでも、キクユ人の隣人が今日まで営農を続ける根拠となった植民地時代以来の土地問題をめぐる経緯に不公正を感じているとし、それが彼らの不遇感と関連し合っていることを示唆している（Lynch 2011: 199–200）。その不遇感は、自分の土地の権利は登記等で万全に保障されていない、という彼らの感覚と密接に関わっているように思われる。そして、それは、過去の「不法居住者」の疎外感と通底するものでもあろう。

裏返せば、土地市場を支える公式な制度としての登記の重要性の認識は、カレンジン社会にも及んでいることを意味しているのではないか。既に指摘したように、ケニアの現行制度では、登記上の権利者となれば、どのような民族でも全国どこでも所有権を保障される。これはかつてマジンボ主義者が反対した制度であった。カレンジンの人びとは、登記という、土地の全国統合市場化の制度的な基礎を、好むと好まざるとにかかわらず、マジンボ主義者が反対しているかどうかにかかわらず、受容しつつあるとも言える。さらに敷衍するなら、その同じことが、政治的状況の変化のもとで、キクユ人の登記保持者の心理にも影響し、キアンバー村での土地の権利への高い安心感につながっているのかもしれない。また、キアンバー村での農業の比較的安定した展開は、そうした安心感と無縁ではないだろう。[23]

キアンバー村の人びと、X村の人びとの調査から窺えることは、民族紛争の最前線に身を置いた者を含む、ケニアの普通の人びとの認識のなかに、複雑なかたちではあるが、国民統合の意識、そして統合された土地市場の制度の感覚が徐々に浸透しつつあることである。そして、そのように考えた方が、選挙後暴力とキアンバー村の襲撃に関わるいくつかのことを合理的に説明できるように思われる。ここで最も重要なことは、何度か指摘している、カレンジン人の不遇感、さらには圧迫感・罪悪感である。キクユ人をはじめとする他民族に対して彼らがいだいてきた不遇感は、キクユ人など他民族と同じ国家のなかに生きていくほか選択肢がないなかで醸成され、定着してきたものであろう。同じ国民であるからこそ、同等の権利を保障され、同等の生活を享受していないことへの不満が起こる。政治権力が不正にそういう格差を引き起こすとすれば、人びとは権力のありかに敏感にならざるを得ない。そして、その権力とは、他の何物でもないケニアの国家の権力である。そうであれば、モイが、権力を用いてカレンジン人に偏った資源配分を行ったこと、そしてその権力を維持するために暴力を多用したこともまた不正とされなければならないだろう。リンチは、カレンジンの人びとの多くが、モイのカレンジン優遇政策が行き過ぎと感じ、暴力を犯した民族として他の国民から憎まれると感じ、だからこそキクユに権力を独占されることを恐れたという（Lynch 2011: 195, 197）。

国家権力の不正は、自らに特定の民族の一員として不遇を感じさせもし、あるいは不正の国家権力を支えた民族全体としての罪悪感を通じて恐怖を感じさせもする。そのことを自覚しているからこそ、X村の人びとの最多数は、キアンバー村と同様に、あるべき権力者の態度は、民族間の資源配分において、公正であることと述べたのであろう。

ただ、カレンジンのなかの、特に過激なマジンボ主義に近い考えを持つ人びとは、ルトが不遇なカレンジン人、あるいはナンディ人の利益の擁護のために、不正に権力を維持しようとするキバキ＝キクユ陣営に対抗し、暴力に訴えてでも、その結果を変えようとしたこと自体は支持している場合も多いだろう（Lynch 2011: 200 参照）。

他方で、選挙後暴力後において襲撃に加わった人びとのなかに、心を病み、自死を遂げた人びとが出ているらしいことは、過激なマジンボ主義が彼らのなかでも完全な正義として肯定されていないことを意味しているように思われる。上でカレンジン人の民族全体としての罪悪感について触れたが、襲撃した人びとは、個々人として、人を傷つけ、死なせてしまった罪責に向かい合わなければならなくなっている。にもかかわらず、同調圧力のなかで、彼らはそれを被害者や社会に向かって告白し、謝罪することができない。それは、裏返せば、彼らが、自分と被害者を異なる民族の敵どうしとしてだけでなく、同じ国民の一員として捉えていることをも示唆していると思われる[24]。

X村における政治家の責任についての「わからない」というキアンバー村と比較した回答の多さは、ナンディ人のなかの同調圧力が、彼らに自分の意見を明確に述べることをためらわせたと同時に、右のような錯雑とした考えを、簡略化された選択肢では表明することが難しかったからではないか。

6　結びにかえて――共生に向けた人びとの潜在力と現代ケニア

二〇〇七年から翌年にかけての選挙後暴力によって、ケニアは崩壊の危機に瀕したとされ、過激なマジンボ主義者は、カレンジンの土地の他からの分離を叫んだ。しかし、それでも、ケニアの国家は人びとの心のなかに根を張りつつある。人びとはどのような国家、そして権力者のあり方が共生にとってあるべきものなのかについて、国民統合にかなった答えを既に知っている。だからこそ、人びとは国家をめぐる不正を怒り、恐れ、そのために人を傷つけ、傷つけられている。逆に、そうした人びとの認識のなかにこそ、民族やその他の属性を異にするケニアの人びととの共生に向けた潜在力の源を見出すことができるだろう。

ただ、ケニアの人びとが共生し、より望ましい暮らしを実現できるかいなかは、ケニアの国家が、政策が、そして市場とそれを支える制度のあり方がどのようになるか、そしてそこで起こる問題に国家と政治家がどのように対処するかにかかっている。カレンジン＝ナンディの人びとの抱えている重大な問題の一つは、植民地時代に作り出された「不法居住者」という存在、彼らのおかれた社会経済的な位置づけの低さ、そして、制度的保障で支えられた市場からの疎外とそれによる権利への不安感である。X村の現状を見る限り、ナンディの政治的頂点に立つルトが政権中枢に加わった現在でも、この問題には顕著な解決がなされているとは言えないようである。X村の住民が選挙後暴力での襲撃に動員されたのはおそらく間違いなく、また、彼らのケニア人、そしてナンディ人の世界のなかでの重層的な疎外がそうした暴力の動員を容易にしたことは否めないだろう。選挙後暴力までは彼らの憤懣は他の民族に、特にキクユに向けられてきたが、しかし、「不法居住者」問題への対処は、何よりもこの土地から選出された政治家の責任であり、大土地を所有しつつ、かたわらの彼らの問題を顧みようとしないトゥゲン人、ケイヨ人を含むカレンジンの政治家たちの責任でもあるはずである。調査地のナンディの人びとは、キクユ人大統領、ナンディ人副大統領の統治のもとで、キクユ人の隣人たちが暴力に直面しても容易に立ち退かない現状を受け入れて過激なマジンボ主義を再び封印し、同時に自分たちの不遇さがさらに助長される恐怖から免れているようであり、だからこそこの地域での日常的な平穏が保たれているのであろう。

しかし、「不法居住者」を始め、市場や社会一般での機会を閉ざされた者、困窮した者は依然として、ナンディ人のなかに、そして他の民族のなかにも存在する。政治家が、自らの責任を置き去りにして、彼らの憤懣を他民族への攻撃に転化することはこの国における政治闘争への普通の人びとの動員の手段として頻繁に用いられてきた。そうしたことは、二度とあってはならないが、それを阻止するためには、ある民族の不遇をその人びとだけの問題としておかない社会全体の共感の醸成が重要である。社会のなかの不遇な人びとへの共感がその民族のなかにとどまり、彼らへの一義的責任が各民族とそのリーダーにのみあるとすれば、それはやはり国民統合にはそぐわず、むしろ公共性の分裂を助長することになろう。どの民族に属していようと困窮した立場にあるのなら、同じ国民として助け合うことこそが、国民統合という見果てぬ夢を再び現実に近づけていく道であろう。

それらの意味で両村において重要なことは、多数の人びとが自民族に分けるためであっても政治家の腐敗を許さず、ケニア政府に私した資金を戻すべきだとし、災害にあった他民族への支援に肯定的である、という点であろう。これらのことから窺えるのは、ケニアの国民統合が、諸民族の共生、さらには開発を成し遂げていく上での現実の障害は多く、道はまだまだ遠いとしても、ケニアの人びとは、それに向かって歩み出すための準備を既に始めている、ということである。

謝辞

本章の調査の構想・実施にあたり、貴重な指導・助言を頂いた関西学院大学経済学部准教授栗田匡相氏、現地調査に参加した同学部の学生諸君、また神戸大学大学院の大学院生諸君に心より感謝申し上げる。さらに、種々の事情で氏名を記すことは控えるが、調査に協力を頂いた多くのケニア人の皆さんに深く感謝申し上げたい。

注

（1）Lynch（2011：98–99）より引用。

（2）旧憲法下で設定されていた州は、二〇一〇年の新憲法の制定により、廃止された。しかし、現在でもリフトバレーをはじめ旧州の名称は地域を指す名前として用いられているので、本章でもそのまま使用することとする。

（3）カレンジンのなかの下位集団ごとの内訳が分かる最後の統計、一九六九年の人口統計によると、キプシギスは約四〇パーセント、ナンディは約二二パーセントで、この二つだけで過半数を占めている（SD 1970）。

（4）植民地時代最晩年の一九六二年の人口調査（ESD 1964）によれば、ウアシン・ギシュ県の人口の約一六パーセントがキクユ、約一二パーセントがルヒヤで、ナンディ（約九パーセント）の人口を上回っている。またクロップは同県では、キクユ人の「不法居住者」がナンディ人のそれを上回ったと指摘する（Klopp 2002: 277）

（5）カレンジン系の諸言語の多くは、会話に際しても互いに容易に理解可能だとされているが、ナンディ語とスク、エンド、マラクエットなどの言語はやや離れており、会話が可能になるためには習得が必要だという（Huntingford 1953: 1）

（6）一九六二年の人口調査（ESD 1964）によれば、ウアシン・ギシュ県ではキクユ人とカレンジン人の人口はほぼ同数となる。このことは、ナンディ人だけではキクユには及ばないが（注4参照）、カレンジン人としてまとまることで、匹敵できることを象徴している。

（7）「マジンボ」はスワヒリ語で「地域（の複数形）」を意味する。

（8）政権の支持基盤であるカレンジン、マサイ、トゥルカナ、サンブル（前述したカマトゥサ）を足し合わせても約一五パーセントにしかならない。

（9）識字率が不十分なケニアでは、国民投票の賛否に図柄の選択が用いられたが、新憲法案への反対は「オレンジ」であったために、彼らの組織にはその名が冠された。

（10）ナンディ人の有力政治家の一人ジャクソン・キボールは、紛争終結に向けたキバキとオディンガの合意が結ばれる前後にも、キクユの不正に対し、カレンジン人の暴力は正当化されるものだとし、キクユの支配を止めさせて、彼らを地域的に孤立させるため、ケニアを分割すべきだと主張したという。（http://kenyangenocide.blogspot.jp/2008/02/kibol-we-will-divide-kenya.html—二〇〇五年一二月二三日閲覧—より再引用）

（11）「鋭利なもの」による刺傷は三割強、「火傷」「鈍器」と合せて約五割となっており、「弓矢による攻撃」「銃撃」の合計約二割を上回っている。

（12）二〇一二年以降の毎年のインタビューによる。類似の証言は、他県についても公式報告書でもふれられている（CIPEV 2008: 44）。

（13）選挙後暴力全体の死者のうち最も多いのは銃撃による死者で、四割弱を占めている。銃撃による死者の比率が最も高いのはルオ人が多く住むニャンザ州で、約八割に及んでいる。これは、ルオ人の選挙不正の抗議活動への、警察による鎮圧がエスカレートした結果と考えられる。ウアシン・ギシュ県とニャンザ州では暴力のあり方が大きく違ったことが推測できる。なお、「鋭利なもの」「火傷」「鈍器」が死因である傾向は同じリフトバレー州で、同県に次ぐ死者を出したナクル県はじめ、同州の他の県でも共通している（ウアシン・ギシュ県の北隣のトランス・ンゾイア県だけは統計上約七割が銃撃によるとされているが、本文の記述と矛盾があり、精査が必要である）。

（14）その後、国内避難民の数は政府によって、六六万人強に訂正された（Lynch 2011: 203）。

（15）反撃したキクユ人は、リフトバレー州の入植地の人びとが主だったが、そればかりでなく、元々のキクユの居住地セントラル州に住む人びとがリフトバレー州でのキクユ人への襲撃の情報や、同州からの避難民の流入に憤り、セントラル州に居住する、カレンジン人ら他の民族への攻撃に走った（CIPEV 2008: 205–212）。

（16）詳しくは、高橋（2012）に紹介し、検討したので、参照されたい。

（17）カレンジン人の中での内訳は二〇一三年の調査時点で十分に確認できていない。

（18）筆者らには、刑事手続きに耐え得る証拠は利用可能ではなく、また紛争再燃を嫌う地域住民を外部者としてかく乱することを避ける意味で同村は匿名で示すこととする。

（19）さて、今回の調査で用いるデータは次のような方法で得た。まず、キアンバー村については二〇一三年八月に生活実態、経済活動、土地に関する意識、政治認識などの多様な質問項目を予め用意し、日本人の調査員が筆者の一人（高橋）らの監督のもと、ケニア人通訳を伴って各世帯を訪問した（関西学院大学栗田匡相准教授の指導・参加を得て、同准教授のゼミ生が神戸大学大学院生とともに調査員をつとめた）。もう一人の筆者（長谷川）も調査員の一人として参加した。X村については二〇一四年一〇月から一一月にかけて同じ質問項目について、長谷川が一カ月をかけて全世帯をやはり通訳を伴って訪問し、調査した。質問は基本的に各世帯内において、世帯主に対して行い、英語を解さない被質問者には通訳が質問をスワヒリ語（必要に応じて民族語）に訳すことで行った。質問の結果、キアンバー村一四二世帯、X村一二八世帯について、世帯によって一部項目に無回答等の欠落があるものの、回答を得た（注21参照）。なお、質問の回答に含まれている情報は、全て被質問者の口頭の答えによっており、調査員自身による実測などの裏付けはとっていないことを断っておく必要があろう。多数にわたる質問・回答の全てを紹介することは紙幅の関係でできないので、本論稿の主題に関する限られた項目のみに言及することにしたい。他方、高橋は二〇一一年から一四年まで毎年キアンバー村を訪ね、右で述べた質問以外のことについて多くの関連事項の聞き取りを行い、同村の人びとの考え、日常生活や経済活動について観察を行ってきた。長谷川もX村で調査を行った際に同様の聞き取り・観察を行っている。

（20）両村では世帯によって不在者等の土地を借り受けて保有し、利用している場合もあるが、個々では特に区別しないことにする。

（21）X村については、純然たる世帯主ではないが、世帯主とは別に見解を述べることを希望する者が一名おり、回答に加えた。

（22）Mataf.net（2015）による。

（23）山野と田中は、選挙後暴力で被害を受けた人びとの属性に関する分析において、登記を行っている場合には襲撃を受ける確率が有意に低いとしているが、このこともカレンジン人らの社会で登記の重要性が浸透しつつあることの証左と思われ、本論の主張と相通ずるものである（山野・田中 2010: 172）。

（24）本調査の助言者・協力者であった地元のソーシャルワーカーLの意見では、「カレンジンの社会」は閉鎖的であり、個々人の意見が表面に出てくることがまれだとのことであった（二〇一一年九月、キアンバー村におけるインタビュー）。

参照文献

日本語文献

高橋基樹（2010）『開発と国家 —— アフリカ政治経済論序説』勁草書房。

高橋基樹（2012）「ケニアにおける所有、境界、および暴力」（川端正久・落合雄彦編）『アフリカと世界』一六五―二〇九頁、晃洋書房。

高橋基樹（2015）「現代アフリカ国家の特質 —— その歴史的・包括的理解に向けて」『国民経済雑誌』二一一（一）：三一―三八。

津田みわ（2000）「複数政党制移行後のケニアにおける住民襲撃事件　九二年選挙と画期とする変化」（武内進一編）『現代アフリカの紛争 —— 歴史と主体』アジア経済研究所。

津田みわ（2009）「暴力化した『キクユ嫌い』 —— ケニア二〇〇七年総選挙後の混乱と複数政党制政治」『地域研究』九（一）：九〇―一〇七。

山野峯・田中由紀（2010）「ケニアにおける暴動の政治経済分析」（大塚啓二郎・白石隆編）『国家と経済発展 —— 望ましい国家の姿を求めて』一五三―一七九頁、東洋経済新報社。

欧文文献

Branch, D (2011) *Kenya: Between Hope and Despair, 1963–2011*. Yale University Press, New Haven and London, UK.

CIPEV (The Commission of Inquiry into the Post-Election Violence) (2008) *Report of the Commission of Inquiry into the Post-Election Violence* (the Waki Report). Republic of Kenya.

Easterly, W and R Levine (1997) Africa's growth tragedy: Policies and ethnic divisions. *Quarterly Journal of Economics*, 112(4): 1203–1250.

Ekeh, P (1975) Colonialism and the two publics in Africa: A theoretical statement. *Comparative Studies in Society and History*, 17: 91–112.

ESD (Economics and Statistics Division, Ministry of Finance and Economic Planning) (1964) *Kenya Population Census 1962: Tables, Advance Report of Volume I & II*. Economics and Statistics Division, Ministry of Finance and Economic Planning, Nairobi, Kenya.

HRW/RW (Human Rights Watch/Africa Watch) (1993) *Divide and Rule: State-Sponsored Ethnic Violence in Kenya*. Human Rights Watch, New York, NY.

Huntingford, GWB (1953) *Tribal Control in a Pastoral Society*. Routledge & Paul Kegan, London, UK.

Kenyatta, J (1968) *Suffering without Bitterness: The Founding of the Kenya Nation*. East African Publishing House, Nairobi, Kenya.

Klopp, JM (2002) Can moral ethnicity trump political tribalism?: The Struggle for land and nation in Kenya. *African Studies*, 61(2): 269–294.

Klopp, JM (2008, January 14) The Real Reason for Kenya's Violence. *Christian Science Monitor*. Retrieved from: http://www.csmonitor.com/Commentary/Opinion/2008/0114/p09s02–coop.html (Accessed on December 2015)

Lonsdale, J (1992) The moral economy of Mau Mau: Wealth, poverty, & civic virtue in Kikuyu political thought. In B. Berman and J. Lonsdale, *Unhappy Valley: Conflict in Kenya & Africa* (Book 2: Violence & Ethnicity). pp. 315–504. Ohio University Press, Athens, OH.

Lonsdale, J (2012) Ethnic patriotism and markets in African history. In H. Hino, J. Lonsdale, G. Ranis and F. Stewart (eds.), *Ethnic Diversity and Economic Instability in Africa*, pp. 19–55. Cambridge University Press, Cambridge, UK.

Lynch, G (2011) *I Say to You: Ethnic Politics and the Kalenjin in Kenya*. University of Chicago Press, Chicago, IL.

Macharia; W (2013, September 17) Man named by witness freed on murder charge *Daily Nation* (Rerieved from http://www.nation.co.ke/news/politics/Man+named+by++witness+was+freed++on+murder+charge+/-/1064/1997166/-/dlp1c6z/-/index.html).

Mataf.net (2015)「コンバータ　ケニアシリング／円」https: //www.mataf.net/ja/currency/converter-KES-JPY#chartconv（二〇一五年一二月三日閲覧）

Ndegwa SN (1997) Citizenship and ethnicity: An examination of two transition moments in Kenyan politics. *American Political Science Review*, 91(3): 599–616.

Statistics Division, Ministry of Finance and Economic Planning, Republic of Kenya (SD) (1970) *Kenya Population Census*, vol. 1.

終　章

開発と共生に向けたアフリカの潜在力とは

── 変化のしなやかな担い手としての人びと

高橋基樹・大山修一

本書では、資源、市場、国家をめぐってアフリカが直面する大きな変動のもとでの、人びとの生き方や考え方に注目してきた。そしてその生き方や考え方のなかに、暮らしの維持・改善（あるいは開発）と互いの共生に向けた潜在力を見出すことができるのか、その潜在力はどのようなものなのか、またその潜在力の発揮の過程にどのような矛盾、限界や問題がはらまれているのか、一〇の事例を通じて、考えてきた。

まず、各事例が示しているのは、本書の冒頭で想定しておいたようにグローバルな経済の動きや国際社会の開発アジェンダと人びとの暮らしが、たしかに連動しているということである。

1　グローバル化とアフリカの人びとの暮らし

グローバルな経済の動きは、主に市場経済の浸透を通じて、人びとの暮らしに影響を与えている。たとえば、タンザニア北部の都市近郊キリスィ集落の人びとが灌漑農業から撤退したのは、上流の山地住民が、グローバル市場でのコーヒー価格の暴落で作物転換を余儀なくされたことに端を発していた（第2章）。ウガンダ東端の高地の村々では、それまで、自給指向性の強かった農民たちが、現地調達を進める外資系の大企業と直接向かい合い、契約栽培を通じて大麦を納入するようになっている（第5章）。マダガスカルの首都アンタナナリボでは、グローバルな縫製品需要が人びとの雇用を作り出し、大きな輸出先アメリカの制裁措置による需要の突然の減少は多数の人を失業させた。そこで、人びとは、インフォーマル部門に新たな所得機会を求めることを迫られた（第6章）。世界で、そしてアフリカ全域で生じている都市空間からの猥雑さの排除、携帯電話の急速な普及は、タンザニア北西部の地方都市ムワンザにも及び、路上商人の業態の大きな変化と営業場所の移動を引き起こしていた（第7章）。また、タンザニアの中央高地に暮らすハッツァは、先住民・狩猟採集民としての自己表象を用いて外国人観光客から現金収入を得ており、グローバル経済と関わっている（第8章）。ケニアのキクユ人とカレンジン人の間の紛争と共生の根底にある土地をめぐる軋轢を複雑かつ困難なものにしたのは、政治的有力者らによる大規模な土地の入手であり、これは今日のアフリカや広く途上国で大きな問題となっている「土地の収奪（land grab）」を先取りするものであった（第10章）。まさに市場経済のグローバル化の波は人びとの暮らしに様々なかたちで及んできていると言ってよいだろう。

他方、国際社会は開発に関わるさまざまなアジェンダを掲げ、それを変えながら、時に政府を介し、時に政府を実質的に迂回し、援助を主な手段として人びととの暮らしに関わってきた。ニジェール中南部の乾燥地域に住むハウサ人の社会で行われている、貧困・飢餓の軽減のためのワークフェアは、援助機関の関与なしには成り立たないものである（第1章）。タンザニア南西部のムビンガ県の村では、水力製粉や水力発電の導入に、外国の援助機関や民間人の支援が関与していた（第3章）。ケニア・ヴィクトリア湖近くの村々では、外国援助を導入して井戸の開設事業が展開した（第4章）。さらに外資系企業と現地の経済主体を結びつけることを目的とした援助によって、東部ウガンダでの、多国籍企業と農家との契約が始まった（第5章）。これらは、一九九〇年代以降の国際社会の援助潮流の方向性である、貧困と飢餓の削減、人びとの水資源へのアクセスの拡大、人びとが担う参加型開発、あるいは開発へのビジネスの活力と論理の導入と言ったことと無縁ではない。また、ともにタンザニア中央高地に住む、二つの民族ハッツァとサンダウェは、先住民族権利向上のグローバルな潮流と密接に関わり、特にハッツァにとって、ＮＧＯの支援を受け、先住民として国際的にも注目を受ける存在となったことが、右に述べたように彼らの生計にも作用するようになった（第8章）。エチオピアの「市民性及び道徳教育」には、政権の支配を正当化しようとする意図に影響されながらも、外国からの支援を通じて国際的に共有されている市民性教育に関わる知識やノウハウが取り入れられている（第9章）。ケニアの選挙後暴力は、国際社会の介入なしには終息しなかった。また加害責任者の訴追には国際刑事裁判所が深く関わっている。何より、選挙後暴力に至る一連の紛争は、冷戦後に世界を席巻した「民主化」という大きな潮流への抗拒を動因として生じてきた（第10章）。エチオピアに影響を与えた国際的な市民性教育の流れは、民主化のためには単なる複数政党制という形式的制度の導入ではなく、人びとの意識の涵養が重要であるという国際社会の認識の強まりとも密接に関わっているだろう。

2　浸透しつつある市場経済とアフリカの人びと

このように、グローバルな動きが、今日のアフリカの人びとの暮らしに深く影響を及ぼすようになっているのは事実であるが、だからと言ってアフリカの社会の人びとの暮らしが、他の地域や国と同様のものになっていると考えるのは早計だろう。

近代以降、市場経済は工業化の下支えを受けて資本主義という強大なシステムとなり、西欧から世界へと広がっていった。それ以降の世界経済史は、簡単に言えば市場経済の拡大の歴史だったと言ってよいだろう。現在進んでいるグローバル化もまた、その延長上に位置づけることができるだろう。しかし、その過程は、裏側に多くの負の影響をともなうものであり、マルクス主義者や従属論者をはじめとする多くの批判を招いてきた。また、経済史家ポラニーは、近代における市場経済の広がりを、自由契約による市場取引が没倫理・没道徳的なものとして社会から切り離され（disembedded）、肥大化する面があると考えた（ポラニー 1975）。つまり、ポラニーは少なくとも最初の段階では、市場経済はそれぞれの場所の社会、政治、文化のあり方とは無関係に広がっていく傾向を持つと見ていたと考えよいだろう。しかし、これらの議論は、市場経済化が世界に広がるなかで、各地で生み出していく矛盾や害悪を捉えていたが、今日までの世界とアフリカの現実を見てみると、それだけで市場経済化を捉えることはやや一面的なように思える。現代イギリスの哲学者キートは、ポラニーの言う「切り離し」の面だけを強調するべきではなく、どのような市場経済も、他の経済システムのあり方と同様に倫理（どのようにしなければならないのか）と道徳（何を善として実現すべきなのか）の影響を受けるとする（Keat 2013）。たしかに、近代市場経済のとば口に立って、そのあるべき姿を構想したスミスが前提とした社会は、善を求め、悪を憎み、他者への共感（sympathy）をもって暮らしを営む人びとであった（Smith 1793）。そして、スミスにとって市場とは、倫理と道徳を兼ね備えた人びとが、自由、平等で公正な取引と競争によってお互いの欲求に共感しあい、幸福を実現する場であった（堂目 2008）。つまり、スミスが経済のあるべき姿として思い描いていたのは、決して他者のことを意に介さない利己主義的な個人による市場ではなかった。そうした市場は、単純な経済学や新自由主義的言説のなかで語られるものでもあり、ポラニーの懸念したものとも共通するものである。果たして、スミス以後の資本主義発展の歴史の一面では、不正、独占、詐欺など倫理に反することは多々行われ、市場自身が生み出す格差、生活不安、社会的排除、環境破壊など、スミスが『諸国民の富』（Smith 1904）を著した際には予想しなかった数々の害悪も生じてきた。第10章で見たような、植民地支配下の土地の収奪は、アフリカにおけるそうした害悪の一例だろう。こうした害悪があるからこそ、マルクスをはじめとする人びとはそうした害悪を資本主義の本質として、またポラニーは市場経済が社会と切り離されていることの帰結として批判してきたのである。つまり、実際の歴史は、スミスやキートが言っているように、人びとの自己利益の追求と倫理、道徳および共感が幸福につながるような、単純なものではなかったのである。

しかし、それでも市場経済を通じた資源配分は世界に広がり続け、アジアで工業化を呼び起こし、マルクス主義の挑戦を退けて、社会主義国家を崩壊・変質させ、本書で見たようにアフリカの普通の人びとの暮らしにも浸透しつつある。

そうした市場経済の浸透力の強さはいったいどのように理解できるのだろうか。近年の経済学の先端的研究の一部、たとえば比較制度分析は、それこそ没倫理・没道徳の市場経済だけを扱いその内部のメカニズムを解明することからより視野を広げて、市場経済が、政治や文化など、他の次元とどのように相互に作用しながら、それぞれの場所で、制度として定着していくのかということに関心を注いできた（たとえば、青木 2001）。市場経済が、ある場所で人びとの暮らしの隅々まで浸透し、日々機能し続けていく、すなわち定着していくためには、まさに社会を構成する他の次元、すなわち、倫理・道徳のみならず、その他の思想や理念、文化習慣、政治、あるいは自然環境と言ったものと、何らかのかたちで共存、あるいは協働していくようにならなければならないだろう。それは、実はポラニー自身が予見していたように、市場経済が社会から切り離されていた状況から、それぞれの社会に埋め込まれて（embedded）いく過程であると言ってもよい（ポラニー 1975）。

おそらくアフリカの多くの社会が欧米や東アジアの工業国と大きく違うのは、本章の各章で見たように市場経済は未だ、とりわけ農村で人びとの暮らしの隅々には及ばず、社会に埋め込まれた状況にはなっていない、つまり浸透途上にあるということである。この浸透の過程は決して、一方向の不可逆的なものではなく、過去アフリカでも起こったように、国家主導の社会主義的な統制によって、あるいは人びとの自給経済への回帰によって停止され、退行してしまうかもしれない。そうしたことも踏まえて、アフリカでは、市場経済はまだ浸透途上であると考えておきたい。

同時に、重要な点はアフリカの人びととは、その浸透途上の市場に関わるなかで、市場における活動の目的や実践のしかたに、自分たちなりの生きる上での目的、人間関係についての考え方、その他の価値観を、反映させているだろうということである。市場のあり方が倫理・道徳に加えて思想、習慣などと深く関係し得るものであれば、そう考えるのが自然であろう。そして、アフリカの人びとが見出すなかに、今日のアフリカの人びとならではの、開発と共生に向けた潜在力を読み解く鍵を見出すことができるのではないだろうか。

たしかに、マダガスカルのアンタナナリボで縫製業に従事していた労働者や、タンザニアのムワンザの路上商人は、市場経済から生計を立てるために必要な資源をすべて入手しているようであり、彼らにとっては市場経済は決して浸透途上のものとは言えないのかもしれない。そして、ニジェールのハウサの人びとにとって市場経済は、大切な「動き（ハルクキ）」の場である。ケニア・旧リフトバレー地域では、アフリカでは珍しく土地という資源の私有制度が普通の人びとの間にも広がり、民族の違いを超えて、土地市場制度の根幹をなす私的所有権とその登記の重要性について共通認識が広がりつつある。周辺化された少数民族であるサンダウェ、あるいは先住民であることを強く主張するハッツァでさえも、生活に必要な資源を、市場取引を通じて手に入れており、その意味で市場は他者との関係を共生の方向へ導く回路にもなり得るのかもしれない。

けれども、より立ち入って、特に農村の人びとの生活に目を向けてみると、やはり人びとが市場経済に全面的に身を委ねている訳ではないことが分かる。ニジェールのハウサの人びとが生まれた村にいる間、生存していくための資源を得る主な活動は、何よりも穀物の自家消費のための生産である。ウガンダ東端の高地では、人びとはつい最近まで自給経済のなかに生き、契約栽培を通じて外資系企業に向き合うまで、少なくとも生産者として市場経済に触れることはまれであった。だからこそ、彼らにとって外資系企業との安定した資源の交換ができる共生関係を作ることがかつて経験しなかった課題となった。タンザニア南西部高地のムビンガでは、水力発電の共的領域の電化には成功したものの、各世帯への電力の供給が停滞している。それは、電力という資源の市場経済を通じた私的領域への供給に向けた道のりが遠いことを意味しているだろう。

そして、アフリカの人びととそこで活動する主体は、自分個人の利益のための資源獲得だけを単純に追い求めて市場経済に関わっている訳ではない。ニジェールのハウサの人びとが、村を離れて市場経済に動き（ハルクキ）の場を求めるのは、資源を他者に惜しみなく分け与えて頼られる人物――マビディ――として尊敬されるためである。しかも、ハルクキを担うのは自分個人とは限らず、子ども達など家族の一員でもよいのである。タンザニアのキリスィ集落の人びとが灌漑農業から撤退し、都市への建材供給などに生業を変更したのは、既に触れたように共生の相手である山地住民の水資源の利用増に配慮したからであると考えられる。ウガンダ東端地域で契約栽培のモラル・ハザードによる混乱に直面した外資系企業は技術普及の拡充という資源の移転などを通じて、農民との社会的結合を作り直そうと試みている。ムワンザの路上商人の例について見たように、彼らが仕入れ先や顧客と結ぶ取引関係は同時に生身の人間どうしの関係でもあり、そこに絡む情の問題が、円滑な営業の妨げにもなっていた。このようにアフリカでは市場経済は浸透の途上ではあるが、人びとの道徳や価値観と深く関わりつつあると考えられる。たしかに携帯電話という新たな技術と送金サービスの導入は、そうした関係をより非人格的なものに変えてしまった面があるのかもしれない。他方で、携帯電話という新しい通信技術が、より広い社会的なネットワークという資源を得られる可能性を開いたこともたしかであろう。

3　形成途上の国家との間の空隙と人びとの営み

アフリカ諸国の独立によって、世界中にいわゆる国民国家体制が広がった。しかし、世界における国家のあり方は、それぞれで大きく異なっている。それもまた最先端の制度研究のテーマとなってきた（青木 2001）。ことに今アフリカにある国家は、欧米や日本で理解されているような国家のあり方とは大きく乖離していると言ってよいだろう。もともと植民地分割に起源を持つ現代アフリカの国家については、研究者によって「植民地主義継承国家」「輸入国家」「移植国家」「接ぎ木国家」などの名が冠されてきた（Kawabata 2006: 7–8）。これらはアフリカの国家がどれだけ外生的で、また、どれだけアフリカの社会に根を張ったものとなっているかということを議論してきたと言ってよいだろう。それについてはアフリカを論ずる人びとの間で容易に見解の一致を見ていない。

しかし、次のように言うことには異論は少ないだろう。いわゆる先進国の近代政治史が市民社会の発展の歴史であったとすると、その裏側には、同時に国民の生活が国家権力によって関与を受け、資源の動員、規制、配分を国家が統制する管理社会となっていく歴史があった。それは高度福祉社会を築くためにも不可欠のプロセスであった。先進国の社会生活は国家あるいは自治体による「上からの」組織化やサービスを含む資源の供与なしには成り立たなくなっている。

しかし、アフリカの国家は、おしなべて市民社会に対して民主的な責任を負う国家として未成熟なだけではなく、こうした管理社会、あるいは福祉社会的な資源配分を担う国家として相当に無力だと言ってよいだろう。その意味で、市場と似て、アフリカの国家もまた形成途上だと言える。ただ、本書の事例が明らかにしているように、国家や自治体の行政の資源配分能力の及び方はアフリカのなかでも国や局面によって大きく異なっている。

共通して言えるのは、行政の影響力の多様性はあるにしても、アフリカの国家と人びとの間の関係は総じて希薄であり、国家に対する不信感がある。そこには、人びとの暮らしの向上――開発――のためには、両者の間に埋められなければならない大きな空隙がある。言い換えれば、国家による組織化やサービスが期待できない分、何らかの主体が、その空隙を埋めていくことが必要だということになるだろう。

本書の事例が示しているのは、その空隙をある程度埋めているのは、国外からの援助であると同時に、人びとの側の努力だということである。人びとと自身の努力については、わざわざ指摘することでもないかもしれないが、とりわけ本書の事例から学べるのは、人びとが集団的に力を合わせ、あるいはお互いに配慮をしながら、その努力を続けていることである。そこに、開発と共生をともに求めようとするアフリカの人びとの潜在力の現れを見ることが可能であろう。同時に、人びと自身による努力が空隙を埋め切れる訳ではなく、開発と共生のためには課題が残されている。また市場経済活動と同様に人びとは開発のなかに自分自身の生き方や価値観を反映させているだろうが、それは時として国家や援助側の目的・思惑とはすれ違い、矛盾する。

ニジェールの国家は、人口増加と貧困・飢餓の負の連鎖を断ち切ることについて国際社会と共通の政策を掲げている。しかし、同国中南部のD村では、開発の主体としての国家の資源配分機能は不在である。既に述べたように、砂漠化防止をめざすワークフェアは、アメリカ等の援助によって実施された。ウガンダ東端地域では、契約栽培の当事者である外資系企業と農民は、履行強制にあたって国家の関与を期待していない。マダガスカルのアンタナナリボで、反憲法的な政変で貴重な輸出先をみすみす失った国家は、それによって生じた縫製業労働者の失業について、何の資源供与も行うことができず、セーフティネットの提供主体として機能できていない。都市の人びとの暮らしの多くの部分は、アンタナナリボでも、タンザニアのムワンザでも、行政の資源配分能力が及ぶ範囲の外側において、インフォーマルな経済活動として日々織り成されてきた。

ただ、国ごとの違いや局面の多様性によって、国家や自治体の資源配分機能は全く不在なわけではなく、おそらくは年とともに拡大しており、他方で依然として人びとには均等には及んでいない。たとえばタンザニア北部のキリスィ集落の周辺では、取水許可を得られる有力な新住民は自治体から従量課金に応じて給水を受けるようになり、自治体と関わらない自主的な水道事業を選択した旧住民との間に利害の相違が生じている。あるいは同国南西部のムビンガ県では、K村の住民の働きかけに対して、村内各世帯の電化に対して資源を供与したが、製粉・発電などの水力利用の他の村への均等な普及といったことでは国家は役割を果たせていない。また北西部のムワンザでは、自治体による貸店舗や公設市場の開設事業の恩恵は路上商人たちに均等には及ばなかった。タンザニア国家の末端の村評議会は賄賂によってより旺盛に営農を行うスクマに大規模な農耕地の使用を許し、サンダウェとの軋轢の原因を生み出した。ケニアにおいては、国家の為政者の資源の供与、たとえば土地取得・入植の支援やインフラの整備は民族によって不均等であり、それがカレンジン人・ナンディ人の周辺化意識を高じさせ、選挙後暴力に至る状況が作り出された。

アフリカの国家の資源配分の機能、人びとの生活に関与する能力が弱く、またその作用が不均等であることは、国家の人びとに対する権威、人びとの間での合意形成、そして組織化の機能が脆弱なことと表裏を成している。この脆弱性があるからこそ、国家はしばしば強権と暴力をふるうことになる。そうした国家の暴力性が、タンザニアのムワンザでの路上商人に対する強権的な排除とそれに対する暴動や、ケニアにおける複数政党制の移行後も維持された強権政治や政治的有力者によって引き起こされたカレンジン人とキクユ人の間の大規模な紛争として発現するのであろう。また、エチオピアにおいて、本来主権者たる市民による公平な共生社会を築くためのものであるはずの「市民性及び道徳教育」が、政権の強権性を支える役割を果たしてしまうことも、そうしたアフリカ国家がはらむ暴力性と密接に関係している。

右に見たような国家の資源配分機能の不在や弱さを、暮らしの場で補おうと、人びとは自分たち自身で相互協力をしている。ニジェールのＤ村での砂漠化防止のためのワークフェアにおいて、植林のための苗木を準備し、ほぼ全ての村人の労働を動員し、報酬としての食料や現金を公平に分配するにあたっては、貧困層の男性たちがリーダーシップを発揮した。そこでは、彼らがみずからマビディであろうとし、人びとへの平等な資源の配分を行おうとする固有の価値観が息づいていた。タンザニアのキリスィ集落では、人びとは伝統的な知識を応用しながら、上流の山地住民と共同して水資源を開発・配分し、灌漑農業をいったんは成功させた。そして、山地住民がコーヒーの国際価格の暴落に瀕すると、自主的に生業を転換して、対立を回避した。同じ国のＫ村では、新たに組織された住民組織センゲ委員会が中心となって、水力利用の技術を海外からの援助や周囲の支援を得つつ導入して、製粉、給水、そして電力の共的領域への供給を実現し、さらには私的領域である各世帯への電力供給の段階へと進みつつある。電化事業の拡大のために国家に資源を供与させたのも、Ｋ村の人びと自身であった。ケニアのヴィクトリア湖近くのニャボモ集落の人びとは、みずからＮＧＯに依頼して井戸を開設し、その利用と配分のための行列のルールを自ら形成し、状況に合わせて、柔軟に変更・運用してきた。そこには高齢者や苦境に立ったものへの配慮もこめられている。

ウガンダの東端地域の農民たちは、外資系企業との契約栽培に対応し、農民組合のもとに自らを組織化し、さらに株式会社化を図るなどして、企業との関係を円滑に持続させようとしてきた。タンザニア・ムワンザの路上商人たちは、自治体公認の組合シウマを結成して自治体との仲介媒体として組合員の空間占有権を担保し、狭隘化し希少な資源となった空間を自主管理するようになった。タンザニアのハッツァやサンダウェの先住民族としての自己主張は、彼ら自身のメンバーによってなされたものである。ケニアのキアンバー村で入植者が半世紀にわたり、キクユ人以外の住民も受け入れ、近隣のナンディ人の一部からの白眼視や襲撃をも乗り越え、営農を続けているのは、何よりも人びと自身の開発と共生に向けた努力の賜物であろう。

これらのことは、人びとが、開発の担い手として互いに力を合わせて発揮した潜在力の例だと言ってよいだろう。しかし、こうした人びと自身による集合的な潜在力の発揮は、また矛盾と限界をはらんでいることにも目を向ける必要がある。

ニジェールのD村では、飢餓の抑制を究極の目標とするワークフェアによって得られた食料などの資源の獲得は、住民のハルクキを重視する価値観を刺激し、子どもを増やすインセンティブとなっている。それは飢餓防止のために人口増加のコントロールを望む援助側・政府側の意図とは当然すれ違うことになる。タンザニアのキリスィ集落の人びとが灌漑農業を放棄して建材生産を選択したことは共生の面からはあるべき選択であったが、開発と環境保全を両立させる観点からは負の意味を持っていたと考えるべきかもしれない。そして彼らの自主水道事業は自治体との関係性や生業の多様化によって大きくなった利害の相違をあえて統合することを避けて、共生を維持している。同様のことはタンザニアのＫ村の例についても言え、水力利用事業の持続と拡大のために今後必要とされる、近隣の村々およびＫ村内の各世帯の理解や利害の相違を乗り越え、「協治」を実現することは、セング委員会をはじめとするＫ村の人びとの努力だけでは難しい。ケニア・ニャボモ集落の井戸からの取水の行列でも、今後、他の井戸の増設や人口の増加などによって地下水資源が相対的に不足し始めたときには、現在のようなルールの柔軟な形成と運用が可能であり続けるとは限らない。

タンザニア・ムワンザの路上商人組合シウマの活動の成果は、組合費を納めない非構成員には及ばず、貸店舗の利用や空間占有権の保証で大きな格差が生じた。キアンバー村の人びとの入植後の営農努力は図らずも、周囲のナンディ人から、民族間の格差への憤りを呼び起こす意味を持っていたかもしれない。

これらの矛盾や限界は、おそらく限られた地域や集団のなかに暮らす人びとの集合的な自助努力だけでは、乗り越えることは難しいだろう。地域や集団を超えた、まさに「協治」が必要である。そのための途は本章の最後に論ずることにしたい。

4　資源、市場、国家と人びとの潜在力――変化のしなやかな担い手として

ここまでの考察を踏まえ、人びと自身に視点を移して、世界とアフリカの大きな変動のなかで、どのように彼らが資源を活用して生き抜こうとしているのか、ということをまとめておこう。それは、人びとの開発と共生に向けた潜在力とはどのようなものか、それがはらむ矛盾や限界は何か、という本書のいちばん重要な問いへの、

現時点での答えとなろう。

本書の各章を通じて浮かび上がってきたのは、グローバルな変化と連動した社会の変動に、単に翻弄されるのではなく、変化を捉え返し、あるいは自らも変化を作り出そうとする人びとである。そこで際立つのは、人びとの動態的・流動的で、複合的、かつ多面的な生き様であり、考え方であろう。そうした人びとを、ここでは「変化のしなやかな担い手」と呼んでおきたい。そして、人びとが変化を担う際に鍵となるのは、彼らの市場や国家の関係であり、また新しく手にした技術、知識、その他の工夫である。彼らの営為は時にはお互いに別個に、時には集合的に展開され、それらは人びとと資源の関係を変化させている。

アフリカの人びとの流動的な生き様の一つの典型はハッツァの人びとの遊動生活であろう。ハッツァは、居場所を変えながら、観光での現金獲得、狩猟採集、あるいは小規模の農耕に従事し、それらを組み合わせて生きている。それは他方で彼らが先住民としての独特の立場を得て、周囲の人びとと適度な距離を保ち、また国家に働きかけて生業に利用する特定の土地を確保することと表裏をなしている。ここで、ハッツァは国際社会、市場、国家との関わりをしなやかに複合させながら、暮らしのための資源を入手し、同時に自己のアイデンティティを維持しているとも言える。彼らの遊動は、国際社会、市場、国家との関係における遊動でもあるようである。ハッツァの人びとの短期的、周期的な遊動生活とは異なるが、他のアフリカの多くの人びとの生活も物理的な動きのなかにある。ハウサの人びとは、ハルクキを重んじ、村外に出て市場経済活動にもさかんにいそしむ。

アンタナナリボの元縫製労働者の多くは、強いられたこととは言え、フォーマルな縫製業から、比較的スムーズにインフォーマルセクターに居場所を変え、生計をつないでいる。彼らの生計は時に国外からもたらされる輸出収入によって、時に身近なインフォーマルな活動からの所得によって支えられている。路上での商売そのものが移動性をはらんでいるが、都市中心部の路上空間の狭隘化や自治体の強制にさらされたムワンザの路上商人は、郊外のフォーマルな公設市場へと移動していった。アンタナナリボの縫製労働者とムワンザの路上商人はフォーマル部門とインフォーマル部門の境目を逆方向に越境したことになる。ムワンザの人びとの越境を大きく可能にしたのは携帯電話とそれによる送金サービスの導入にともなう業態の変化である。路上での陳列や顧客との直接の面談の意味が薄れると、路上空間の資源としての意味もまた希薄化したのである。彼らの資源、市場、国家（自治体）との関係も大きく変わり、特に自治体との関係はより共生に近づいたのかもしれない。ちなみに、本書では詳しく触れられなかったが、アフリカの都市を構成する人びとの多くは、農村部からの出稼ぎ者、あるいは移入者とその子どもたちであり、都市の空間はもともと人びとの移動と集中によって形成されたことを付け加えておこう。

同じタンザニアのハッツァと異なり、サンダウェは一か所での定住生活になじみ、遊動とは程遠い暮らしへと変わった。サンダウェの生業の変化に象徴されるように、現代アフリカの農村部では、狩猟や牧畜を主体とする移動に比べて、定住を基本とする農耕が主体となった。そこでは、人びとの動態は、物理的な移動よりも、村内での暮らしの変化として現れる。サンダウェの農耕の習得と従来の狩猟採集との複合は、彼ら自身の暮らしの動態的な変化の帰結であろう。

ニジェール・D村の人びとは、さまざまな生業を複合させるなかで、砂漠化防止プロジェクトにおいて植林のノウハウを身に付け、中心人物の一人が識字能力を身に付けていたことが、プロジェクトの運営に大きく寄与した。タンザニア・キリスィ集落の人びとは、生業の複合や資源の採取方法を革新・転換することで暮らしに次々と変化を生じさせてきた。そこでは、援助、市場との関わりとともに平等原理による人びとと自身の相互扶助という資源配分が複合されている。タンザニア・K村の人びとは、水資源の利用方法を在来の傾斜地利用から始まって、製粉、給水、発電、そしてより広い配電へと広げようと努めてきた。ただ、彼らは電力の利用と配分における共的領域と私的領域を並立させた複合には未だ成功はしていない。ケニア・ニャボモでの井戸の開設とそれにともなうポンプとその吊り上げ枠の導入も村人たちが進んで取り入れた技術であり、村内の水事情を一変させた。ウガンダ東端地域での農民は外資系企業との緊張した関係を修正しつつ、大麦栽培の技術を取り入れつつある。

第2節で見た人びとの市場との関わり、またとりわけ第3節で見た国家が不在の局面での人びとの共同の営み、そしてすぐ前で見た住民自身による積極的な移動や暮らしの改変は、人びとがアフリカの大きな変動の影響にただ振り回されているのではなく、それを捉え返し、変化を自ら担う主体であり得ることを意味しているだろう。

同時に、動態的で複合的な人びとのありようと関係性はまた、彼らの生きざまやその帰結が多面的な意味を持つことと表裏を成していると思われる。そして、そうしたしなやかさは同時に人びとの営みの脆さをも意味しているのかもしれない。それは前項で見た人びとの共同行動がかかえる矛盾に大きく関係している。ニジェール・D村の人びとが人口増についても考えをめぐらし食料需要をコントロールすることを選ばなければ、砂漠化防止の効果は持続せず、飢餓問題の長期的解決はおぼつかない。タンザニア・キリスィ集落の灌漑農業の頓挫もまた、人びとが開発だけでなく共生を重んじたゆえの脆さの発露だろう。同集落で人びとが自治体の課金をきらったこと、K村で各世帯に配電の費用負担が壁に直面していることは、自分自身による開発を求めながらも自己負担はできる限り抑えたいという(おそらくは人びとの生来的な)多面性がもたらす脆さであり、それぞれの事業の先行きを不透明なものとしている。ウガンダ東端地域の大麦栽培農家は、当然外資系企業への義務感だけで生産を行っている訳ではなく、ひとたび、より有利な生業を見出せば契約に縛られ続けるとは限らないことは、過去の契約栽培の危機の例が物語っている。

国家の次元に視点を移すと、民族が多様ななか、少数民族が実権を握り、同時に民主化をめざすエチオピアにおいて、「市民性及び道徳教育」が持続的に普及拡大していることは、国家の側の強固な支配への意思に後押しされているとはいえ、人びとの意識が民主主義を受け入れる方向へ多少なりとも変化していることを反映しているだろう。だが、それは第9章で指摘されたように、いずれ、人びとのなかに、少数による強権支配に対する憤《ふん》懣《まん》を醸成する可能性がある。その意味で、ここにもエチオピアの「市民性及び道徳教育」がはらむ多面性と脆さを見ることができる。

ケニアのウアシン・ギシュ県の例はより複雑である。元紛争地の人びとは、他民族への憤りや恐怖をいだき、一方の人びとは他方を激しい直接的暴力で襲撃したが、同時にその多くが、国民統合に適った意識を備えているであろうことを見た。カレンジン人はキクユ人の土地所有には反発や違和感を持ちながら、キクユ人と同様に、土地の私的所有とそれを支える登記制度を、実質的に強いられたかたちでの導入であったにもかかわらず、認めているのである。彼らの国家や市場に関する認識は多面的であり、同時に状況に応じて流動的であり、そこに政治エリートが自己の政治目的を達成するために、民族対立を利用する余地が残されている。それこそ、まさにこの地の人びとの共生への営みがはらんでいる深刻な脆さでもあろう。

5　開発と共生に向けた潜在力のゆくえ

人びとはアフリカの内外で生じている大きな変動のもとで、今後どのように暮らしていくのだろうか。人びとの開発と共生への潜在力がここで指摘した矛盾、限界、あるいは課題を乗り越えられるのかどうか、どのようにかたちを変えながら発揮されていくのかは、もちろん将来のことであり、簡単に論じることはできない。ただ、たしかなことは、人びとは大きな変動の影響を受け、脆さをかかえながらも、絶えず、変化を捉え返し、自分自身で生きざまやお互いの関係を変える変化のしなやかな担い手であり続けるだろう、ということである。

そして、おそらくアフリカ国家が直面する開発と共生の矛盾や課題を乗り越え、グローバル化の負の影響を緩和し、市場が生みかねない害悪を封じ、アフリカの人びとの価値観と利益にかなうものとして市場を社会に埋め込んでいくために重要なのは、国家のあり方を改編していくことであろう。既に見たように、アフリカの人びとの共生と相互の協力は、利害の分裂を往々にして越えられず、比較的狭い人間関係、地域や集団の範囲から拡大することができないでいるようである。まさに第3章で指摘されたような協治が求められる。

そうした協治を実現するのは、第一義的には地域や集団を超えた社会全体に責任を持つべき国家および自治体などの役割であろう。他方で、国家をそうした責任ある主体に改革していけるかどうかは、究極的にはその成員である人びとの国家観が、国家は成員全てに公正に資源が配分するように機能すべきだと捉えているかどうか、そして、それに沿ったかたちで国家および人びと相互の関係が改革されていくかどうかにかかっている。

国家と人びととの間の大きな空隙を思えば、現状ではその改革の前途は遼遠なように思われる。しかし、第10章で考察した二つの村に居住する人びとの多くが、国民統合に適う考えを表明したことは、人びとが右のような協治を担う国家の建設に向けて意識のうえでの準備を始めていることを意味しているように思われる。他方で、現状では、そうした大きな空隙があるからこそ、本書で見てきたような、人びとの潜在力の闊達な発揮があったのだとも言える。いわゆる先進国で、管理社会によって支えられる福祉国家体制が大きくほころびを見せるなか、アフリカの人びと自身の潜在力の発揮からは、間接的にせよ学ぶことが多いのではないだろうか。したがって、将来に向けたアフリカ国家の改革は、第8章はじめ各章で示唆してきたように、潜在力の発揮を萎縮させるようなものであってはならない。国家もまた、人びとのしなやかな変化を許容し、後押しするものとして、将来に向けて築き直されていかなければならない。そこで立ち現れるアフリカの国家、市場、そして人びとのあり方は、おそらくは欧米や東アジアなどそれ以外の地域の国家とは異なったものとなっていくであろう。それはアフリカが自らの変わりゆく状況と価値観にかなった、開発と共生への独自の道を切り開いていくことに他ならない。

参照文献

日本語文献

青木昌彦（2001）『比較制度分析に向けて』瀧澤弘和・谷口和弘訳、NTT 出版。

堂目卓生（2008）『アダム・スミス ―― 道徳感情論」と「国富論」の世界』中央公論社。

ポランニー・カール（1975）『大転換 ―― 市場社会の形成と崩壊』吉沢英成他訳、東洋経済新報社。

欧文文献

Kawabata, M (2006) An overview of the debate on the African state. African Center for Peace and Development Studies, Ryukoku University

(Working Paper Series No. 15), 68p.

Keat, R (2013) The ethical character of market institutions. M Del Mar and C Michelon (eds) *The Anxiety of the Jurist: Legality, Exchange and Judgement*. pp. 173–194. Surrey, Ashgate, UK.

Smith, A (1793) *The Theory of Moral Sentiments; Or, An Essay towards an Analysis of the Principles by Which Men Naturally Judge Concerning the Conduct and Character, First of Their Neighbours, and Afterwards of Themselves: To Which is Added, a Dissertation on the Origin of Languages*. Basil.

Smith, A (1904) *An Inquiry into the Nature and Causes of the Wealth of Nations*. Mathuen, London, UK.

索　引

長谷川将士（はせがわ まさし）
神戸大学大学院国際協力研究科修了（修士（国際学））。

福西隆弘（ふくにし たかひろ）
日本貿易振興機構・アジア経済研究所・地域研究センター・主任研究員
ロンドン大学東洋アフリカ研究学院経済学研究科博士課程修了，Ph.D. (Economics)
主な著作に，*Delivering Sustainable Growth in Africa: African Farmers and Firms in a Changing World*, Palgrave Macmillan（2014 年，編著），*The Garment Industry in Low-Income Countries: An Entry Point of Industrialization*, Palgrave Macmillan（2014 年，共編著）。

八塚春名（やつか はるな）
日本大学国際関係学部・助教
京都大学大学院アジア・アフリカ地域研究研究科修了，博士（地域研究）。主な著作に，『タンザニアのサンダウェ社会における環境利用に関する研究―狩猟採集社会の変容への一考察』（松香堂）。

山田肖子（やまだ しょうこ）
名古屋大学大学院国際開発研究科・教授
インディアナ大学教育学研究科博士課程修了（Ph.D.，教育学，アフリカ研究）
主な著書に，『国際協力と学校―アフリカにおけるまなびの現場』（創成社，2009 年，単著），『ガーナを知るための 47 章』（明石書店，2011 年，共編著），『アフリカのいまを知ろう』（岩波書店，2008 年，単編著）など。

【執筆者紹介】

荒木美奈子（あらき みなこ）

お茶の水女子大学基幹研究院人間科学系・准教授.
イースト・アングリア大学大学院開発研究研究科博士後期課程修了，Ph.D.（開発研究）。
主な著書に，『アフリカ地域研究と農村開発』（京都大学学術出版会，共著），『開発援助と人類学』（明石書店，共著），『グローバル文化学』（法律文化社，共著）など。

池野　旬（いけの じゅん）

京都大学大学院アジア・アフリカ地域研究研究科・教授
主な著書に，『ウカンバニ―東部ケニアの小農経営―』（アジア経済研究所），『アフリカの食糧問題』（アジア経済研究所，共著），『アフリカのインフォーマル・セクター再考』（アジア経済研究所，共編著），『アフリカ農村像の再検討』（アジア経済研究所，編著），『アフリカ農村と貧困削減―タンザニア　開発と遭遇する地域―』（京都大学学術出版会）。

上田　元（うえだ げん）

一橋大学大学院社会学研究科・教授
一橋大学大学院社会学研究科博士前期課程修了，ロンドン大学ユニバーシティ・カレッジ・ロンドン地理学部博士課程修了，博士（Ph.D）。
主な著作に，『山の民の地域システム―タンザニア農村における場所・世帯・共同性』（東北大学出版会），『資源と生業の地理学』（海青社，共著），『現代アフリカ農村と公共圏』（アジア経済研究所，共著）など。

大山修一（おおやま しゅういち）

京都大学大学院アジア・アフリカ地域研究研究科・准教授
京都大学大学院人間・環境学研究科博士後期課程修了，博士（人間・環境学）。主な著書に，『西アフリカ・サヘルの砂漠化に挑む―ごみ活用による緑化と飢餓克服，紛争予防』（昭和堂）など。

小川さやか

立命館大学先端総合学術研究科・准教授。

京都大学大学院アジア・アフリカ地域研究研究科・指導認定退学，博士（地域研究）。

主な著作『都市を生きぬくための狡知―タンザニアの零細商人マチンガの民族誌』世界思想社など。

高橋基樹（たかはし もとき）

神戸大学大学院国際協力研究科・教授
ジョンズ・ホプキンス大学高等国際問題研究大学院修了（国際関係論修士）
主な著書に，『開発と国家―アフリカ政治経済論序説―』（勁草書房，2010 年，単著），『現代アフリカ経済論』（ミネルヴァ書房，2014 年，共編著），『開発を問い直す―転換する世界と日本の国際協力―』（日本評論社，2011 年，共編著）など。

西浦昭雄（にしうら あきお）

創価大学学士課程教育機構・教授
創価大学大学院経済学研究科博士後期課程単位取得退学，博士（経済学）。
主な著書に，『南アフリカ経済論 ―― 企業研究からの視座』（日本評論社），『アフリカから学ぶ』（有斐閣，共著），『貧困削減戦略再考』（岩波書店，共著）など。

[総編者紹介]
太田至（おおた　いたる）
京都大学大学院アジア・アフリカ地域研究研究科・教授
京都大学アフリカ地域研究資料センター・教授（兼任）
京都大学大学院理学研究科修了，理学博士。
主な著作に *Displacement Risks in Africa*（Kyoto University Press，共編著），『遊動民（ノマッド）』（昭和堂，共編著），『続・自然社会の人類学』（アカデミア出版会，共編著）など。

アフリカ潜在力　第3巻
開発と共生のはざまで
— 国家と市場の変動を生きる
© M. Takahashi et al. 2016

2016年3月31日　初版第一刷発行

シリーズ総編者　太田　至
編者　高橋基樹
大山修一
発行人　末原達郎
発行所　京都大学学術出版会
京都市左京区吉田近衛町69番地
京都大学吉田南構内（〒606-8315）
電話（075）761-6182
FAX（075）761-6190
Home page http://www.kyoto-up.or.jp
振替 01000-8-64677

ISBN 978-4-8140-0007-4
Printed in Japan
印刷・製本　㈱クイックス
装幀　鷺草デザイン事務所
定価はカバーに表示してあります

本書のコピー，スキャン，デジタル化等の無断複製は著作権法上での例外を除き禁じられています。本書を代行業者等の第三者に依頼してスキャンやデジタル化することは，たとえ個人や家庭内での利用でも著作権法違反です。